Égypte – eaux du Nil : je t'aime… moi non plus !

Les relations juridiques de l'Égypte au *vade-mecum* de notre héritage

Logiques Juridiques

Fondée par Gérard Marcou
Dirigée par Thomas Perroud

Le droit n'est pas seulement un savoir, il est d'abord un ensemble de rapports et pratiques que l'on rencontre dans presque toutes les formes de sociétés. C'est pourquoi il a toujours donné lieu à la fois à une littérature de juristes professionnels, produisant le savoir juridique, et à une littérature sur le droit, produite par des philosophes, des sociologues ou des économistes notamment.

Parce que le domaine du droit s'étend sans cesse et rend de plus en plus souvent nécessaire le recours au savoir juridique spécialisé, même dans des matières où il n'avait jadis qu'une importance secondaire, les ouvrages juridiques à caractère professionnel ou pédagogique dominent l'édition, et ils tendent à réduire la recherche en droit à sa seule dimension positive. À l'inverse de cette tendance, la collection « Logiques juridiques » des éditions L'Harmattan est ouverte à toutes les approches du droit. Tout en publiant aussi des ouvrages à vocation professionnelle ou pédagogique, elle se fixe avant tout pour but de contribuer à la publication et à la diffusion des recherches en droit, ainsi qu'au dialogue scientifique sur le droit. Comme son nom l'indique, elle se veut plurielle.

Dernières parutions

Jean-Pierre BÉNARD, *Nos redoutables paranoïas de gouvernance, Un impensé lourd de conséquences*, 2025.
Myriam CARESSA et Christophe DOUBOVETZKY (dir.), *Langue(s) et droit(s). Enjeux et paradoxes en France*, 2025.
Gabrielle BEGUIN, Nina LASBLEIZ et Jérôme PRÉVOST-GELLA (dir.), *Standard contre standards, Réflexions sur une catégorie juridique en droit public*, 2025.
Brune-Laure DUGOURD, *Les organismes de titrisation*, 2025.
Christophe DELATTRE, *Le ministère public et la prévention des difficultés des entreprises*, 2025.
Alessio BELLI, *La citoyenneté sociale à la recherche d'un nouvel imaginaire normatif. L'héritage oublié*, 2025.
Ibrahima DIOR, *Le forum non conveniens et les injonctions anti-suit dans les arbitrages d'investissement des États africains*, 2025.
Laetitia DESMONS, *L'autonomie de l'ordre juridique de l'Union européenne sur la Cour de justice. Contribution à l'étude des fondements de la construction européenne*, 2025.
Boubacar EL IDE, *Influence du droit international des droits de l'homme sur le droit des investissements. L'économique au détriment du social ?* 2025.

Fabienne Quilleré-Majzoub
Tarek Majzoub

Égypte – eaux du Nil : je t'aime… moi non plus !

Les relations juridiques de l'Égypte au *vade-mecum* de notre héritage

L'Harmattan

Des
mêmes auteurs :

Fabienne Quilleré-Majzoub & Tarek Majzoub, « Freshwater in its Three 'Legal States': The Prognosis for International Law », Edward Elgar Publishing, septembre 2025

Fabienne Quilleré-Majzoub, « L'eau dans tous ses états juridiques. Prospectives hydrauliques internationales », Université Panthéon-Assas (Paris II) – IHEI, Cours et travaux n° 19, Paris, Pedone, 2017

Fabienne Quilleré-Majzoub, « La défense du droit à un procès équitable », Bruxelles, Bruylant/Nemesis, 1999, préface de Louis-Edmond Pettiti, Juge à la Cour Européenne des Droits de l'Homme

Tarek Majzoub, « Les fleuves du Moyen-Orient. Situation et prospective juridico-politiques », Paris, l'Harmattan, 1994, préface de Guy Le Moigne, Conseiller principal pour les ressources en eau auprès de la Banque Mondiale

5-7, rue de l'École-Polytechnique – 75005 Paris

www.editions-harmattan.fr

ISBN : 978-2-336-56241-4
EAN : 9782336562414

Aux « quatre grands fleuves ou couples de fleuves historiques [le Nil, le Tigre et l'Euphrate, l'Indus et le Gange, le Hoang-ho et le Yang-tse Kiang] ».
À ces « grands éducateurs de l'humanité » …

(L. METCHNIKOFF, *La civilisation et les grands fleuves historiques*, Paris, Hachette, 1889, p. 190 et p. 188)

… *Historia vero testis temporum, lux veritatis, vita memoriæ, magistra vitæ, nuntia vetustatis…*

(M. Tullii CICERONIS, *De Oratore*, Liber Secundus, IX, *in Œuvres complètes de Cicéron, Dialogues de l'Orateur*, traduction nouvelle de M. Andrieux, Paris, C. L. F. Panckoucke, 1830, p. 258)

SOMMAIRE

AVANT-PROPOS

Au cours des trois dernières décennies, le droit international de l'eau a connu trois développements majeurs. Le premier a été l'adoption par l'AGNU en mai 1997 de la Convention sur le droit relatif aux utilisations des cours d'eau internationaux à des fins autres que la navigation. Les deux autres développements sont intervenus à l'échelle régionale, l'un en 1992 avec la Convention sur la protection et l'utilisation des cours d'eau transfrontières et des lacs internationaux adoptées sous les auspices de la CEE – NU (ouverte depuis 2003 à l'adhésion de tous les États membres de l'ONU), et l'autre en 2000 avec le Protocole sur les cours d'eau partagés de la SADC.

Durant cette même période, plusieurs traités bilatéraux et multilatéraux portant sur des cours d'eau internationaux ont été conclus, et des différends sur le sujet ont été portés devant la CIJ et la CPA. Ces instances ont clarifié, au moins partiellement, les principes applicables en la matière.

Cependant, de grands défis juridiques persistent ou apparaissent. Des accords réglementant le partage, la gestion ou la protection des cours d'eau internationaux excluent certains États pour maintes raisons, comme c'est le cas avec les accords sur le Gange, l'Indus, le Mékong ou le Nil.

Autrefois, jamais un des États riverains du Nil n'aurait osé dire à travers les figures tutélaires de Nasser, Sadate, ou Moubarak, que le Nil n'était pas « égyptien ». Jusque dans les années 2010, il s'agissait d'une évidence. Cette époque est révolue et on a désormais l'impression que certains États riverains du Nil n'acceptent les thèses égyptiennes que malgré eux. Aujourd'hui, cette objection ne se limite plus à l'Éthiopie. Que s'est-il donc passé ? Comment en est-on arrivé là ? Comment peuvent se justifier les solutions, acquises ou encore incertaines, du droit positif ?

C'est ce que tente de comprendre et d'expliquer les auteurs. En retraçant l'histoire de l'Égypte et de sa relation complexe avec les autres États riverains du Nil, l'ouvrage porte un regard fasciné mais lucide sur le Nil, dans sa relation torturée, passionnée, avec l'Égypte. C'est la dualité de la relation entre l'Égypte et les eaux du Nil, ce « je t'aime… moi non plus » hydraulique, que le présent ouvrage constate, explore, analyse et commente, à partir d'une lecture originale de la Convention des Nations Unies du 21 mai 1997 sur le droit relatif aux utilisations des cours d'eau internationaux à des fins autres que la navigation et des principes politico-juridiques d'origine « nilotique » ancienne, ainsi que des notions nouvelles et délicates à l'ère de l'Hydrocène (l'âge de l'eau, « par opposition » à l'Anthopocène, l'âge de l'être humain) et du développement progressif du droit international mémoriel.

La masse énorme de faits, de déclarations, de métaphores, d'intrigues politiques, d'analyses et de commentaires a nécessité un gros travail de sélection quant à la véracité et à l'objectivité du matériel utilisé. Beaucoup de documents sont partiaux et d'une exactitude discutable ; il a fallu les analyser, les compléter, les recouper, et les attester avant d'en faire un usage circonstancié, voire prudent. Il semble qu'ainsi la « réalité nuancée » de la « question des eaux du Nil » soit présentée au mieux. Une telle approche a également impliqué le maintien d'une neutralité rigoureuse et l'examen critique systématique de toutes les sources de renseignements utilisées.

Cet ouvrage a été l'un des travaux les plus longs et complexes qu'il a été donné aux auteurs de rédiger à quatre mains. Il a été l'occasion d'une myriade de découvertes et de nombreux débats qui ont vu souvent se mesurer deux approches, l'une orientale (T. M., franco-canadien d'origine libanaise) et l'autre occidentale (F. Q.-M., franco-française d'origine bretonne). Malgré leur intérêt et leur richesse, elles ont nécessité des arbitrages quant aux informations à garder. Pour être conséquent avec le sujet traité, il a été décidé *prima facie* que l'approche la plus fidèle à l'esprit de la mémoire collective issue de la tradition des peuples nilotiques devait être privilégiée en dernier ressort. Le *final cut* a ainsi été donné souvent à T. M., originaire du Proche Orient, dans le respect de l'esprit et de la mise en pratique du « je t'aime… moi non plus » et des relations parfois « sous tension » de la rédaction d'un ouvrage à quatre mains.

Il convient de compléter cette présentation par deux observations. D'abord, pour dire que ce travail s'achève sur la situation de l'été 2025, époque qui coïncide avec l'ultime mise au point du manuscrit. Ensuite, pour avertir le lecteur ou la lectrice que ce travail comporte beaucoup de dates, de chiffres et de données techno-économiques, mais également des répétitions et retours d'idées sous des formes similaires, indispensables au raisonnement développé. Les dates, les chiffres et les données techno-économiques étaient inévitables : ils servent de support à l'analyse et étaient nécessaires à une approche rigoureuse de la « question des eaux du Nil ». Quant aux redites, qu'elles nous soient pardonnées : elles résultent d'un choix délibéré visant à éviter aux lecteurs et lectrices de se reporter continuellement à d'autres passages de l'ouvrage en un va-et-vient par trop fastidieux. Dans ce contexte, il ne faudra pas s'étonner du grand nombre de citations et de références dont l'ouvrage est émaillé, surtout pour le développement progressif du droit international mémoriel concernant l'utilisation du Nil, un des « grands éducateurs de l'humanité »[1] : à propos d'un tel sujet, les écrits sont relativement peu nombreux et les auteurs se distinguent sur plusieurs points. De plus, le résumé de la substance de la citation ne peut souvent se passer de l'explication nettement plus précise de leur pensée que sont ces extraits de textes des auteurs « nilophiles ». Enfin, l'essentiel échappe parfois au « rendant compte » : résumer, c'est dénaturer, c'est trahir la pensée de son auteur.

---

[1] L. METCHNIKOFF, *La civilisation et les grands fleuves historiques*, Paris, Hachette, 1889, p. 188.
L'expression « grands éducateurs de l'humanité » sera employée au pluriel comme au singulier entre guillemets (« grand éducateur de l'humanité »).

SIGLES ET ABREVIATIONS

ACDI	*Annuaire canadien de droit international /Canadian Yearbook of International Law (CYbIL)*
ACEUM	Accord Canada-États-Unis-Mexique / *United States-Mexico-Canada Agreement* (USCMA)
AFDI	*Annuaire français de droit international*
AFRI	*Annuaire français de relations internationales*
AGNU	Assemblée générale des Nations Unies
AJIL	*American Journal of International Law*
ALENA	Accord de libre-échange nord-américain
Ann. CDI	*Annuaire de la Commission du droit international /Yearbook of the International Law Commission*
Ann. IDI	*Annuaire de l'Institut de droit international / Yearbook of the Institute of International Law*
Berkley Jl. IL	*Berkley Journal of International Law*
BYBIL	*British Yearbook of International Law*
Cah. arb.	*Les Cahiers de l'arbitrage*
CDI	Commission du droit international / International Law Commission (ILC)
CEE-NU	Commission économique pour l'Europe (des Nations Unies, Ecosoc) / Economic Commission for Europe (ECE)
CESAO	Commission économique et sociale pour l'Asie occidentale (des Nations Unies, Ecosoc) / Economic and Social Commission for Western Asia (ESCWA)
CFA	*Cooperative Framework Agreement* (*Agreement on the Nile River Basin Cooperative Framework* / Accord-cadre sur la coopération dans le bassin du fleuve Nil)
CIJ	Cour internationale de Justice / International Court of Justice (ICJ)
CIRDI	Centre international pour le règlement des différends relatifs aux investissements / International Centre for Settlement of Investment Disputes (ICSID)
CJIELP	*Colorado Journal of International Environmental Law and Policy*
CNUDM	Convention des Nations Unies sur le droit de la mer
CPA	Cour permanente d'arbitrage / Permanent Court of Arbitration (PCA)

CPJI	Cour permanente de Justice internationale / Permanent Court of international Justice (PCIJ)
CPJI série A	*Recueil des arrêts de la Cour permanente de Justice internationale*
CPJI série B	*Recueil des avis consultatifs de la Cour permanente de Justice internationale*
CPJI série A/B	*Recueil des arrêts, avis consultatifs et ordonnances de la Cour permanente de Justice internationale (depuis 1931)*
CPJI série C	*Recueil des actes et documents concernant les arrêts et avis consultatifs de la Cour permanente de Justice internationale*
CUP	Cambridge University Press
Doc. fr.	*La Documentation française*
Dt Prospect-RRJ	*Droit Prospectif-Revue de la Recherche Juridique*
EJLS	*European Journal of Legal Studies*
ELR News & Analysis	*Environmental Law Reporter News & Analysis*
ENSAP	Eastern Nile Subsidiary Action Program / Programme d'action subsidiaire du bassin oriental du Nil
ENTRO	Eastern Nile Technical Regional Office / Bureau technique régional du Nil oriental
ESCWA	v. CESAO
Ethiopian YBIL	*Ethiopian Yearbook of International Law*
FAO	Food and Agriculture Organization / Organisation des Nations Unies pour l'alimentation et l'agriculture
GATS	General Agreement on Trade in Services / Accord général sur le commerce des services
GATT	General Agreement on Tariffs and Trade / Accord général sur les tarifs douaniers et le commerce
GERD	Grand Ethiopian Renaissance Dam / Grand barrage de la renaissance éthiopienne
GERDP	Grand Ethiopian Renaissance Dam Project / Projet de grand barrage de la renaissance éthiopienne
GYBIL	*German Yearbook of international Law*
HydroMet	Hydro-Meteorological Survey of the Equatorial Lakes / Étude de l'hydrométéorologie des lacs équatoriaux
IBN	v. NBI
ICLQ	*International and Comparative Law Quarterly*
IDI	Institut de droit international / Institute of International Law
IHEI	Institut des hautes études internationales (Paris)
ILA	International Law Association / Association de droit international

IOM	International Organization for Migration / Organisation internationale pour les migrations (OIM)
IPoE	International Panel of Experts / Panel international d'experts
JDI	*Journal du droit international – Clunet*
JHIL	*Journal of the History of International Law / Revue d'histoire du droit international*
JTTC	Joint Tripartite Technical Committee / Comité technique mixte tripartite
Leiden JIL	*Leiden Journal of International Law*
McGill L. Jl.	*McGill Law Journal / Revue de droit de McGill*
NBI	Nile Basin Initiative / Initiative du bassin du Nil (IBN)
NELSAP	Nile Equatorial Lakes Subsidiary Action Program / Programme d'action subsidiaire des lacs équatoriaux du Nil
NELSAP-CU	Nile Equatorial Lakes Subsidiary Action Program Coordination Unit / Unité de coordination du programme d'action subsidiaire des lacs équatoriaux du Nil
Nile-COM	Nile Council of Ministers (NBI Council of Ministers of Water Affairs) / Conseil des ministres de l'eau de l'IBN
Nile-TAC	Nile Technical Advisory Committee (NBI Technical Advisory Committee) / Comité technique consultatif de l'IBN
Nile-SEC	Nile Secretariat (NBI Secretariat) / Secrétariat de l'IBN
NISRG	National Independent Scientific Research Group / Groupe national indépendant de recherche scientifique
NPM	Nine-party meeting / Réunion des neuf parties
NRJ	*Natural Resources Journal*
Obs. NU	*L'Observateur des Nations Unies*
OIM	v. IOM
ONU	Organisation des Nations Unies
OUA	Organisation de l'Unité africaine
OUP	Oxford University Press
Pace Envtl. L. Rev.	*Pace Environmental Law Review*
PNUE	Programme des Nations Unies pour l'environnement / United Nations Environment Programme (UNEP)
Proc Natl Acad Sci	*Proceedings of the National Academy of Sciences* (PNAS)
RBDI	*Revue belge de droit international*
RCADI	*Recueil des cours de l'Académie de droit international de La Haye / Collected Courses of the Hague Academy of International Law*
RDIDC	*Revue de droit international et de droit comparé*

RDC	République démocratique du Congo
Rec.	*Recueil des arrêts, avis consultatifs et ordonnances de la CIJ*
Rev. ég. DI	*Revue égyptienne de droit international*
Rev. hell. DI	*Revue hellénique de droit international / Hellenic Review of International Law*
RGDIP	*Revue générale de droit international public*
RIAA	v. *RSA*
RIDE	*Revue internationale de droit économique*
RICR	*Revue internationale de la Croix-Rouge*
RJO	*Revue Juridique de l'Ouest* (Rennes)
RQDI	*Revue québécoise de droit international*
RSA	*Recueil des sentences arbitrales* (publié par les Nations Unies) / *Reports of International Arbitral Awards (RIAA)*
RTNU	*Recueil des Traités des Nations Unies*
RTSN	*Recueil des Traités de la Société des Nations*
SADC	Southern African Development Community / Communauté de développement de l'Afrique australe
SPM	Six-party meeting / Réunion des six parties
TECCONILE	Technical Cooperation Committee for the Promotion of Development and Environmental Protection of the Nile Basin / Commission de coopération technique, pour la promotion du développement et la protection de l'environnement du bassin du Nil
TNC	Tripartite National Committee / Comité national tripartite
TSHSG	Tripartite Summit of Heads of State and Government / Réunion tripartite au sommet des chefs d'État et de gouvernement
Tul. L. Rev.	*Tulane Law Review*
Unesco	United Nations Educational, Scientific and Cultural Organization / Organisation des Nations Unies pour l'éducation, la science et la culture
UNEP	v. PNUE
URSS	Union des Républiques socialistes soviétiques
USCMA	v. ACEUM
YBIEL	*Yearbook of International Environmental Law*
ZEE	Zone économique exclusive

INTRODUCTION - LA « SCÈNE *NILOTICA* », FAITS ET DROIT

De tous les grands fleuves du monde, le Nil, « grand éducateur de l'humanité », est probablement l'un de ceux qui intéresse le plus un grand nombre de disciplines. De la géographie proto-historique à l'archéologie, de l'archéologie générale à l'archéologie environnementale, de la géoarchéologie générale (qui s'impose aujourd'hui comme une composante majeure de la compréhension des interactions complexes Sociétés-Environnement sur le temps long) à la géoarchéologie préventive, de l'hydrogéologie à l'archéologie deltaïque (fluviale et littorale), de la géographie générale à l'anthropogéographie, du droit à l'économie, à l'ingénierie et aux géosciences de l'environnement, le champs d'études du Nil est aussi vaste que complexe. En particulier, pour les juristes, le régime juridique du Nil présente un champ de recherche unique quant aux problèmes que pourrait engendrer l'utilisation future des eaux de ce fleuve.

De fait, la fonction renforcée du Nil fait que son régime juridique à l'époque actuelle est en grande partie commandé par l'impératif économique de développement et d'approvisionnement en eau (agricole, industrielle, potable et domestique). La présence de ces besoins souvent concurrents peut provoquer des différends, des litiges et des conflits ouverts entre les États du cours d'eau.

À cet égard, le partage du Nil est depuis quelques décennies un sujet de litige entre les États du cours d'eau, qui s'accusent mutuellement d'arrière-pensées politiques ou économiques. Cette situation s'explique par l'inexistence d'un traité de base qui régit les modalités de partage du Nil.

Aussi, point n'est besoin, semble-t-il, de souligner longuement l'intérêt de la question du Nil[1]. De façon classique, la question du Nil

---

[1] Voy., *ex multis*, B A. ZEIDAN et A. I. M. ALY, *The Nile River System, Africa: Ecohydrology and Management* from Catchment to Coast, vol. 2, Elsevier, 2024 ; J. Wang *et al.*, « Are Transboundary Water Events Reported Differently in French and English News for Conflict and Cooperation Dynamics? », *Water*, 2024, vol. 16, no. 5, p. 759 *et seq.*, disponible à https://www.mdpi.com/2073-4441/16/5/759 ; A. M. MELESSE, W. ABTEW et S. A. MOGES, *Nile and Grand Ethiopian Renaissance Dam*, Cham, Springer, 2021 ; Ph. WEHLING, *Nile Water Rights: An International Law Perspective*, Berlin, Springer, 2020 ; G. REICHERT, « International Water Cooperation

se résume par l'existence d'un cours d'eau international dont les figures ou statuts juridiques de l'eau, à géométrie variable et à plusieurs vitesses, sont revendiqués par certains États du cours d'eau. Il faut donc dire à qui « appartient » le Nil. Il est dès lors nécessaire de définir, autant que possible, les données matérielles et juridiques de la « scène *Nilotica* ».

Paragraphe 1.- Le Nil : cours, profil et régime

Le Nil est le principal cours d'eau international de l'Afrique qui draine un bassin d'environ 3 millions de kilomètres carrés[1] et long de 6 695 kilomètres[2] (5 600 kilomètres depuis le lac Victoria), et qui rejoint la mer Méditerranée par un vaste delta. Le Nil a été appelé *Hâpî* et *Iteru* (« rivière ») par les Pharaons, *Neîlos* (« rivière de la vallée ») par les Grecs, *Nilus* par les Romains, *Bahr* (« mer ») par les Arabes[3].

---

in Europe: Lessons for the Nile Basin Countries? », *Ethiopian YBIL*, vol. 2018, pp. 91-118 ; S. M. A. SALMAN, « The GERD and the Revival of the Egyptian-Sudanese Dispute Over the Nile Waters », *Ethiopian YBIL*, vol. 2017, pp. 79-110 ; « The Declaration of Principles on the Grand Ethiopian Renaissance Dam: An Analytical Overview », *Ethiopian YBIL*, vol. 2016, pp. 203-221 ; M. S. KIMENYI et J. M. MBAKU, *Governing the Nile River Basin: The Search for a New Legal Regime*, Washington, D. C, Brookings Institution Press, 2015 ; T. K. WOLDETSADIK, *International Watercourses Law in the Nile River Basin. Three States at a Crossroads*, Londres, Routledge, 2013 ; S. B. AWULACHEW *et al.* (dir.), *The Nile River Basin: Water, Agriculture, Governance and Livelihoods*, Oxon, Routledge, 2012 ; T. TAFESSE, *The Nile Question : Hydropolitics, Legal Wrangling, Modus Vivendi and Perspectives*, Münster/Hamburg/London, Lit Verlag, 2001 ; CESAO, *Assessment of Legal Aspects of the Management of Shared Water Resources in the ESCWA Region*, New York, Nations Unies, 2002, pp. 6-13 et 23-42, disponible à : https://digitallibrary.un.org/record/477800?ln=fr&v=pdf ; H. A. SMITH, « The Chicago Diversion », *BYBIL*, 1929, vol. 10, p. 157 ; « Diversion of international waters », *BYBIL*, 1930, vol. 11, pp. 195-196.

[1] Voy. https://nilebasin.org/media-center/maps.

[2] *Ibid.* Voy. également https://www.guinnessworldrecords.com/world-records/longest-river

Le *Livre Guinness des records*, l'*Encyclopædia Britannica* et l'administration américaine s'entendent sur une chose : le fleuve le plus long au monde est le Nil. Mais au Brésil, le pays qui abrite le fleuve Amazone, qui fend l'Amérique du Sud plus qu'il ne la traverse, le Nil arrive au deuxième rang. Une étude réalisée par l'Institut brésilien de recherches spatiales (INPE) montre que l'Amazone mesure 140 kilomètres de plus que le Nil, ce qui en fait le plus long cours d'eau de la planète. Les chercheurs ont utilisé des images satellite – une première – afin de mesurer les deux fleuves.

[3] Voy. *e.g.* W. VYCICHL, « L'origine du nom du Nil », *Aegyptus*, Année 52, no 1/4, janvier-décembre 1972, pp. 8-18.

La crue estivale du Nil est longtemps restée un mystère jusqu'à l'identification de sa source au XIXe siècle. Cette source est celle de la Kagera.

Le Nil trouve donc son origine « officielle »[1] dans un cours d'eau du Burundi, le Kasumo, qui devient, dans son cours inférieur, la Kagera, tributaire du lac Victoria. Cette mer intérieure (près de 70 000 kilomètres carrés), perchée à 1 133 m, s'écoule vers le Nord par le Nil Victoria, qui traversa le lac Kyoga entre deux chutes (Ripon[2] et Owen). Il pénètre ensuite dans le lac Albert, alimenté par la Semliki, et en sort sous le nom de Bahr el-Jebel (« mer de la Montagne »), puis entre dans la plaine du Soudan du Sud. Les inondations, la multiplication des bras, la végétation aquatique et une évaporation intense qui prélève près de la moitié de la masse liquide caractérisent cette immense cuvette marécageuse des *Sadd*[3], qui reçoit en outre le Bahr el-Ghazal (« mer de la Gazelle »), le fleuve, qui prend alors le nom de Nil Blanc (« Bahr el-Abiad ») en sortant du lac No, reçoit le Baro-Gilo-Akobo ou Sobat (rive droite), reprend la direction du nord et entre au Soudan. À Khartoum, il reçoit la rivière Abay ou Abbaï[4] (« Bahr el-

---

[1] Le Nil a longtemps gardé le mystère sur ses origines. Il y a 2 000 ans, Jules César, fort de ses conquêtes pharaoniques, avait envoyé une expédition pour découvrir le lieu de naissance du fleuve. Elle n'est jamais revenue. Au milieu du XIXe siècle, l'Empire britannique relève, à son tour, le défi, avec une nouvelle tentative de la prestigieuse Société royale de géographie. Mais il faudra trente ans d'efforts pour que le mystère soit enfin dissipé.

Voy. J.-F. AUGEREAU et P. LE HIR, « L'éternelle quête des sources du Nil », *Le Monde*, 15 avril 2006, https://www.lemonde.fr/planete/article/2006/04/15/des-explorateurs-affirment-avoir-localise-les-sources-du-nil_762044_3244.html.

[2] Les chutes Ripon disparurent au cours des années 50 ; elles sont noyées dans le réservoir du barrage des chutes Owen (désormais barrage de Nalubaale).

[3] Le terme *Sadd*, ou *Sudd*, est un mot arabe qui signifie barrage. Ce marais est la principale source de subsistance des peuples agropastoraux Dinka, Nuer, Shilluk... Leurs cultures et traditions y sont intimement liées.

Classé depuis 2006 « zone humide d'importance internationale » et protégé par la convention Ramsar, l'écosystème du *Sudd* abrite en outre une très riche biodiversité. L'écorégion est en lice pour intégrer le patrimoine mondial de l'Unesco (https://whc.unesco.org/fr/listesindicatives/6276/) ainsi que le réseau mondial des réserves de biosphère (F. MIETTAUX, « Au Soudan du Sud, les « réfugiés climatiques » affluent à Bor », *Le Monde*, 28 septembre 2021, https://www.lemonde.fr/afrique/article/2021/09/28/au-soudan-du-sud-les-refugies-climatiques-affluent-a-bor_6096335_3212.html).

[4] Les cours d'eau prenant leur source en Éthiopie perdent leur appellation d'origine lorsqu'ils pénètrent en territoire soudanais. L'Abay devient ainsi Nil Bleu (Bahr el-

Azrak », nom arabe du Nil Bleu) et, dès lors, on lui donne parfois le nom de Grand Nil (formé de la réunion des deux Nil, Bleu et Blanc). Il reçoit encore le Tekezé – Takazzé ou Takkäze[1], toujours sur la rive droite, et traverse ensuite 2 700 kilomètres de désert, en Nubie, puis continue son cours. C'est au niveau de la 2e cataracte que s'effectue son entrée en Égypte[2]. Entre Assouan et Le Caire, le Nil coule dans une vallée étroite et fertile, et se jette, à quelque 150 kilomètres au nord du Caire, dans la mer Méditerranée, en un vaste delta marécageux d'une superficie de 23 000 kilomètres carrés[3], dont les deux principaux bras sont ceux de Rosette et Damiette[4].

En 2006, une équipe d'explorateurs a remonté le Nil pour parvenir à ce qu'ils ont identifié comme étant sa source la plus lointaine, à 2 428 mètres d'altitude, sur les hauts plateaux rwandais. Ils ont mesuré le fleuve de façon précise et ont trouvé qu'il était long de 6 718 kilomètres[5], soit 47 de plus que les 6 671 kilomètres annoncés par les encyclopédies. L'ensemble du système hydrographique du Nil couvre 32 degrés de latitude (de l'équateur à la mer Méditerranée) mais seulement 8 degrés de longitude. Son débit annuel moyen (84 milliards de mètres cubes)[6] est cent fois moins que l'Amazone. Le bassin du Nil

---

Azrak en arabe), le Baro-Gilo-Akobo devient Sobat au Soudan du Sud et, enfin, le Tekezé devient Atbara au Soudan.

Nous appellerons donc tous les cours d'eau par leur appellation les plus usitées et connues (assez souvent) ou leur nom éthiopien (plus rarement).

[1] Rivière contiguë (Éthiopie-Érythrée), affluent de l'Atbara. Elle finit son cours au Soudan sous le nom de Setit.

[2] Le Nil franchit les régions désertiques de Nubie et de Haute-Égypte par une succession de cataractes entre Khartoum et Assouan numérotées dégressivement de 6 à 1.

[3] Le Delta commence au nord de la ville du Caire, à quelque 150 kilomètres de la côte méditerranéenne, en un lieu, une pointe que les Égyptiens nomment Batn el-Baqara (« ventre de la Vache » en arabe).

[4] Voy. « Topographie du bassin du Nil », *in* République arabe d'Égypte, ministère des Affaires étrangères, *L'Égypte et le Nil*, Organisme de l'Information de l'État, Bureau de Paris, juin 1982, pp. 13-14.

[5] AUGEREAU et LE HIR, *op. cit.*

Le Nil Bleu mesure seulement 1 600 kilomètres.

[6] « La transformation [du Nil] est en cours. En cinquante ans, son débit est passé de 3.000 m3 par seconde à 2.830 m3 --soit près de 100 fois moins que l'Amazone. Avec la baisse des précipitations et la multiplication des sécheresses annoncées en Afrique de l'Est, il pourrait diminuer de 70%, selon les pires prévisions de l'ONU.

Dans le delta, la mer Méditerranée a grignoté chaque année entre 35 et 75 mètres de terre depuis les années 1960. Si elle monte d'un mètre seulement, elle engloutira 34%

couvre actuellement onze États : Rwanda, Burundi, Tanzanie, Kenya, Ouganda, RDC, Éthiopie, Érythrée[1], Soudan du Sud, Soudan et Égypte.

Paragraphe 2.- L'aménagement et le contrôle du Nil

Le cours du Nil est bridé depuis les années 1861 par une série de barrages[2] à vocation industrielle (hydro-électrique) ou agricole (irrigation), dont les plus importants sont sur :

- l'Atbara : Khashm el-Girba (1964, Soudan), Tekezé (2009, Éthiopie), Burdana et Rumela (2017, Soudan) ;
- le Nil Bleu : Sennar (1925, Soudan), Roseires (1966, Soudan), Tana-Beles (2010, Éthiopie), GERDP ou GERD[3] (achevé le 3 juillet 2025, Éthiopie) ;

---

de cette région du nord de l'Égypte et neuf millions de personnes devront se déplacer. C'est le troisième endroit du globe le plus vulnérable au changement climatique.
Le lac Victoria, plus gros pourvoyeur d'eau du Nil hors précipitations, est menacé par le manque de pluie, l'évaporation et les lents changements d'inclinaison de l'axe de la Terre. Il pourrait disparaître un jour.
Ces prévisions aiguisent les appétits et les tentatives de capturer le débit du fleuve, et les barrages construits au fil des années n'ont fait qu'accélérer une catastrophe annoncée » (M. ZAKI, G. MATSIKO, B. ABOUALABBAS et S. BENHAIDA, « Le Nil de l'Égypte à l'Ouganda, chronique d'un assèchement annoncé », *AFP*, 2/11/2022, [https://showcase.afp.com/pages/climat_le-nil-de-legypte-a-louganda-chronique-dun-assechement-annonce_OXXnLkdx_382/]).
La mer gagne avec une rapidité folle sur la terre. C'est un fait avéré qu'on ne peut encore attribuer totalement au changement climatique. Mais surtout, le haut-barrage d'Assouan retient les sédiments qu'il déversait avant 1971 à raison de 85 000 mètres cubes par an dans le delta. Le GERD va certainement aggraver cette situation.

[1] Le bassin versant du Nil inclut l'Érythrée grâce à ses deux affluents, le Tekezé et le Gash. Le Gash est une rivière saisonnière qui prend sa source en Érythrée et coule vers le nord après Kassala ; elle se perd dans un vaste cône d'alluvions : le delta du Gash.

[2] Est considéré comme « grand barrage » tout ouvrage d'une hauteur de plus de 15 mètres, ou entre 5 et 15 mètres de hauteur et avec un réservoir supérieur à 3 millions de mètres cubes (Voy. A. GARRIC, « Ces grands barrages hydroélectriques controversés », *Le Monde*, 13/3/2012, https://www.lemonde.fr/planete/article/2012/03/13/ces-grands-barrages-hydroelectriques-controverses_5982068_3244.html).

[3] Projet du Grand Barrage de la Renaissance éthiopienne – *Grand Ethiopian Renaissance Dam Project*, GERDP. Le GERDP est connu de nos jours sous le nom GERD (*Grand Ethiopian Renaissance Dam*), Grand Barrage de la Renaissance éthiopienne. Les acronymes utilisés seront ceux de la langue anglaise, parce que les plus usités et connus.

- le Nil Blanc : Jebel Aulia (1937, Soudan), Chutes Owen ou Nalubaale (1954, Ouganda), Kiira (1993, Ouganda), Bujagali (2012, Ouganda), Isimba (2019, Ouganda), Karuma (septembre 2024, Ouganda) ;

- le Nil : Delta (1833-1861 et 1890, Égypte), Assouan (vieux barrage et réservoir 1898-1902, Égypte), Zefta (1901-1903, Égypte), Assiout (1902, Égypte), Esna (1906-1909, Égypte), Nag Hammadi (1930, Égypte), Faraskour (1935, Égypte), Edfina (1951, Égypte), Assouan (haut-barrage 1971, Égypte), Mérowé (2009, Soudan).

Le projet du haut-barrage d'Assouan a semblé permettre à l'Égypte de se mettre à l'abri de toute « menace hydraulique ». Avec le haut-barrage, l'Égypte a considéré que le Nil « naissait » au sortir du lac Nasser. Après des années de presque insouciance, la réalité s'est assez vite imposée aux autorités égyptiennes. En fait, dès 1978, l'insuffisance du haut-barrage s'est imposée. Les années de sécheresse et le soutien de l'Égypte à la dissidence érythréenne dès 1961 et à la Somalie durant la guerre de l'Ogaden (1977-1978) ont rappelé à l'Égypte qu'elle était véritablement le « don du Nil » à la merci du don des États d'amont[1].

« L'Égypte est prête à entrer en guerre si l'Éthiopie entreprend de construire un barrage sur le lac Tana, où prend sa source le Nil Bleu ». Le président Anouar Sadate formulait en mai 1978 cette mise en garde, alors que l'Éthiopie laissait le doute s'installer[2]. En 1987, l'Égypte exprimait son inquiétude en apprenant l'existence du projet éthiopien Tana-Beles, financé par l'Italie et confié à la compagnie Salini Costruttori. Les tensions montèrent avec l'Égypte et, pour faire écho au président Sadate, le ministre d'État égyptien aux affaires étrangères,

---

Le 13 mars 2011, l'Éthiopie lance officiellement son projet de construction d'un immense barrage hydro-électrique sur le Nil Bleu (1 800 mètres de longueur, 155 mètres de hauteur, un réservoir d'une étendue de 1 875 kilomètres carrés qui doit contenir plus de 74 milliards de mètres cubes d'eau, ses seize turbines devant produire environ 5 150 mégawatts d'électricité quand le GERD sera officiellement inauguré en septembre 2025.

[1] À cause de la sécheresse, et du peu de pluie sur les hauts plateaux éthiopiens, le niveau du lac Nasser baissa pendant neuf années. En 1988, la catastrophe semble inévitable. Derrière le haut-barrage, l'eau descend de 170 à 152 mètres. À 147 mètres, les turbines s'arrêteront. Le lac Nasser descend à 150,6 mètres. La réserve utile d'eau tombe à 38 milliards de mètres cubes. Puis, en août 1988, les pluies tombent ; le drame est évité de justesse.

[2] Le vice-premier ministre Tesfaye Dinka déclarait en février 1990 que « L'Éthiopie n'a pas de temps à consacrer à l'heure actuelle à de grands travaux sur le Nil Bleu ». Voy. T. MAJZOUB, *Les fleuves du Moyen-Orient. Situation et prospective juridico-politiques*, Paris, L'Harmattan, 1994, p. 250, note 262.

Boutros Boutros Ghali, assurait en 1988 que « la prochaine guerre dans notre région portera sur les eaux du Nil, non sur des questions politiques »[1].

L'attitude de l'Éthiopie à l'égard de l'Égypte était confortée par le complexe de l'encerclement arabo-musulman que l'Empire des négus[2] a toujours éprouvé. Presqu'entièrement entourée par des États membres de la Ligue arabe, en butte à une dissidence érythréenne, l'Éthiopie avait été outrée par le soutien de l'Égypte à la Somalie lors la guerre de l'Ogaden. De plus, les affinités de l'Éthiopie avec Israël – avec laquelle elle avait renoué officiellement en novembre 1989 – provenaient du fait que l'Éthiopie et Israël étaient, à l'époque, les deux seuls riverains non arabes de la mer Rouge. C'est pourquoi les deux partenaires ont coopéré militairement et soutenu de concert la guérilla menée par John Garang (1970-1972 et 1983-2005) au sud-Soudan, animiste et chrétien, contre les autorités arabo-musulmanes du nord. Ils se sont également concertés sur les projets hydrauliques susceptibles d'inquiéter l'Égypte[3].

Faute d'un accord entre les riverains, la pression sur le Nil va accroître inéluctablement les tensions dans la région, notamment le jour où l'Ouganda, la Tanzanie et le Kenya se décideront à tirer un meilleur profit de l'eau du lac Victoria, où le Nil Blanc prend sa source[4]. Au-delà des mises en garde tonitruantes périodiquement proférées par les responsables égyptiens, la mesure du danger a été prise en compte. La coopération économique devait contribuer à resserrer ou à retisser les liens entre l'Égypte et les autres riverains du Nil. L'enjeu étant bien de maintenir ou d'entretenir ces contacts à travers des réunions régulières ou des forums.

Tout au long de la deuxième moitié du XXe siècle, l'Égypte n'a pas ménagé sa peine pour favoriser la coopération technique entre les États

---

[1] Voy. Th. E. RICKS, « The Future of Water Wars », *Foreign Policy*, 5 mai 2011, https://foreignpolicy.com/2011/05/05/the-future-of-water-wars/

[2] Titre porté par les rois ou les souverains éthiopiens.

[3] Pour des raisons politiques tenant au soutien apporté par l'Égypte et le Soudan aux mouvements de libération nationale du Tigré et de l'Érythrée en lutte contre le régime central d'Addis-Abeba, l'Éthiopie a menacé de couper l'eau du Nil à ces deux pays et soutenu le mouvement « séparatiste » au sud-Soudan. Voy. L. BOUGUERRA et O. PETITJEAN, « Le partage des eaux du Nil : conflits et coopérations », *Partage des eaux*, 7 septembre 2009, https://www.partagedeseaux.info/Le-partage-des-eaux-du-Nil-conflits-et-cooperations.

[4] *Ibid.*, pp. 291 et 293.

riverains du Nil : projet HydroMet (1967)[1], groupe Undugu (1983)[2], commission intergouvernementale TECCONILE (1992)[3], etc.

Ces initiatives n'ont cependant pas permis de parvenir à des avancées significatives. Certains États riverains du Nil ont accueilli avec méfiance la mise en place de ces structures, craignant qu'elles n'aient en réalité pour unique objet que de préserver les « droits acquis » de l'Égypte et du Soudan sur l'eau du Nil. C'est l'une des raisons pour lesquelles l'Éthiopie n'a jamais revendiqué un autre statut que celui d'observateur.

Le 1er juillet 1993, l'« Accord-cadre de coopération générale entre la République arabe d'Égypte et l'Éthiopie »[4], est signé au Caire. Cet accord témoigne de la volonté des deux États d'opter pour une gestion « intégrée » du bassin du Nil[5]. Cependant, si l'article 5 de l'accord-cadre renvoie à l'obligation de ne pas causer de préjudices sensibles[6], il ne fait pas référence au principe de l'utilisation équitable et raisonnable. Les Éthiopiens ont considéré, après coup, que cet accord-cadre favorisait l'Égypte.

Début 1999, la situation a pris une nouvelle tournure ; les évènements s'accélèrent. Les États riverains du Nil semblent avoir la volonté de parvenir à un accord multilatéral réglant l'utilisation du Nil à des fins autres que la navigation[7].

---

[1] Accord avec l'Organisation météorologique mondiale (OMM) et le Programme des Nations Unies pour le développement (PNUD) pour l'étude de l'hydrométéorologie des lacs équatoriaux (*Hydro-Meteorological Survey of the Equatorial Lakes* dans la terminologie anglo-saxonne, HydroMet). Le projet s'est déroulé sur une période de 25 ans (1967-1992).

[2] Groupe Undugu (littéralement « fraternité » en langue swahili) des États riverains du Nil. Sa fonction est de discuter, à travers des réunions périodiques, d'un certain nombre de questions relatives au Nil, à l'environnement et à la coopération technique ou scientifique.

[3] La Commission intergouvernementale de coopération technique, pour la promotion du développement et la protection de l'environnement du bassin du Nil (*Intergovernmental Technical Cooperation Committee for the Promotion of Development and Environmental Protection of the Nile Basin* dans la terminologie anglo-saxonne, TECCONILE). S'inscrivant dans le prolongement d'HydroMet, celle-ci (1993-1999) doit favoriser la coopération entre les États riverains du Nil pour promouvoir une mise en valeur durable et intégrée des eaux du Nil.

[4] *RTNU*, 2010, vol. 2693, pp. 80-81 (entrée en vigueur : 1er juillet 1993 par signature).

[5] Art. 8, §1, de l'accord-cadre, *RTNU*, 2010, vol. 2693, p. 81.

[6] Art. 5 de l'accord-cadre, *RTNU*, 2010, vol. 2693, p. 81.

[7] Sur les travaux préparatoires du projet d'accord-cadre, voy. https://www.nilebasin.org/index.php/nbi/cooperative-framework-agreement

Lors de leur réunion à Dar es-Salam (Tanzanie), le 22 février 1999, les États riverains du Nil ont donné naissance à l'Initiative du Bassin du Nil (*Nile Basin Initiative* dans la terminologie anglo-saxonne, NBI) qui vise à concilier les intérêts de chacun d'eux[1]. La NBI qui rassemble neuf des dix États riverains du Nil[2] (l'Érythrée n'a toutefois que le statut d'observateur), s'est donnée pour mission « d'assurer le développement socio-économique par l'utilisation équitable et bénéfique des ressources hydrauliques communes du bassin du Nil ». Elle est composée de trois organes : le Nile-COM (Conseil des ministres de l'eau qui est l'organe de décision), le Nile-TAC (Commission technique consultative composée de deux experts par État, elle émet des avis techniques, prépare les propositions pour le Nile-COM et l'assiste dans ses travaux) et le Nile-SEC (Secrétariat de la NBI qui est basé à Entebbe, en Ouganda, comme l'était auparavant le secrétariat du TECCONILE). En janvier 2003, le Nile-COM a instauré un fonds fiduciaire et a demandé à la Banque mondiale de le gérer. La NBI développe deux volets du programme d'actions subsidiaires, à savoir le programme d'action subsidiaire du Nil Oriental (*Eastern Nile Subsidiary Action Program* dans la terminologie anglo-saxonne, ENSAP) et le programme d'action subsidiaire des Lacs Équatoriaux du Nil (*Nile Equatorial Lakes Subsidiary Action Program* dans la terminologie anglo-saxonne, NELSAP).

Le ENSAP réuni l'Égypte, l'Éthiopie et le Soudan[3]. Son comité d'orientation est composé des trois ministres des ressources en eau et de l'équipe du programme d'action (unité de trois équipes techniques nationales). Son objectif est d'effectuer des actions conjointes sur le terrain afin de réduire la pauvreté, de promouvoir la croissance économique et de restaurer l'environnement dégradé. Son bureau technique régional, l'ENTRO[4], a commencé ses activités en juin 2002 à Addis-Abeba. En 2007, l'Égypte, l'Éthiopie et le Soudan ont procédé, sous les auspices du ENSAP, à une étude de préfaisabilité du GERD en tant que projet conjoint polyvalent. Le terrain ainsi préparé pour la construction du barrage, l'Éthiopie propose la mise en place d'un Comité technique mixte tripartite (JTTC)[5], incluant les trois ministres

---

[1] Voy. https://www.nilebasin.org/index.php ; https://ikp.nilebasin.org/

[2] Après son indépendance en 2011, le Soudan du Sud les rejoindra.

[3] *Id.*

[4] Voy. https://entro.nilebasin.org/

[5] Joint Tripartite Technical Committee (JTTC).

de l'Irrigation[1], pour étudier les différents aspects du barrage et parvenir à une vision commune et à un accord satisfaisant pour les trois États. Celui-ci conduit ensuite à la création du Panel international d'experts (IPoE)[2] pour étudier et évaluer l'impact de la construction du GERD. Par la suite, d'autres mécanismes voient le jour, tels le Comité national tripartite (TNC)[3], le Groupe national indépendant de recherche scientifique (NISRG)[4], la réunion des Six parties (SPM)[5] (les trois ministres des affaires étrangères et les trois ministres de l'irrigation), la réunion des Neuf parties (NPM)[6] (les trois ministres des affaires étrangères, les trois ministres de l'irrigation, et les trois chefs des services de renseignement), et la réunion Tripartite au sommet des chefs d'État et de gouvernement (TSHSG)[7].

Le NELSAP regroupe, en plus de l'Égypte l'Éthiopie et le Soudan[8], six États riverains du Nil (Burundi, RDC, Kenya, Ouganda, Rwanda et Tanzanie). Son objectif est similaire à l'ENSAP. Son bureau technique régional, le NELSAP-CU[9], est basé à Kigali (Rwanda). Plusieurs projets de développement ont été identifiés et regroupés en deux grands axes : gestion des « ressources naturelles » (gestion intégrée du bassin

---

1 On entend par ministère de l'Irrigation, le ministère qui s'occupe de l'eau, des ressources en eau, ou de l'irrigation dans les trois États (Égypte, Éthiopie et Soudan). En effet, on a choisi de les grouper sous le vocable de « ministère de l'Irrigation », car les trois États ont en commun le mot irrigation dans l'appellation de leurs ministères y respectifs : « Ministère des ressources en eau et de l'irrigation » pour l'Égypte ; « Ministère de l'eau, de l'irrigation et de l'énergie » pour l'Éthiopie ; et « Ministère de l'irrigation et des ressources en eau » pour le Soudan.

2 International Panel of Experts (IPoE).

3 Tripartite National Committee (TNC).

4 National Independent Scientific Research Group (NISRG).

5 Six-party meeting (SPM).

6 Nine-party meeting (NPM).

7 Tripartite Summit of Heads of State and Government (TSHSG).
S'ouvrent des cycles de négociations (en 2011, entre 2014 et 2021, en plus des cycles parrainés par les États-Unis d'Amérique entre 2019 et 2020) composés d'une ou plusieurs réunions sur la mise en eau du GERD, son remplissage, et son éventuelle exploitation.

8 Après son indépendance en 2011, le Soudan du Sud les rejoindra.

9 Voy. https://nelsap.nilebasin.org/index.php/en/.

de la Kagera[1], éradication de la jacinthe d'eau[2] dans la Kagera, etc.), développement de l'hydro-électricité et du marché énergétique (interconnexion des réseaux électriques entre : le Kenya et l'Ouganda ; le Burundi, la RDC et le Rwanda ; le Burundi et le Rwanda ; le Rwanda et l'Ouganda ; la Tanzanie et l'Ouganda, etc.).

Dix ans après la NBI, l'accord-cadre sur la coopération dans le bassin du fleuve Nil[3] est quasi finalisé à la réunion extraordinaire du Nile-COM à Kinshasa (RDC), le 22 mai 2009. Il s'inspire très largement de la « Convention sur le droit relatif aux utilisations des cours d'eau internationaux à des fins autres que la navigation » (Convention de 1997)[4]. En plus des critères retenus pour l'utilisation équitable et raisonnable de cette convention (articles 5 et 6), figure deux critères, à savoir « la contribution de chaque État du Bassin aux eaux du système du Fleuve Nil » (art. 2, al. 2(h), de l'accord-cadre) et « de l'ampleur et de la proportion du secteur de drainage sur le territoire de chaque État du Bassin » (art. 2, al. 2(i), de l'accord-cadre) ; l'apport d'eau favorise l'Éthiopie et plus généralement tous les États d'amont, la superficie de l'aire de drainage privilégie le Soudan. Comme dans la Convention de 1997, il n'y a pas de hiérarchie établie entre les critères retenus. L'accord-cadre cherche, d'une part, à concilier le principe de

---

[1] Accord portant création de l'Organisation pour l'aménagement et le développement du Bassin de la rivière Kagera (Burundi, Rwanda et Tanzanie) du 24 août 1977 (entrée en vigueur : 5 février 1978). L'Ouganda a rejoint l'organisation par un Accord du 19 mai 1981.

[2] La jacinthe d'eau colonise de la même façon le Nil ou le lac Victoria. Cette plante aquatique flottante est un véritable fléau pour l'une des sources du Nil Bleu (le lac Tana). En moyenne, entre 20 000 et 30 000 hectares du lac Tana sont infestés par la jacinthe d'eau, qui doublerait sa surface en une à trois semaines. Elle peut couvrir jusqu'à 50 000 hectares durant la haute saison, en septembre-octobre (E. WUILBERCQ, « En Éthiopie, le lac Tana rongé par les jacinthes d'eau », *Le Monde*, 18 mai 2019, https://www.lemonde.fr/planete/article/2019/05/18/en-ethiopie-le-lac-tana-ronge-par-les-jacinthes-d-eau_5463715_3244.html).
Cette envahisseuse fait écran à la lumière et capte l'oxygène nécessaire aux algues et aux poissons. Ses feuilles bloquent les générateurs hydro-électriques. Un casse-tête pour les gouvernements et les scientifiques de la planète.

[3] Voy. https://www.nilebasin.org/index.php/nbi/cooperative-framework-agreement

[4] AGNU, Résolution 51/229 relative à la Convention des Nations Unies sur le droit relatif aux utilisations des cours d'eau internationaux à des fins autres que la navigation, 21 mai 1997, *RTNU*, 2014, vol. 2999, p. 145-169.
Pour les travaux de la CDI sur le droit relatif aux utilisations des cours d'eau internationaux à des fins autres que la navigation, https://digitallibrary.un.org/?ln=fr ; https://legal.un.org/docs/?symbol=A/CN.4/457 ;
https://legal.un.org/ilc/guide/8_3.shtml ; https://legal.un.org/ilc/summaries/8_3.shtml

l'utilisation équitable et raisonnable avec l'obligation de ne pas causer de dommages significatifs et, d'autre part, à favoriser la coopération par de multiples mécanismes. Toutefois, il ne règle pas la question épineuse de la « sécurité hydraulique » (ou « sécurité de l'eau », art. 14, al. b, de l'accord-cadre) ou des accords antérieurs (accords égypto-britannique du 7 mai 1929 et soudano-égyptien du 8 novembre 1959 sur le Nil). L'Égypte et le Soudan souhaitent maintenir leurs « droits acquis » ou « droits historiques » consacrés par ces accords tandis que la majorité des États d'amont s'y opposent fermement[1]. Aucun des deux camps n'étant prêt à transiger sur cette question, les négociations sont dans l'impasse.

La Banque mondiale et les États donateurs ont adressé, le 29 juin 2009, une lettre aux États riverains les invitant à conclure au plus vite l'accord-cadre sur la coopération dans le bassin du fleuve Nil du 22 mai 2009.

Le 3 juillet 2009 marque une étape importante dans le renforcement de la coopération sur le Nil : l'accord-cadre du 22 mai 2009[2] est finalisé à Nairobi (Kenya). Selon le texte de l'accord-cadre, la NBI, organe financé par la Banque mondiale qui chapotait les négociations, deviendra la Commission du Bassin du Fleuve Nil (*Nile River Basin Commission* dans la terminologie anglo-saxonne, NRBC)[3]. La NRBC aura droit de veto sur tous les projets concernant le Nil (canaux d'irrigation, barrages, etc.), une injure supplémentaire pour l'Égypte,

---

1 « Aucun consensus n'ayant été trouvé à la fin des négociations sur l'Article 14(b) qui stipule : "*de ne pas affecter considérablement la sécurité de l'eau de tout autre État du Bassin du Fleuve Nil*".
Tous les pays [Burundi, RD Congo, Éthiopie, Kenya, Ouganda, Rwanda, Tanzanie] ont accepté cette proposition sauf l'Égypte et le Soudan.
À cet effet, l'Égypte a proposé que l'Article 14(b) soit reformulé comme suit : "*de ne pas affecter défavorablement la sécurité de l'eau ainsi que sur les usages et droits actuels de tout autre État du Bassin du Fleuve Nil*".
La réunion extraordinaire du Conseil des Ministres du Nil tenue le 22 mai 2009 à Kinshasa, République Démocratique du Congo, a décidé que l'Article 14(b) soit annexé et résolu par la Commission du Bassin du Nil endéans six mois dès son installation » (voy. https://www.nilebasin.org/index.php/nbi/cooperative-framework-agreement).

2 Voy. https://www.nilebasin.org/index.php/nbi/cooperative-framework-agreement

3 La Commission du Bassin du Fleuve Nil est prévue pour septembre 2025 (voy. S. ABATE, « Highly Anticipated Nile River Basin Commission to Be Formed in September », *The Reporter*, 21 juin 2025, https://www.thereporterethiopia.com/45726/).

qui a aussitôt émis, ainsi que le Soudan, de fortes réserves concernant l'accord[1].

Au cours de la réunion du Nile-COM à Alexandrie, du 27 au 28 juillet 2009, l'Égypte et le Soudan font front contre les autres États du Nil. L'Égypte menace même de se retirer de la NBI si ceux-ci persistaient à vouloir adopter l'accord-cadre du 22 mai 2009 en l'état. À l'initiative du Soudan, les ministres se sont toutefois mis d'accord pour se donner un délai supplémentaire de six mois.

Face au blocage des négociations sur l'accord-cadre du 22 mai 2009 (Entebbe, septembre 2009 ; Dar es Salaam, décembre 2009 ; Sharm El Sheikh, avril 2010), la réunion du Nile-COM à Sharm El Sheikh (Égypte), le 13 avril 2010, apparait comme celle du dernier espoir. Les sept États riverains du Nil campent sur leur position et l'Égypte, appuyée par le Soudan, conditionne sa signature à l'octroi de garanties, refusées par ces États. L'accord était unanime pour ouvrir l'accord-cadre du 22 mai 2009 à la signature, sauf opposition explicite de l'Égypte et du Soudan.

Exaspérés par les positions de l'Égypte et du Soudan, quatre États (Éthiopie, Rwanda, Tanzanie et Ouganda), en l'absence du Burundi et de la RDC, ont décidé de passer en force en se réunissant à Entebbe (Ouganda), le 14 mai 2010, pour la signature de l'accord-cadre sur la coopération dans le bassin du fleuve Nil (*Cooperative Framework Agreement* dans la terminologie anglo-saxonne, CFA[2]), rendant la situation explosive.

La NBI se veut donc une étape transitoire vers la future NRBC prévue lors de l'entrée en vigueur du CFA[3]. Après la signature des six

---

[1] « Aucune réserve ne peut être faite au présent Accord » (article 39 de l'accord-cadre), voy. https://www.nilebasin.org/index.php/nbi/cooperative-framework-agreement.

[2] Voy. https://www.nilebasin.org/index.php/nbi/cooperative-framework-agreement

[3] « Le présent Accord entre en vigueur le soixantième jour suivant la date du dépôt du sixième instrument de ratification ou d'accession auprès de l'Union Africaine » (article 43 de l'accord-cadre), voy. https://www.nilebasin.org/index.php/nbi/cooperative-framework-agreement.
La NRBC, composée de cinq organes (la Conférence des chefs d'État et de gouvernement, le Conseil des ministres, la Commission consultative technique, les Commissions consultatives sectorielles, et le Secrétariat), est un rouage essentiel du CFA. Elle sera chargée de gérer les projets d'irrigation sur la totalité du cours du fleuve.

États du bassin du Nil[1] (Burundi[2], Éthiopie, Kenya[3], Rwanda, Ouganda, Tanzanie), le CFA peut donc être soumis à la ratification, à l'acceptation ou à l'approbation, en dépit de la forte opposition de l'Égypte et du Soudan[4].

L'Égypte quitte la NBI avant de la réintégrer en février 2015. Le mois d'après, le 23 mars 2015, l'Égypte, l'Éthiopie et le Soudan signent à Khartoum une Déclaration de Principes (*Declaration of Principles* dans la terminologie anglo-saxonne, DoP)[5] sur la construction du GERD qui s'inscrit dans un vaste programme de valorisation des usages de l'eau en Éthiopie[6].

---

[1] « Le présent Accord est ouvert à la signature de tous les États sur le territoire desquels est située une partie du Bassin du Fleuve Nil, du 14 mai 2010 au 13 mai 2011 à Entebbe, Ouganda » (article 41 de l'accord-cadre), voy. https://www.nilebasin.org/index.php/nbi/cooperative-framework-agreement.

[2] L'accord-cadre est signé à Bujumbura (Burundi) le 28 février 2011, voy. https://www.nilebasin.org/index.php/nbi/cooperative-framework-agreement.

[3] L'accord-cadre est signé à Nairobi (Kenya) le 19 mai 2010, voy. https://www.nilebasin.org/index.php/nbi/cooperative-framework-agreement.
Voy. https://www.ecolex.org/fr/details/agreement-on-the-nile-river-basin-cooperative-framework-tre-160035/participants/.

[4] Voy. https://www.ecolex.org/fr/details/agreement-on-the-nile-river-basin-cooperative-framework-tre-160035/participants/.
Voy. P. PRIER, « L'Égypte menace de faire la guerre pour les eaux du Nil », *Le Figaro*, 16 mai 2010, https://www.lefigaro.fr/international/2010/05/16/01003-20100516ARTFIG00169-l-egypte-menace-de-faire-la-guerre-pour-les-eaux-du-nil.php) ; M. Tignino, « Accord-cadre sur la coopération dans le bassin du Nil : pourquoi l'Égypte et le Soudan devraient-ils le ratifier ? », 7 novembre 2024, https://www.leclubdesjuristes.com/international/accord-cadre-sur-la-cooperation-dans-le-bassin-du-nil-pourquoi-legypte-et-le-soudan-devraient-ils-le-ratifier-7705/.

[5] Sur la Déclaration de Principes et la rapide dissipation des espoirs suscités par celle-ci, voy. G. LE FLOCH, « Le Grand Barrage de la Renaissance éthiopienne ou un énième remake des antagonismes entre États d'amont et États d'aval », *AFDI*, 2020, vol. 66, pp. 754-763.

[6] Le « château d'eau de l'Afrique de l'Est » multiplie les barrages dans le cadre du « plan [quinquennal] de transformation et de croissance » (*Growth and Transformation Plan*, GTP), lancé en 2010, sans égard pour leur impact humain et écologique (mise en chantier de vastes projets agricoles dans les vallées du Nil Bleu, de la Sobat et de Tekezé). L'objectif du gouvernement éthiopien ne manque pas d'ambition : transformer en quelques années ce pays pauvre en puissance hydro-électrique régionale, exportatrice d'énergie, alors qu'il est l'un de ceux où l'accès de la population à l'électricité est parmi les plus bas du monde (Ch. CHÂTELOT, « L'Éthiopie parie sur l'énergie hydroélectrique », *Le Monde*, 8 juin 2010, https://www.lemonde.fr/planete/article/2010/06/08/l-ethiopie-parie-sur-l-energie-hydroelectrique_1369443_3244.html).

Six États du bassin du Nil ont ratifié le CFA[1] (ratification de cinq États signataires – Burundi, Éthiopie, Rwanda, Ouganda et Tanzanie – et adhésion d'un sixième – Soudan du Sud). Dès son entrée en vigueur le 13 octobre 2024, le CFA va rajouter au maillage conventionnel déjà très controversé une convention supplémentaire. Une même entreprise pourra par conséquent trouver un fondement juridique dans un des accords et être en même temps contraire à un autre.

Par ailleurs, jusqu'en février 1999 au moins, l'Éthiopie a toujours refusé les propositions faites pour entamer des négociations de haut niveau sur les eaux plurielles du Nil ou la « question des eaux du Nil »[2].

Paragraphe 3.- Le Nil et ses eaux plurielles dans les relations égypto-éthiopiennes

Le Nil a joué, et joue toujours, un rôle majeur dans l'histoire de l'humanité[3] et a permis à la civilisation pharaonique d'émerger tant à son embouchure qu'à son centre[4] et en amont, à Mérowé et à Aksoum (ou Axoum). La vallée du Nil a servi de refuge à la pensée grecque[5], a abrité le judaïsme, le christianisme et l'islam.

---

[1] Voy. https://nilebasin.org/sites/default/files/2024-10/Announcement%20of%20the%20Entry%20into%20force%20of%20the%20CFA%20%20on%2013%20October%202024.pdf.

[2] Le mot « eau » revêt une signification différente selon qu'il soit employé au singulier (« eau ») ou au pluriel (« eaux »). Ces dernières années, les chercheurs ont attiré l'attention sur les eaux ontologiquement différentes, sur la pluralité des couleurs de l'eau (bleue, boueuse, brillante, jaune, grasse, grise, limpide, noire, sale, sombre, transparente, trouble, verte) et sur la consommation cachée d'eau (l'empreinte eau verte, eau bleue et eau grise ; eau virtuelle). Leurs recherches contrastent avec la science et le discours de l'« eau » au singulier, qui sous-tend les stratégies modernes de gestion de l'eau. Mais si l'on considère l'eau au pluriel (« eaux »), on pourrait gérer durablement l'eau du cours d'eau international. Voy. J. LINTON, « L'eau et les Eaux », Les journées de l'interdisciplinarité, Limoges, 15 février 2022, https://doi.org/10.25965/lji.188

[3] Voy. L. METCHNIKOFF, *La civilisation et les grands fleuves historiques*, Paris, Hachette, 1889 ; P.-L. VIOLLET, *L'hydraulique dans les civilisations anciennes : 5 000 ans d'histoire*, Paris, Presses de l'École nationale des ponts et chaussées, 2004.

[4] Voy. M. DU CAMP, *Le Nil (Égypte et Nubie)*, Paris, Imprimerie de Pillet fils ainé, 1854 ; A. CHÉLU, *Le Nil, le Soudan, l'Égypte*, Paris, Librairie Chaix & Garnier Frères, 1891.

[5] Voy. A. JACQUES, J. SIMON et E. SAISSET, *Manuel de philosophie*, 9e éd., Paris, Hachette, 1883, p. 516.

Voy. également A. DAMET, « Grèce : tout ce qu'elle doit à l'Égypte », *National Geographic*, 3 septembre 2019,

Pour assurer la sécurité en eau de l'Égypte ancienne[1], les Pharaons se sont emparés de la première et de la deuxième cataracte.

Vers le milieu du premier millénaire avant notre ère, mais probablement dès le VIIe siècle, d'étroits contacts se sont développés entre l'ancienne Abyssinie[2], l'Éthiopie d'aujourd'hui[3], et l'*Arabia Felix*, ou l'Arabie Heureuse[4].

Vassale des pharaons de la XVIIIe dynastie, l'Éthiopie domina brièvement l'Égypte (VIIe avant J.-C.), puis se convertit au christianisme par l'Église copte[5] égyptienne au IVe siècle. Le chef spirituel des éthiopiens « est un évêque (*abouna*) qui est institué par le patriarche d'Alexandrie»[6].

Au Xe siècle, le royaume d'Aksoum s'effondre devant l'avancée de l'islam. Mais une renaissance se dessine avec l'œuvre de certains négus.

---

https://www.nationalgeographic.fr/histoire/2019/09/grece-tout-ce-quelle-doit-legypte

[1] Vers 4 500 avant J.-C. apparaît le prédynastique ancien : préfiguration des caractéristiques de la civilisation pharaonique. L'histoire de l'Égypte pharaonique débute vers 3 150 avant J.-C. Le roi perse Cambyse réussit finalement la conquête de l'Égypte en 525 avant J.-C., date qui marque la fin de l'Égypte pharaonique et son intégration dans l'Empire perse achéménide. En 331 avant J.-C., l'Égypte passe sous le contrôle d'Alexandre le Grand, puis des héritiers de Ptolémée, son général. Entre 395 et 639 après J.-C. l'Égypte est dans la mouvance byzantine. En 642, début de l'histoire de l'Égypte arabe.

[2] Nom donné autrefois au territoire englobant la plus grande partie de l'Érythrée, du Tigré et du Gondar, et des parties du Godjam, du Choa et du Wollo.
Voy. L.-J. MORIÉ, *Histoire de l'Éthiopie (Nubie et Abyssinie) depuis les temps les plus reculés jusqu'à nos jours*, Tome I : « La Nubie (Éthiopie ancienne) », Tome II : « L'Abyssinie (Éthiopie moderne) », Paris, Augustin Challamel Éd., 1904.

[3] Éthiopie vient du grec *Aithiopia*, « le pays des visages brûlés », ce pays aussi aimé des dieux. C'est également l'avis des Égyptiens qui feront du pays de Pount (Pays du dieu, le Soleil) à la fois « le pays des aromates » et de leurs plus grandes divinités. Éthiopie, Pount, Habasha, Abyssinie, Koush : tous ces noms ont en commun de désigner une région, située au sud de l'Égypte, longtemps considérée comme merveilleuse par les peuples du bassin méditerranéen et de l'Europe.

[4] Ensemble des hautes terres de l'Arabie du Sud-Ouest dont l'ancien Yémen du Nord constitue le cœur.

[5] Les Coptes (*aqbat* en arabe) se présentent comme les héritiers de la très ancienne Égypte pharaonique, puis du monde des Ptolémées issu des conquêtes d'Alexandre le Grand. Formant une communauté à la fois culturelle et religieuse, les coptes pensent cependant, et avant tout, constituer une Église, souvent qualifiée d'orthodoxe. Il existe deux autres Églises dites coptes : l'Église catholique copte sous l'autorité de Rome depuis le XVIIe siècle ; l'Église évangélique copte apparue au XIXe siècle.

[6] H. BLERZY, « La guerre d'Abyssinie », *La Revue des Deux Mondes*, juillet 1868, vol. 76, no. 2, 15 p. 419.

La peur d'un tarissement du Nil par le Nil Bleu remonte à l'histoire ancienne. Au cours d'une sécheresse qui frappa l'Égypte entre 1066 et 1072[1], le calife fatimide al-Mustansir (1036-1094) dut dépêcher au négus le patriarche copte d'Alexandrie, suzerain de l'Église abyssine[2], pour lui demander de rendre son cours normal au Nil et de renoncer à son plan de détourner l'eau du Nil d'Abyssinie[3] ; le fleuve reprit son cours normal[4]. On crut en Égypte, lors de cette sécheresse, que le négus avait détourné l'eau du Nil et n'avait, ensuite, rendu l'eau que sur les instances du patriarche[5].

Îlot de chrétienté dans une mer d'islam et d'arabité, le royaume abyssin est en lutte permanente avec le « Croissant ». On y cultivait les prophéties apocryphes selon lesquelles, un jour, l'indomptable Éthiopie fera sa jonction contre la Mecque, avec un souverain d'Occident[6]. De là naîtra plus tard, dans l'Europe latine, la légende du « Royaume du Prestre Jehan »[7].

Historiquement, l'Église éthiopienne appartient sur le plan théologique et liturgique à l'Église copte d'Alexandrie en Égypte, l'une des trois Églises chrétiennes orientales non chalcédoniennes, c'est-à-

---

[1] Certaines sources estiment que la grande famine en Égypte a commencé en 1064 ou 1065 et qu'elle a pris fin en 1071.

[2] C'est le patriarche d'Alexandrie en Égypte qui désignait et envoyait, du IVe siècle jusqu'en 1959, le métropolite d'Éthiopie, l'Abuna. L'Église éthiopienne est avant tout une Église nationale indissociable de l'Empire d'Éthiopie (ou Abyssinie) représenté par le « Négus Négast » – le Roi des rois – jusqu'à la chute de la monarchie en 1974.

[3] J.-P. PÉRONCEL-HUGOZ, « Le Nil : un roi en proie au progrès », *Le Monde*, 4 juin 1979.

[4] J. DORESSE, *Histoire de l'Éthiopie*, Paris, PUF, 1970, p. 40.

[5] Jirjis al-Makin (décédé en 1273) est le premier égyptien copte à rapporter cet évènement du XIe siècle (détournement par le négus de l'eau du Nil pour la rendre ensuite à son cours) dans son ouvrage *Majmu' al-mubarak*.

[6] La position exceptionnelle de l'Éthiopie antique, au carrefour des routes maritimes reliant les côtes africaines à la péninsule arabique et, au-delà, à l'Inde – mais aussi à l'Europe *via* l'Égypte – a suscité d'intenses échanges commerciaux, culturels et religieux. Ces échanges expliquent en partie les spécificités initiales de ce pays africain aux racines en partie sémitiques. Mais ce sont sans doute davantage son relief escarpé et, plus généralement, ses conditions naturelles, qui vont contribuer à façonner le visage historique de l'Éthiopie.

[7] C'est à partir de Cologne en Allemagne, dont la cathédrale se targue de posséder les reliques des Rois mages, que se répand la croyance en l'existence d'un « Prêtre Jean », héritier de ces mages qui, d'Orient, serait en mesure de prendre les infidèles à revers. Après avoir vainement cherché vers l'est, et cru qu'il pouvait être le prince mongol ayant défait les Seldjoukides, ou Saldjuqides, en 1141, le monde latin s'oriente peu à peu en direction des anciens royaumes de Saba et de la Nubie.

dire séparés des Églises byzantine et romaine depuis le concile de Chalcédoine de 451. Politiquement, l'appartenance à l'Église copte d'Alexandrie a été ressentie dans l'histoire éthiopienne comme une certaine dépendance[1]. C'est le patriarche d'Alexandrie qui désignait et envoyait le métropolite d'Abyssinie, l'Abouna ou l'Abuna. C'était une arme périodique dans les mains du souverain d'Égypte équilibrant, à chaque fois qu'un métropolite devait être désigné, la dépendance dans laquelle l'origine de la crue du Nil tenait les Égyptiens par rapport aux éthiopiens, maîtres supposés des sources[2]. Certes, la désignation d'un métropolite était une arme, mais de périodicité inconnue, fonction de la durée de vie de l'Abuna. Dans ce jeu de bascule, les avantages penchèrent souvent du côté abyssin[3]. À chaque fois que l'Égypte lançait, ou menaçait de lancer, une campagne punitive en Nubie, aux confins de l'Empire abyssin, l'empereur répliquait qu'il ferait détourner l'eau du Nil traversant l'Égypte. La menace était assez sérieuse pour mettre fin aux velléités égyptiennes. Ces derniers craignaient les invasions chrétiennes dont, au sud, les nubiens leur offraient périodiquement de dures expériences. Cependant, ils craignaient plus encore la baisse de l'eau du Nil, attribuée au détournement de l'eau par le négus.

L'histoire « hydraulique » éthiopienne a retenu le nom du négus Amda Seyon ou Tseyon[4] (1314-1344) qui était en relations plus ou

---

[1] Les Éthiopiens devaient solliciter longuement et avec des présents coûteux l'envoi de l'Abuna. À certaines successions, la charge restait longtemps sans titulaire, ce qui bloquait les ordinations.

[2] Selon J. DORESSE, *L'Éthiopie antique et moderne*, Paris, Albert Guillot, 1956, p. 66 : le limon du Nil était vital pour l'Égypte ; « si l'on ajoute qu'à cette époque se développe en Égypte la croyance que le Négus peut affamer le pays en retenant l'eau du Nil, on a tout dit... de ces relations mouvementées ».

[3] Longtemps relié au patriarcat copte d'Égypte, le clergé chrétien d'Éthiopie a pris son autonomie depuis mai 1959, avec l'accord d'Hailé Sélassié et de Nasser.
La rupture entre les Églises copte et éthiopienne, si elle répondait à des revendications d'émancipation internes aux institutions ecclésiales, a été amplement favorisée par des motifs politiques (tel l'accord soudano-égyptien du 8 novembre 1959 sur le Nil qui faisait l'impasse sur l'Éthiopie) et des intérêts nationaux propres à l'Égypte de Nasser et à l'Éthiopie de l'empereur Hailé Sélassié (guerre de l'Ogaden éthiopien, guerre d'indépendance de l'Érythrée, etc.).

[4] Amda Seyon ou Tseyon, qui règne de 1314 à 1344, n'a eu de cesse d'agrandir son royaume montagnard exigu et de lutter contre les sultanats islamisés. Ceux-ci occupent des territoires plus étendus que l'État abyssin, mais se heurtent à une double difficulté : leur position excentrée par rapport au bastion central éthiopien et leur manque d'homogénéité.

moins suivies avec l'Église-mère d'Alexandrie et l'Égypte. Apprenant que les coptes étaient persécutés par les mamelouks[1], alors au pouvoir au Caire, le négus expédia une ambassade pour demander au sultan de l'époque de cesser son oppression, faute de quoi il se verrait au regret de priver l'Égypte des eaux du Nil Bleu en détournant le cours du fleuve[2]. Plus tard, on prétend que le négus Dawit ou David Ier (1382-1411), pour défendre la cause du patriarche copte, aurait mené ses forces au Sennar pour détourner l'eau du Nil. Selon la chronique de l'époque, le sultan mamelouk lui aurait envoyé, pour l'apaiser, de très précieuses reliques[3].

Vers la fin du XIVe siècle, le négus se porta avec une armée de 90 000 hommes au confluent du Nil Blanc et du Nil Bleu pour détourner le cours du fleuve en représailles aux dévastations commises par les Égyptiens sur des Églises chrétiennes. L'endroit prit le nom de « Khartoum » qui signifie en guèze (éthiopien ancien ou classique) « coupé » ou « détourné ». Les Égyptiens, affolés, demandèrent grâce[4].

Vers 1450, le roi Alphonse V d'Aragon incita le négus à mettre l'Égypte à merci en lui coupant l'eau[5]. À maintes reprises, les souverains d'Europe incitèrent le négus à mettre l'Égypte à merci en lui coupant l'eau du Nil d'Abyssinie et non celui de Nigritie (du latin, noir). Les souverains d'Égypte ont, en effet, toujours accordé beaucoup plus d'importance à ce qui se passait sur le Nil d'Abyssinie que sur celui de Nigritie.

Aux XVe-XVIe siècles, les souverains d'Égypte interdirent le passage par le Nil aux éthiopiens désireux de faire le pèlerinage en Palestine. Ils craignaient en effet une entente entre chrétiens d'Europe et d'Éthiopie pour détourner le cours du fleuve au niveau du Lac Tana

---

1 Jusqu'à la moitié du XIXe siècle, les coptes ont un statut de *dhimmis* (protégés en arabe), c'est-à-dire de citoyens de seconde zone : ils doivent porter des vêtements distinctifs, payer une taxe spéciale, et tout prosélytisme leur est interdit.

2 A. DAVY, *Éthiopie d'hier et d'aujourd'hui*, Le Livre Africain, 1970, p. 59. Voy. aussi D. KENDIE, « Egypt and the Hydro-Politics of the Blue Nile River », *Northeast African Studies*, 1999, vol. 6, p. 145.

3 DORESSE, *Histoire de l'Éthiopie*, *op. cit.*, p. 50.

4 J. et J. OUANNOU, *L'Éthiopie, pilote de l'Afrique*, Paris, Maisonneuve & Larose, 1962, p. 40, note 1.

5 Il semble même qu'à certaines époques il y ait eu un début de mise à exécution de cette menace de détourner l'eau du Nil. Voy. DORESSE, *L'Éthiopie antique et moderne*, *op. cit.*, p. 70.

et affamer l'Égypte. « S'il plaisait au Prestre Jehan, il ferait bien aler la rivyer aultre part » disait-on en France[1].

Au XVIIIe siècle, le négus Takla Haymanot I (1706-1708), menaça le gouverneur du Caire de dévier le Nil Bleu s'il ne délivrait pas à ses marchands un permis pour traverser l'Égypte, tant par les caravanes de la vallée du Nil que par les routes maritimes qui, de la mer Rouge, gagnent l'Égypte ou l'Orient lointain. De leur côté, les Égyptiens de Méhémet-Ali, qui menaçaient de l'est Gondar en 1838, lancèrent des expéditions à la découverte des sources du Nil[2].

Plus tard, c'est par le Nil que le Grande-Bretagne, alors puissance coloniale dominante dans la région, étendit son empire jusqu'aux confins de l'Afrique de l'Est. La mainmise sur le bassin du Nil, du lac Victoria[3] à son embouchure, était l'objectif majeur de la Grande-Bretagne. Les tractations des grandes puissances européennes voisines sur le Nil, à la fin du XIXe et au début du XXe siècle, furent à l'origine

---

[1] DAVY, *op. cit.*, pp. 55-57.

[2] L'Empire abyssin doit faire face au XIXe siècle à une forte pression périphérique. Le péril extérieur reprend sous des formes nouvelles liées directement ou indirectement à la pénétration coloniale sur les deux flancs ouest et est de la montagne abyssine. À l'est, Égyptiens et européens ont éliminé l'Empire ottoman et, après l'ouverture du Canal de Suez, implantent des bases nouvelles : occupation d'Harar par les Égyptiens en 1875, de Massaoua par les Italiens en 1880. À l'ouest, pénétration des Mahdistes jusqu'à leur défaite à Météna en 1889.
L'empereur tigréen Johannôs IV (1872-1882) s'est engagé dans une terrible guerre religieuse avec l'Égypte et le Soudan, à l'issue de laquelle l'Éthiopie a perdu son débouché sur la mer Rouge. Johannôs IV a été tué, et le Tigré est devenu une province isolée et délaissée.

[3] Le lac Victoria, le plus grand d'Afrique découvert en 1858 par l'explorateur britannique John Speke.
Environ un siècle plus tard, en 1954, une centaine de perches y ont été introduites par les Britanniques (*Lates Niloticus*, appelé aussi perche du Nil ou capitaine). La perche du Nil a proliféré aux dépens des espèces autochtones (300 espèces endémiques de poissons territoriaux étroitement apparentés – autres que la perche – les Cichlidés). Alors que les Cichlidés représentaient 99 % des captures avant l'introduction du *Lates*, ils seraient tombés à 1%. En marge de la construction d'usines pour l'exportation, les habitants sont passés du séchage au soleil au fumage des perches au feu de bois. D'où une déforestation massive et un lessivage des sols. Les effluents de plus en plus chargés en éléments nutritifs ont conduit à une prolifération des jacinthes d'eau. Ce résultat de l'eutrophisation engendre un tapis végétal opaque à la lumière du soleil qui renforce l'anoxie amorcée par l'accumulation et la décomposition d'algues mortes dues à la moindre consommation par les Cichlidés raréfiés.
La prolongation de cette situation pourrait conduire à un désastre écologique. Néanmoins, une issue moins dramatique semble poindre. À terme, la perche du Nil pourrait disparaître comme il est apparu.

de nombreux accords relatifs au Nil, entre ces puissances et le gouvernement britannique, qui réservèrent son eau à l'usage « presque exclusif » de l'Égypte. Les intérêts stratégiques britanniques dans la vallée du Nil conduisirent l'Égypte à se persuader qu'elle était investie à cet égard de « droits historiques » ou de « droits acquis » sur l'eau du Nil, droits expressément reconnu d'ailleurs dans l'accord égypto-britannique du 7 mai 1929.

Le Nil se situant dans la « sphère d'influence » de la Grande-Bretagne pendant la colonisation[1], celle-ci veilla jalousement à y maintenir sa présence et obtint de la conférence de Berlin de 1885 que ce fleuve, pourtant le plus long d'Afrique, fut soustrait au régime d'internationalisation. Cette préoccupation britannique constante pour faire du Nil un cours d'eau « national » s'est traduite par la signature de toute une série d'accords bilatéraux ou multilatéraux, entre 1890 et 1906, avec l'Allemagne[2] (1er juillet 1890), l'Italie[3] (15 avril 1891, 13 décembre 1906), la Belgique[4] (12 mai 1894, 9 mai 1906) et la France (13 décembre 1906). De plus, les accords avec l'Éthiopie (15 mai 1902) et l'Égypte (7 mai 1929) visaient à garantir que toute la vallée du Nil demeure dans la « sphère d'influence » britannique.

Cette volonté de « nationalisation » du Nil de la part de la Grande-Bretagne durant la période coloniale a ensuite évolué d'une « co-

---

[1] Lorsque la Grande-Bretagne occupa l'Égypte en 1882, elle chercha à contrôler directement l'ensemble de la vallée du Nil et à favoriser les intérêts de l'Égypte. L'installation britannique aux sources mêmes du Nil, au Kenya et en Tanzanie en 1890, en Ouganda en 1894 et l'épisode français de Fachoda – qui conduisit en 1898 la France et la Grande-Bretagne au seuil de la guerre – montrent que la Grande-Bretagne voulait à tout prix éviter que le Nil ne tombât sous le contrôle d'une puissance étrangère (le Soudan devint en 1899 un condominium anglo-égyptien). En réalité, la suprématie britannique sur le Nil, dont elle contrôlait déjà l'embouchure et la source, fut souvent disputée à la France et récusée par elle. Voy. A. ADU BOAHEN, *Histoire générale de l'Afrique, vol. 7 : L'Afrique sous domination coloniale, 1880-1935*, Unesco, 1987, pp. 54-55.

[2] Ce réflexe protectionniste visait à contrer les ambitions de l'Allemagne, ambitions affichées notamment dans le cours du Congo.

[3] L'Italie a « administré » l'Érythrée à partir de 1890. Par la suite, celle-ci fut occupée par les Britanniques à la fin de la Seconde Guerre mondiale. Fédérée à l'Éthiopie en 1952, l'Érythrée devint une province éthiopienne en 1962. Elle est officiellement indépendante depuis le 24 mai 1993.

[4] À partir de 1876, le Congo a été la propriété personnelle du souverain belge Léopold II. Après l'annexion du Congo à la Belgique en 1908, la Belgique a assumé cet héritage jusqu'en 1960.

En 1923, la Belgique a reçu un mandat sur le Ruanda-Urundi, devenu deux États indépendants – le Rwanda et le Burundi.

gestion » soudano-égyptienne avec l'accord du 8 novembre 1959 aux prémices d'un nouveau cadre juridique en gestation : l'accord-cadre sur la coopération dans le bassin du fleuve Nil du 14 mai 2010 (*Cooperative Framework Agreement* dans la terminologie anglo-saxonne, CFA[1]), en vigueur le 13 octobre 2024, rejeté par l'Égypte et le Soudan.

L'Égypte a de tout temps été préoccupée par le contrôle du Nil. L'une des raisons de cette préoccupation est la nature capricieuse du fleuve. Durant les cent dernières années, le débit total annuel du Nil a varié entre 150 milliards de mètres cubes à son maximum et 42 milliards à son minimum. Aucun pays, dont la vie même dépend de l'irrigation, ne peut se fier à un débit aussi incertain, de crainte d'être soumis à des pénuries cycliques. L'augmentation de la population et les exigences du développement économique en Égypte, au Soudan et en Éthiopie, rendent plus impérieux le besoin de réalisation d'un plan d'exploitation et de conservation du Nil. Or, tout plan va nécessairement « faire éclater le cadre juridique artificiel qui avait prétendu cristalliser *ne varietur* l'équilibre fluvial de toute cette région »[2].

Ce raccourci d'histoire des relations entre les riverains du Nil est nécessaire pour soutenir que le plan d'exploitation et de conservation du Nil ne concerne pas uniquement l'aménagement de l'eau (bleue) du Nil, mais aussi l'aménagement des eaux (vertes et grises) du Nil. Cependant, une véritable utilisation ou une gestion intégrée des eaux plurielles du Nil (bleues, vertes et grises) n'est pas à l'ordre du jour. Lors de réunions ponctuelles, les riverains du Nil se contentent bien souvent de maintenir le *statu quo*, évitant par un dialogue minimal que les crispations traditionnelles n'empirent. Ainsi, relève-t-on entre les onze États des conflits effectifs ou potentiels concernant notamment les droits de pacage réservés aux tribus nomades, la délimitation des frontières ou les travaux d'aménagement du Nil et de ses affluents. Néanmoins, la dissension la plus grave résulte du refus de l'Éthiopie de débattre de la question des eaux plurielles du Nil ou de la « question des eaux du Nil ».

La « question des eaux du Nil » n'est certes pas nouvelle, mais son acuité impose qu'on s'y intéresse pleinement. À cet égard, l'une des

---

[1] Voy. https://www.nilebasin.org/index.php/nbi/cooperative-framework-agreement

[2] Ch. ROUSSEAU, « Chroniques des faits internationaux », *RGDIP*, 1960, vol. 64, pp. 90 *et seq*.

questions centrales renvoie à la répartition des eaux plurielles du Nil. Or, l'actualité conflictuelle de l'utilisation du Nil peut servir de point de départ utile à la réflexion. En effet, pour justifier une utilisation « équitable et raisonnable » du Nil[1], l'Égypte, État d'aval, rappelle constamment sa quasi complète dépendance vis-à-vis de l'eau bleue[2] et l'eau grise[3] du Nil, contrairement aux États d'amont, notamment l'Éthiopie, qui peuvent notamment profiter de l'eau verte[4] ou de l'eau virtuelle[5]. L'Égypte estime donc, dans ces conditions, que l'utilisation

---

[1] Voy. J.-B. DUDANT, « Remplissage unilatéral du barrage de la Renaissance sur le Nil – Qualification de menace existentielle », *RGDIP*, 2020, vol. 124, nos. 3/4, 2020, pp. 587-591. Voy. aussi X. FUENTES, « Sustainable Development and the Equitable Utilization of International Watercourses », *BYBIL*, 1998, vol.69, no. 1, p. 137 ; « The Criteria for the Equitable Utilization of International Rivers », *BYBIL*, 1996, vol.67, no. 1, p. 341.

[2] Selon la définition du quatrième *Rapport mondial sur le développement des ressources en eau* de 2012, l'eau bleue est celle naturellement présente dans les écoulements d'eau de surface ou souterraine, le reste constitue l'eau verte (« L'eau verte et l'eau bleue », disponible à : appgeodb.nancy.inra.fr/biljou/fr/fiche/eau-verte-eau-bleue).

[3] Les eaux grises sont les eaux usées résultant des activités domestiques (douche, lavabo, évier, lave-linge, et lave-vaisselle), à l'exclusion des eaux noires ou vannes (issues des cabinets d'aisance). À la différence des eaux grises, qui ont vocation à être réutilisées après avoir subi un traitement, les eaux noires nécessitent un traitement particulier onéreux.

[4] L'eau verte fait référence à l'eau de pluie utilisée dans l'agriculture.

[5] Le concept d'« eau virtuelle » a été introduit, dès 1993, par Tony Allan (voy. T. ALLAN, *Virtual Water: Tackling the Threat to Our Planet's Most Precious Resource*, Londres, I.B. Tauris, 2011) et celui d'« empreinte eau », en 2002, par A.Y. Hoekstra (voy. A.Y. HOEKSTRA, A. K. CHAPAGAIN, M. M. ALDAYA et M. M. MEKONNEN, *The Water Footprint Assessment Manual : Setting the Global Standard*, London/Washington, DC, Earthscan, 2011, pp. 2-3).

L'eau virtuelle est l'eau nécessaire à la fabrication des produits (agricoles et industriels) ou à la production de services à tous les stades de la chaîne (de fabrication ou de production). Autrement dit, c'est en quelque sorte l'eau « cachée ». Le concept d'eau virtuelle est particulièrement pertinent pour la discussion sur l'utilisation de l'eau du cours d'eau international. Voy. K. ABUZEID, « GERD & Ethiopian Water Resources : Is it an "Aspiration for Hydropower" or "Hegemony for Water Power" ?! », *Ahramonline*, 16 juin 2020, disponible à : english.ahram.org.eg/News/372290.aspx.

L'empreinte eau calcule la quantité d'eau nécessaire à la fabrication des produits ou à la production de services à tous les stades de la chaîne jusqu'au consommateur final (État ou individu). Autrement dit, c'est en quelque sorte l'usage direct et indirect de l'eau, tant pour la production des matières premières et de l'énergie, la fabrication des produits ou la production de services, leur distribution, que pour le traitement éventuel des déchets. Diverses approches existent pour évaluer l'empreinte eau, parmi les plus

du Nil doit essentiellement être appréhendée à travers une vision holistique du cours d'eau international [1], intégrant la « triade hydraulique », formée de l'eau bleue, l'eau verte et l'eau grise[2].

À cet égard, force est de constater l'écart entre la pratique de certains États et les recommandations de « bonne logique » ou de « bonne pratique ». La dimension chromatique du système d'eaux (bleues, vertes, grises[3], etc.) du Nil soulève donc la question de l'évolution juridique possible des éléments « bleus » *de lege lata* qui a déjà entrainé le passage de la notion de « fleuve international »[4] au « cours d'eau international », et celle de la prise en compte des propositions « vertes » *de lege ferenda*, afin d'illustrer l'interaction vouée à exister entre les eaux bleues et les eaux vertes du Nil.

Le résultat de toute cette évolution étant une tendance à la remise en question de ces frontières chromatiques et de certains principes et conceptions hégémoniques reçus en héritage, soit de nos ancêtres soit de la colonisation britannique du Nil. Le statut de l'eau bleue du Nil en droit international positif demeure celui de « ressource naturelle

---

connues on peut citer : le « Water Scarcity », le « Water Stress Index » et le AWARE (« Available WAter REmaining »). En fonction de la méthode utilisée, cette empreinte peut également prendre en compte les impacts environnementaux, hydrologiques et les pollutions générées sur les ressources en eau, ainsi que leurs conséquences.

Ainsi, le calcul de l'empreinte eau fait le lien entre l'usage de l'eau à tous les stades de la chaîne et le consommateur final, alors que l'eau virtuelle ne calcule pas cette relation.

[1] Voy. K. ABUZEID, « Gestion des eaux transfrontières : de l'importance de l'eau verte et d'une législation efficace », *Med.2008. L'année 2007 dans l'espace euroméditerranéen*, Barcelone, 2008, pp. 94-100.

[2] Les besoins en eau de l'Égypte (126 milliards de mètres cubes) sont assurés à hauteur de 38 % par l'eau virtuelle, 37 % par l'eau bleue provenant d'Éthiopie et 25 % par l'eau grise (voy. ABUZEID, « GERD & Ethiopian Water Resources : Is it an "Aspiration for Hydropower" or "Hegemony for Water Power" ?! », *op. cit.*).

[3] Voy. P. K. WEISKEL, « Green, Blue, and Grey Water: Understanding the Contemporary Water Cycle », *UCOWR-NIWR-CUAHSI Conference*, Tufts, 19 juin 2014, disponible à : wrrc.umass.edu/sites/wrrc.umass.edu/files/pdf-doc-ppt/Weiskel_Plenary.pdf.

[4] Voy. Ch. ROUSSEAU, *Droit international public – Les relations internationales*, t. 4, Paris, Sirey, 1980, p. 485, para. 408.

« L'Égypte (...) selon le père de l'histoire se suffisait aussi à elle-même de la fertilité prodigieuse de son sol arrosé par un fleuve navigable dans la plus grande partie de son cours » (E. CARATHÉODORY, *Du droit international concernant les grands cours d'eau : étude théorique et pratique sur la liberté de la navigation fluviale*, Leipzig, F. A. Brockhaus, 1861 p. 45).

partagée »[1] (notion « élaborée » par le PNUE et la CDI – droit relatif aux utilisations des cours d'eau internationaux à des fins autres que la navigation), au même titre que le coton, l'or ou le pétrole. De cette notion de « ressource naturelle partagée », découle « naturellement » la souveraineté permanente des États sur les ressources naturelles (situées sur leur territoire ou relevant à un autre titre de leur juridiction ou de leur contrôle), et celle-ci doit prédominer ou être aménagée quelque peu pour accentuer la coopération entre les États du cours d'eau (la commercialisation des eaux, par exemple).

Aujourd'hui, l'impression dominante à propos de cette évolution, c'est qu'elle est le produit des « forces imaginantes du droit »[2] ou d'un mouvement de philosophie juridique, et la principale force propulsive vient que le droit international anthropocentré « égocentré » est de plus en plus « écocentré »[3] : une vision du monde écocentré dans l'Hydrocène (l'âge de l'eau, « par opposition » à l'Anthopocène, l'âge de l'être humain) ou hydrocentré, plutôt qu'anthropocentré. C'est en fournissant ce facteur principal du développement juridique, que le droit international de l'eau redonnera aux eaux plurielles du Nil le moyen de reprendre la place prépondérante qu'elles tenaient dans le monde.

* * *

* * *

*

Devant l'impossibilité des États riverains du Nil à trouver un terrain d'entente à l'utilisation des eaux du Nil, face à leurs revendications contradictoires et aux tensions qu'elles occasionnent[4], il est

---

[1] Voy. *e.g.* J. Th. CALASANS, *Le concept de « ressource naturelle partagée » – application aux ressources en eau : l'exemple de l'Amérique du Sud*, thèse, Université Paris I - Panthéon-Sorbonne, 1996.

[2] Voy. M. DELMAS-MARTY, *Les forces imaginantes du droit. Vol. I : Le relatif et l'universel*, Paris, Seuil, 2004 ; *Les forces imaginantes du droit. Vol. II : Le pluralisme ordonné*, Paris, Seuil, 2006 ; *Les forces imaginantes du droit. Vol. III : La refondation du pouvoir*, Paris, Seuil, 2007.

[3] « Face au présent de l'urgence environnementale, rien ne semble changer dans la vision nationaliste et souverainiste qui sous-tend les systèmes de droit conçus et pensés à partir des États. Seulement, pour s'adapter à cette nouvelle ère, une pensée juridique ouverte, en mouvement et moins dogmatique apparait nécessaire » (M. DELMAS-MARTY, « Repenser le droit à l'heure de l'Anthropocène », site d'information et d'analyse *AOC*, 30 janvier 2019, https://aoc.media/analyse/2019/01/30/repenser-droit-a-lheure-de-lanthropocene/).

[4] Le 19 décembre 2023, l'Éthiopie et l'Égypte se rejettent la responsabilité de l'échec des négociations de dernière chance sur le GERD. Les négociations trilatérales

indispensable de rechercher les normes applicables à la situation, ou du moins pouvant servir de cadre juridique de référence à défaut d'être explicitement et formellement applicables.

À cet égard, l'ONU s'est dotée d'un instrument spécifique destiné à intervenir dans les situations comme celle du Nil et de ses États riverains. En effet, en raison de l'importance vitale des ressources en eau, l'AGNU a adopté dès 1959 une résolution[1] dans laquelle elle considérait qu'il était souhaitable d'entreprendre des études préliminaires sur les problèmes juridiques que posent l'exploitation et l'utilisation des fleuves internationaux afin de déterminer si la question se prêtait à une codification. À cette fin, elle priait le Secrétaire général de préparer et de communiquer aux États membres un rapport contenant, entre autres, les renseignements fournis par les États au sujet de leur législation dans ce domaine[2], ainsi qu'un résumé des traités multilatéraux et bilatéraux en vigueur.

Un premier document a été publié[3], suivi par la publication d'un important rapport sur les *Problèmes juridiques posés par l'exploitation et l'utilisation des fleuves internationaux*[4]. En plus des dispositions législatives fournies par les États et les traités en vigueur, il contient un résumé des décisions rendues par les tribunaux internationaux, et un tableau d'ensemble des études effectuées par les organisations internationales et nationales en matière fluviale. Le Secrétaire général a par la suite soumis un rapport supplémentaire sur les *Problèmes juridiques posés par les utilisations des voies d'eau internationales à des fins autres que la navigation*[5].

(Éthiopie, Égypte et Soudan), jusqu'ici infructueuses, se terminent, à Addis-Abeba, en Éthiopie, sans accord au quatrième et dernier round. L'Égypte souhaitait conclure un accord contraignant, tandis que l'Éthiopie plaide en faveur d'un accord consensuel basé sur une utilisation équitable du Nil.

[1] AGNU, Résolution 1401 (XIV) pour entreprendre des « Études préliminaires sur les problèmes juridiques que posent l'exploitation et l'utilisation des fleuves internationaux », 21 novembre 1959, doc. ONU A/RES/1401(XIV).

[2] Ou, le cas échéant, un résumé de ces renseignements.

[3] *Textes législatifs et dispositions de traités concernant l'utilisation des fleuves internationaux à des fins autres que la navigation*, Série législative des Nations Unies, vol. 12, 1963, doc. ONU ST/LEG/SER.B/12.

[4] Ce rapport complète l'étude entreprise au terme de la Résolution 1401 (XIV) de 1959. Intitulé « Problèmes juridiques posés par l'exploitation et l'utilisation des fleuves internationaux : rapport du Secrétaire général » (doc. ONU A/5409, 15 avril 1963, *in Ann. CDI* 1974, vol. II(2), pp. 37-290).

[5] *Problèmes juridiques posés par les utilisations des voies d'eau internationales à des fins autres que la navigation : rapport supplémentaire du Secrétaire général*, doc.

La question de la codification des règles du droit international relatif aux voies d'eau internationales fut inscrite à l'ordre du jour de la 25e session de l'AGNU en 1970 et renvoyée devant sa Sixième Commission[1]. Celle-ci estima dans son rapport que la CDI devrait tenir compte de ce sujet. À la suite de ce rapport, l'AGNU adoptait le 8 décembre 1970 la résolution 2669 (XXV) dans laquelle elle recommandait à la CDI d'entreprendre l'étude de ce sujet. La CDI entamait en 1971 l'examen de cette question, la poursuivant les années suivantes[2]. Tout d'abord provisoire lors de sa première lecture en 1991[3], le projet fut adopté en deuxième lecture en 1994[4], après avoir reçu les commentaires des États[5] et avoir été renvoyé au Comité de rédaction[6].

Après 23 ans de travaux de la CDI, 3 ans de la Sixième Commission (« Groupe de travail plénier » en 1994, réunion de trois semaines en octobre 1996 et de trois semaines en mars-avril 1997), l'AGNU a

ONU A/CN.4/274, 25 mars 1974, *in Ann. CDI*, 1974, vol. II(2), pp. 291-407. Ce rapport supplémentaire, établi à la demande de l'AGNU dans sa Résolution 2669 (XXV) du 8 décembre 1970, a permis de compléter l'étude entreprise en vertu de la résolution de 1959.

1 Note du Secrétariat, « Droit relatif aux utilisations des voies d'eau internationales à des fins autres que la navigation », doc. ONU A/CN.4/244/Rev.1, 21 juillet 1971, § 1.

2 Pour un compte-rendu des travaux de la CDI, voy. P. BUIRETTE, « Genèse d'un droit fluvial international général : utilisations à des fins autres que la navigation », *RGDIP*, 1991, vol. 95, no. 1, pp. 5-70.

3 Voy. « Rapport de la CDI sur les travaux de sa 43e session (29 avril-19 juillet 1991) », doc. ONU A/46/10, *Ann. CDI* 1991, vol. II(2), p. 68.

4 Voy. CDI, « Droit relatif aux utilisations des cours d'eau internationaux à des fins autres que la navigation : Projet d'articles sur le droit relatif aux utilisations des cours d'eau internationaux à des fins autres que la navigation : Titre et texte des articles 1 à 33 adoptés par le Comité de rédaction en deuxième lecture », doc. ONU A/CN.4/L.492, 17 juin 1994, et CDI, « Droit relatif aux utilisations des cours d'eau internationaux à des fins autres que la navigation... », Additif : Projet de résolution adopté par le Comité de rédaction, doc. ONU A/CN.4/L.492/Add.1, 20 juin 1994.

5 CDI, « Droit relatif aux utilisations des cours d'eau internationaux à des fins autres que la navigation - Commentaires et observations reçus des gouvernements », doc. ONU, A/CN.4/447 et Add.1-3.

6 Voy. CDI, « Projet d'articles sur le droit relatif aux utilisations des cours d'eau internationaux à des fins autres que la navigation - titre et texte des articles adoptés par le Comité de rédaction en deuxième lecture : articles 1 à 6 et 8 à 10 (A/CN.4/SR.2322, par. 5) », doc. ONU A/CN.4/L.489.

adopté le 21 mai 1997 à New York, lors de sa 51e session[1], par 103 voix pour, 3 voix contre[2] et 27 abstentions[3], la Convention de 1997.

Enfin, après 17 ans d'attente supplémentaire, la Convention de 1997 est entrée en vigueur le 17 août 2014, avec sa 35e ratification. Actuellement, seuls 40 États l'ont ratifiée. On peut d'ailleurs relever à cet égard que, s'agissant des États riverains du Nil, seuls le Kenya et le Soudan ont voté pour, l'Égypte, l'Éthiopie, le Rwanda et la Tanzanie se sont abstenus, la RDC, l'Érythrée et l'Ouganda, quant à eux, n'ont pas participé au vote du 21 mai 1997[4], tandis qu'aucun, au 9 juillet 2025, ne l'a signée, ni ratifiée[5].

L'objet de la Convention de 1997 a été le cours d'eau international. Il en est encore ainsi du droit international dans les dernières décennies, voire les derniers siècles (fleuve, bassin de drainage, bassin hydrographique ou cours d'eau international). Le droit international contemporain ne connaît donc pas l'élément « eau » du cours d'eau international en tant que tel. Malgré son caractère vital, le statut de l'eau du cours d'eau international demeure celui de « ressource naturelle », au même titre que le pétrole, l'or, le cuivre ou le coton ; et à ce statut s'appliquent normalement deux principes : la « souveraineté permanente des peuples et des nations sur leurs richesses et leurs ressources naturelles » et la liberté des échanges. Le fossé, en cette matière, entre *de lege lata* et *de lege ferenda*, demeure énorme. Aux finalités énoncées régulièrement en matière de ressources en eau (bleue, verte, grise, etc.) – le maintien de la paix, le respect des droits humains

---

[1] L'AGNU, par sa résolution A/RES/51/229 en date du 21 mai 1997, a adopté la « Convention sur le droit relatif aux utilisations des cours d'eau internationaux à des fins autres que la navigation » (https://docs.un.org/fr/A/RES/51/229).

[2] Le Burundi, la Chine et la Turquie. Pour les explications des votes, voy. AGNU, « Documents officiels, Cinquante et unième session, 99e séance plénière, Mercredi 21 mai 1997, à 10 heures, New York », doc. ONU A/51/PV.99, 21 mai 1997.

[3] *Idem*. Abstentions : Andorre, Argentine, Azerbaïdjan, Belgique, Bolivie, Bulgarie, Colombie, Cuba, Équateur, Égypte, Espagne, Éthiopie, France, Ghana, Guatemala, Inde, Israël, Mali, Monaco, Mongolie, Ouzbékistan, Pakistan, Panama, Paraguay, Pérou, Rwanda, et Tanzanie.

[4] Les représentants de certains États riverains du Nil sont intervenus pour expliquer leur vote, dont l'Égypte, l'Éthiopie, le Rwanda et la Tanzanie (Communiqué de presse, AG/641, « L'Assemblée générale adopte la convention sur le droit relatif aux utilisations des cours d'eau non navigables à des fins autres que la navigation », 21 mai 1997, https://www.un.org/press/fr/1997/19970521.AG641.html)

[5] Voy. https://treaties.un.org/Pages/ViewDetails.aspx?src=TREATY&mtdsg_no=XXVII-12&chapter=27&clang=_fr

et la préservation de ces ressources vitales – ne correspondent ni les règles du droit positif, ni le statut de l'élément « eau » du cours d'eau international qui devraient, pour atteindre ces finalités, relever d'un droit impératif universel. « Avec la primauté de certaines normes et institutions internationales sur le principe de souveraineté des États, dans le cadre d'un droit impératif universel, on assiste à la formation d'un droit de l'humanité »[1]. C'est le sens de la proposition de la notion de « mémoire collective de l'humanité » pour le système civilisateur ou éducateur d'eaux (bleues et vertes) du Nil, qui permettrait de soustraire ses eaux normalement à l'affrontement partisan, stérile ou meurtrier des États, et d'en confier la responsabilité à un système de gouvernance.

Si le droit international de l'eau présente un intérêt certain quand il s'agit de se pencher sur la « question des eaux du Nil », la Convention de 1997 pose néanmoins de nombreuses questions, des questions difficiles et complexes ayant d'ailleurs inspiré parmi les États riverains du Nil des prises de position diverses. L'eau bleue du Nil est-elle une « ressource naturelle », comme le pensent les États d'amont ? L'eau bleue du Nil est-elle une « ressource partagée », comme le pensent les États d'aval ? Selon que l'on adopte l'un ou l'autre point de vue, comment concevoir la succession d'États en matière de traités relatifs à l'utilisation de l'eau bleue du Nil à des fins autres que la navigation ? Et si l'on admet que ces deux positions antagonistes, soutenues par leur argumentation respective, jouent conjointement, comment caractériser la complexité de leurs rapports à l'évolution probable de la définition du cours d'eau international et du poids de leurs représentations dans l'inclusion de l'eau verte du Nil dans cette définition ? Par ailleurs, quel est le poids que les structures du droit international économique établies font peser sur la commercialisation des eaux du Nil ? Peut-on évoluer vers une nouvelle « conceptualisation » des eaux du Nil fondée sur le dépassement des anciennes oppositions ?

Ainsi, l'ouvrage s'articule en deux parties dont les titres empruntés au latin habillent plus qu'ils ne masquent la « question des eaux du Nil ». La première partie, intitulée « *Alea jacta est, statu quo Niloticus fluctuat*... »[2], sera consacrée aux conséquences et possibles incidences

---

[1] Voy. M. BOURICHE, *Les instruments de solidarité en droit international public*, Saint-Denis, Connaissances et Savoirs, 2012, p. 381.

[2] « *Alea jacta est, statu quo Niloticus fluctuat*... » (le sort en est jeté, le *statu quo* du Nil est ballotté).

de la Convention de 1997 sur le *statu quo Niloticus* relatif qui caractérise la situation actuelle de l'eau bleue du Nil. Ces conséquences et ces possibles incidences qui traversent toute la première partie, seront illustrées par l'analyse de trois « domaines » : celui de la nature juridique de l'eau bleue du cours d'eau international (chapitre 1), celui du caractère de l'eau bleue du cours d'eau international (chapitre 2) et enfin celui des traités régissant l'eau bleue du Nil et la succession d'États (chapitre 3). Bien entendu, ces trois chapitres n'entendent pas épuiser la totalité des conséquences et des possibles incidences abordées. De même, ces trois « domaines » ne permettent pas, à eux seuls, d'apporter une réponse tranchée et définitive. Mais ces trois chapitres de la première partie ont l'ambition d'apporter un élément, « empirique », de réponse. De même, la seconde partie de l'ouvrage, intitulée « *...Nec mergitur* ! », plus prospective, entend, elle aussi, apporter un élément de réponse à la difficile question de la redéfinition de nos modèles juridiques à l'ère de l'Hydrocène (l'âge de l'eau) et du développement progressif du droit international mémoriel. Comment s'est-elle développée et complexifiée la « question des eaux du Nil » au fil du temps juridique (environ trois décennies de développements majeurs du droit international de l'eau) ? Quelles sont les perspectives juridiques à dégager pour une meilleure connaissance et une meilleure conservation de l'une des composantes de notre civilisation occidentale, voire de notre civilisation mondiale, de notre humanité ? Pour le savoir, nous avons regroupé les réponses dans trois chapitres consacrés respectivement : à la manière dont la « révolution verte » du Nil reflète, constitue et fait circuler la perception du cours d'eau international (chapitre 1), à la façon dont la commercialisation des eaux du Nil peut freiner ou, au contraire, engendrer le dialogue entre les États riverains du Nil (chapitre 2), à la place, enfin, que joue la « mémoire collective de l'humanité » dans la nouvelle

---

Depuis le VIe siècle, Paris a été marquée par les eaux (une inondation importante tous les vingt-trois ans environ et une soixantaine de crues catastrophiques). D'où la devise de la ville : *Fluctuat nec mergitur* (Elle est ballottée par les flots et ne coule pas).
« Les dés sont jetés », le *statu quo Niloticus* est ballotté par les faits et le droit, il ne saurait périr. Ainsi, le *statu quo Niloticus* subit les vicissitudes et se maintient.
La devise de la ville de Paris pourrait être aussi celle des relations juridiques de l'Égypte aux eaux du Nil à cette époque, tous les États riverains du Nil pourraient prendre cette devise également. Plus que jamais la devise de Paris, *Fluctuat nec mergitur*, leur sera d'un précieux secours.

« conceptualisation » des eaux du Nil, le « grand éducateur de l'humanité » (chapitre 3).

PARTIE 1.- *ALEA JACTA EST, STATU QUO NILOTICUS FLUCTUAT...*

« Les dés sont jetés », le *statu quo Niloticus* subit les vicissitudes des évènements et de trois décennies de développements majeurs du droit international de l'eau.

Il existe toujours une interaction entre le fait et le droit dans tout système ou sous-système. Ainsi, une bonne analyse doit partir des éléments factuels. À cet égard, se pencher sur les eaux du Nil suppose de s'interroger sur les propriétés particulières ou les attributs physiques de l'eau du cours d'eau.

L'eau du cours d'eau présente plusieurs caractères[1]. D'abord, c'est un élément qui se renouvelle constamment, dans le cadre du cycle hydrologique (ou cycle de l'eau), ce qui confère à la présence de l'eau un caractère de permanence et de continuité (continuité écologique du cours d'eau, entre autres choses). Mobile dans l'espace, avec des variations de quantité et de débit, l'eau reste stable dans le temps, grâce à ce phénomène de jaillissement continu de la source. De ce fait, elle participe aux caractéristiques des biens immobiliers sur lesquels elle s'écoule. Elle s'y incorpore en quelque sorte et devient même l'élément essentiel de la propriété, puisqu'en son absence la terre est frappée de stérilité.

Ensuite, la deuxième propriété physique de l'eau du cours d'eau est son pouvoir auto-épurateur. Ce corps fluide se nettoie naturellement[2], soit en éliminant les déchets sous l'effet du courant, soit par réaction chimique (interaction entre l'oxygène et les déchets). Enfin, c'est un

---

[1] L'application de ces divers critères physiques conduit à rappeler les trois phénomènes qui caractérisent l'eau, répertoriés par Stephen M. Schwebel, rapporteur de la CDI : le cycle hydrologique, l'auto-épuration et les variations de quantité et de débit. La CDI a repris ces trois caractères dans son rapport. Voy. « Rapport de la CDI sur les travaux de sa 31e session (14 mai-3 août 1979) », doc. ONU A/34/10, *in Ann. CDI* 1979, vol. II(2), p. 184, §§ 113 à 118, et en particulier 114. Voy. également CDI, « Premier rapport sur le droit relatif aux utilisations des voies d'eau internationales à des fins autres que la navigation, par Stephen M. Schwebel, Rapporteur spécial », doc. ONU A/CN.4/320 and Corr.1, 21 mai 1979, pp. 153-159.

[2] Si le débit du cours d'eau n'est pas suffisant, ou si la réserve d'oxygène fournie au cours d'eau par l'air et par les plantes est épuisée, le cours d'eau ne peut plus s'auto-épurer.

corps mobile animé d'un mouvement de la source du cours d'eau vers son terme, embouchure, estuaire ou delta où il rejoint les espaces marins, ou affluent d'un cours d'eau plus important ou d'un lac. C'est donc essentiellement un bien meuble, le plus meuble de tous les meubles, si on peut dire.

On ne peut arrêter l'eau du cours d'eau de couler de façon permanente : les obstacles les plus majestueux sont dépassés par l'eau à long terme. Si la propriété s'analyse en une domination sur les choses, en un pouvoir matériel de maîtrise, l'eau, par sa nature même, paraît lui échapper. On saisit alors la portée de l'adage du droit romain : *res mobilis*, *res vilis* (chose mobilière, chose sans valeur). Cependant, cette mobilité restitue à l'eau d'autres avantages qui en font un élément capital de puissance économique ou de richesse : elle se laisse transporter sur de longues distances pour aller fertiliser des territoires désertiques ; elle en fait la houille blanche, source fondamentale d'énergie hydro-électrique. Considérée à l'origine comme une *res* non susceptible de propriété, elle devient, au contraire, un élément indispensable au développement économique et social, et même à la stabilité socio-politique de l'État.

Ces caractères « uniques » ne font-ils pas de l'eau, un casse-tête[1], voire un monstre juridique ? Ou alors, n'est-ce pas plutôt que les classifications habituelles ne sont pas adaptées à une *res* matérielle d'un genre tout particulier ? Ces caractéristiques physiques sont particulièrement mises en lumière dans les travaux de la CDI[2] et les réflexions relatives à la souveraineté de l'État sur l'eau du cours d'eau international. Ces réflexions reposent sur l'idée de « souveraineté différenciée » : espaces sous souveraineté (espace terrestre de l'État, espace aérien de l'État, espace maritime d'eaux intérieures), espaces sous souveraineté aménagée ou sous juridiction de l'État (mer territoriale, eaux archipélagiques, zone contiguë, ZEE, plateau

---

[1] Pour les juristes occidentaux, le droit de l'eau a de tout temps constitué un véritable casse-tête, qu'ils ont à grand peine tenté de résoudre en s'appuyant sur la persistance d'une double confusion : ainsi le droit de l'eau a longtemps été assimilé à celui de la terre, de même qu'étaient souvent confondues les notions de « propriété » (*usus*, *fructus* et *abusus* – user, jouir et disposer) et d'« usage ». Aujourd'hui, en dépit de quelques avancées récentes, le droit de l'eau demeure confus et extrêmement complexe. Comme le rappelle le Coran, l'eau est Source de Vie ; elle est quelque chose de complexe, sinon de mystérieux, qui résiste à l'analyse.

[2] CDI, « Premier rapport sur le droit relatif aux utilisations des voies d'eau internationales à des fins autres que la navigation, par M. Richard D. Kearney, Rapporteur spécial », doc. ONU A/CN.4/295, 7 mai 1976, p. 9.

continental, détroits internationaux, canaux et fleuves ou cours d'eau internationaux) et espaces internationaux (espace extra-atmosphérique, haute mer, grands fonds marins, Antarctique). Ce n'est pas le concept d'autorité même qui diffère mais son étendue aux phénomènes physiques[1]. En effet, l'eau du cours d'eau international n'est pas confinée à l'intérieur des frontières de l'État : elle a la propriété de transmettre à un autre État du cours d'eau des modifications temporaires ou durables, soit dans la qualité et le volume de l'eau, soit dans la quantité, soit dans la qualité. Ce phénomène est générateur de difficultés d'ordre juridique et nécessite la réadaptation du concept de souveraineté en matière de cours d'eau internationaux.

La question qui se posait à la CDI était de savoir si la notion de souveraineté sur les ressources naturelles était appropriée pour une ressource présentant les caractéristiques physiques de l'eau. La question se posait d'autant plus que la « souveraineté permanente sur les ressources naturelles » ne peut pas, en tout état de cause, s'appliquer de la même façon sur une ressource dont la caractéristique essentielle est la mobilité, sans compter que l'eau s'auto-renouvelle, contrairement aux autres ressources dites naturelles, comme le pétrole, qui sont limitées[2]. C'est ainsi que le rapporteur spécial a considéré que « dans le cas d'un système fluvial s'étendant sur deux ou plusieurs États, le principe pouvait s'appliquer, non pas sous la forme d'une souveraineté permanente sur une quantité d'eau déterminée traversant le territoire national, mais sous la forme d'une souveraineté permanente sur une partie de la ressource renouvelable et unitaire contenue dans le bassin fluvial qui relevait de la juridiction territoriale de l'État »[3].

Quoiqu'il en soit, on peut se demander si cette matière était mûre pour une codification quelconque, vu l'évolution constante dans l'interprétation des notions ou des concepts qui régissent les ressources dites naturelles. À cet égard, il était apparu que la tâche la plus utile que la CDI pouvait accomplir consistait dans la formulation de principes généraux relatifs à l'utilisation des cours d'eau internationaux, sans se laisser retarder par des « querelles de définition »[4]. C'est pourquoi l'élaboration d'une « Convention-cadre » avait été envisagée pour servir de base à des « accords d'utilisation entre États ».

---

1 *Ibid.*, pp. 9-10.

2 Voy. « Rapport de la Commission du droit international sur les travaux de sa 28e session (3 mai - 23 juillet 1976) », *Ann. CDI* 1976, vol. II(2), pp. 147-148, § 152.

3 *Ibid.*, p. 147, § 151.

4 Voy. « Premier rapport… par M. Richard D. Kearney… », *op. cit.*, p. 196, § 13.

Si la Convention de 1997 ne connaît pas l'objet ou l'élément « eau » du cours d'eau international, c'est en réalité parce qu'elle est elle-même fidèle à la formulation de principes généraux relatifs à l'utilisation des cours d'eau internationaux. Nourri par les travaux de la CDI, elle rattache l'objet ou l'élément « eau » du cours d'eau international à son utilisation à des fins autres que la navigation. La Convention de 1997 part en conséquence de l'utilisation des cours d'eau internationaux et non de l'objet ou l'élément « eau ». Certes, ce dernier a fini par accéder à la vie juridique, notamment en droit économique. Mais en dépit de son grand rayonnement économique, l'objet ou l'élément « eau » demeure éclipsé dans l'univers juridique par les principes généraux relatifs à l'utilisation des cours d'eau internationaux. Il y a bien une notion juridique de l'objet ou l'élément « eau », mais elle n'a jamais dépassé le stade des « querelles de définition » pour décrire ou définir cet objet ou cet élément.

L'évolution « législative » récente montre cependant que les axiomes du droit international de l'eau ne sont pas irrémédiablement figés. Sous le poids des impératifs économiques et de l'internationalisation des échanges, le législateur, tant national qu'international[1], a cherché à doter l'objet ou l'élément « eau » de « mécanismes juridiques » inspirés de la mondialisation et du droit commercial.

L'eau du cours d'eau international est donc juridiquement une *res* échappant aux critères traditionnels. Elle est peut-être le plus parfait de tous les éléments, une *res sui generis* qui exige un traitement spécial dans la vie juridique, notamment en droit international de l'eau (« ressource naturelle » et/ou ressource partagée et les conséquences de cette qualification sur la succession d'États en matière de traités régissant les eaux du cours d'eau international).

La première partie de l'ouvrage présente donc le résultat d'une démarche analytique et disciplinaire, consistant à prendre la mesure de

---

[1] Dans la mesure où il n'y a pas encore de « pouvoir législatif international » – ou plutôt : dans la mesure où au niveau international les règles juridiques naissent souvent de l'assentiment donné par les États, par les exécutifs, il y a donc un déficit de légitimité. À vrai dire, c'est toute la structure classique du « pouvoir législatif international » qui doit être revue.

Voy. *e.g.* M. DELMAS-MARTY, *Les forces imaginantes du droit. Vol. I : Le relatif et l'universel*, Paris, Seuil, 2004 ; *Les forces imaginantes du droit. Vol. II : Le pluralisme ordonné*, Paris, Seuil, 2006 ; *Les forces imaginantes du droit. Vol. III : La refondation du pouvoir*, Paris, Seuil, 2007.

la réception en droit positif d'un phénomène juridico-économique : l'objet ou l'élément « eau » du cours d'eau international en tant que « ressource naturelle » et/ou ressource partagée. La réflexion est à la fois économique et juridique. Elle se prolonge, par ailleurs, au sein même des disciplines juridiques (telle la Convention de Vienne sur la succession d'États en matière de traités, du 23 août 1978, qui s'est très tôt ouverte aux richesses et ressources naturelles).

Ainsi, cette partie se penche sur les conséquences et les possibles incidences de la Convention de 1997 sur le *statu quo Niloticus* qui caractérise la situation actuelle de l'eau bleue du Nil. Elle examinera tour à tour la question de la nature juridique de l'eau bleue du cours d'eau international (chapitre 1), celle du caractère de cette eau (chapitre 2) et enfin celle des traités régissant l'eau bleue du Nil et la succession d'États (chapitre 3).

* * *

* * *

*

Le chapitre suivant (« L'eau bleue du Nil comme "ressource naturelle" »)[1] aborde le problème de la définition juridique du concept de ressource naturelle en droit des cours d'eau internationaux. Au niveau international, il prend la forme d'une absence de consensus sur une définition universelle légale. Au niveau national, la multiplicité des définitions légales du concept de ressource naturelle dans les différents ordres juridiques interfère dans la compatibilité entre les définitions nationales adoptées et le respect du principe de l'utilisation équitable et raisonnable des cours d'eau internationaux. Si la polysémie caractérise

---

[1] Ce chapitre s'appuie sur les recherches menées par les auteurs, notamment : F. QUILLERÉ-MAJZOUB et T. MAJZOUB, *Fresh Water in its Three 'Legal States': The Prognosis for International Law*, Edward Elgar Publishing, septembre 2025 ; F. QUILLERÉ-MAJZOUB, « "Vingt fois sur le métier remettez votre ouvrage" : le problème de la définition du concept de "ressource naturelle" en droit des cours d'eau internationaux », *RDIDC*, 2016, vol. 93, no. 2, pp. 407-438 ; F. QUILLERÉ-MAJZOUB, « La question de la nature juridique de l'eau des cours d'eau internationaux - Essai d'épistémologie - », *EJLS*, 2013, vol. 6, n° 2, 2014, pp. 51-77 (disponible à : https://ejls.eui.eu/issues/winter-2013-volume-6-issue-2/) ; F. QUILLERÉ-MAJZOUB et T. MAJZOUB, « L'eau des cours d'eau internationaux comme "ressource naturelle" : imprécisions et paradoxes », *AFDI*, 2012, vol. 58, pp. 395-414 ; T. MAJZOUB et F. QUILLERÉ-MAJZOUB, « Is Water a Natural Resource in International Watercourses? », *ELR News & Analysis*, 2013, vol. 43, no. 4, pp. 10358-10371. Il s'est largement inspiré de l'article de 2016, mais pour utiliser son contenu dans une perspective nilotique qu'on espère renouvelée.

le vocabulaire juridique dans le domaine de l'eau, ce bref aperçu des principaux éléments juridiques constitutifs du concept de « ressource naturelle » permet de mieux cerner les options « législatives » et leurs limites dans la recherche d'un statut de l'eau du cours d'eau international. Sans chercher à proposer une solution, le chapitre met en évidence les méthodes définitionnelles envisagées et les limites de toute option en la matière.

CHAPITRE 1.- L'EAU BLEUE DU NIL COMME « RESSOURCE NATURELLE »

Phénomène complexe au sein des différentes manifestations du droit international, le concept de « ressources naturelles » peut être étudié selon différents points de vue, tant géographique[1] qu'économique[2], scientifique[3], politique[4] ou juridique[5]. Quelle que soit l'approche retenue, le problème de sa définition est et demeure la pierre d'achoppement des études qui lui sont consacrées. La perspective juridique, pourtant particulièrement attentive et rigoureuse par rapport aux questions de définition, ne fait pas exception. En particulier, il est question depuis de nombreuses années du concept de « ressource

---

[1] « [T]oute la géographie humaine montre combien il est difficile de préciser ce qu'on appelle « ressources ». Les ressources sont ce que les hommes les voient ; et elles croissent selon les techniques ». « La définition des ressources naturelles varie selon les techniques. Les techniques, en se perfectionnant, peuvent exploiter des ressources minières de plus en plus pauvres, réemployer les matières déjà utilisées, inventer des nouvelles matières premières. Les ressources naturelles ne sont pas un trésor exactement limité » (P. GOUROU, *Pour une géographie humaine*, Flammarion, 1973, pp. 171 et 365). « L'eau entendue comme une ressource naturelle est donc une invention dans la mesure où elle devient l'objet de l'action d'une société ; une invention parce que, si elle préexiste matériellement, elle ne recouvre une signification que dans le courant de la dynamique sociale » (O. ALEXANDRE, « Lorsque la pénurie fait ressource. Étude géographique de la notion de ressource. L'exemple de la politique de l'eau au Maroc », *Géocarrefour*, 2005, vol. 80, n° 4, p. 263).

[2] Ressources naturelles signifie, en économie générale, un « [f]acteur de production originel, objet du travail humain et comprenant l'espace, les matières premières et l'énergie » (A. SILEM et J.-M. ALBERTINI, *Lexique d'économie*, 9e éd., Paris, Dalloz, 2006, p. 659).

[3] Voy. E. B. WORTHINGTON, « Une définition des ressources naturelles », *in Conférence sur l'organisation de la recherche et la formation du personnel en Afrique, en ce qui concerne l'étude, la conservation et l'utilisation des ressources naturelles*, UNESCO/CORPSA/4.A, 31 janvier 1964.

[4] Voy. S. PAQUEROT, *Le statut des ressources vitales en droit international : Essai sur le concept de patrimoine commun de l'humanité*, Bruxelles, Bruylant, 2002, pp 199-203.

[5] Voy. notamment « Relationship of International Water Resources With Other Natural Resources and Environmental Elements », *in* S. BOGDANOVIĆ, *International Law of Water Resources: Contribution of the International Law Association (1954-2000)*, Kluwer Law International, 2001, pp. 293-311.

naturelle » et du rôle qu'il joue en droit international de l'eau[1] pour en qualifier les eaux[2]. La doctrine met traditionnellement en exergue l'impossibilité – ou à tout le moins les difficultés considérables – qui pèsent sur les tentatives de trouver une définition légale universelle du concept de « ressource naturelle » en droit international de l'eau.

À cet égard, certains n'ont pas hésité à ranger cette quête d'une définition au rang des illusions académiques[3], ou à considérer que, si la ressource naturelle est un problème sérieux, elle n'est pas une notion juridiquement utile[4]. D'autres estiment en revanche que les problèmes « apparemment » juridiques rencontrés dans les tentatives de définition de la ressource naturelle en droit international de l'eau sont, à la vérité, avant tout des problèmes économico-politiques[5] et que, quels que puissent être les intérêts stratégiques d'une définition légale universelle, l'arsenal du droit positif contemporain est normalement suffisant pour circonscrire la notion et lutter efficacement contre ce flou apparent, intentionnel ou non. Dans le même sens, certaines études, fortes d'un long inventaire de définitions[6], montrent que si celles-ci varient d'un État à l'autre, d'une entité à l'autre ou d'une administration à l'autre, elles ont des dénominateurs communs qui permettent de s'accorder sur une définition fonctionnelle de l'eau du cours d'eau international.

Loin de vouloir offrir une étude détaillée de la question de la définition du concept de « ressource naturelle » en droit international de l'eau, il s'agit ici essentiellement d'en souligner certains enjeux définitionnels et d'extraire du droit positif, autant que possible, ses principales tendances et caractéristiques. Un tel projet ne saurait faire

---

1 Voy. *National Sovereignty and International Watercourses*, Green Cross International, mars 2000, pp. 8, 16, 20, 31, 52 et 57.

2 PAQUEROT, *op. cit.*, pp. 194-225.

3 Voy. T. MAJZOUB et F. QUILLERÉ-MAJZOUB, « Is Water a Natural Resource in International Watercourses? », *ELR News & Analysis*, 2013, vol. 43, no. 4, pp. 10358-10371 ; F. QUILLERÉ-MAJZOUB et T. MAJZOUB, « L'eau des cours d'eau internationaux comme "ressource naturelle" : imprécisions et paradoxes », *AFDI*, 2012, vol. 58, pp. 395-414.

4 Voy. « Compte rendu analytique de la 1409e séance », doc. ONU A/CN.4/SR.1409, *Ann. CDI* 1976, vol. I, p. 286, § 5.

5 Si ceux-ci sont intéressants sur un plan économique et politique, ils nous ont toutefois semblé d'un maigre intérêt du point de vue de l'analyse juridique.

6 MAJZOUB et QUILLERÉ-MAJZOUB, « Is Water… », *op. cit.* ; QUILLERÉ-MAJZOUB et MAJZOUB, « L'eau des cours d'eau… », *op. cit.* ; F. QUILLERÉ-MAJZOUB, « La question de la nature juridique de l'eau des cours d'eau internationaux - Essai d'épistémologie - », *EJLS*, 2013, vol. 6, nº 2, 2014, pp. 51-77 (disponible à : https://ejls.eui.eu/issues/winter-2013-volume-6-issue-2/).

l'économie d'un bref rappel de quelques tentatives de définition universelle du concept par des institutions internationales (section 1). Ensuite, tout naturellement, il convient de poursuivre l'étude des tentatives de définition, selon un point de vue plus analytique cette fois, en tentant de mieux en cerner les difficultés en droit international de l'eau et de baliser ainsi le terrain des controverses (section 2).

Section 1.- Quelques tentatives de définition du concept de « ressource naturelle »

Le terme « ressource naturelle » n'est pas nouveau. Introduit au grand public en 1870[1], le problème de sa définition en droit international public s'est fondamentalement révélé au sortir de la Seconde Guerre mondiale avec la décolonisation et la reconnaissance du droit des peuples à l'autodétermination[2]. En effet, de la souveraineté politique des « nouveaux » États a découlé leur souveraineté économique, en particulier à travers la reconnaissance de leur « souveraineté permanente sur leurs ressources naturelles »[3].

[1] Voy. *Black's Law Dictionary*, 9th ed., 2009, p. 1127.

[2] Voy. en ce sens : « Charte des Nations Unies », San Francisco (26 juin 1945), art. 1, al. 2 ; « Pactes internationaux relatifs aux droits civils et politiques et aux droits économiques, sociaux et culturels » (16 décembre 1966), art. 1, al. 1. Voy. aussi P. Daillier, M. Forteau et A. Pellet, *Droit international public*, 8e éd., Paris, LGDJ, 2009, pp. 576 *et seq.* ; H. Gros-Espiell, *Le droit à l'autodétermination, application des résolutions de l'Organisation des Nations Unies*, Nations Unies, 1979, p. 9 ; E. Jouve, *Le droit des peuples*, 2eéd., PUF, 1992 ; *Mélanges offerts à Charles Chaumont, Le droit des peuples à disposer d'eux-mêmes*, Paris, Pedone, 1984 ; etc.

[3] Voy. en particulier AGNU, Résolutions 626 (VII), 1720 (XVI), 1803 (XVII), 2158 (XXI), 2386 (XXIII), 2692 (XXV), 3016 (XXVII), 3171 (XXVIII), etc. Voy. également G. Elian, « Le principe de la souveraineté sur les ressources nationales et ses incidences juridiques sur le commerce international », *RCADI*, 1976, vol. 149, pp. 1-85, notamment pp. 45-63 ; G. Fischer, « La souveraineté sur les ressources naturelles », *AFDI*, 1962, vol. 8, p. 516 ; R.-J. Dupuy (dir.), *Le règlement des différends sur les nouvelles ressources naturelles / The Settlement of Disputes on The New Natural Resources*, Brill - Nijhoff Publishers, 1983 ; L. Sakai, « Le principe de la souveraineté permanente sur les ressources naturelles dans le cadre du Livre blanc de 2013 », *in* M.-D. Charlier (dir.), *Regards des doctorants IHEDN sur le Livre blanc défense et sécurité nationale*, IHEDN (Institut des Hautes Études de la Défense Nationale), 2014, pp. 77-85.

Les ressources naturelles désignent les ressources à l'état brut tirées du milieu naturel ou de la nature[1]. Elles sont souvent accompagnées de divers qualificatifs tels que minérales, agricoles, minières, etc.[2], qui tendent à valoriser l'activité économique[3]. Dans une perspective économique, les ressources naturelles peuvent se définir selon leur caractère épuisable[4], leur utilisation[5], ou encore leur capacité productive[6], permettant ainsi de déterminer si les ressources ont, outre leur utilité, une valeur économique. Ainsi, une ressource sans utilité, ou d'utilité certaine mais sans valeur du fait de son abondance, ne saurait être considérée comme une ressource dans le jargon économique[7].

---

[1] Organisation Mondiale du Commerce (OMC), *Rapport sur le commerce mondial de 2010 : Le commerce des ressources naturelles*, OMC, 2010, p. 46. Selon leur origine, elles peuvent être biotiques (provenant de la biosphère [forêts, animaux, oiseaux, poissons, etc.] et le matériel qui en provient ; les combustibles fossiles [comme le charbon ou les hydrocarbures] sont également compris dans cette catégorie car ils sont formés de matériel d'origine organique en décomposition) ou abiotiques (provenant de substances inorganiques, non vivantes, comme les sols, l'eau douce, l'air, ou les minéraux).

[2] Voy. J. SALMON (dir.), *Dictionnaire de droit international public*, Bruxelles, Bruylant/AUF, 2001, p. 1003.

[3] Voy. J. M. HARRIS, *Environmental and Natural Resource Economics: A Contemporary Approach*, 2nd ed., Houghton Mifflin Company, 2006, p. 484.

[4] Voy. A. BEITONE, A. CAZORLA, Ch. DOLLO et A.-M. DRAI, *Dictionnaire des sciences économiques*, 2e éd., Paris, Armand Colin, 2007, p. 413. Elles peuvent être renouvelables (*ibid.* : ces ressources se renouvellent de façon naturelle, et ne sont considérées comme renouvelables que si le taux de reconstitution dépasse celui d'exploitation ou d'utilisation, c'est-à-dire les sols, les eaux, la flore, la flore, la faune) ou non renouvelables (*ibid.* : ces ressources épuisables se sont constituées lors de périodes géologiques longues (hydrocarbures, charbon par exemple) ; ce sont les « [ca]tégorie de ressources tirées de la nature qui, ne pouvant être reconstituées, doivent pouvoir bénéficier de mesures de protection de la part des États de la Communauté internationale, y compris sous la forme de mesures restrictives du commerce » (SALMON, *op. cit.*, p. 1003).

[5] Elles peuvent être des facteurs de production (*Dictionnaire des sciences économiques, op. cit.* : sont considérés comme des facteurs de production originaires les minerais, les ressources énergétiques, l'eau, etc.) ou des biens de consommation (*ibid.* : comme le gibier, la flore, l'eau, etc.).

[6] Elles peuvent être potentielles (elles existent dans un espace géographique et peuvent être utilisées à l'avenir, comme les hydrocarbures par exemple), actuelles (elles ont été évaluées ou leur inventaire a été dressé, leurs quantités et qualités déterminées, et sont utilisées actuellement), de réserve (elles peuvent être évaluées de façon rentable à l'avenir), ou de stock (elles ont été évaluées mais ne peuvent être utilisées à défaut de technologie adéquate).

[7] « A resource is something that is useful and valuable in the condition in which we find it. In its raw or unmodified state, it may be an input into the process of producing

Cette approche selon la possible valeur de la ressource se retrouve en droit[1]. Cependant, les définitions juridiques privilégient la relation entre la ressource naturelle et l'humanité et non sa valeur économique[2]. En droit, les définitions des ressources naturelles se focalisent sur la souveraineté qui s'exerce dessus[3] et sur leur propriété[4]. La Convention de 1982 sur le droit de la mer[5] constitue à cet égard l'exemple type de cet intérêt pour la souveraineté. En effet, « le contenu exact de la notion "ressources naturelles" varie selon l'espace maritime considéré »[6] : dans la Zone, ce sont « [t]outes les ressources minérales solides, liquides ou gazeuses *in situ* qui, (...), se trouvent sur les fonds marins ou dans leur sous-sol, y compris les nodules polymétalliques »[7] ; dans le plateau continental, « [l]es ressources naturelles (...) comprennent les ressources minérales et autres ressources non biologiques des fonds marins et de leur sous-sol, ainsi que les organismes vivants qui appartiennent aux espèces sédentaires (...) »[8] ; et dans la ZEE, l'État côtier reçoit des droits souverains concernant les « ressources naturelles, biologiques ou non biologiques, des eaux surjacentes aux fonds marins, des fonds marins et de leur sous-sol (...) »[9]. Ce sont donc les droits s'exerçant sur les ressources naturelles qui priment sur leur qualification[10].

---

something of value, or it may enter consumption processes directly and thus acquire value. At this point, it may be easier to define what is not a resource. First, things that are unknown or for which no uses have been found are not resources, as they have no value. Similarly, things that, though useful, are available in such huge amounts relative to demand that they have no value are not resources. "Resource" is a dynamic concept, and the possibility always exists that changes in information, technology, and relative scarcity may make a valuable resource out of something that previously had no value. Second, things that are produced under human guidance in processes that combine resources, capital, technology, and/or labor, are not themselves called resources, although resources are always among the inputs used to produce them » (A. RANDALL, *Resource Economics: An Economic Approach to Natural Resource and Environmental Policy*, 6th ed., Wiley, 1987, p. 12).

1 Voy. *Black's Law Dictionnary*, *op. cit.*

2 *Ibid.* Voy. dans le même sens *Bouvier Law Dictionnary*, compact ed. 2011, p. 961.

3 Elle peut être soit nationale, soit internationale.

4 Elle peut être privée ou publique.

5 CNUDM, Montego Bay, 10 décembre 1982, *RTNU*, 1994, vol. 1834, p. 3.

6 SALMON, *op. cit.*, p. 1003.

7 CNUDM, art. 133, a.

8 *Ibid.*, art. 77 § 4.

9 *Ibid.*, art. 56 § 1, a.

10 Par exemple, si les ressources minérales de la mer sont « [l]es ressources naturelles de la mer consistant en substances inorganiques à l'état solide, liquide ou gazeux, qui

Quant à l'eau, elle se trouve dans la nature et n'est pas obtenue par l'effort humain. Elle se reconstitue de façon naturelle, sans intervention humaine, l'humanité ne sachant pas pour l'instant contrôler l'eau contenue dans l'atmosphère[1]. Elle est donc généralement considérée comme une ressource naturelle[2]. Quant à l'eau des cours d'eau internationaux, il en va différemment[3], et les nombreuses tentatives de définition internationale durant le vingtième siècle ont durablement imprégné les débats sur la question en mettant en exergue les difficultés, tant politiques que conceptuelles, auxquelles toute nouvelle approche doit se heurter nécessairement. En particulier, ces débats ont été fortement marqués par les longs travaux de la CDI dont les rapporteurs successifs étudièrent de façon répétée la question, sans résultat (paragraphe 1). Quant à la Cour internationale de Justice, si elle a pris une position claire et constante sur la question, celle-ci n'en reste pas moins remarquablement isolée (paragraphe 2).

Paragraphe 1.- Les travaux de la Commission du droit international des Nations Unies

Au rang des premières tentatives d'envergure internationale, il convient de s'intéresser particulièrement aux travaux de la CDI. Ceux-ci sont tout à fait révélateurs d'un embarras profond quant à la définition internationale de la ressource naturelle dans le droit international de l'eau. Symptomatiques des atermoiements sans fin intervenus sur la question de la reconnaissance – ou non – de l'eau des cours d'eau internationaux comme une ressource naturelle, ils ont abouti à un non-résultat, les critiques des uns défaisant la nuit ce que les certitudes des

---

se trouvent soit en suspension dans la mer, soit sur les fonds marins ou dans leur sous-sol (sables, hydrocarbures, gaz naturel, nodules polymétalliques par exemple) » (SALMON, *op. cit.*, p. 1002), celles-ci peuvent être l'objet de droits souverains différenciés selon l'espace auxquelles elles appartiennent malgré leur caractère identique.

[1] Voy. notamment T. MAJZOUB *et al.*, « "Cloud Busters": Reflections on the Right to Water in Clouds and a Search for International Law Rules », *CJIELP*, 2009, vol. 20, no. 3, p. 321-365. Voy. également sur l'impossibilité pour l'homme de contrôler toutes les ressources en eau : D. H. GETCHES, *Water Law in a Nutshell*, 3rd ed., West Publishing Co., 1997, pp. 106-107.

[2] Voy. J. M. HARTWICK et N. D. OLEWILER, *The Economics of Natural Resource Use*, 2nd ed., Reading, MA: Addison Wesley Longman, 1998, p. 57.

[3] MAJZOUB et QUILLERÉ-MAJZOUB, « Is Water… », *op. cit.* ; QUILLERÉ-MAJZOUB et MAJZOUB, « L'eau des cours d'eau… », *op. cit.*

autres avaient construit le jour. La Convention de 1997 apparaît à cet égard comme la broderie d'une CDI attentiste, nouvelle Pénélope attendant son Ulysse en une notion qui lui aurait permis de qualifier l'eau.

Cette question de la codification des règles de droit international relatives aux voies d'eau internationales a fait l'objet de l'attention de l'AGNU depuis longtemps, et à maintes reprises. Ainsi, par sa Résolution 1401 (XIV)[1] du 21 novembre 1959, l'Assemblée avait demandé au Secrétaire général de réaliser « des études préliminaires sur les problèmes juridiques que posent l'exploitation et l'utilisation des fleuves internationaux, afin de déterminer si la question se prêtait à codification »[2]. Le Secrétaire général devait préparer et communiquer aux États membres un rapport contenant, entre autres, « les renseignements fournis par les États au sujet de leur législation en vigueur dans ce domaine ou, le cas échéant, un résumé de ces renseignements, [ainsi qu']un résumé des traités multilatéraux et bilatéraux en vigueur, un résumé des décisions rendues par les tribunaux internationaux, y compris les sentences arbitrales, [et] un tableau d'ensemble des études qu'ont effectuées ou qu'effectuent présentement les organisations non gouvernementales s'occupant du droit international. »[3]. Ces renseignements ont été publiés en 1963 dans l'important rapport du Secrétaire intitulé « Problèmes juridiques posés par l'exploitation et l'utilisation des fleuves internationaux »[4]. La même année, le rapport du Secrétaire était complété par un autre document des Nations Unies compilant le droit national et international relatif aux utilisations autres que la navigation des fleuves internationaux[5].

Aussi, lorsque la question de la codification des règles de droit international relatives aux voies d'eau internationales fut inscrite à l'ordre du jour de la 25e session de l'Assemblée générale des Nations

---

1 *Ann. IDI*, 1959, vol. 48, tome 1, p. 325 : ce texte fut adopté par 66 voix, sans opposition, avec 5 abstentions (Afghanistan, Brésil, Israël, Pérou, Turquie).

2 AGNU, Résolution 1401 (XIV), doc. ONU A/RES/1401(XIV), 21 novembre 1959, al. 1.

3 *Ibid.*, al. a), b), c) et d).

4 *Problèmes juridiques posés par l'exploitation et l'utilisation des fleuves internationaux : rapport du Secrétaire général*, doc. ONU A/5409, 15 avril 1963, *in Ann. CDI* 1974, vol. II(2), pp. 37-290.

5 *Textes législatifs et dispositions de traités concernant l'utilisation des fleuves internationaux à des fins autres que la navigation*, Série législative des Nations Unies, 1963, doc. ONU ST/LEG/SER.B/12.

Unies, celle-ci saisit sa Commission juridique[1] de la question par sa Résolution 2669 (XXV) du 8 décembre 1970[2]. La CDI, saisie par la Commission juridique, inscrivait à son tour ce sujet à son ordre du jour en 1971 et entamait la collecte et l'analyse de la documentation pertinente[3]. Parmi la nombreuse documentation disponible, le rapport du Secrétaire général devait servir de base à ses travaux, et l'Assemblée générale priait celui-ci de préparer un rapport supplémentaire[4] sur le droit relatif aux utilisations des fleuves internationaux pour compléter sa précédente étude.

Entamé en 1971, l'examen de cette question par la CDI devait occuper pas moins de cinq rapporteurs spéciaux[5] pendant plus de vingt

---

[1] Ou Sixième Commission.

[2] « Note du Secrétariat : Droit relatif aux utilisations des voies d'eau internationales à des fins autres que la navigation », doc. ONU A/CN.4/244/Rev.1, 21 juillet 1971, *in Ann. CDI* 1971, vol. II(2), pp. 217-218.

[3] « Rapport de la Commission du droit international sur les travaux de sa vingt-huitième session (3 mai - 23 juillet 1976) », doc. ONU A/31/10, *in Ann. CDI* 1976, vol. II(2), p. 141, § 107.

[4] *Problèmes juridiques posés par les utilisations des voies d'eau internationales à des fins autres que la navigation : rapport supplémentaire du Secrétaire général*, 25 mars 1974, doc. ONU A/CN.4/274, *in Ann. CDI* 1974, vol. II(2), pp. 291-407.

[5] Liste des rapporteurs spéciaux de la CDI ayant travaillé sur le droit de l'utilisation des cours d'eau internationaux à des fins autres que la navigation :

- Richard D. Kearney, 1er Rapporteur spécial (1974-1976) : *1er Rapport*, 7 mai 1976, doc. ONU A/CN.4/295 ;
- Stephen M. Schwebel, 2e Rapporteur spécial (1977-1981) : *1er Rapport*, 21 mai 1979, doc. ONU A/CN.4/320 et Corr.1 ; *2e Rapport*, 24 avril et 22 mai 1980, doc. ONU A/CN.4/332 et Corr.1 et Add.1 ; *3e Rapport*, 11 décembre 1981, doc. ONU A/CN.4/348 et Corr.1 ;
- Jens Evensen, 3e Rapporteur spécial (1982-1984) : *1er Rapport*, 19 avril 1983, doc. ONU A/CN.4/367 et Corr.1 ; *2e Rapport*, 24 avril 1984, doc. ONU A/CN.4/381 et Corr.1 et Corr.2 ;
- Stephen McCaffrey, 4e Rapporteur spécial (1985-1991) : *Rapport préliminaire*, 5 juillet 1985, doc. ONU A/CN.4/393 ; *2e Rapport*, 19 mars, 12 et 21 mai 1986, doc. ONU A/CN.4/399 et Add.1 et 2 ; *3e Rapport*, 30 mars et 6 avril 1987, doc. ONU A/CN.4/406 et Corr.1 et Add.1 et 2 ; *4e Rapport*, 3 et 9 mai 1988, doc. ONU A/CN.4/412 et Add.1 et 2, 3 mars ; *5e Rapport*, 5 avril, 4 et 19 mai 1989, doc. ONU A/CN.4/421 et Corr.1-4 et Add.1 et 2 ; *6e Rapport*, 23 février et 7 juin 1990, doc. ONU A/CN.4/427 et Corr.1 et Add.1 ; *7e Rapport*, 15 mars 1991, doc. ONU A/CN.4/436 et Corr. 1-3 ;
- Robert Rosenstock, 5e Rapporteur spécial (1992-1994) : *1er Rapport*, 20 avril 1993, doc. ONU A/CN.4/451 ; *2e Rapport*, 21 avril 1994, doc. ONU A/CN.4/462.

Pour les travaux de la CDI sur le droit relatif aux utilisations des cours d'eau internationaux à des fins autres que la navigation, https://digitallibrary.un.org/?ln=fr ;

ans[1] et aboutir en 1994 à l'adoption du projet d'articles[2]. Le 21 mai 1997, lors de sa 51e session[3], l'Assemblée générale adoptait la Convention des Nations Unies sur le droit relatif aux utilisations des cours d'eau internationaux à des fins autres que la navigation[4]. Son adoption ayant été acquise par 103 voix pour, 3 contre[5], et 27 abstentions[6], elle n'est entrée en vigueur[7] que le 17 août 2014, soit dix-sept ans après son adoption.

Les caractéristiques physiques de l'eau[8] sont particulièrement mises en lumière dans les travaux de la CDI et les réflexions relatives à la souveraineté de l'État sur l'eau[9]. Ces réflexions partent de cette considération élémentaire que l'autorité de l'État s'exerce différemment sur la terre et sur l'eau. Ce n'est pas la notion d'autorité même qui diffère, mais son étendue aux phénomènes physiques[10]. En effet, par sa mobilité l'eau se joue des frontières nationales et transmet à un État les modifications quantitatives et qualitatives qui se produisent dans un autre État. De fait, la notion de souveraineté permanente sur les

---

https://legal.un.org/docs/?symbol=A/CN.4/457 ; https://legal.un.org/ilc/guide/8_3.shtml ; https://legal.un.org/ilc/summaries/8_3.shtml

1 Pour un compte-rendu des travaux de la CDI, voy. P. BUIRETTE, « Genèse d'un droit fluvial international général : utilisations à des fins autres que la navigation », *RGDIP*, 1991, vol. 95, no. 1, pp. 5-70.

2 « Rapport de la CDI sur les travaux de sa 46e session (2 mai-22 juillet 1994) » doc. ONU A/49/10, *in Ann. CDI* 1994, vol. II(2), pp. 93-142.

3 Point 144 de l'ordre du jour.

4 AGNU, Résolution 51/229 relative à la Convention sur le droit relatif aux utilisations des cours d'eau internationaux à des fins autres que la navigation (Convention de 1997), 21 mai 1997, *RTNU*, 2014, vol. 2999, p. 145-169.

5 Burundi, Chine et Turquie.

6 Andorre, Argentine, Azerbaïdjan, Belgique, Bolivie, Bulgarie, Colombie, Cuba, Équateur, Égypte, Espagne, Éthiopie, France, Ghana, Guatemala, Inde, Israël, Mali, Monaco, Mongolie, Ouzbékistan, Pakistan, Panama, Paraguay, Pérou, Rwanda, Tanzanie.

7 Le 19 mai 2014, le Vietnam a été le 35e État à ratifier la Convention. En vertu de son article 36, elle est entrée en vigueur 90 jours après, soit le 17 août 2014. Au 1er mars 2016, la Convention comptait 36 États parties (le dernier en date, l'État de Palestine, ayant adhéré le 2 janvier 2015).

8 Le 1er rapporteur spécial de la CDI, Richard D. Kearney, se réfère en permanence aux caractéristiques particulières de l'eau (*Premier rapport ..., op. cit.*, §§ 25, 27 et 44). Selon le 2e rapporteur spécial, Stephen M. Schwebel, celles-ci consistent en son caractère permanent à travers le cycle hydrologique, son pouvoir auto-épurateur, et sa mobilité (*Premier rapport ..., op. cit.*).

9 KEARNEY, *Premier rapport ..., op. cit.*, § 24.

10 « Compte rendu analytique de la 1406e séance », doc. ONU A/CN.4/SR.1406, *in Ann. CDI* 1976, vol. I, pp. 271-272, §§ 7-8.

ressources naturelles ne peut pas, en tout état de cause, s'appliquer de la même façon sur une ressource dont la caractéristique essentielle est la mobilité. Comparée avec d'autres ressources naturelles, comme le pétrole, qui sont limitées[1], l'eau s'auto-renouvelle. Ce phénomène est générateur de difficultés d'ordre juridique : il nécessite une limitation de la souveraineté de l'État et, en conséquence, des limitations à l'utilisation des cours d'eau internationaux. La CDI devait donc se poser la question de savoir si la notion de « souveraineté permanente sur les ressources naturelles »[2] était appropriée pour une ressource présentant les caractéristiques physiques de l'eau.

C'est ainsi que l'un des rapporteurs spéciaux de la CDI a considéré que « dans le cas d'un système fluvial s'étendant sur deux ou plusieurs États, le principe pouvait s'appliquer, non pas sous la forme d'une souveraineté permanente sur une quantité d'eau déterminée traversant le territoire national, mais sous la forme d'une souveraineté permanente sur une partie de la ressource renouvelable et unitaire contenue dans le bassin fluvial qui relevait de la juridiction territoriale de l'État »[3]. Dans son deuxième rapport, il devait insister sur la nécessité de prendre en compte l'intérêt de plusieurs États à bénéficier de la même ressource naturelle que constituent les cours d'eau internationaux[4].

La tâche de la CDI a été obscurcie par un certain nombre de concepts omniprésents : ressource naturelle partagée[5] ; utilisation équitable,

---

[1] Voy. *Ann. CDI* 1976, vol. II(2), p. 147, § 152. À l'opposé, les Résolutions 63/124 et 66/104 de l'Assemblée générale, relatives au droit des aquifères transfrontières, font mention du préambule de la Résolution 1803 (XVII) de l'Assemblée générale relative à la Souveraineté permanente sur les ressources naturelles.

[2] Voy. AGNU, Résolution 1803 (XVII) relative à la Souveraineté permanente sur les ressources naturelles, 14 décembre 1962, doc. ONU A/RES/1803(XVII).

[3] Voy. *Ann. CDI* 1976, vol. II(2), p. 147, § 151.

[4] Voy. SCHWEBEL, *Deuxième rapport ...*, *op. cit.*, pp. 124-145, § 90.

[5] Voy. « Rapport de la CDI sur les travaux de sa 32ᵉ session », doc. ONU A/CN.4/L 321/Add.1, *in Ann. CDI*, 1980, vol. II(2), pp. 117 *et seq.*, art. 5. Il vise à limiter l'application de la notion de « ressource naturelle partagée » aux eaux des cours d'eau internationaux aux fins des articles élaborés par la CDI (alinéa 2, art. 5) et dans la mesure où l'utilisation de ces eaux dans un État à un effet sur son usage par un autre État. La CDI consacre la quasi-totalité de son commentaire à cet aspect pour conclure que « lorsque le projet d'article sera complet, il contiendra des principes qui donneront une signification concrète aux paramètres de cette ressource naturelle partagée » (§ 78 du commentaire de l'art. 5). Voy. aussi présentation et commentaire des travaux du groupe d'experts du PNUE sur la gestion des ressources naturelles partagées, *ibid.* Sur la notion de ressource naturelle partagée, voy. en particulier J.

voire utilisation optimale. Or, ces concepts n'étaient pas reçus dans le droit positif, et le réflexe de prudence est resté très net. Quoiqu'il en soit, il est apparu au sein de la CDI que la tâche la plus utile qu'elle pouvait accomplir devait consister dans la formulation de principes généraux relatifs à l'utilisation des cours d'eau internationaux sans se laisser retarder par des « querelles de définition »[1].

Les principales problématiques qui continuent à alimenter les discussions actuelles prennent ainsi leur source dans les travaux de la CDI. Ceux-ci mettent en évidence les difficultés auxquelles la communauté internationale se heurte encore aujourd'hui, et le problème relatif au sens à donner à l'expression « ressource naturelle » dans le droit international de l'eau.

Paragraphe 2.- La solution retenue par la Cour internationale de Justice

Au début des années soixante-dix, la logique définitionnelle empruntée par les travaux de la CDI, combinant définition explicite et implicite, est reprise par certains juristes lorsqu'ils abordent la question de la ressource naturelle en droit international de l'eau. Ainsi, Pierre-Marie Dupuy[2] utilise de façon interchangeable les termes de ressources naturelles[3], ressources naturelles communes[4], ressources en eau[5], ressources hydrauliques[6], ressources du fleuve[7], ressources naturelles partagées[8], ou ressources partagées[9] pour désigner les eaux du cours d'eau international.

Pour sa part, Dante A. Caponera estime que l'expression « ressources en eau internationales » est consacrée par la pratique des

---

A. BARBERIS, *Los recursos naturales compartidos entre Estados y el derecho internacional*, Madrid, Tecnos, 1979.

1 KEARNEY, *Premier rapport ...*, *op. cit.*, § 13.

2 Voy. P.-M. DUPUY, « La gestion concertée des ressources naturelles partagées : À propos du différend entre l'Argentine et le Brésil relatif au barrage d'Itaipu », *AFDI*, 1978, vol. 24, pp. 866-889.

3 *Ibid.*, pp. 867 et 871.

4 *Ibid.*, p. 867.

5 *Ibid.*

6 *Ibid.*, p. 868.

7 *Ibid.*

8 *Ibid.*, pp. 869, 871 et 873.

9 *Ibid.*, p. 872.

États, la doctrine et même la jurisprudence[1]. De son côté, Maurice Kamto adopte l'expression de « ressources en eau continentales »[2], tout en soulignant que deux nouvelles expressions sont apparues plus récemment[3] : celle de « système des ressources en eau internationales »[4], et celle de « ressources naturelles »[5] qui plus large et dépasse le cadre des seules ressources en eau[6].

La CIJ a mis un terme à la tendance récurrente à la procrastination intellectuelle qui a marqué les travaux et les débats de la Commission et des autres organisations et organismes internationaux qui se sont penchés sur la question. Dans l'affaire *Gabčíkovo-Nagymaros* relative au Danube et dans l'affaire concernant le statut et l'utilisation des eaux du Silala[7], la CIJ a utilisé le vocable « ressource partagée ». Elle a

---

[1] Voy. D. A. CAPONERA, *Le régime juridique des ressources en eau internationales*, Étude législative, n° 23, FAO, 1981, p. 6.

[2] Voy. M. KAMTO, « Le droit international des ressources en eau continentales africaines », *AFDI*, 1990, vol. 36, pp. 843-911.

[3] *Ibid.*, 848.

[4] Voy. ONU, *Gestion des ressources en eau internationales : aspects institutionnels et juridiques*, 1976, p. 14.

[5] Voy. *Report of the United Nations Water Conference, Mar del Plata, 14-25 March 1977*, doc. ONU E/Conf.70/29, pp. 51 *et seq.*

[6] « En plus des ressources en eau internationales, cette notion peut aussi avoir trait à toutes autres ressources internationales : air, hydrocarbure, faune et flore sauvage, ressources halieutiques, etc. » (KAMTO, *op. cit.*, note de bas de page n° 33).

[7] CIJ, *Différend concernant le statut et l'utilisation des eaux du Silala (Chili c. Bolivie)*, arrêt, 1er décembre 2022, *Rec.*, p. 614, paras. 87, 96, 97, 99, 101, 114 et 151. Pour une analyse de cet arrêt, voy., notamment, T. M. KEBEBEW, « Dispute Over the Status and Use of the Waters of the Silala (Chile v Bolivia) : Is the International Court of Justice Falling Short ? », *RECIEL*, 2023, vol. 32, p. 375; C. ROSSI, « The Transboundary Dispute Over the Waters of the Silala/Siloli : Legal Vandalism and Goffmanian Metaphor », Stanford Journal of International Law, 2017, vol. 53, p. 55; F. SINDICO, L. MOVILLA et G. ECKSTEIN, « Preliminary Reflections on the ICJ Decision in the Dispute between Chile and Bolivia Over the Status and Use of the Waters of the Silala », *EJIL:Talk!*, 8 décembre 2022, https://www.ejiltalk.org/preliminary-reflections-on-the-icj-decision-in-the-dispute-between-chile-and-bolivia-over-the-status-and-use-of-the-waters-of-the-silala/; B. S. KANTOR et E. ZAVALA, « The Silala Case : Was Justice Served ? », *EJIL:Talk!*, 9 décembre 2022, https://www.ejiltalk.org/the-silala-case-was-justice-served/; J. G. DEVANEY, « The Role of Science and Expert Evidence in the ICJ's Silala Judgment : How Bolivia's Incoherent Claims Ran up Against Reality », *Questions of International Law*, 2023, vol. 98, pp. 5, 19.
« Ce concept [de ressources partagées], (…), est né de la relative rareté de la ressource convoitée et fait apparaître un droit de la conservation ou du bon usage de celle-ci, issu de la concertation dans le cadre d'un consensus général sur l'égalité d'accès »

attaché des conséquences juridiques à ce vocable et a déclaré que le partage d'une telle ressource n'accorde pas à un État[1] le contrôle unilatéral de cette ressource, et la possibilité de priver ainsi un autre État[2] « de son droit à une part équitable et raisonnable des ressources naturelles du Danube – avec les effets continus que le détournement de ses eaux déploie sur l'écologie de la région riveraine du Szigetköz – n'a pas respecté la proportionnalité exigée par le droit international »[3].

« This pronouncement of the Court has very important consequences as to our future understanding of the term of natural resources. First of all, the Court appears to link this concept (or derives it from) that of equitable and reasonable utilization. It also uses this concept as a yardstick in order to make a pronouncement on the legality of countermeasures, thus linking it with that of state responsibility »[4]. La CIJ a cité ce concept pour souligner le lien entre la légalité des contre-mesures et la responsabilité des États[5].

« The above considerations show that in the future it will be very difficult to discard this concept [shared resource] as not applicable to international watercourses. However, it must be observed that the Court [International Court of Justice] did not substantiate why it included international watercourses in this group »[6]. Ainsi, ce problème reste entier ou en suspens.

Devant ce foisonnement terminologique il est difficile de choisir, d'autant plus que toutes ces expressions n'ont pas un contenu identique. La terminologie employée en droit international de l'eau est des plus incertaines, les difficultés résultant du fait qu'est sous-jacente à la terminologie retenue la définition de l'objet considéré – l'eau[7] – ainsi que les implications juridiques afférentes. Les réponses à la question formulée par la CDI, afin de recueillir l'avis des États sur la définition

---

(A. KISS et J.-P. BEURIER, *Droit international de l'environnement*, 2e éd., Paris, Pedone, 2000, p. 400).

1 La Tchécoslovaquie, à laquelle la Slovaquie va succéder.

2 La Hongrie en l'espèce.

3 CIJ, arrêt *Gabčíkovo-Nagymaros (Hongrie c./ Slovaquie)*, 25 septembre 1997, *Rec.* 1997, p. 7.

4 M. A. FITZMAURICE, « International Protection of the Environment », *RCADI*, 2001, vol. 293, 2001, pp. 9-488, notamment p. 442.

5 Voy. F. QUILLERÉ-MAJZOUB et T. MAJZOUB, « Le cours d'eau international est-il une “ressource partagée” ? », *RBDI*, 2009, vol. 42, no. 2, pp. 499-525.

6 FITZMAURICE, *op. cit.*, p. 442.

7 Voy. notamment J. LINTON, *What is Water? The History of a Modern Abstraction*, UBC Press, 2010.

à donner à l'objet des travaux, ont révélé l'ampleur des divergences entre les différentes conceptions ou acceptions, la position des États étant fortement influencée par leur situation géographique par rapport au cours d'eau international, à savoir, en amont ou en aval. Stephen M. Schwebel, deuxième rapporteur de la CDI, tire argument de l'article 3 de la Charte des droits et devoirs économiques des États pour affirmer qu'« une centaine d'États au moins ont reconnu que le principe de la souveraineté permanente sur les ressources naturelles ne s'applique pas aux ressources naturelles partagées et, par conséquent, qu'il ne s'applique pas à l'eau des voies d'eau internationales »[1]. L'eau est donc difficilement réductible à une « ressource naturelle » comme les autres.

Par ailleurs, une vision synoptique de la situation juridique actuelle révèle qu'à défaut d'une définition juridique universelle, le choix de la communauté internationale a fini par porter sur des définitions opérationnelles de l'eau du cours d'eau international. C'est du moins la tendance qui marque la déclaration du 19 mai 1978 sur les ressources naturelles partagées[2] qui rejette l'amalgame entre ressource naturelle et eau du cours d'eau international[3] : l'eau apparaît donc comme une ressource naturelle partagée[4]. En revanche, les organisations d'intégration économique tendent à passer sous silence la question de la définition et à adopter des textes flous visant à assurer l'utilisation équitable et non dommageable des eaux du cours d'eau international tout en offrant une définition générale des expressions employées.

---

[1] Voy. « Documents de la 32e session (non compris le rapport de la Commission à l'Assemblée générale) », doc. ONU A/CN.4/SER.A/1980/Add.1, *in Ann. CDI* 1980, vol. II(1), pp. 177-178, § 148. Voy. également NGUYEN QUOC DINH, P. DAILLIER et A. PELLET, *Droit international public*, 2e éd., Paris, LGDJ, 1980, p. 427.

[2] *Principes de conduite dans le domaine de l'environnement pour l'orientation des États en matière de conservation et d'utilisation harmonieuse des ressources naturelles partagées entre deux ou plusieurs États*, approuvés par le Conseil d'administration du PNUE à Nairobi le 19 mai 1978 (L. BOISSON DE CHAZOURNES, R. DESGAGNÉ et C. ROMANO, *Protection internationale de l'environnement - Recueil d'instruments juridiques*, Paris, Pedone, 1998, p. 30).

[3] « Certes, la notion de "ressource partagée" n'a pas pu être définie à l'époque, mais il a été admis que les cours d'eau internationaux, les mers contiguës et l'air à une distance plus ou moins grande depuis la frontière peuvent être considérés comme ressources partagées » (KISS et BEURIER, *op. cit.*, p. 124).

[4] *Ibid.*, p. 186.

SECTION 2.- QUELQUES PISTES DE DÉFINITION DU CONCEPT DE « RESSOURCE NATURELLE »

Il existe dans l'arsenal législatif des États et des organisations internationales, ainsi que dans la littérature, des centaines de définitions du concept de ressource naturelle[1]. Si en droit international public, « l'eau demeure une ressource naturelle comme les autres, le débat public a pris depuis quelques années à l'échelle mondiale, une toute autre direction »[2] : « *Depuis le début des années 90 en effet, c'est la dimension vitale de l'eau qui a été mise de l'avant* : revendication pour la reconnaissance de l'accès à l'eau au titre des droits humains, affirmation du caractère patrimonial et collectif de cette ressource et exigences de transmission ont peu à peu élargi le champ des considérations, de l'intérêt national aux relations interétatiques puis à l'intérêt de l'humanité dans son ensemble. *Cependant, cette multi-dimensionnalité de l'objet "eau" n'est pas inscrite en droit international et les États demeurent réticents, pour le moins, à dépasser le paradigme de la souveraineté dans la considération de cette ressource vitale* »[3].

L'absence de consensus sur une définition universelle n'empêche toutefois pas les législateurs, internationaux et nationaux, d'élaborer des régimes juridiques visant à circonscrire le concept de « ressource naturelle » en droit international de l'eau (paragraphe 1). L'examen des réponses ainsi formulées permet de mieux saisir la nature juridique de l'eau du cours d'eau international et la manière dont il est possible de l'appréhender (paragraphe 2).

Paragraphe 1.- Les hésitations du droit et de la doctrine

Les ressources naturelles[4] signifient « ressources naturelles renouvelables, c'est-à-dire les sols, les eaux, la flore et la faune »[5]. Ceci

---

[1] Voy. *e.g.* L. A. BITTAR VENTURI, « Recurso natural : A Construção de um conceito », *GEOUSP – Espaço e Tempo* (Brésil), 2006, vol. 20, no. 9.

[2] Voy. S. PAQUEROT, « Au-delà d'une ressource naturelle : quels critères faut-il privilégier pour doter l'eau douce et le cycle hydrologique d'un statut spécifique ? », *Les Cahiers de droit*, septembre-décembre 2010, vol. 51, n° 3-4, p. 542.

[3] *Ibid.*, pp. 542-543 (mis en italique par les auteurs).

[4] Voy. SALMON, *op. cit.*, p. 1003.

[5] Voy. art. III.1 de la Convention africaine pour la conservation de la nature et des ressources naturelles (Alger, 15 septembre 1968), *RTNU*, 1976, vol. 1001, p. 20.

dit, les ressources naturelles incluent le sol, les ressources en eau, les forêts, etc. Certaines de ces ressources sont connues de l'homme et ils les utilisent à travers son savoir et son travail[1].

« Le IXème Plan pour sa part assimile les ressources naturelles au patrimoine naturel et au milieu naturel[2]. Nous préférons retenir ici comme ressources naturelles celles qui, liées directement à la production, proviennent d'une exploitation du patrimoine naturel à des fins économiques. On pourrait parler aussi de richesses naturelles[3]. Il s'agit de domaines pour lesquels les préoccupations concernant l'environnement et celles concernant l'économie sont étroitement liées. Certaines de ces ressources sont non renouvelables (les mines et

---

[1] Selon M. D. HARKAVY (dir.), *The New Webster's International Encyclopedia*, Trident Press International, 1991, p. 750 : Les ressources naturelles sont les produits de la terre ou les caractéristiques qui supportent la vie et sont utilisées pour faire les aliments (la nourriture), le combustible, et les matières brutes. Les ressources naturelles incluent l'air, l'eau, et la lumière du soleil ; les ressources biologiques tels les plantes et les animaux ; et les ressources minérales tels le pétrole et le charbon. Voy. dans le même sens *The Living Webster Encyclopedic Dictionary of the English Language*, Chicago, 1975, p. 635. Selon J. BLACK, *A Dictionary of Economics*, 2nd ed., reissued 2003, pp. 316-317 : Les ressources naturelles sont les facteurs de production fournis par la nature, tels la terre propice à l'agriculture, les dépôts minéraux, et les ressources en eau utiles pour la production d'énergie, le transport et l'irrigation. Il inclut aussi les ressources marines, incluant les poissons et les dépôts minéraux offshores. Quelques ressources naturelles apparentes sont en effet faites par l'homme : une bonne partie du territoire des Pays-Bas par exemple, a été gagné sur la mer durant des siècles. Les ressources naturelles peuvent être épuisées par une surexploitation, menant à une déforestation et une érosion. Selon S. MAYHEW, *A Dictionary of Geography*, 3rd ed., Oxford, OUP, 2004, p. 346 : Une ressource naturelle est toute propriété de l'environnement physique, tels les minéraux, ou la végétation naturelle, que les hommes peuvent utiliser pour satisfaire leurs besoins. Du point de vue technique, une propriété devient seulement une ressource quand elle est exploitée par les hommes ; par cette définition, le climat peut être considéré comme une ressource naturelle, spécialement pour les États tributaires du tourisme. Selon Ch.W. HOWE, *The Encyclopedia Americana (International Edition)* (Meyer to Nauvoo), vol. 19, Grolier Incorporated, 1997, p. 792 : Les ressources naturelles sont les matériaux se trouvant naturellement et sont utiles à l'homme ou peuvent être utiles sous certaines circonstances (conditions) concevables technologiquement, économiquement ou socialement (terres agricoles, forêts, eau fraîche, eau salée, ressources minérales…). Ce qu'on considère être une ressource naturelle est tributaire des conditions technologiques présentes et à venir, et des conditions économiques. Un siècle auparavant, par exemple, l'aluminium était une simple curiosité plus qu'une ressource, et l'uranium était totalement inconnu.

[2] Loi 83-645, 13 juillet 1983, 2e partie, chap. 1-6, « L'équilibre du territoire ».

[3] En France, les zones NC des POS couvrent les richesses naturelles du sol et du sous-sol (eau, mines).

carrières), d'autres sont renouvelables à la condition de la ménager (l'eau). Certaines sont des sources d'énergie, par définition renouvelables »[1]. Parmi les ressources naturelles, « l'eau représente une richesse nationale essentielle à la vie agricole et aux usages domestiques et industriels »[2].

De fait, « l'eau est considérée par le droit international au titre des ressources naturelles, auxquelles s'appliquent les principes de la souveraineté et la liberté des échanges »[3].

« (...), l'eau n'est pas un minerai puisqu'elle coule en permanence. Elle ne peut pas être arrêtée, ni enfermée durablement – sinon en petites quantités. C'est pourquoi, dans la plupart des civilisations et depuis la haute Antiquité, comme le rappelait le grand juriste italien de la FAO, Dante Caponera dans son livre *Principles of water law and administration*, l'eau en tant que ressource naturelle renouvelable, est presque partout la chose commune de ses ayants droit, qui sont la plupart du temps ses riverains. (...). L'eau est une ressource naturelle faite pour être utilisée raisonnablement et équitablement »[4].

En raison de son caractère multifonctionnel, l'eau est non seulement une « ressource naturelle vitale pour l'homme, mais (...) [permet également] le transport des marchandises ou des personnes afin d'empêcher les nuisances causées par le transport par route aux habitants, à la faune et à la flore de la région concernée par les mesures »[5]. De ce fait, elle est généralement soumise à une multitude d'organismes qui exercent une autorité sur elle[6]. Ainsi, à l'intérieur

---

1 M. PRIEUR, *Droit de l'environnement*, 4e éd., Paris, Dalloz, 2001, p. 671.

2 *Ibid.*, p. 673.

3 *Ibid.*, p. 543.

4 Voy. B. BARRAQUÉ, *Les politiques de l'eau*, Académie des sciences morales et politiques, Institut de France, Séance du lundi 30 janvier 2012, https://academiesciencesmoralesetpolitiques.fr/2012/01/30/politiques-de-leau/.

5 Voy. Cour de justice de l'Union européenne, arrêt du 16 mai 2000, *Espagne c. Conseil*, C-36/98, *JOUE*, C 173 du 16 juin 2001, p. 2, Conclusions de l'avocat général Léger, *Recueil de la jurisprudence*, 2001, p. I-00779, point 52.

6 Voy. D. GILLES, « Aménager, canaliser, encadrer juridiquement les rivières du Québec : le poids de l'histoire », *Les Cahiers de droit*, septembre-décembre 2010, vol. 51, n° 3-4, p. 942 : « [L]e lit des cours d'eau et l'eau comme ressource naturelle se trouvent [au Québec] sous l'égide d'une multitude de ministères tels que celui de l'Environnement (politiques environnementales), des Ressources naturelles (ressources hydrauliques, terres publiques), de la Santé et des Services sociaux (eaux de baignade et de consommation), de l'Agriculture, des Pêcheries et de l'Alimentation (droit de pêche, surveillance des exploitations agricoles) et des Affaires municipales, des Régions et de l'Occupation du territoire (...) ».

même de certains ordres juridiques nationaux, chaque organe impliqué dans la gestion des ressources naturelles et de l'eau est susceptible de formuler une définition qui correspond à son domaine d'intérêt. Ainsi, différentes définitions légales coexistent au niveau fédéral des États-Unis. Le *Comprehensive Environmental Response, Compensation and Liability Act* (CERCLA)[1] et le *Oil Pollution Act* (OPA)[2] définissent généralement les ressources naturelles comme « land, fish, wildlife, biota, air, water, ground water, drinking water supplies, and other such resources… ». Ces deux textes limitent les ressources naturelles aux ressources tenues par fidéicommis pour le public[3], connus sous le vocable de Ressources par fidéicommis (Trust Resources). Tandis qu'il existe une légère différence des deux définitions, le CERCLA et l'OPA disposent que la « ressource naturelle » est une ressource « belonging to, managed by, held in trust by, appertaining to, or otherwise controlled » par les États-Unis, tout État, tribu indienne, gouvernement local, ou gouvernement étranger[4].

Mais aucune des tentatives de définition du concept de ressource naturelle appliquée à l'eau des cours d'eau internationaux ne fait véritablement l'unanimité et il semblerait opportun de comparer la recherche d'une telle définition à la quête du Saint Graal. En effet, les inlassables débats sur la définition mettent plus en lumière les enjeux géographiques[5], économiques, politiques et idéologiques[6] de la question que les voies de sortie du problème. Certains pourraient considérer ces impasses successives comme le signe d'une

---

[1] *Comprehensive Environmental Response, Compensation, and Liability Act*, § 101(16), 42 *USC* § 9601 (2006).

[2] *Oil Pollution Act*, § 1001(20), 33 *USC* § 2701 (1990).

[3] Les exemples puisés de Californie et de l'Ouest américain illustrent bien le statut juridique des ressources en eau : *National Audubon Society v. Superior Court*, 658 P.2d 709 (Cal. 1983) ; *Allegretti & Co. v. Imperial County*, 42 Cal. Rptr. 3d 122 (Ct. App. 2006) ; *Klamath Irrigation District v. United States*, 67 Fed. Cl. 504 (2005).

[4] Aucune disposition dans le *Submerged Lands Act* (1953) « conveys to the states any rights in the waters themselves, and waters are no included in the definition of "natural resources" ». En effet, non seulement l'eau ne fait pas parti de la définition de ressource naturelle, mais la définition exclut explicitement aussi « water power, or the use of water for the production of power ». Voy. M. PAPPAS, « Unnatural Resource Law: Situating Desalination in Coastal Resource and Water Law Doctrines », *Tul. L. Rev.*, 2011, vol. 86, no. 1, pp. 81-134.

[5] BITTAR VENTURI, *op. cit.*

[6] Voy. *e.g.* A.R. HARRINGTON, « Natural Integrity : The Relationship Between Anti-Corruption Laws and Natural Resource Protection in Latin America », *Currents: International Trade Law Journal*, 2009, vol. 17, p. 13.

impossibilité fondamentale à définir la ressource naturelle en droit international de l'eau.

Dans son étude sur la gestion concertée des ressources naturelles partagées[1], Pierre-Marie Dupuy s'interroge d'ailleurs sur l'existence de la notion de « ressource naturelle » et la pertinence de la définition de « ressource naturelle partagée ». À cette question, il répond clairement par la négative.

« Il n'existe pas, en droit international, de définition des "ressources naturelles partagées". Aucun des textes qui utilisent cette expression ne prend la précaution d'en préciser le contenu. Nul doute que les États et leurs négociateurs n'aient eu cependant d'abord qu'à l'esprit les grands fleuves internationaux. Ces derniers sont envisagés de longue date non seulement comme voies de navigation, mais aussi tels que des auxiliaires sinon même des conditions indispensables du développement industriel et agricole.

« On reviendra ultérieurement sur la notion de "ressource naturelle". Mais quant aux implications juridiques du "partage", on ne peut les percevoir que si l'on resitue chronologiquement ce concept par rapport à d'autres notions apparues antérieurement, précisément à propos des grands fleuves, celle d'"utilisation équitable" et de la "gestion intégrée" des "bassins hydrographiques internationaux". On pourra alors constater que si la logique est la générosité des premières conceptions relatives à la répartition des richesses de bassins ne sont pas encore aujourd'hui traduites dans les pratiques étatiques, elles ont du moins permis de développer un certain nombre de principes de solidarité, dont l'expression de "ressources naturelles partagées" et les conséquences qu'on tend aujourd'hui à lui rattacher sont un résultat substantiel »[2].

Pour autant, Pierre-Marie Dupuy ne revient pas, par la suite, sur la notion de ressource naturelle. À l'inverse, Julio Barberis[3]considère qu'il existe trois catégories de « ressources naturelles ».

« Du point de vue du droit international il est possible de distinguer trois sortes de ressources naturelles, à savoir : les ressources naturelles propres d'un État, les ressources naturelles appartenant à la communauté internationale, et les ressources naturelles partagées.

« Les ressources naturelles propres de chaque État sont celles qui se trouvent entièrement à l'intérieur des frontières d'un État comme, par

---

1 DUPUY, *op. cit.*, pp. 866-889.

2 *Ibid.*, p. 873.

3 Voy. J. A. BARBERIS, « Le régime juridique international des eaux souterraines », *AFDI*, 1987, vol. 33, pp. 129-162.

exemple, une forêt, un lac, une mine de soufre ou d'argent. L'exploitation de ces ressources est régie par les lois de l'État dans le territoire duquel elles se trouvent.

« Les ressources naturelles appartenant à la communauté internationale se situent en-dehors du territoire des États et leur utilisation et exploitation sont réglées par le droit international. La lune (art. 4 de traité du 18 décembre 1979) et les fonds marins (art. 137 de la Convention sur le droit de la mer de 1982) constituent des exemples de ces ressources.

« En ce qui concerne les ressources naturelles partagées nous sommes en face de deux sortes d'éléments. En premier lieu, nous avons les substances fluides (liquides ou gazeuses) qui passent du territoire d'un État dans celui d'un autre ou qui se répandent à travers le territoire de deux ou plusieurs États. Une deuxième sorte d'éléments est constituée par les animaux qui émigrent d'un pays dans un autre, ainsi que tous ceux dont l'habitat se situe sur le territoire de plus d'un État. Selon ce critère l'atmosphère, les fleuves et les lacs internationaux, les gisements de gaz et de pétrole situés en travers d'une frontière internationale et les animaux que nous venons de citer constituent des ressources naturelles partagées »[1].

Une difficulté majeure subsiste cependant, tenant au fait que la notion de « ressource naturelle partagée »[2] est mal définie et non universellement admise[3]. Par ailleurs, cette notion convient-elle encore pour désigner les travaux de la CDI sur le sujet ? C'est la question qu'inspire le rapport du rapporteur spécial, exclusivement axé sur les

---

[1] *Ibid.*, p. 138.

[2] « Les projets d'articles 6 à 9 (Chapitre II « Principes généraux, droits et devoirs des États du cours d'eau ») ne reposent plus, comme dans la version primitive, sur la notion de « ressource naturelle partagée ». Certains membres de la Commission [du Droit International] ont vu là un progrès appréciable. D'autres ont estimé regrettable l'abandon d'une notion qu'ils considéraient comme étant à la base des travaux de la Commission depuis sept années, et qui figure dans le Plan d'action de Mar del Plata et dans la Déclaration adoptée par la Conférence des Nations Unies sur l'environnement (Stockholm, 5 au 16 juin 1972) » (J. DEHAUSSY, « La Commission du droit international des Nations Unies », *AFDI*, 1984, vol. 30, p. 623).

[3] Y. DAUDET, « Travaux de la Commission du droit international des Nations Unies », *AFDI*, 1980, vol. 26, p. 479 : « A l'heure actuelle, cependant, la notion de "ressource naturelle partagée" n'est pas acceptée en tant que telle ni en ces termes comme un principe de droit international ».

aquifères transfrontières, dont l'examen a occupé la Commission au cours de sa cinquante-septième session[1].

À cet égard, une bonne partie de la doctrine refuse de s'engager dans ce champ délicat de la définition et dénie toute signification juridique à l'expression « ressource naturelle partagée » ; son utilisation interviendrait par souci de commodité. La ressource naturelle partagée serait en ce sens un terme générique sans signification juridique particulière et constituerait, au mieux, un label « administratif », voire une étiquette médiatique, facile à utiliser pour décrire certaines ressources. Dans cette perspective et afin de contourner le problème de la définition tout en traçant la voie à suivre, les États ont adopté, seuls ou sous l'égide des Nations Unies, des conventions bilatérales ou multilatérales dites sectorielles portant sur un cours d'eau international particulier, tout entier ou pour une partie quelconque de ce cours d'eau. Dans les faits, conclure un ou plusieurs accords de cours d'eau « sans réellement définir » semble être l'attitude concrète de la communauté internationale.

Toutefois, pour des raisons qui tiennent à la fois à l'efficacité de la solidarité internationale et au respect des principes du droit international de l'eau, un consensus international sur une définition précise pourrait s'avérer utile. L'approche sectorielle privilégiée jusqu'ici par la communauté internationale constitue, dans cette perspective, un pis-aller, une sorte de « second best », permettant de répondre au cas par cas à certains problèmes spécifiques au prix d'une inflation normative et d'une certaine insécurité juridique. Dans la situation actuelle, en l'absence d'un consensus, les États ont été conduits à agir et à légiférer en droit interne et en droit international pour ériger des régimes juridiques visant à répondre aux spécificités de l'eau des cours d'eau internationaux.

Plutôt que de proposer une définition unique qui constituerait une voie de sortie de *lege ferenda* des impasses actuelles, il convient plutôt d'examiner, brièvement, les réponses législatives formulées à ce jour afin de mieux saisir les solutions adoptées par les États et, surtout les méthodes définitionnelles qui permettent d'appréhender la notion. Selon plusieurs législations nationales, « l'eau est une ressource

---

[1] Voy. C. YAMADA, *Troisième rapport sur les ressources naturelles partagées : les eaux souterraines transfrontières*, 11 février et 9 mars 2005, doc. ONU A/CN.4/551 et Corr.1 et Add.1, 2004.

naturelle d'une importance spéciale »[1], « la composante essentielle de la vie et de l'environnement »[2], « décidant l'existence et le développement durable du pays ; d'autre part, l'eau peut aussi causer des désastres aux humains et à l'environnement »[3]. Ainsi, « [l]es ressources en eau sont l'une des ressources naturelles primordiales pour la vie de l'humanité et le développement socio-économique »[4]. Dans le même temps, d'autres législations nationales n'utilisent pas, ou peu, ces termes[5]. Il convient de reconnaître à ce stade que chaque acteur semble camper sur ses positions et ses approches, rendant nécessaire une réflexion sur la méthode définitionnelle.

Paragraphe 2.- Quelques remarques sur la définition en droit, ou le « discours de la méthode »

La conception de l'eau du cours d'eau international comme ressource naturelle est cependant à la fois réductrice et excessive. Elle est d'une part réductrice car elle tend à identifier généralement l'eau du cours d'eau international aux seuls flux naturels, aux écoulements totaux, en excluant les stocks. L'extension des ressources aux stocks, ou réserves, conduit à distinguer les ressources en eau renouvelables, formées par les flux (plus ou moins régulés par les variations de stock), assimilables à des « revenus », et les ressources en eau non renouvelables – du moins à l'échelle humaine – offertes par les possibilités de déstockage de réserves. Enfin, cette conception réduit

---

[1] Voy. : au Viet Nam, Loi No. 8/1998/QH 10, 20 mai 1998, préambule, § 1er ; au Cameroun, Loi No. 98/005, 14 avril 1998 ; en Afrique du Sud, *National Water Act*, 26 août 1998, art. 36 ; en république tchèque, Loi… ; etc.

[2] Voy. : Loi vietnamienne No. 8/1998/QH 10, *ibid.* ; Constitution uruguayenne (HARRINGTON, *op. cit.*).

[3] Voy. : Loi vietnamienne No. 8/1998/QH 10, *ibid.* ; Constitution indonésienne (1945 et ses amendements), Chapter XIV, dans laquelle l'eau, ressource naturelle, est régulée par son chapitre économique.

[4] J. MARGAT *et al.*, *Les ressources en eau : conception, évaluation, cartographie, comptabilité*, Orléans, BRGM/FAO, 1996, p. 7.

[5] PRIEUR, *op. cit.*, p. 671 : « Le concept de ressources naturelles est rarement utilisé en France, alors qu'en Amérique du Sud, il a été souvent à la base du développement du droit de l'environnement. On a même souligné en France le peu d'intérêt des juristes pour tout ce qui touche à l'utilisation des ressources naturelles. Dans une acceptation large, le terme de ressources naturelles a été présenté comme recouvrant les trois éléments biotiques de la nature, à savoir, la faune, la flore et les minéraux auxquels on a ajouté l'eau ».

l'eau de la nature à une « matière première » en négligeant sa sensibilité aux impacts d'utilisation et de sa capacité d'auto-régénération.

D'autre part, elle est excessive car « le concept de ressource naturelle, souvent utilisé, rend très imparfaitement compte de la dualité ressource-milieu puisqu'il considère implicitement l'ensemble des eaux comme ressource, la nature n'étant qu'un appendice qualificatif »[1]. Cette conception est souvent explicitée par l'adjonction au terme « ressource » du qualificatif « naturel » pour faire la distinction avec les ressources relativisées à des critères socio-économiques. Elle souligne l'identification entre les ressources et les eaux de la nature, mais n'en modifie pas la critique.

La référence à la fonction d'utilité est ainsi réintroduite par la distinction entre les ressources en eau non qualifiées ou dites « naturelles » et les ressources en eau dites « exploitables », « mobilisables » ou « utilisables », voire « aménageables », tous ces qualificatifs étant relatifs aux critères multiples d'utilisation ou de conservation qui impliquent des contraintes internes et externes[2]. Cependant, le terme « ressources exploitables », par exemple, paraît quelque peu pléonastique : des ressources « inexploitables » ou « inutilisables » sont-elles encore des ressources ? Aussi paraît-il préférable d'inclure la référence utilitaire et ses relativités dans le concept de ressource sans autre qualificatif et de proscrire la dénomination de « ressource » attribuée aux eaux de la nature, fut-ce en les qualifiant de « naturelles ».

Dans cette acception large, la ressource en eau, concept physico-économique, conserve le sens d'une offre de la nature, d'un potentiel, à définir suivant de multiples dimensions[3] évaluées suivant les critères d'utilisation. « Les ressources en eau ne sont pas aisément définissables dans l'absolu. Elles ne peuvent se définir que par rapport à des besoins qui imposent des contraintes de quantité, qualité et coût »[4]. De plus, les utilisations des eaux de la nature ne se limitant pas à leur prise en vue de différents usages, voire leur utilisation *in situ*, mais comprenant aussi l'exploitation de leur capacité assimilatrice des rejets et auto-

---

[1] Voy. P. HUBERT, *Eaupuscule : une introduction à la gestion de l'eau*, Paris, Ellipses, 1984.

[2] Qu'elles soient pratiques et techniques, économiques, ou environnementales.

[3] Parmi lesquelles la référence spatio-temporelle, la quantité - flux et stock -, les qualités, les efforts et coûts nécessités pour la mobiliser et la rendre utilisable.

[4] Voy. C. GLEIZES, « Les ressources en eau », *Génie rural* : « Spécial Eau » (CEMAGREF, Ministère de l'Agriculture), novembre-décembre 1977, p. 25.

régénératrice, le concept de ressource en eau doit inclure cette capacité offerte qui a elle aussi ses limites. L'eau du cours d'eau international est ainsi indissociable de la conception de l'eau, à la fois comme bien économique et comme bien environnemental[1]. C'est ici la formule « ressource naturelle partagée pour l'un, bien marchand pour l'autre » qui est rappelée systématiquement pour souligner les difficultés à déterminer ce qui est admis en droit international de l'eau et ce qui ne l'est pas. En raison de cette difficulté, certains voient dans ce débat une bataille davantage idéologique ou psychologique que véritablement juridique.

Il faut néanmoins souligner une différence majeure avec les autres ressources naturelles. L'eau n'est pas une ressource naturelle comme les autres : fondamentale, indispensable, vitale, elle est au cœur de la création et de toute forme d'existence. Même si l'eau est communément considérée comme une ressource naturelle comme les autres, elle bénéficie néanmoins, et à l'inverse des autres, d'un statut privilégié en droit international[2]. En effet, elle représente un enjeu tel que le droit humanitaire issu des Conventions de Genève de 1949 et de leurs Protocoles de 1977 n'a pu l'ignorer et faire l'économie de lui octroyer un statut dérogatoire spécifique. La protection relative à l'eau s'articule autour de deux approches différentes mais complémentaires. Tout d'abord, l'interdiction de détruire les biens indispensables à la survie de la population civile est consacrée par les articles 54 du Protocole I[3] et 14 du Protocole II[4] régissant respectivement les conflits armés internationaux et les conflits armés non internationaux. Ensuite, il est

---

[1] À la question « What Are Natural Resources? », l'ILA répond : « As defined by the economists natural resources are Nature's physical goods useful to men. That economic value also determines the area of the law since without interest there can be no areas of action for justice » (BOGDANOVIĆ, *op. cit.*, p. 294). Elle ajoute : « Nevertheless, it should be made clear that certain harmful effects of natural resources also create juridical interest because they produce negative effects on the resources usefulness » (*ibid.*, p. 295).

[2] Voy. Th. BOUTRUCHE, « Le statut de l'eau en droit international humanitaire », *RICR*, décembre 2000, vol. 82, no. 840, pp. 887-915.

[3] Voy. Y. SANDOZ, Ch. S. WINARSKI et B. ZIMMERMANN, *Commentaire des Protocoles additionnels aux Conventions de Genève de 1949*, CICR/Martinus Nijhoff Publishers, 1986, pp. 669-677.

[4] *Ibid.*, pp. 1477-1482.

interdit d'attaquer les installations hydrauliques en vertu des articles 56 et 15 respectivement des Protocoles I et II[1].

Par ailleurs, les ébauches de typologie définitionnelle du concept de « ressource naturelle » appliqué à l'eau des cours d'eau internationaux ont mis classiquement en lumière les différentes méthodes utilisées dans les tentatives d'approcher une définition juridique[2]. D'un point de vue analytique[3], deux approches existent pour définir : l'approche inductive[4] et sectorielle ou déductive[5] et générale. La méthode déductive cherche à proposer une définition générale de la ressource naturelle sous laquelle tomberaient toutes les ressources considérées comme naturelles[6]. L'approche inductive tend, quant à elle, à définir, selon des modalités particulières, certaines ressources, que le sens commun assimile à des ressources naturelles, sans pour autant proposer de définition générale de la ressource naturelle, voire sans faire usage de la notion de ressource naturelle. Très généralement, l'approche déductive tend à privilégier les principaux éléments juridiques constitutifs qui président au concept de ressource naturelle, alors que l'approche inductive tend à privilégier les principaux éléments juridiques constitutifs de l'eau du cours d'eau international. Ces deux méthodes peuvent également être combinées, et le sont le plus souvent, de telle sorte qu'il serait possible de classer les définitions le long d'un *continuum* dont la méthode inductive pure et la méthode déductive pure seraient les extrêmes. Si une analyse systématique des définitions ressortissant à l'une ou l'autre de ces méthodes n'a que peu d'intérêt

---

1 QUILLERÉ-MAJZOUB, « La Question de la Nature Juridique de l'Eau ... », *op. cit.* ; QUILLERÉ-MAJZOUB et MAJZOUB, « L'eau des cours d'eau... », *op. cit.* ; M. TIGNINO, « Water, International Peace, and Security », *RICR*, septembre 2010, vol. 92, no. 879, pp 647-674.

2 Voy. *inter alia*, dans une littérature prolifique : D. BORCIER et P. MACKAY (dir.), *Lire le droit : Langue, texte, cognition*, Paris, LGDJ, 1992.

3 Voy. F. BLANCHARD, « Vers une théorie de la qualification juridique. Les socles épistémiques de la catégorisation », *in* BORCIER et MACKAY, *op. cit.*, pp. 223-232 ; J.-Bl. GRIZE, « Déduction et inférence », *in ibid.*, pp. 233-236.

4 SALMON, *op. cit.*, p. 925.

5 *Ibid.*, pp. 924-925.

6 « In the following paragraphs natural resources will be listed to provide a concise review as to how other resources can influence water resources and *vice versa* [water resources, the air space, the earth (soil), slope or fall, mineral deposits, flora, fauna, power and energy resources, scenic and recreational resources] » (BOGDANOVIĆ, *op. cit.*, p. 295). La liste ainsi dressée par l'ILA comprend, entre autres, les ressources en eau, les sols, la flore, la faune, les ressources énergétiques, et les ressources récréatives.

dans le cadre de cette contribution, il importe toutefois d'illustrer ces méthodes par l'exemple et de souligner les difficultés auxquelles elles peuvent conduire.

La méthode inductive et sectorielle a longtemps prévalu au niveau international. Cette approche permet en effet de contourner le problème de la définition de la ressource naturelle, puisqu'elle se contente de prévoir un régime juridique spécifique applicable à l'eau du cours d'eau international sans nécessairement se référer au concept de ressource naturelle ou à l'existence d'une ressource partagée. Ainsi, la Convention de 1997, ne fait à aucun moment mention du terme « ressource naturelle » ou de « ressource partagée »[1]. Le même constat peut être fait, à quelques détails près, pour le droit des aquifères transfrontières[2]. Les autres conventions universelles, habituellement considérées comme répondant à la perspective inductive en droit international de l'eau, ne font référence aux ressources naturelles que dans leur préambule[3]. La Convention africaine pour la conservation de la nature et des ressources naturelles de 1968[4] fait toutefois exception puisqu'elle indique que le terme de « "ressources naturelles" signifie ressources naturelles renouvelables, c'est-à-dire les sols, les eaux, la flore, la faune ainsi que les ressources non renouvelables, c'est-à-dire les minéraux et les combustibles fossiles »[5]. Mis à part cette exception, les conventions internationales applicables à l'eau des cours d'eau

---

[1] Le même constat peut être fait pour la Convention sur la protection et l'utilisation des cours d'eau transfrontières et des lacs internationaux, adoptée le 17 mars 1992 à Helsinki par la Commission des Nations Unies pour l'Europe (CEE-NU).

[2] « Projet d'articles sur le droit des aquifères transfrontières », élaboré en 2008 par la CDI, dont l'AGNU a pris note et qu'elle a recommandé à l'attention des États membres en 2008 et 2011 (voy. AGNU, Résolutions 63/124 et 66/104 sur le droit des aquifères transfrontières). Le concept de ressources partagées semble cantonné aux eaux souterraines transfrontières (voy. R. RIVIER (avec la participation de Ph. LAGRANGE), « Travaux de la Commission du droit international (soixantième session) et de la Sixième Commission (soixante-troisième session) », *AFDI*, 2008, vol. 54, p. 398).

[3] Voy. AGNU, Résolution 3281 (XXIX) relative à Charte des droits et devoirs économiques des États, 12 décembre 1974, doc. ONU A/RES/3281(XXIX), art. 3 : « Dans l'exploitation des ressources naturelles communes à deux ou à plusieurs pays, chaque État doit coopérer sur la base d'un système d'information et de consultation préalable, afin d'assurer l'exploitation optimale de ces ressources, sans porter préjudice aux intérêts légitimes des autres États ».

[4] Voy. Convention africaine pour la conservation de la nature et des ressources naturelles.

[5] *Ibid.*

internationaux s'appuient sur les principes régissant la protection des ressources en eau et l'exercice de la responsabilité souveraine des États concernant l'utilisation rationnelle de ces ressources, sans considérer l'existence des conséquences spécifiques se rattachant au concept de ressource naturelle. Les droits nationaux des États parties à ces conventions ont transposé cette approche sectorielle en considérant que l'eau située sur leur territoire constituait une ressource naturelle de leur pays et se trouvait de ce fait sous leur souveraineté.

L'approche sectorielle et inductive utilisée par ces différentes conventions répond à une logique générale qui veut que chaque problème trouve sa solution dans une convention spécifique. Même si chacun de ces problèmes relève des cours d'eau internationaux, ces derniers ne nécessitent pas d'être défini pour que les problèmes spécifiques soient réglementés. Cette approche présente certains avantages. En raison de la spécificité des cours d'eau internationaux visés, elle garantit en général le respect du principe de l'autonomie de la volonté étatique dans la conclusion des conventions. Plus généralement, elle constitue une sorte de garde-fou par rapport à la tendance quasi-inhérente à la notion de ressource naturelle de projeter son ombre sur l'ensemble du droit international de l'eau. Par ailleurs, l'approche inductive et sectorielle permet également de contourner le problème de l'établissement des principaux éléments juridiques constitutifs du concept de ressource naturelle, présent nécessairement dans le cas des approches mixtes ou déductives.

Cette approche a, en contrepartie, les défauts de ses qualités. Premièrement, elle nécessite une intervention régulière du législateur, tant national qu'« international », afin d'accorder le droit international de l'eau aux nouvelles idées juridiques mises en œuvre par la raréfaction de l'eau des ressources en eau et l'avènement d'autres ressources possibles en eau[1]. Deuxièmement, cette méthode conduit à traiter de manière semblable des situations très différentes et, notamment, des situations que le sens commun ne qualifierait pas de ressource naturelle. La solution à ces défauts de l'approche inductive ou sectorielle suppose de ne pas faire l'économie de la mention de certaines caractéristiques des ressources naturelles qui viendrait compléter la définition.

---

[1] Voy. notamment MAJZOUB *et al.*, « "Cloud Busters": ... », *op. cit.* ; F. QUILLERÉ-MAJZOUB, « "À qui appartiennent les nuages ? " (Essai de définition d'un statut des nuages en droit international public) », *AFDI*, 2004, vol. 50, pp. 653-667.

La méthode déductive quant à elle est notamment utilisée dans le cas du droit des aquifères transfrontières. Selon ce droit, le concept de ressources partagées semble cantonné aux eaux souterraines transfrontières. « Cette réduction des ressources partagées aux eaux souterraines transfrontières s'inscrit dans une logique difficilement contestable »[1].

Dans ce cas, la définition des eaux souterraines transfrontières n'est pas tributaire d'une liste limitative de ressources naturelles. Ainsi, à la différence de l'approche inductive et sectorielle, l'approche déductive et générale tend à conférer à l'existence des aquifères transfrontières une fonction fondamentale dans l'établissement d'une ressource naturelle partagée.

À mi-distance de ces deux approches, l'approche définitionnelle mixte permet généralement d'éviter une telle extension de la notion en combinant une liste de ressources naturelles et la définition des ressources en eau particulières ou en combinant une définition générale et une liste de ressources naturelles spécifiques. Dans une certaine mesure, l'approche mixte mise en œuvre par la décision-cadre rencontre certains problèmes similaires à l'approche sectorielle. Elle doit notamment évoluer de manière constante. Toutefois, elle présente l'avantage de ne pas traiter de manière semblable des phénomènes que le sens commun aurait tendance à exclure de la catégorie des ressources naturelles.

Dans le même sens, et selon des modalités diverses, certaines approches nationales combinent également les deux méthodes, en énumérant une série de ressources naturelles spécifiques tout en définissant l'eau se trouvant entièrement à l'intérieur des frontières étatiques comme ressource naturelle, en la distinguant ainsi de l'eau traversant le territoire étatique.

Les méthodes déductives et mixtes présentent des avantages importants. Premièrement, elles ne supposent pas, le plus souvent, la nécessité pour le législateur, tant national qu'« international », d'intervenir de manière répétée pour étendre le champ de la notion évolutive de ressource naturelle. Deuxièmement, elles favorisent généralement la congruence entre la définition de l'eau du cours d'eau international et la conception de la ressource naturelle dans le sens commun. Toutefois, ces méthodes peuvent se révéler particulièrement dommageables aux principes consacrés du droit international de l'eau.

---

1 RIVIER, *op. cit.*, p. 398.

En particulier, la méthode déductive et générale peut conduire, comme dans le cas du droit des aquifères transfrontières, à réduire les ressources partagées aux seules eaux souterraines transfrontières sur la base unique de l'intention de l'Assemblée générale des Nations Unies. Le plus souvent, les instruments et législations faisant appel à la méthode déductive ou à une méthode mixte prévoient spécifiquement de larges exceptions afin d'exclure ces cas de leur champ d'application. Ainsi, l'utilisation de la méthode générale et déductive ou d'une méthode mixte suppose nécessairement la formulation de larges exceptions afin de garantir les principes consacrés du droit international de l'eau.

Malgré l'absence de consensus international sur la définition universelle de la ressource naturelle et par-delà les questions de méthode définitionnelle, on peut saisir un certain nombre de difficultés de divers ordres essentiels à la ressource naturelle, fort utiles pour mieux la comprendre.

La polysémie est une marque essentielle du vocabulaire juridique dans le domaine de l'eau. Les définitions en droit proposent fréquemment plusieurs définitions d'un même terme, en signalant éventuellement les acceptations à écarter. Ces définitions sont accompagnées d'exemples, c'est-à-dire, pour en revenir à l'étymologie, de modèles. Aussi, ne faut-il oublier ni les pièges de la définition ni les avertissements de la linguistique. Une bonne définition est la seule à exprimer la chose qu'on veut dire. Dans l'idéal, chaque terme devrait donc fournir une seule et unique définition en précisant le sens. « Bien plus, cette définition devrait, là aussi dans l'idéal, correspondre, selon la formule consacrée, à tout le défini et seulement au défini »[1].

Ce bref aperçu des méthodes définitionnelles et des principaux éléments juridiques constitutifs du concept de « ressource naturelle » permet de mieux cerner les options législatives et leurs limites dans la recherche d'une définition de l'eau du cours d'eau international.

* * *

Il n'existe pas, en droit international, de définition explicite des « ressources naturelles » en droit international de l'eau. Aucun des textes d'envergure internationale qui utilisent cette expression ne prend la précaution d'en préciser le contenu. Nul doute cependant que les États et leurs négociateurs n'aient eu d'abord à l'esprit les cours d'eau internationaux.

---

1 G. GUILLAUME, « Préface », *in* SALMON, *op. cit.*, p. X.

La définition juridique du concept de ressource naturelle en droit international de l'eau constitue un problème. Au niveau international, ce problème prend d'abord et avant tout la forme d'une absence de consensus sur une définition universelle légale. Au niveau national, la situation est différente dans la mesure où les ordres juridiques possèdent tous, sous une forme ou une autre, une définition légale du concept de ressource naturelle. À ce niveau, la définition du concept de ressource naturelle constitue toutefois également un problème mais seulement en termes de compatibilité entre les définitions nationales adoptées et le respect des principes de l'utilisation équitable et raisonnables des cours d'eau internationaux.

Loin d'avoir cherché à résoudre ces problèmes en proposant une solution, cette contribution tente de mettre en évidence les méthodes définitionnelles à la disposition du législateur, tant national qu'« international », afin de les trancher et les dangers et limites de toute option en la matière. Elle tente également de fournir à la lectrice ou au lecteur certaines clefs de lecture susceptibles de la ou le guider dans son appréhension des instruments et législations relatives à la ressource naturelle en droit international de l'eau. Elle n'a pas pour autant la prétention d'avoir complètement balisé la question. Ceci aurait en effet supposé d'étudier dans le détail l'épineux problème de l'eau de surface et celui de la définition des aquifères, tant nationaux qu'internationaux. Toutefois, le spécialiste et le praticien auront trouvé ici les éléments principaux permettant de saisir le problème de la définition du concept de ressource naturelle en droit international de l'eau dans un monde où l'eau est, et sera, au cœur de l'agenda juridique international.

Chaque époque de l'histoire du droit international, et du droit international de l'eau en particulier, doit faire face à l'élément « eau », qui défie la logique à l'œuvre dans le système général. Longtemps le droit a cherché à lui trouver un statut juridique clair. Aujourd'hui, face à de nouvelles menaces, le droit doit trouver les instruments adéquats pour s'attaquer à ces nouveaux défis. Ceci commence nécessairement par un accord sur les mots et les choses, c'est-à-dire, par une définition de la ressource naturelle qui soit à la fois suffisamment précise pour ne pas remettre en cause les droits et devoirs des États du cours d'eau et suffisamment large pour subsumer le sujet dans sa totalité.

*   *   *
* * *
*

Le chapitre suivant (« L'eau bleue du Nil comme "ressource partagée" »)[1] constitue le prolongement direct du chapitre précédent. Le principe de la souveraineté permanente sur les ressources naturelles assimile généralement la plupart des ressources au territoire de l'État où elles se situent. Il en va cependant différemment pour les cours d'eau internationaux sous souveraineté aménagée ou sous juridiction de l'État. Outre qu'ils intéressent la moitié de l'humanité, une pluralité de souverainetés, simultanées ou successives, le plus souvent concurrentes, s'exercent sur eux et engendrent parfois des pénuries, voire des conflits. Leur soumission à ces souverainetés aménagées a donné naissance à l'expression « ressource partagée », qui qualifie indifféremment des ressources vivantes ou minérales, renouvelables ou épuisables, mobiles ou localisées. Or, cette notion n'a pas été explicitement consacrée. Certes, elle a été créée pour qualifier les cours d'eau internationaux, mais elle a été écartée par la majorité des États malgré les limites de leur argumentation. Néanmoins, il en va des faits objectivement appréhendés comme des évidences scientifiques : l'exercice des souverainetés étatiques est une réalité incontournable et leur juxtaposition a permis à la notion de s'imposer par l'arrêt rendu par la CIJ le 25 septembre 1997 en l'affaire relative au projet Gabčíkovo-Nagymaros, et le 1er décembre 2022 en l'affaire relative au statut et à l'utilisation des eaux du Silala.

[1] Ce chapitre s'appuiera sur les recherches menées par les auteurs, notamment : F. QUILLERÉ-MAJZOUB, « La question de la nature juridique de l'eau des cours d'eau internationaux - Essai d'épistémologie - », *EJLS*, 2013, vol. 6, n° 2, 2014, pp. 51-77 (disponible à : https://ejls.eui.eu/issues/winter-2013-volume-6-issue-2/) ; F. QUILLERÉ-MAJZOUB et T. MAJZOUB, « Le cours d'eau international est-il une "ressource partagée" ? », *RBDI*, 2009, vol. 42, no. 2, pp. 499-525. Il s'est largement inspiré de l'article de 2009, mais pour utiliser son contenu dans une perspective nilotique qu'on espère renouvelée.

CHAPITRE 2.- L'EAU BLEUE DU NIL COMME « RESSOURCE PARTAGÉE »

Le droit international public est sous-tendu par l'idée de souveraineté[1]. Celle-ci s'exprime par excellence à travers le principe de la « souveraineté permanente sur les ressources naturelles » selon lequel tout État dispose, sur son territoire, de la propriété de ses ressources naturelles et est le seul habilité à les exploiter[2]. L'existence

---

[1] Voy. P. DAILLIER, M. FORTEAU et A. PELLET, *Droit international public*, 8e éd., Paris, LGDJ, 2009, n° 274 *et seq.*

[2] Voy :

1.- les résolutions de l'AGNU relatives à ce principe et à sa reconnaissance : Rés. 1803 (XVII) relative à la Souveraineté permanente sur les ressources naturelles, 14 décembre 1962 ; Rés. 2386 (XXIII) relative à la Souveraineté permanente sur les ressources naturelles », 19 novembre 1968 ; Rés. 2542 (XXIV) relative à la Déclaration sur le progrès et le développement dans le domaine social, 11 décembre 1969 ; Rés. 2692 (XXV) relative à la Souveraineté permanente des pays en voie de développement sur leurs ressources naturelles et expansion des sources intérieures d'accumulation aux fins du développement économique, 11 décembre 1970 ; Rés. 3171 (XXVIII) relative à la Souveraineté permanente sur les ressources naturelles, 17 décembre 1973 ;

2.- les traités évoquant ce principe dans leur préambule : Convention de Vienne de 1985 pour la protection de la couche d'ozone ; Accord sur la qualité de l'air (Canada-États-Unis) de 1991 ; Convention-cadre des Nations Unies sur les changements climatiques de 1992 ; Convention sur la diversité biologique de 1992 ; Convention des Nations Unies sur la lutte contre la désertification dans les pays gravement touchés par la sécheresse et/ou la désertification, en particulier en Afrique de 1994 ; Convention sur la gestion durable du lac Tanganyika de 2003 ;

3.- les traités évoquant ce principe dans leurs dispositions : Convention de Vienne sur la succession d'États en matière de traités de 1978 ; CNUDM de 1982 ; Convention sur la protection des ressources naturelles et de l'environnement dans la région du Pacifique Sud de 1986 ; Accord aux fins de l'application des dispositions de la CNUDM du 10 décembre 1982 relatives à la conservation et à la gestion des stocks de poissons dont les déplacements s'effectuent tant à l'intérieur qu'au-delà de zones économiques exclusives (stocks chevauchants) et des stocks de poissons grands migrateurs de 1995 ; Protocole de 1999 sur l'eau et la santé à la Convention de 1992 sur la protection et l'utilisation des cours d'eau transfrontières et des lacs internationaux ; Convention africaine pour la conservation de la nature et des ressources naturelles de 2003 ; Accord de l'Association des Nations de l'Asie du Sud-Est (ASEAN) relatif à la conservation de la nature et des ressources naturelles de 1985 ;

de ressources qui s'étendent à travers les frontières de plusieurs États ne pose généralement pas de problèmes particuliers. La plupart des ressources sont assimilées au territoire dont elles constituent un élément intrinsèque[1] : chaque État est alors pleinement souverain de l'utilisation de la ressource située sur son territoire. En revanche, lorsque la ressource n'est pas totalement assimilable au territoire et constitue un élément extrinsèque à celui-ci[2], cette réalité ne peut s'inscrire dans l'application du principe de la souveraineté permanente. Certes, si l'utilisation de la ressource est sans conséquence sur sa disponibilité, l'absence de concurrence dans les utilisations auxquelles elle est soumise annihile les tensions qui s'exercent sur elle et réduit les risques de litiges. Par contre, quand toute utilisation de cette ressource est privative par rapport à l'utilisation que pourrait en avoir d'autres États, les conflits d'utilisation deviennent récurrents et peuvent atteindre des seuils de dangerosité en fonction de la valeur de nécessité, réelle ou supposée, accordée à cette ressource. La soumission d'une telle ressource à une multiplicité de souverainetés étatiques entraîne donc *ipso facto* la nécessité d'un statut qui reconnaisse l'expression des souverainetés des États concernés sur un pied d'égalité.

Pour rendre compte de cette situation, le vocabulaire du droit utilise l'expression « ressource partagée ». Or, parmi les expressions qui fécondent la terminologie du droit international public, celle-ci connaît un sort paradoxal. Généralement et ordinairement utilisée, elle est cependant assez peu acceptée et plus rarement reconnue comme porteuse de conséquences juridiques établies. Née dans les années 60 et

---

4.- les instruments internationaux sans force obligatoire évoquant ce principe : Projet d'articles sur la prévention des dommages transfrontières résultant d'activités dangereuses (adopté par la CDI à sa 53e session en 2001) ; AGNU, Rés. 1515 (XV) relative à l'Action concertée en vue du développement économique des pays économiquement peu développés, 15 décembre 1960 ; Rés. 3281 (XXIX) relative à la Charte des droits et devoirs économiques des États, 12 décembre 1974 ; Rés. 41/128 relative à la Déclaration sur le droit au développement, 4 décembre 1986 ; Déclaration de Stockholm (Déclaration des Nations Unies sur l'environnement) de 1972 ; Déclaration de Rio sur l'environnement et le développement de 1992 ;

5.- les traités mentionnant la notion de droit des peuples sur leurs ressources naturelles : Pacte international relatif aux droits économiques, sociaux et culturels de 1966 ; Pacte international relatif aux droits civils et politiques de 1966 ; Charte africaine (de Banjul) des droits de l'homme et des peuples de 1981.

[1] La ressource est statique, définie dans l'espace et quantifiable.

[2] La ressource peut se déplacer à travers les frontières nationales, être difficilement appropriable de façon exclusive et/ou difficilement quantifiable, sa disponibilité pouvant varier dans le temps et l'espace.

régulièrement utilisée durant deux décennies, cette expression est peu à peu tombée dans l'oubli[1]. Néanmoins, elle a connu sa consécration à la fin des années 90 et fait l'actualité de la CDI depuis le début du vingt et unième siècle[2].

Cette expression recouvre de très nombreuses réalités et est utilisée indifféremment pour qualifier les cours d'eau internationaux, les eaux souterraines transfrontières, le pétrole et le gaz naturel ainsi que les gisements de minerais relevant de la souveraineté de plusieurs États, les espèces de la faune et de la flore marines et terrestres[3]. À l'heure où le Cinquième Forum Mondial de l'Eau a, une fois de plus, rappelé à l'humanité l'importance de cette ressource vitale et rare qu'il convient impérativement de partager si l'on veut préserver la vie elle-même, l'utilisation hétérogène de cette expression, qui qualifie indifféremment des ressources vivantes ou minérales, renouvelables ou épuisables, mobiles ou localisées, pose la question de la nature juridique des eaux des cours d'eau internationaux : sont-elles ou non des « ressources partagées » ?

Répondre à cette interrogation nécessite de déterminer la réalité et la valeur juridiques de cette expression et de s'interroger sur son caractère exclusif ou non de l'expression des souverainetés des États riverains sur le cours d'eau international et ses ressources. Autrement dit, l'existence d'une multiplicité de souverainetés étatiques, qui ne peuvent être exclusives sur le cours d'eau international en raison du principe d'égalité entre les États du cours d'eau, rend-elle nécessaire le recours à cette expression pour l'utilisation de ces eaux face à l'inappropriation des notions et théories fondées sur l'absolutisme ou la négation de la souveraineté étatique ? D'un point de vue positiviste, les sources du droit international public se révèlent incapables d'apporter un éclairage définitif à cette question (section 1). Seul le juge international, par la voix de la CIJ, a pris position en faveur de cette qualification malgré l'opposition d'un grand nombre d'États (section 2).

---

[1] J. Th. CALASANS, *Le concept de « ressource naturelle partagée » – application aux ressources en eau : l'exemple de l'Amérique du Sud*, thèse, Université Paris I - Panthéon-Sorbonne, 1996, p. 55.

[2] Voy. les travaux de la CDI sur les « ressources naturelles partagées » sur [http://untreaty.un.org/ilc/guide/8_5.htm], en vertu de la résolution 57/21 adoptée par l'Assemblée générale [sur le rapport de la Sixième Commission (A/57/563)] – Rapport de la Commission du droit international sur les travaux de sa 54e session», 21 janvier 2003, doc. ONU A/RES/57/21, § 2.

[3] C. YAMADA, rapporteur spécial, *Ressources naturelles partagées : premier rapport (plan général)*, doc. ONU A/CN.4/533, 30 avril 2003, § 4, p. 2.

SECTION 1.- COURS D'EAU INTERNATIONAL ET « RESSOURCE PARTAGÉE » : UNE RELATION INOPÉRANTE EN DROIT INTERNATIONAL POSITIF

Les cours d'eau forment une mosaïque hydrologique dans laquelle les bassins hydrographiques internationaux, c'est-à-dire ceux qui s'étendent sur le territoire d'au moins deux États, concernent près de la moitié de l'humanité[1]. Certes, le droit international public connaît différentes appellations pour qualifier les ressources exploitées par plusieurs pays, voire par tous les États[2]. Néanmoins, ces appellations renvoient à l'idée d'exploitation d'une ressource totalement ou partiellement exclue de l'exercice d'une souveraineté.

Relativement aux cours d'eau internationaux, une pluralité de souverainetés, simultanées et/ou successives, le plus souvent concurrentes, s'exercent sur leurs eaux. Dans ce contexte, l'application de l'expression « ressources partagées » au cours d'eau international impose de définir le statut de cette notion dans le droit international et d'établir les liens qui l'unissent aux cours d'eau internationaux. À cet égard, il apparaît que l'expression « ressource partagée » n'a pas été consacrée par le droit international (paragraphe 1). De même, si elle a été associée aux cours d'eau internationaux depuis sa création, cette association n'a pas non plus reçu de consécration (paragraphe 2).

---

[1] Il existe dans le monde 263 lignes de partage des eaux communes et 273 aquifères de nappes d'eau souterraines partagées dont dépendent directement 3 milliards d'individus. Voy. la présentation d'András Szöllösi-Nagy, du Programme international hydrologique, au nom du Directeur général de l'Unesco, lors de la table ronde de haut niveau « S'adapter aux changements globaux dans les bassins transfrontaliers », 5e Forum Mondial de l'Eau, Istanbul, Turquie, 16-22 mars 2009, *Bulletin du Forum mondial de l'eau*, Édition #7, 23 mars 2009, vol. 82, no. 22, p. 1 [http://www.iisd.ca/ymb/water/worldwater5/].

[2] Telles que les *res nullius*, les *res communis*, le patrimoine commun de l'humanité : F. QUILLERÉ-MAJZOUB, « À qui appartiennent les icebergs ? (Discussion autour du statut des icebergs en droit international public) », *RQDI*, 2007, vol. 20, no. 1, pp. 199-225.

dispositions[1]. Ainsi, cette expression n'apparaît pas dans les documents adoptés lors de la Conférence de Rio sur l'environnement et le développement de 1992[2], les cinq Forums Mondiaux de l'Eau[3], dans les textes européens[4] et ceux des diverses Conférences relatives à l'eau, de façon spécifique[5] ou traitant du problème de l'eau de façon incidente[6]. Depuis 2002 cependant, elle sert d'intitulé aux travaux de la CDI relatifs au « statut des ressources partagées »[7].

---

[1] Voy. *e.g.* l'Accord de l'Association des Nations de l'Asie du Sud-Est (ASEAN) de 1985 relatif à la conservation de la nature et des ressources naturelles, art. 19, § 1. Voy. également *infra*, Section 1, Paragraphe 2).

[2] *Rapport de la Conférence des Nations Unies sur l'environnement et le développement, Rio de Janeiro, 3-14 juin 1992*, doc. ONU A/CONF.151/26 (vol. I à vol. IV) (http://www.un.org/documents/ga/conf151/aconf15126-1.htm à /aconf15126-4.htm).

[3] 1er Forum Mondial de l'Eau, Marrakech, Maroc, mars 1997 ; 2e Forum Mondial de l'Eau, La Haye, Pays-Bas, mars 2000 ; 3e Forum Mondial de l'Eau, Kyoto, Osaka et Shiga, Japon, mars 2003 ; 4e Forum Mondial de l'Eau, Mexico, Mexique, mars 2006 ; 5e Forum Mondial de l'Eau, Istanbul, Turquie, 16-22 mars 2009 (http://www.worldwatercouncil.org).

[4] Que ce soit dans le cadre du Conseil de l'Europe (textes relatifs à l'environnement) ou dans celui de l'Union européenne (textes relatifs à la politique de l'eau).

[5] Voy. *e.g. Conférence Internationale sur l'Eau Douce*, Bonn, Allemagne, décembre 2001 ; *Plan d'action sur l'eau*, 29e Sommet du G-8, Évian, France, juin 2003 ; *Décennie Internationale 2005-2015 d'action « L'Eau, Source de Vie »*, organisée par les Nations Unies ; *2008, Année Internationale de l'Assainissement*, organisée par les Nations Unies ; 1er Forum ministériel du G-77 sur l'Eau, Mascate, Oman, février 2009 ; *La Paix avec l'Eau*, Parlement européen, Bruxelles, Belgique, février 2009, à l'initiative de l'ancien dirigeant soviétique Mikhaïl Gorbatchev, organisée par le Forum politique mondial, les Groupes parlementaires européens et l'Institut européen de recherche sur la politique de l'eau. Cette conférence a en particulier demandé que les questions relatives à l'eau soient incluses dans tout accord qui succédera au Protocole de Kyoto sur le changement climatique.

[6] Cas des réunions relatives à l'environnement, au développement durable, … Voy. *e.g. Déclaration du Millénaire*, Sommet du Millénaire des Nations Unies, septembre 2000 ; *Plan d'application de Johannesburg*, Sommet mondial sur le développement durable (SMDD), Johannesburg, Afrique du Sud, août-septembre 2002 ; 12e et 13e sessions de la Commission des Nations Unies sur le développement durable (CSD-12 et CSD-13), avril 2004 et avril 2005 ; 16e session de la CSD, juin 2008 ; 34e Sommet annuel du G-8, Hokkaido, Japon, juillet 2008 ; 1re Réunion conjointe du Réseau des femmes ministres et chefs de file de l'environnement (NWMLE), Nairobi, Kenya, février 2009, réunion conjointe entre le NWMLE et le PNUE.

[7] Voy. sur le site de la CDI, ses travaux relatifs aux ressources partagées : [http://untreaty.un.org/ilc/guide/8_5.htm] (eaux souterraines transfrontières) et [http://untreaty.un.org/ilc/guide/8_6.htm] (pétrole et gaz).

Si l'expression a été et est encore utilisée, force est de constater qu'aucun instrument ne définit les « ressources partagées ». En particulier, le Projet de principes du PNUE de 1978 ne les définit pas, alors que cette définition était le cœur du Projet. Trois ans de travaux n'avaient pas permis aux experts gouvernementaux de définir les « ressources partagées », faute de temps selon le Directeur exécutif du PNUE[1]. Certes, plusieurs définitions avaient été proposées[2], mais en l'absence de discussions approfondies sur la question, aucune solution n'avait pu intervenir, d'autant que certaines d'entre elles étaient contradictoires[3].

Si l'expression « ressources partagées » n'est pas définie, les instruments qui utilisent cette expression sont cependant unanimes sur les éléments constitutifs de ces ressources : elles sont soumises à l'exercice de plusieurs souverainetés concomitantes. Ainsi, sur son territoire, tout État a incontestablement le droit d'utiliser les eaux d'un cours d'eau international dont il fait partie. Ce droit constitue non seulement un attribut de sa souveraineté mais, en cas de partage des ressources, peut s'appuyer sur le principe fondamental de l'« égalité des droits »[4]. En vertu de ce principe, la pluralité des souverainetés empêche celles-ci de s'exercer de façon absolue et, par conséquent, en limite l'exercice[5], justifiant le recours aux principes de l'utilisation équitable[6] et de la coopération des États exerçant leur souveraineté sur

---

1 Voy. la note du Directeur exécutif du PNUE, doc. UNEP/GC.6/17 du 10 mars 1978, p. 7 : « Le groupe de travail, faute de temps, n'était pas à même de procéder à une discussion approfondie de la question de la définition des ressources naturelles partagées et par conséquent n'est pas parvenu à des conclusions ».

2 Parmi celles-ci, il était fait référence à « un élément de l'environnement naturel utilisé par l'homme qui constitue une unité biogéophysique, et est localisé sur le territoire de deux ou plusieurs États » (doc. UNEP/IG/12/2 (1978), § 16).

3 CALASANS, *op. cit.*, pp. 53 et 137-138.

4 J. SALMON (dir.), *Dictionnaire de droit international public*, Bruxelles, Bruylant/AUF, 2001, p. 205 : ainsi, en ce qui concerne la navigation sur les cours d'eau internationaux, les États riverains forment « une communauté d'intérêts » (CPJI, *Juridiction territoriale de la Commission internationale de l'Oder*, arrêt du 10 septembre 1929, série A, n° 23, p. 27) et donc de droits qui exclut toute idée d'inégalité entre ces États, sauf accord contraire.

5 Autrement dit, il y a rejet des doctrines absolutistes, que ce soit la doctrine Harmon ou celle de l'intégrité territoriale absolue. De ce fait, on peut parler de la consécration de la théorie de la souveraineté limitée (T. MAJZOUB, *Les fleuves du Moyen-Orient. Situation et prospective juridico-politiques*, Paris, L'Harmattan, 1994, pp. 177-178).

6 Voy. en ce sens : SCHWEBEL, *Troisième rapport sur le droit relatif aux utilisations des cours d'eau internationaux à des fins autres que la navigation*, doc. ONU

une partie de la ressource[1]. Dès lors, chacun de ces États a le droit d'utiliser et d'exploiter la ressource en partie, selon un certain nombre de critères où la nature de celle-ci est fondamentale. De même, nul État n'a le droit d'utiliser ou d'exploiter la ressource si cette utilisation occasionne des « dommages significatifs »[2] aux autres États. Aussi, les États concernés par l'utilisation et l'exploitation d'une « ressource partagée » sont-ils appelés à coopérer par des échanges d'informations et des consultations sur la base du principe de la bonne foi et dans un esprit de bon voisinage[3]. C'est la raison pour laquelle les États sont dans l'obligation d'informer les autres États, susceptibles d'être affectés, de toute situation d'urgence ou de tout évènement naturel grave[4].

A/CN.4/348 [http://untreaty.un.org/ilc/documentation/french/a_cn4_348.pdf], §§ 41 *et seq.* ; J. EVENSEN, rapporteur spécial, *Premier rapporteur sur le droit relatif aux utilisations des cours d'eau internationaux à des fins autres que la navigation*, doc. ONU A/CN.4/367 and Corr.1 [http://untreaty.un.org/ilc/documentation/french/a_cn4_367.pdf], §§ 80-93, et *Deuxième rapport sur le droit relatif aux utilisations des cours d'eau internationaux à des fins autres que la navigation*, doc. ONU A/CN.4/381 and Corr.1 and Corr.2, [http ://untreaty.un.org/ilc/documentation/french/a_cn4_381.pdf], §§ 45-53 ; S. C. MCCAFFREY, rapporteur spécial, *Deuxième rapport sur le droit relatif aux utilisations des cours d'eau internationaux à des fins autres que la navigation*, doc. ONU A/CN.4/399, [http://untreaty.un.org/ilc/documentation/french/a_cn4_399.pdf], §§ 76-168.

[1] Voy. *Projet de principes du PNUE*, principe 1, *in* BOISSON DE CHAZOURNES *et al.*, *op. cit.*, p. 30 : « Il est nécessaire que les États coopèrent dans le domaine de l'environnement en matière de conservation et d'utilisation harmonieuse des ressources naturelles partagées par deux ou plusieurs États. Par conséquent, eu égard à la notion d'utilisation équitable des ressources naturelles partagées, il est nécessaire que les États coopèrent afin de contrôler, prévenir, atténuer ou supprimer les effets néfastes sur l'environnement qui pourraient résulter de l'utilisation de ces ressources. Cette coopération s'exercera sur un pied d'égalité et compte dûment tenu de la souveraineté, des droits et intérêts des États concernés ».

[2] Il s'agit de l'application du principe *sic utere tuo ut alienum non laedas* qui engage la responsabilité de l'État qui a laissé l'utilisation de son territoire engendrer un préjudice non négligeable.

[3] Voy. *Projet du PNUE*, principe 7, *in* BOISSON DE CHAZOURNES *et al.*, *op. cit.*, p. 32 : « Les échanges d'information, la notification, les consultations et les autres formes de coopération applicables aux ressources naturelles partagées sont entrepris sur la base du principe de bonne foi et dans un esprit de bon voisinage et de manière à éviter tout retard injustifié dans les formes de coopération ou dans l'exécution des projets de développement ou de conservation ».

[4] *Ibid.*, principe 9, *in* BOISSON DE CHAZOURNES *et al.*, *op. cit.*, pp. 32-33 :
« 1. Les États ont le devoir d'informer d'urgence les autres États susceptibles d'être affectés :

L'expression « ressources partagées » ne renvoie donc pas à une notion parfaitement définie du droit international. De ce fait, elle n'est pas considérée comme contraignante, ni comme étant indiscutable. Face à son caractère inachevé, après avoir constaté qu'il n'existait pas de terme générique satisfaisant pour désigner les diverses « ressources partagées » par deux ou plusieurs États et dans un souci d'éclaircissement, le Directeur exécutif du PNUE a indiqué les cinq « exemples les plus évidents » de « ressources partagées ». Outre les mers fermées ou semi-fermées, les 'bassins atmosphériques'[1], les chaînes de montagnes, les forêts, les espaces protégés[2] et les espèces migratoires, il considère que « le premier » exemple, parce que le plus évident, est tout système hydrologique international[3].

Paragraphe 2.- Le cours d'eau international, archétype supposé de la « ressource partagée »

C'est par le biais de la codification des règles du droit international relatives aux voies d'eau internationales que l'expression « ressources partagées » a été propulsée comme définissant par excellence leur caractère spécifique[4]. Cette question du « Droit relatif aux utilisations des voies d'eau internationales » avait été inscrite à l'ordre du jour de

---

a) de toute situation d'urgence résultant de l'utilisation d'une ressource naturelle partagée pouvant causer soudainement des effets nuisibles à leur environnement ;
b) de tout événement naturel grave et soudain en rapport avec une ressource naturelle partagée susceptible d'affecter l'environnement de ces États.
2. Les États devraient aussi, lorsque cela apparaît approprié, informer de toute situation ou de tout événement de cette nature les organisations internationales compétentes.
3. Les États intéressés devraient coopérer, notamment en convenant le cas échéant des plans pour circonstances imprévues et en se prêtant mutuellement assistance afin de prévenir des situations graves et d'éliminer, d'atténuer ou de corriger dans la mesure du possible les effets de telles situations ou de tels événements ».

[1] Air sheds.

[2] *Conservation areas.*

[3] Y compris les eaux de surface et les eaux souterraines : PNUE, *Coopération dans le domaine de l'environnement en matière de ressources naturelles partagées par deux ou plusieurs États : rapport du Directeur exécutif*, 1975, UNEP/CG/44 et Ass.1, § 86.

[4] S. M. SCHWEBEL, rapporteur spécial, *Premier rapport sur le droit relatif aux utilisations des voies d'eau internationales à des fins autres que la navigation*, doc. ONU A/CN.4/320 and Corr.1, 21 mai 1979 (http://untreaty.un.org/ilc/documentation/french/a_cn4_320.pdf).

la vingt-cinquième session de l'AGNU en 1970. Dans sa Résolution 2669 (XXV) du 8 décembre 1970, celle-ci priait le Secrétaire général de préparer un rapport supplémentaire sur le droit relatif aux utilisations des fleuves internationaux[1] et recommandait à la CDI d'entreprendre l'étude de ce sujet[2]. Le 24 mars 1974, le Secrétaire général soumettait son rapport intitulé « Problèmes juridiques posés par les utilisations des voies d'eau internationales à des fins autres que la navigation »[3]. Quant à la CDI, elle entamait l'examen du sujet dès 1971[4]. Alors que le premier rapporteur spécial, Richard D. Kearney, remettait son premier rapport en 1976[5], la Conférence des Nations Unies sur l'eau de 1977[6] utilisait l'expression « ressources en eau partagées » dans son Plan d'action de Mar del Plata[7]. Dans les mois suivants, la Conférence des Nations Unies sur la désertification, qui se tenait à Nairobi en 1977, soulignait quant à elle la nécessité d'une gestion « sage et efficace des ressources hydrauliques partagées afin d'en assurer une utilisation rationnelle »[8].

Le deuxième rapporteur spécial, Stephen M. Schwebel, devait très rapidement qualifier les cours d'eau internationaux de « ressources partagées »[9]. Ne s'interrogeant pas sur la signification juridique d'une

---

[1] Ce rapport supplémentaire devait compléter l'étude déjà entreprise au terme de la résolution 1401 (XIV) de l'AGNU.

[2] Renvoyée également devant la Commission juridique (ou Sixième Commission) de l'Assemblée générale, celle-ci devait estimer que la CDI devait tenir compte de ce sujet : voy. CDI, doc. ONU A/CN.4/244, 21 juillet 1971 (http://untreaty.un.org/ilc/documentation/french/a_cn4_244.pdf).

[3] CDI, doc. ONU A/CN.4/274, 25 mars 1974 (http://untreaty.un.org/ilc/documentation/french/a_cn4_274.pdf).

[4] Ce travail devait l'occuper jusqu'en 1994.

[5] R. D. KEARNEY, rapporteur spécial, Premier rapport sur le droit relatif aux utilisations des voies d'eau internationales à des fins autres que la navigation, doc. ONU A/CN.4/295, 7 mai 1976 (http://untreaty.un.org/ilc/documentation/french/a_cn4_295.pdf).

[6] Rapport de la Conférence des Nations Unies sur l'eau, Mar del Plata (Argentine), 14-25 mars 1977, publication des Nations Unies.

[7] Plan d'action de Mar del Plata sur la mise en valeur et la gestion des ressources en eau, en particulier, voy. les recommandations G (Coopération régionale, §§ 84-87) et H (Coopération internationale, §§ 90-93) sur la « Mise en valeur des ressources en eau partagées ».

[8] Rapport de la Conférence des Nations Unies sur la désertification, Nairobi, 29 août-9 septembre 1977, doc. ONU A/CONF.74/36, § 33.

[9] S. M. SCHWEBEL, rapporteur spécial, Deuxième rapport sur le droit relatif aux utilisations des voies d'eau internationales à des fins autres que la navigation, doc. ONU A/CN.4/332 and Corr.1 and Add.1, 24 avril et 22 mai 1980

telle qualification, il développa dès le début de ses travaux une approche visant à soutenir que le cours d'eau international était la ressource partagée par excellence[1]. En 1980, son deuxième rapport était principalement dédié à sa démonstration du caractère évidemment et naturellement partagé des cours d'eau internationaux[2]. Dans cette logique, il soumettait un projet de six articles à la CDI qui, après examen, était renvoyé au Comité de rédaction[3]. Sur recommandation de celui-ci, la Commission adoptait provisoirement le projet d'articles 1 à 5 et X à sa trente-deuxième session[4].

En particulier, l'article 5 intitulé « Utilisation des eaux qui constituent une ressource naturelle partagée »[5], disposait que les eaux d'un cours d'eau international étaient considérées comme une « ressource partagée » dans la mesure où leur utilisation dans un État a un effet sur leur utilisation dans un autre État. Cet article ne précisait pas les conséquences juridiques de cette assimilation des eaux d'un cours d'eau international à une « ressource partagée » ; il prévoyait seulement que les eaux qui constituent une ressource partagée devaient être utilisées conformément à l'ensemble des dispositions proposées dans le projet.

(http://untreaty.un.org/ilc/documentation/french/a_cn4_332.pdf), Chapitre III intitulé « Principes généraux : l'eau. Ressource naturelle partagée », p. 176. Il faut remarquer à cet égard que le rapporteur spécial avait déjà utilisé cette qualification dans son Premier rapport : SCHWEBEL, Premier rapport…, *op. cit.*, § 38, p. 161.

[1] *Ibid.* Voy. également P.-M. DUPUY, « La gestion concertée des ressources naturelles partagées : À propos du différend entre l'Argentine et le Brésil relatif au barrage d'Itaipu », *AFDI*, 1978, vol. 24, p. 873.

[2] SCHWEBEL, Deuxième rapport…, *op. cit.*, pp. 176-194.

[3] doc. ONU A/CN.4/SER.A/1980/Add.l (Part 2), *in Ann. CDI* 1980, vol. II(2), pp. 105-133 [http://untreaty.un.org/ilc/publications/yearbooks/Ybkvolumes(f)/ILC_1982_v2_p2_f.pdf].

[4] SCHWEBEL, Troisième rapport…, *op. cit.*, § 5. La CDI s'y est déclarée favorable à la notion de « ressource partagée » en adoptant provisoirement l'article 5 en 1980.

[5] *Ibid.* : « Article 5. - Utilisation des eaux qui constituent une ressource naturelle partagée

1. Dans la mesure où l'utilisation des eaux d'un système de cours d'eau international dans le territoire d'un État du système a un effet sur l'utilisation des eaux de ce système dans le territoire d'un autre État du système, les eaux sont, aux fins des présents articles, une ressource naturelle partagée.

2. Les eaux d'un système de cours d'eau international qui constituent une ressource naturelle partagée sont utilisées par les États du système conformément aux présents articles ».

En revanche, le commentaire de la Commission indiquait que la notion de ressource partagée pouvait en fait entraîner certaines obligations juridiques. Ainsi, « la notion de ressources naturelles partagées est peut-être, à certains égards, aussi ancienne que celle de coopération internationale, mais ce n'est que depuis peu qu'elle a été énoncée, et encore de façon incomplète. Elle n'a pas été acceptée en tant que telle, ni en ces termes, comme un principe du droit international, bien que l'existence de ressources partagées soit depuis longtemps considérée, dans la pratique des États, comme engendrant l'obligation de traiter ces ressources dans un esprit de coopération. (...) »[1]. Il précisait ensuite que « (...) l'article 5 exige simplement des États qu'ils utilisent les eaux d'un système de cours d'eau international comme une ressource naturelle partagée, avec ce que cela implique au regard de principes tels que l'utilisation équitable de ces eaux et *sic utere tuo ut alienum non laedas* »[2].

Malgré des critiques[3], l'article 5 devait recevoir un accueil plutôt positif. Ainsi, il était souligné que plusieurs organismes, appartenant ou non au système des Nations Unies, avaient déjà forgé et recommandé la notion de « ressource partagée »[4]. Selon les délégations qui avaient accueilli favorablement l'article 5, celui-ci contenait la règle fondamentale applicable à l'utilisation de ces eaux. Elles admettaient qu'un système de cours d'eau international constituait l'exemple classique de la « ressource partagée » dont l'utilisation devait être réglementée dans un esprit d'équité, de coopération et de solidarité. À leurs yeux, la codification de cette notion, en sc fondant sur l'obligation de coopérer dans ce domaine telle qu'elle est prescrite par la Charte des droits et devoirs économiques des États, constituait une contribution importante au droit international et à la coopération internationale[5].

L'année suivante, les conclusions de la réunion interrégionale qui se tenait du 5 au 14 mai 1981 à Dakar renvoyaient à l'idée de

---

[1] *Ann. CDI* 1980, vol. II(2), *op. cit.*, p. 117, § 2.

[2] *Ibid.*, p. 133, § 79 *in fine*.

[3] Selon lesquelles les « ressources partagées » constituaient une notion trop récente dans la pratique internationale pour que la CDI s'y réfère.

[4] SCHWEBEL, *Deuxième rapport...*, *op. cit.*, pp. 176 *et seq.*

[5] Voy. en particulier les déclarations des représentants de la Thaïlande (Nations Unies, *Documents officiels de l'Assemblée générale,* 35ᵉ session, Sixième Commission, 56ᵉ séance, § 51), de l'Égypte (*ibid.*, § 72), de l'Algérie (*ibid.*, 55ᵉ séance, § 36), de l'Argentine (*ibid.*, 57ᵉ séance, §§ 18 à 20), des États-Unis d'Amérique (*ibid.*, 56ᵉ séance, § 21) et des Pays Bas (*ibid.*, 44ᵉ séance, §§ 38 et 39).

« ressources en eau partagées »[1]. Par ailleurs, l'expression était utilisée dans la communication du Ministère égyptien de l'irrigation intitulée « Étude des ressources en eaux souterraines partagées dans l'Afrique du Nord-Est »[2] et dans le rapport du professeur Robert D. Hayton sur les « Progrès réalisés dans le cadre des accords de coopération »[3]. Cette expression devait également être reprise par l'Association du Droit International (ADI)[4] en 1982, dans l'article 1 des Règles de Montréal[5] relatives à la pollution des eaux d'un bassin de drainage international.

En 1983, à sa trente-cinquième session, la CDI était saisie du Premier rapport de son troisième rapporteur spécial, Jens Evensen[6]. Ce rapport contenait un avant-projet de convention composé de trente-neuf articles regroupés en six chapitres. Le rapporteur spécial y maintenait la notion de ressource partagée dans le projet d'article 6[7] qui, pour l'essentiel, reprenait littéralement l'article 5 adopté provisoirement en 1980. Cet article 6 disposait de plus que « chaque État du système a un droit de participation raisonnable et équitable (à l'intérieur de son territoire) à cette ressource partagée »[8]. Lors de l'examen de cet avant-projet par la Commission, comme avec l'avant-projet de 1980, un certain nombre de ses membres défendirent le maintien de l'expression « ressources partagées » dans l'article 6[9].

---

1 ONU, *Expériences de mise en valeur et de gestion de bassin, de fleuves et lacs internationaux, Ressources naturelles, Série eau*, n° 10, 1983, p. 16, 1re partie, « Rapport de la réunion », § 49.

2 Publiée dans les actes de la Réunion, *ibid.*, p. 328, IIe partie « Sélection de communications présentées par des organisations fluviales internationales, des gouvernements et des Organisations intergouvernementales ».

3 *Ibid.*, p. 76, IIe partie, « Documentation de base ».

4 International Law Association (ILA).

5 ILA, *Report of the Sixtieth Conference*, Montréal, 1982, Londres 1983, p. 1, résolution n° 2/1982, § 4.

6 doc. ONU A/CN.4/SER.A/1983/Add.l (Part 1), *in Ann. CDI* 1983, vol. II(1), p. 161 [http://untreaty.un.org/ilc/publications/yearbooks/Ybkvolumes(f)/ILC_1983_v2_p1_f.pdf].

7 Pour le texte du projet d'article 6 présenté dans le premier rapport, doc. ONU A/CN.4/SER.A/1983/Add.l (Part 2), *in Ann. CDI* 1983, vol. II(2), p. 75, note 248 [http://untreaty.un.org/ilc/publications/yearbooks/Ybkvolumes(f)/ILC_1983_v2_p2_f.pdf].

8 *Ann. CDI* 1983, vol. II(1), *op. cit.*, pp. 176-177, § 80.

9 Voy. *e.g.* les déclarations de M. Stavropoulos (doc. ONU A/CN.4/SER.A/1983, *in Ann. CDI* 1983, vol. I, p. 187, § 38, [http://untreaty.un.org/ilc/publications/yearbooks/Ybkvolumes(f)/ILC_1983_v1_f.pdf]) ; de M. Pirzada (*ibid.*, p. 194, § 30) ; de M. Sucharitkul (*ibid.*, p. 195, § 3) ; de M.

Toutefois, en 1984, le deuxième rapport de Jens Evensen devait marquer l'abandon du recours à l'expression « ressource partagée »[1] par la CDI dans le cadre de l'utilisation des cours d'eau internationaux, en présentant un texte entièrement révisé de l'article 6[2]. Cet abandon définitif marquait l'impossibilité du droit international à reconnaître le

---

Diaz Gonzàlez (*ibid.*, p. 205, § 28) ; de M. Barboza (*ibid.*, pp. 207-208, §§ 9 à 11) ; de M. Balanda (*ibid.*, pp. 209-210, §§ 20 et 24) ; et de M. Mahiou (*ibid.*, p. 232, § 9).

[1] doc. ONU A/CN.4/SER.A/1984/Add.l (Part 1), *Ann. CDI* 1984, vol. II(1), pp. 105 *et seq.*, [http://untreaty.un.org/ilc/publications/yearbooks/Ybkvolumes(f)/ILC_1984_v2_p1_f.pdf].

[2] Le nouveau projet ne faisait aucune référence à la notion de « ressource partagée ». Le projet d'article 6 révisé, présenté dans le Deuxième rapport, était libellé comme suit :

« Article 6. - Principes généraux concernant le partage des eaux d'un cours d'eau international

1. Tout État du cours d'eau a, à l'intérieur de son territoire, droit à une part raisonnable et équitable des utilisations des eaux d'un cours d'eau international.

2. Dans la mesure où l'utilisation des eaux d'un cours d'eau international à l'intérieur du territoire d'un État du cours d'eau a un effet sur l'utilisation des eaux du cours d'eau dans le territoire d'un autre État du cours d'eau, les États du cours d'eau concernés se partagent l'utilisation des eaux du cours d'eau de façon raisonnable et équitable conformément aux articles de la présente convention et aux autres accords et arrangements conclus en ce qui concerne la gestion, l'administration ou les utilisations du cours d'eau international ».

Dans le texte révisé de l'article 6, ni le substantif « une part », qui remplace le mot « participation » au paragraphe 1, ni le verbe « se partagent », qui figure au paragraphe 2 dans le membre de phrase « les États du cours d'eau concernés se partagent l'utilisation des eaux [...] de façon raisonnable et équitable », ne sont utilisés dans le même sens que l'adjectif « partagée » dans l'expression « ressource naturelle partagée ». En effet, outre que cet adjectif pouvait être la base de nouveaux droits et de nouvelles obligations, l'emploi du mot « partagée » n'était pas assez précis et ne renvoyait pas expressément à l'idée que chaque riverain avait un droit de participation équitable et raisonnable à l'utilisation des eaux du cours d'eau international. Or, il ne fallait pas que l'emploi du mot « partagée » puisse permettre de « conclure à tort que le partage devait être égal, ce qui était impossible puisqu'un cours d'eau international n'était pas également divisé entre les États qu'il traversait » (*Ann. CDI* 1983, vol. II(2), *op. cit.*, p. 75, § 239). À cet égard, la nouvelle terminologie adoptée en 1984 ne renvoyait plus à l'idée de division ou de répartition des eaux du cours d'eau international entre les États riverains, mais permettait d'affirmer que chaque État ayant reçu une part équitable des utilisations et des avantages de ces eaux peut en user souverainement, à condition de ne pas léser les autres États (doc. ONU A/CN.4/SER.A/1984/Add.l (Part 2), Ann. CDI 1984, vol. II(2), pp. 96-97, § 316, [http://untreaty.un.org/ilc/publications/yearbooks/Ybkvolumes(f)/ILC_1984_v2_p2_f.pdf]). Par ailleurs, même le terme « partage » devait disparaître par la suite puisqu'il n'apparaît plus dans le texte de la Convention de 1997.

cours d'eau international comme étant une « ressource partagée » et à faire accepter les implications juridiques qu'une telle qualification aurait pu avoir. Néanmoins, treize ans plus tard, la CIJ devait s'approprier cette qualification, faisant du cours d'eau international une « ressource partagée ».

SECTION 2.- COURS D'EAU INTERNATIONAL ET « RESSOURCE PARTAGÉE » : L'AFFIRMATION CIRCONSPECTE DE LA JURISPRUDENCE INTERNATIONALE

Alors même qu'elle avait été créée pour qualifier la ressource en eau, l'expression « ressource partagée » a été sciemment écartée par les États. Certes, cette volonté n'était pas unanime, mais néanmoins majoritaire. En voulant écarter à tout prix une notion considérée comme attentatoire à une souveraineté permanente dont le caractère exclusif est déjà limité dans la pratique[1], les États ont montré avec force les limites de leur argumentation (paragraphe 1). Or, il en va des faits objectivement appréhendés comme des évidences scientifiques. Si l'exercice d'une multiplicité de souverainetés étatiques est une réalité incontournable, leur juxtaposition a permis à l'expression de s'imposer par la voix de la jurisprudence internationale (paragraphe 2).

Paragraphe 1.- La souveraineté permanente des États, réfutation infondée du caractère partagé des cours d'eau internationaux

L'abandon de l'expression « ressource partagée » dans la convention internationale destinée à codifier l'utilisation des cours d'eau internationaux à des fins autres que la navigation n'a pas été une surprise. Ainsi que l'a spécifié le troisième rapporteur spécial dans son deuxième rapport[2], cet abandon, qualifié de modification, intervenait pour des raisons essentiellement pragmatiques, suite à une opposition considérable des représentants à la Sixième Commission de l'Assemblée générale[3] : « (...) Étant donné l'opposition que la notion de 'ressource partagée' appliquée à un cours d'eau international a suscitée de la part d'un certain nombre de représentants lors de l'examen du

---

[1] SCHWEBEL, Deuxième rapport..., *op. cit.*, à la lumière de KEARNEY, *Premier rapport..., op. cit.*, § 24.
[2] *Ann. CDI* 1984, vol. II(1), *op. cit.*, pp. 114-115, § 48.
[3] EVENSEN, Deuxième rapport..., *op. cit.*, § 47.

premier rapport, il ne semble pas que le maintien de cette notion telle qu'elle était exprimée à l'article 6 [du Projet] favoriserait l'élaboration d'une convention généralement acceptable. (...) ». C'est pourquoi il jugeait « (...) utile d'énoncer expressément le principe de base selon lequel un État a, à l'intérieur de son territoire, le droit de bénéficier d'une part équitable des utilisations des eaux d'un cours d'eau international »[1].

Si la suppression de l'expression « ressource partagée » dans le projet d'article 6 paraissait globalement acceptable, la suppression de toute idée de partage par contre ne semblait pas envisageable. Selon le rapporteur spécial, cette idée de convergence d'intérêts, d'interdépendance entre les États du cours d'eau était à la base du projet de rédaction de ce qui allait devenir la Convention des Nations Unies du 21 mai 1997 sur l'utilisation des cours d'eau internationaux à des fins autres que la navigation (Convention de 1997)[2]. L'existence de plusieurs États riverains supposait le partage des utilisations des eaux d'un cours d'eau international ainsi que des avantages en résultant.

Le remplacement de la notion de « ressource partagée » par celle de « partage de l'utilisation des eaux de façon raisonnable et équitable » allait donner satisfaction à plusieurs représentants[3]. Estimant que ce changement donnait un meilleur équilibre à l'article 6 du projet, la notion de partage formait la base du projet d'une manière plus générale et évitait les éléments de doctrine implicitement contenus dans la notion de « ressources partagées ». L'abandon de cette notion permettait de ne pas mettre en relief la corrélation obligatoire entre les droits et les obligations des États du cours d'eau.

Cet abandon résultait donc essentiellement de sa nouveauté, de son caractère mal défini et du manque de certitude concernant son sens et sa portée juridiques[4]. Déjà en 1980, plusieurs représentants avaient mis

---

1 *Ann. CDI* 1984, vol. II(1), *op. cit.*, pp. 114-115, § 48.

2 AGNU, résolution 51/229, adoptée le 21 mai 1997 à New York.

3 Pour les commentaires formulés à la Sixième Commission de l'Assemblée générale à propos de l'examen du sujet par la CDI à sa trente-sixième session, voy. le Résumé thématique, établi par le Secrétariat, des débats de la Sixième Commission sur le rapport de la CDI durant la trente-neuvième session de l'Assemblée générale, doc. ONU A/CN.4/L.382, sect. F.

4 Voy. P. Buirette, « Genèse d'un droit fluvial international général : utilisations à des fins autres que la navigation », *RGDIP*, 1991, vol. 95, no. 1, pp. 32-33 ; A. Ahmady, « L'application du concept de ressources naturelles partagées à la lutte contre le pollution transfrontière », *Revue Marocaine de Droit et d'Économie*, n° 13, 1987, p. 139.

en avant ces faiblesses[1] qui risquaient de compliquer la tâche de la CDI[2]. Dans le commentaire de l'article 5, la Commission avait indiqué qu'« [u]n membre de la Commission n'a pas été en mesure de prendre position sur le projet d'article 5, essentiellement parce que le sens de la notion de ressource naturelle partagée était indéterminé »[3]. De fait, le concept était appliqué, aussi bien à des ressources se trouvant sous souveraineté étatique, qu'en dehors de territoires étatiques nationaux[4]. De même, il semblait vouloir nier le fait qu'une même ressource puisse être soumise à plusieurs statuts juridiques[5]. Enfin, il s'appliquait indifféremment à des territoires et des espaces ainsi qu'à des ressources. Cette ambiguïté entre le contenant et le contenu ne faisait qu'entretenir la plus grande confusion. C'est donc essentiellement en raison de son ambiguïté conceptuelle que la notion n'a pas franchi le seuil du droit.

Par ailleurs, ce même commentaire de l'article 5 indiquait qu'« [u]n autre membre a souligné l'importance pour le sujet du principe de la souveraineté permanente sur les ressources naturelles »[6]. C'est pourquoi lors de l'examen par la CDI du texte initial du projet d'article 6 présenté par le deuxième rapporteur spécial, plusieurs

---

[1] Concernant son caractère « nouveau » (Nations Unies, Documents officiels de l'Assemblée générale, 35e session, Sixième Commission, 51eséance, § 74 (URSS)), « mal définis voire impropre » (*ibid.*, 54eséance, § 4 (Jamaïque)) ou « non pertinents » (*ibid.*, 51eséance, § 51 (Éthiopie)) et son « manque de précisions sur le sens et les éléments constitutifs » (*ibid.*, 54eséance, § 46 (Inde)) pour s'appliquer aux cours d'eau internationaux.

[2]Nations Unies, Documents officiels de l'Assemblée générale, 35e session, Sixième Commission, 51eséance, § 34 (Brésil). Le représentant de la France a exprimé l'espoir que toute référence à cette notion serait supprimée dans le projet d'articles (*ibid.*, 50e séance, § 49).

[3] *Ann. CDI* 1980, vol. II(2), *op. cit.*, p. 133, § 80. Voy. aussi le compte rendu des débats de la Commission sur le projet d'article 5 présenté par le Comité de rédaction (doc. ONU A/CN.4/SER.A/1980/Add.l (Part 1), *Ann. CDI* 1980, vol. I, p. 287, §§ 63 à 69, [http://untreaty.un.org/ilc/publications/yearbooks/Ybkvolumes(f)/ILC_1980_v1_f.pdf]).

[4] Telles que les orbites géostationnaires des satellites. Cela engendrait une possibilité de confusion entre les « ressources partagées » et le patrimoine commun de l'humanité ; voy. CALASANS, *op. cit.*, p. 57.

[5] Voy. le droit de la mer avec la mer territoriale, le plateau continental et la ZEE où la mer est en tout ou partie une ressource propre à un État, et la Zone et la haute mer où la mer et ses fonds appartiennent à tous.

[6] *Ann. CDI* 1980, vol. II(2), *op. cit.*, p. 133, § 80. Voy. aussi le compte rendu des débats de la CDI sur le projet d'article 5 présenté par le Comité de rédaction (*Ann. CDI* 1980, vol. I, *op. cit.*, p. 287, §§ 63 à 69).

membres avaient exprimé au sujet de cette notion des sentiments qui allaient du doute au rejet[1]. La Sixième Commission de l'Assemblée générale devait faire de même [2] et, par la suite, le refus de l'expression « ressource partagée » devait s'étendre à celui des termes « partage » et « partage raisonnable et équitable ». À cet égard, c'est le principe de l'« utilisation équitable et raisonnable » des eaux d'un cours d'eau international, que la Commission avait identifié comme étant implicite à la notion de « ressource partagée »[3], qui a été expressément conservé par le texte révisé de l'article 6[4], devenu l'article 5 de la Convention de 1997.

Le refus des termes « partagé » ou « partage » par les États, à travers leurs représentants à la Sixième Commission de l'Assemblée générale, tient au fait que ceux-ci leur apparaissaient comme attentatoires au principe de souveraineté permanente sur les ressources naturelles. C'est l'idée même de partage de la ressource, sous quelque forme que ce

---

1 Voy. *e.g.* les déclarations de M. Calero Rodrigues (doc. ONU A/CN.4/SER.A/1983, *in Ann. CDI* 1983, vol. I, p. 197, § 16 [http://untreaty.un.org/ilc/publications/yearbooks/Ybkvolumes(f)/ILC_1983_v1_f.pdf]) ; de M. Njenga (*ibid.*, p. 202, 1788e séance, §§ 6 et 7) ; de M. Ouchakov (*ibid.*, p. 204, § 19) ; de M. Jagota (*ibid.*, p. 214, §§ 16 et 17) ; de M. Razafindralambo (*ibid.*, p. 216, § 32) ; de M. Flitan (*ibid.*, p. 219, § 9) ; et de M. Yankov (*ibid.*, p. 238, §§ 13 et 15).

2 Voy. *e.g.* les observations formulées par les représentants de la France (Nations Unies, *Documents officiels de l'Assemblée générale, 35e session*, Sixième Commission, 50e séance, § 49) ; du Brésil (*ibid.*, 51e séance, § 34) ; de l'Éthiopie (*ibid.*, § 51) ; de la Jamaïque (*ibid.*, 54e séance, § 4) ; de l'Inde (*ibid.*, § 46) ; et de la Turquie (*ibid.*, § 58).

3 EVENSEN, *Premier rapport…*, *op. cit.*, § 87.

4 La question de la coopération, et du devoir de coopérer, considérés comme le corollaire nécessaire de la notion de ressource partagée n'apparaît pas dans l'article 6 : il est traité dans l'article 10 du projet (le projet d'article 7 révisé, intitulé « Partage équitable en ce qui concerne les utilisations des eaux d'un cours d'eau international », présenté en 1984 par le précédent rapporteur spécial, ne fait pas mention de la coopération). Toutefois, dans son *Premier rapport*, le précédent rapporteur spécial a souligné, à propos du texte initial de cet article, l'importance de la coopération entre États du « système » ou du « cours d'eau » afin d'atteindre les objectifs suivants : « une utilisation optimale du cours d'eau, ainsi que le contrôle et la protection nécessaires du système de cours d'eau et de ses éléments » (EVENSEN, *Premier rapport…*, *op. cit.*, § 88). Dans son Deuxième rapport, il a déclaré que « dans l'ensemble, les commentaires relatifs à cet article figurant dans le premier rapport s'appliquent également au texte modifié » (EVENSEN, Deuxième rapport…, *op. cit.*, § 53).

soit[1], qui était refusée par les États. En effet, les documents qui font référence aux ressources partagées ne sont pas des textes du droit international positif[2], mais des incitations, des invitations adressées aux États[3]. Cette remarque sur l'absence de valeur juridique obligatoire des dispositions relatives aux ressources partagées s'applique également aux textes à caractère universel qui font de l'eau en général, et des cours d'eau en particulier, une ressource partagée. Ainsi, les recommandations du « Plan d'action de Mar del Plata sur la mise en valeur et la gestion des ressources en eau » ont précisé en note que « ce terme n'est utilisé que pour l'uniformité du texte, et son emploi ne préjuge pas la position des pays qui sont en faveur de l'expression « eaux transfrontières » ou « eau internationales » sur aucun des problèmes en cause ». On peut rappeler à cet égard la déclaration d'ouverture à Mar del Plata le 14 mars 1977 du Secrétaire général de la Conférence des Nations Unies sur l'eau, M. Abdel Mageed, dans laquelle il a souligné que « [...] c'est un fait qu'il existe actuellement des divergences de vues notables entre de nombreux pays au sujet de ce problème [celui des ressources en eau partagées] »[4].

L'utilisation du terme « ressource partagée » pose en premier lieu un problème d'ordre sémantique. Ainsi que l'avait relevé Paul Reuter[5], un cours d'eau international est avant tout une ressource commune[6] et non partagée : l'adjectif « partagée » a le sens factuel de « résultat d'un partage » et laisse donc entendre que le partage des eaux est déjà accompli ou déjà déterminé[7]. Dès lors, en toute logique, cet adjectif ne

---

[1] S. C. McCaffrey, rapporteur spécial, Rapport préliminaire sur le droit relatif aux utilisations des cours d'eau internationaux à des fins autres que la navigation, doc. ONU A/CN.4/393 [http://untreaty.un.org/ilc/documentation/french/a_cn4_393.pdf], § 39.

[2] Hard law.

[3] Soft law.

[4] Evensen, Premier rapport…, *op. cit.*, § 49.

[5] *Ann. CDI* 1980, vol. I, *op. cit.*, p. 118, § 23.

[6] J. Barboza utilise lui aussi le terme « ressource commune » (doc. ONU A/CN.4/SER.A/19, *in Ann. CDI* 1979, vol. I, p. 228, § 10 [http://untreaty.un.org/ilc/publications/yearbooks/Ybkvolumes(f)/ILC_1979_v1_f.pdf]). Quant à R. Pinto, il utilise indistinctement les termes ressource partagée ou commune comme deux synonymes (*Ann. CDI* 1980, vol. I, *op. cit.*, p. 130, § 44).

[7] J. Margat, « Contribution à la réunion consultative d'experts sur les eaux souterraines transfrontières (Notes et commentaires sur le Deuxième rapport sur les ressources naturelles partagées : les eaux souterraines transfrontières, présenté par M. Chusei Yamada à la Commission du droit international, Genève, mai-juin et juillet-août 2004) », Unesco, 17-18 juin 2004.

devrait pouvoir s'appliquer qu'aux ressources ayant fait l'objet d'un agrément ou d'un traité. En l'absence d'un tel partage, l'utilisation de cet adjectif est impropre et équivoque. Seules des expressions telles que « en partition » ou « à partager » permettent de qualifier correctement les ressources que sont les cours d'eau internationaux, à moins de s'en tenir au terme descriptif de « ressource commune » ou de « ressource transfrontière »[1]. Cependant, ces deux termes ne sont pas non plus admissibles. La « ressource commune » renvoie à la notion de *res communis* et induit l'idée d'une gestion en commun de la ressource, ce qui s'oppose à toute idée de souveraineté des États[2]. Quant à la « ressource transfrontière », elle est habituellement utilisée pour différencier les cours d'eau internationaux successifs, parce qu'ils traversent les frontières, de ceux qui sont contigus et font l'objet d'un partage entre les États riverains. À cet égard, il convient de remarquer que l'utilisation des termes « partage » ou « partagé », à moins d'y ajouter un substantif tel que « équitablement » et/ou « raisonnablement », renvoie à l'idée d'égalité dans le partage, de parts égales[3], ce qui constituait une raison supplémentaire pour les États de refuser cette notion.

Cette utilisation pose en second lieu un problème quant aux conséquences qui en découlent. Pour beaucoup d'États, le caractère « partagé » ou « de partage » des ressources en eau s'oppose à celle de souveraineté permanente. Telle qu'appréhendée par le second rapporteur spécial, Stephen M. Schwebel[4], l'absence de reconnaissance

---

[1] *Ibid.*, p. 1.

[2] QUILLERÉ-MAJZOUB, « À qui appartiennent les icebergs ? (Discussion autour du statut des icebergs en droit international public) », *op. cit.*, p. 216.

[3] On peut remarquer à cet égard que les traités prévoyant le partage des eaux d'un cours d'eau international prévoient fréquemment un partage égalitaire, les partages non égalitaires constituant plutôt l'exception ; voy. SCHWEBEL, Deuxième rapport…, *op. cit.*, pp. 191-194.

[4] Celui-ci affirmait dans son *Deuxième rapport*, et ce en contradiction avec les textes même, que les « recommandations du Plan d'action de Mar del Plata et les résolutions par lesquelles le Conseil économique et social et l'Assemblée générale les ont approuvées […] indiquent que la communauté mondiale dans son ensemble reconnaît, d'une part, que l'eau des voies d'eau internationales est une ressource naturelle partagée… » (SCHWEBEL, *Deuxième rapport…*, *op. cit.*, § 152). Certes, elles « n'établissent pas l'existence d'obligations de droit international, pas plus qu'elles ne donnent naissance à de telles obligations », mais elles ne sont pas négligeables « parce qu'elles indiquent […] qu'il existe des « principes de droit international généralement admis » qui s'appliquent, même en l'absence d'accords bilatéraux ou multilatéraux » à leur utilisation, leur mise en valeur et leur gestion.

d'une souveraineté permanente sur les eaux n'entravait pas seulement quantitativement l'État riverain en l'obligeant à abandonner ses utilisations pour permettre aux autres États de pouvoir exercer les leurs. Selon eux, elle allait également entraver qualitativement ces utilisations, car l'absence de souveraineté signifiait que les États riverains n'étaient plus en droit d'utiliser comme ils le voulaient leur part d'eau. L'absence de souveraineté permanente signifiait la disparition de toute souveraineté sur la « ressource partagée »[1] et ouvrait la voie à toutes les ingérences extérieures. Or, tel n'a jamais été le cas.

Selon le rapporteur spécial, la notion de « ressource partagée » pour un cours d'eau international signifie que les principes généraux du droit régissant l'utilisation de leurs eaux s'appliquent, à savoir leur utilisation équitable et le devoir de ne pas utiliser les eaux dont on dispose au détriment d'autrui[2]. La notion de « ressource partagée » n'élimine pas la souveraineté de l'État sur sa ressource, quand celle-ci se trouve sur son territoire. Certes, la souveraineté ne saurait être permanente, au sens d'exclusif, sur les eaux d'un cours d'eau international. Cependant, la non-reconnaissance d'une souveraineté absolue d'un État sur une ressource ne signifie pas *ipso facto* la disparition de cette souveraineté : tout au plus, elle en limite les effets et en aménage les conséquences[3].

Dans la pratique, les États étaient conscients du caractère spécifique des cours d'eau internationaux et des limites à l'utilisation qu'ils pourraient en avoir. Des États comme l'Égypte et la Turquie par exemple, partisans des théories absolutistes[4], ont reconnu cette réalité dans certains de leurs accords, respectivement sur le Nil et l'Euphrate. Ainsi, dans le cadre des utilisations du Nil autres que la navigation, la Belgique a été amené à reconnaître le caractère particulier de ce cours d'eau international. Dans la convention belgo-britannique du 9 mai 1906 relative aux sources du Nil, la Belgique s'engagea à ce que le gouvernement de l'État indépendant du Congo ne construirait, ni ne

---

[1] *Ann. CDI* 1980, vol. I, *op. cit.*, p. 134, § 30.

[2] SCHWEBEL, Deuxième rapport…, *op. cit.*, § 215.

[3] À cet égard, les cas de souveraineté limitée ne sont pas rares en droit international. Le droit de la mer en est le meilleur exemple avec ses différents espaces maritimes (mer territoriale, plateau continental, ZEE, détroits internationaux, etc.) sur lesquels la souveraineté étatique s'exerce de façon différenciée. Voy. en ce sens QUILLERÉ-MAJZOUB, « À qui appartiennent les icebergs ? (Discussion autour du statut des icebergs en droit international public) », *op. cit.*, pp. 203 *et seq.*

[4] Voy. MAJZOUB, *Les fleuves du Moyen-Orient. Situation et prospective juridico-politiques*, *op. cit.*, respectivement pp. 176-177 et pp. 201-204.

permettrait que soit construit, sur les rivières Semliki et/ou Isango, ou près de ces rivières, un ouvrage qui aurait pour effet de réduire le volume d'eau qui se déverse dans le lac Albert, sauf accord préalable avec le gouvernement soudanais, fortement influencé par les autorités égyptiennes de l'époque. L'accord anglo-belge du 22 novembre 1934 concerne quant à lui l'utilisation des eaux frontalières entre le Tanganyika (actuelle Tanzanie) et le Ruanda-Urundi (actuels Rwanda et Burundi). Il interdit aux riverains de la Kagera d'utiliser ses eaux sans donner un préavis de six mois afin de permettre l'examen des objections que pourrait soulever un autre gouvernement. Ainsi, les eaux prélevées dans un cours d'eau situé à l'intérieur du territoire doivent être restituées sans réduction substantielle à leur lit naturel en un point en deçà de l'endroit où le cours d'eau coule dans l'autre territoire ou de celui où il forme la frontière internationale[1]. La Turquie quant à elle, malgré ses discours sur la propriété exclusive des eaux de l'Euphrate[2], a été amenée à reconnaître les droits des autres États riverains[3] et à modifier ses plans hydrauliques pour tenir compte de leurs besoins à plusieurs reprises, notamment durant l'été 2009 marqué par la sécheresse[4]. Les limites à la souveraineté des États sur les utilisations des cours d'eau internationaux étaient donc patentes[5], malgré la dénégation théorique d'un grand nombre d'entre eux.

Paragraphe 2.- Les souverainetés étatiques, nécessité à la reconnaissance jurisprudentielle du cours d'eau international comme « ressource partagée »

Avec l'adoption de la Convention des Nations Unies de 1997, la référence à l'expression de « ressource partagée » semblait avoir été définitivement écartée s'agissant de qualifier les cours d'eau internationaux et leur utilisation. Alors que la Convention de 1997

---

1 Voy. H. WOLDE-GIORGHIS, *Les défis juridiques des eaux du Nil*, Bruxelles, Bruylant, 2009 ; et MAJZOUB, *op. cit.*, pp. 66 *et seq.*

2 *Ibid.*, p. 204.

3 *Ibid.*, pp. 204, 208 et 241, note 85.

4 Voy. « La Turquie fournit à nouveau de l'eau à l'Irak », *Associated Press*, 18 septembre 2009 [http://www.latribune.fr/depeches/associated-press/la-turquie-fournit-a-nouveau-de-l-eau-al-irak.html] ; « Turkey Frees More Euphrates Water for Iraq », *United Press International*, 2 juillet 2009, [http://www.upi.com/Science_News/Resource-Wars/2009/07/02/Turkey-frees-more-Euphrates-water-for-Iraq/UPI-84941246556375/].

5 Voy. en ce sens SCHWEBEL, Troisième rapport..., *op. cit.*, §§ 41-91.

venait d'être proposée à la ratification et n'était pas entrée en vigueur[1], la CIJ, dans son arrêt *Gabčíkovo-Nagymaros* du 25 septembre 1997, a expressément utilisé cette expression pour qualifier le Danube, ses eaux et leurs utilisations.

Dans cette affaire, la Cour a constaté qu'en matière de contre-mesures à une violation alléguée et reconnue du traité litigieux, « la Tchécoslovaquie, en prenant unilatéralement le contrôle d'une *ressource partagée*, et en privant ainsi la Hongrie de son droit à une part équitable et raisonnable des ressources naturelles du Danube – avec les effets continus que le détournement de ses eaux déploie sur l'écologie de la région riveraine [...] – n'a pas respecté la proportionnalité exigée par le droit international »[2]. Il s'agit là d'un *obiter dictum* dans lequel la Cour consacre sans équivoque le caractère de « ressource partagée » d'un cours d'eau international.

Cette affirmation n'est pas isolée et ne saurait être tenue pour accidentelle. Elle parcourt l'ensemble de l'arrêt puisque la Cour avait déjà affirmé dans un paragraphe précédent que le Danube est un « cours d'eau international partagé »[3], et devait confirmer qu'il s'agissait de « ressources en eau partagées »[4]. Cette répétition dans l'utilisation des termes est essentielle, car elle consacre la notion de « ressource partagée » pour les cours d'eau internationaux. Si la Convention de 1997 a consacré les éléments juridiques impliqués par cette expression à défaut de l'expression elle-même, la Cour la consacre dans le respect du droit international de l'eau et met en relation la notion de « ressource partagée » avec le principe de l'utilisation équitable et raisonnable[5].

---

[1] Cette Convention (en vigueur le 17 août 2014) est loin d'avoir soulevé l'enthousiasme des États riverains du Nil. Seuls le Kenya et le Soudan ont voté pour, tandis qu'aucun, au 9 juillet 2025, ne l'a signée, ni ratifiée (https://treaties.un.org/Pages/ViewDetails.aspx?src=TREATY&mtdsg_no=XXVII-12&chapter=27&clang=_fr).

Près de 11 ans après son entrée en vigueur, la convention comptait 40 ratifications et 16 signatures sur les 35 ratifications nécessaires à son entrée en vigueur en vertu de l'article 36.

[2] CIJ, affaire *Gabčíkovo-Nagymaros*, arrêt du 25 septembre 1997, *Rec.* 1997, § 85, al. 4, souligné par les auteurs.

[3] *Ibid.*, § 78, al. 1er.

[4] *Ibid.*, §§ 147, 150 et 152, al. 4.

[5] Cette association est, elle aussi, remarquable, car elle avait dans le passé suscité des réserves de la part de certains États en voie de développement. Voy. P.-M. DUPUY, « Où en est le droit international de l'environnement à la fin du siècle ? », *RGDIP*, 1997, vol. 101, no. 4, p. 882.

L'arrêt de la Cour s'inscrit donc dans la logique du droit international où existe un principe selon lequel « la communauté d'intérêts sur un fleuve navigable devient la base d'une communauté de droit, dont les traits essentiels sont la parfaite égalité de tous les États riverains dans l'usage de tout le parcours du fleuve et l'exclusion de tout privilège d'un riverain quelconque par rapport aux autres »[1]. De plus, si en 1929 la navigation était prioritaire, la coopération internationale a depuis investi d'autres secteurs[2] et concernent aujourd'hui les utilisations dans le domaine de l'agriculture (irrigation) et dans celui de l'industrie (hydro-électricité)[3].

La Cour a confirmé le principe de l'utilisation équitable et raisonnable des cours d'eau internationaux et lui donne un champ d'application élargi qui dépasse de beaucoup le seul usage à des fins de navigation. Elle renvoie ainsi aux articles 5 et 6 de la Convention de 1997, et tout spécialement à son article 5 § 1er[4]. Dans le même temps, quand elle relève que dans la mise en œuvre unilatérale du traité en litige, la Tchécoslovaquie a été portée à s'approprier « essentiellement pour son usage et son profit, entre 80 et 90 % des eaux du Danube avant de les restituer au lit principal du fleuve, en dépit du fait que le Danube est non seulement un cours d'eau international partagé, mais aussi un fleuve frontière »[5], la Cour réaffirme le principe de l'utilisation non dommageable du territoire[6]. Ce principe, reconnu par le droit

---

[1] CPJI, affaire *Juridiction territoriale de la Commission internationale de l'Oder*, avis consultatif, 1929, série A, n° 23, p. 27.

[2] L. CAFLISCH, « Règles générales du droit des cours d'eau internationaux », *RCADI*, 1989, vol. 219, pp. 9-225, notamment pp. 36 *et seq.* ; BUIRETTE, *op. cit.*

[3] A. KISS, « Legal Procedures Applicable to Interstate Conflicts on Water Scarcity: The *Gabčíkovo* case », *in* E. H. P. BRANS , E. J. DE HAAN, A. NOLLKAEMPER et J. RINZEMA (dir.), *The Scarcity of Water: Emerging Legal and Policy Responses*, Londres, Kluwer Law International, 1997, pp. 59-79, en particulier p. 62.

[4] Convention de 1997 sur l'utilisation des cours d'eau internationaux à des fins autres que la navigation, article 5§1er : « Les États du cours d'eau utilisent sur leurs territoires respectifs le cours d'eau international de manière équitable et raisonnable. En particulier, un cours d'eau international sera utilisé et mis en valeur par les États du cours d'eau en vue de parvenir à l'utilisation et aux avantages optimaux et durables – compte tenu des intérêts des États du cours d'eau concernés – compatibles avec les exigences d'une protection adéquate du cours d'eau ».

[5] CIJ, arrêt *Gabčíkovo-Nagymaros*, *op. cit.*, § 78, al. 1er.

[6] En vertu de l'adage romain *sic utere tuo ut alienum non laedas*, soit l'obligation pour un État de ne pas laisser utiliser son territoire aux fins d'actes contraires aux droits d'autres États ; voy. CIJ, affaire du *Détroit de Corfou*, arrêt du 9 avril 1949, *Rec.* 1949, p. 22.

international, signifie qu'aucun État ne peut modifier les conditions naturelles de son propre territoire aux dépens des conditions naturelles des territoires des autres États. Dans le contexte des cours d'eau internationaux, il en résulte qu'un État n'est pas autorisé, en droit, à entraver ou à détourner le cours d'eau international s'il en résulte un préjudice pour les autres États[1]. Or, ainsi qu'elle le rappelle, la Hongrie avait accepté en 1977 les travaux prévus par le traité objet du litige, « seulement dans le contexte d'une opération conjointe et d'un partage de ses bénéfices »[2]. Certes, elle a par la suite effectivement refusé l'exploitation conjointe en violation du traité litigieux, mais « il ne saurait s'ensuivre que la Hongrie aurait perdu son droit fondamental à une part équitable et raisonnable des ressources d'un cours d'eau international »[3].

Dans son arrêt, la Cour lie le droit à une part équitable et raisonnable des ressources d'un cours d'eau au caractère partagé de celui-ci[4], et en fait un droit fondamental de l'État[5]. Si l'on peut s'interroger sur les implications du caractère « fondamental » de ce droit[6], il est au moins évident que nul État ne peut être considéré comme ayant perdu son droit à une part équitable, ou encore comme y ayant renoncé, même s'il s'est rendu coupable d'une violation du droit international[7]. Le caractère fondamental du droit à une part équitable trouve certainement

---

[1] Voy. en ce sens l'affaire du *Lac Lanoux*, sentence du Tribunal arbitral (constitué en vertu du compromis d'arbitrage entre les gouvernements français et espagnol sur l'interprétation du Traité de Bayonne du 26 mai 1866 et de l'acte additionnel de la même date concernant l'utilisation des eaux du lac Lanoux), 16 novembre 1957 (Paris 1957), § 8, *RGDIP*, 1958, vol. 62, p. 103. Voy. également MAJZOUB, *op. cit.*, pp. 157-169 ; L. OPPENHEIM, *International Law*, vol. I, 8th ed. (ed. by Hersch Lauterpacht), Londres, Longmans, Green, 1955, p. 475 : « [C]'est une règle reconnue en droit international qu'aucun État n'a le droit de modifier les conditions naturelles de son territoire au détriment des conditions naturelles d'un État voisin. Pour cette raison, il est interdit à tout État d'arrêter ou de dériver le débit d'une rivière qui coule sur son territoire et traverse un État voisin (…) » (traduction de WOLFROM, *op. cit.*, p. 33).

[2] CIJ, arrêt *Gabčíkovo-Nagymaros*, *op. cit.*, § 78, al. 2.

[3] *Ibid. ;* souligné par l'auteur.

[4] Voy. conjointement *ibid.*, § 78 al. 1 et 2. Voy. aussi *ibid.*, § 147.

[5] « Basic right to an equitable and reasonable sharing of the resources of an international watercourse » dans la version anglaise, *ibid.*, § 78.

[6] S. C. MCCAFFREY, *The Law of International Watercourses - Non-Navigational Uses*, Oxford, OUP, 2001, p. 192, qui relève le caractère obscur de cette qualification de la CIJ.

[7] CIJ, arrêt *Gabčíkovo-Nagymaros*, *op. cit.*, §§ 78 et 86 : la Hongrie n'avait pas respecté le principe *pacta sunt servanda*, en ne remplissant pas les obligations découlant du traité de 1977 qui la liait à la Tchécoslovaquie, puis à la Slovaquie.

l'expression de ses implications dans cette constatation[1]. En effet, la privation de son droit à une part équitable ne saurait constituer une contre-mesure acceptable contre un État qui refuse de respecter ses engagements conventionnels[2], ou qui refuse de participer à de tels engagements[3]. En cas de violation d'un traité relatif à une utilisation conjointe des ressources d'un cours d'eau international, l'État lésé peut décider la suspension et/ou l'extinction de celui-ci[4], mais n'a pas le droit de « s'approprier » l'utilisation de la quasi-totalité des ressources du cours et ses bénéfices, en violation du principe d'égalité[5]. En revanche, on peut penser à bon droit que l'utilisation d'une part équitable des ressources d'un cours d'eau international par l'État lésé est possible[6], même si celle-ci constitue une diversion d'une partie des eaux du cours. De même, l'utilisation d'une part équitable des ressources du cours d'eau international par un État du cours d'eau ne nécessite pas le consentement des autres États, même si cette utilisation constitue une diversion[7]. Par contre, lorsqu'un consentement a été donné concernant un projet d'utilisation des ressources du cours d'eau international, les États concernés ont le devoir de le respecter, ou à tout le moins d'en respecter l'esprit[8], sauf accord contraire[9]. Seul un consentement exprès[10], ou un nouvel accord, peut permettre un changement fondamental dans l'utilisation prévue des ressources d'un cours d'eau[11]. De même, seul un consentement exprès peut exprimer la renonciation d'un État à sa part équitable des ressources d'un cours d'eau international ; cependant, on voit mal quel État renoncerait à sa part au profit d'un autre État, sans en retirer un avantage substantiel ou une compensation adéquate.

---

1 MCCAFFREY, *The Law of International Watercourses…*, *op. cit.*, p. 192.

2 CIJ, arrêt *Gabčíkovo-Nagymaros*, *op. cit.*, § 78.

3 Voy., implicitement, *ibid.*, § 144, al.2.

4 En vertu de l'article 60 de la Convention de Vienne de 1969 sur le droit des traités. Il peut également mener une action contre l'État fautif en vertu du droit de la responsabilité internationale ; voy. DAILLIER *et al.*, *op. cit.*, §§ 43 *et seq.*

5 *Ibid.*, §§ 85 et 152.

6 I. KAYA, *Equitable Utilization – The Law of the Non-Navigational Uses of International Watercourses*, Aldershot, Ashgate Publishing Limited, 2003, p. 52 : dans ce cas, la contre-mesure respecterait le principe de proportionnalité.

7 *Ibid.*, p. 52. Voy. aussi l'affaire du *Lac Lanoux*, *op. cit.*, sous réserve de ne pas causer de dommages significatifs.

8 CIJ, arrêt *Gabčíkovo-Nagymaros*, *op. cit.*, §§ 77 et 86.

9 *Ibid.*, § 144.

10 *Ibid.*, § 86.

11 *Ibid.*, § 144.

Les cours d'eau internationaux ne dépendent donc plus du pouvoir arbitraire d'un des États du cours d'eau. Les cours d'eau étant partagés, les États sont libres d'en disposer à leur convenance, au mieux de leurs intérêts, nonobstant le respect du droit à une part équitable des autres États du cours d'eau. Cette pluralité de droits interdit l'exclusivité d'utilisation et l'appropriation unilatérale des eaux, de même qu'elle interdit de causer des dommages significatifs[1]. La Cour se place donc dans la logique selon laquelle la notion de « ressource partagée » appliquée au cours d'eau international renvoie exclusivement à une catégorie de ressource fractionnée politiquement, mais qui ne peut l'être physiquement en raison de sa nature mouvante et indivise[2].

En raison de l'existence de plusieurs souverainetés étatiques concomitantes, le caractère partagé du cours d'eau international justifie à la fois tous les droits et toutes les obligations qui s'imposent à son utilisation par les États riverains. Selon la CIJ, aucune violation d'un traité en litige par une des parties ne permet à l'autre de ne plus respecter la lettre de ce traité et de le violer à son tour[3], plus encore si cette violation emporte le non-respect des règles qui régissent leur utilisation en l'absence de tout traité. À cet égard, ce sont alors les règles du droit international telles qu'elles ont été codifiées dans la Convention de 1997 qui s'imposent et qualifient l'utilisation entreprise de licite ou non. La Cour reconnaît implicitement que ces règles s'imposeraient en l'absence de tout traité[4], réaffirmant ainsi le caractère codificateur de la Convention de 1997 et l'existence de ces principes dans le droit international coutumier, même en l'absence d'une entrée en vigueur toujours problématique de celle-ci. Certes, pour des impératifs mal compris d'ordre public, l'expression de « ressource partagée » a été écartée, au moins en ces termes, mais ces éléments constitutifs ont été repris par la Cour en 1997 et le sont également par de nombreux traités de délimitation, d'exploitation et de gestion commune des ressources hydrauliques[5].

---

1 *Ibid.*, § 152 *in fine*.

2 J. A. BARBERIS, *Los Recursos Naturales Compartidos entre Estados y el Derecho Internacional*, Madrid, Tecnos, 1979, p. 148 ; M. J. MAGORINOS DE MELLO, « Les ressources naturelles et leurs rapports avec le droit de l'environnement et le droit international », *Environmental Policy and Law*, décembre 1977, vol. 3, n° 314, p. 134.

3 CIJ, arrêt *Gabčíkovo-Nagymaros*, *op. cit.*, § 78, al. 2.

4 *Ibid.*, § 85, al. 3 et 4 ; voy. aussi § 147.

5 CALASANS, *op. cit.*, p. 59.

Il apparaît alors que nul État ne peut faire l'économie du respect des traités relatifs à l'utilisation des cours d'eau internationaux, non plus que des principes qui en régissent l'utilisation dans le silence du droit conventionnel. Seul importe de rendre impossible à un quelconque État du cours d'eau l'appropriation de la totalité, ou à tout le moins de la majorité, des avantages du cours d'eau, alors que le principe d'égalité entre les États du cours d'eau lui donne obligation de respecter les droits équivalents des autres riverains. Ce n'est donc pas tant la ressource qui doit être partagée que son utilisation par les États qui exercent leur souveraineté sur une partie de la ressource. S'agissant des eaux des cours d'eau internationaux, il ne fait aucun doute, malgré plusieurs tentatives infructueuses[1], que les théories absolutistes, fondées sur un élément d'exclusivité dans l'utilisation de ces eaux, ne sont plus

---

[1] Par exemple, cas de la doctrine Harmon, « d'après laquelle l'État exerce une autorité illimitée sur les parties d'un cours d'eau international situées en son territoire » (SALMON, *op. cit.*, p. 353). La jurisprudence, à travers la sentence arbitrale du 16 novembre 1957 dans l'affaire du *Lac Lanoux* qui opposait la France à l'Espagne, a condamné cette théorie. Par ailleurs, cette doctrine n'a jamais reçu l'approbation de l'ensemble des États, pas même celle des États-Unis : voy. C. C. HIGGINS, *From « Harmon » to Harmony and Equitable Utilization and the US-Mexico River Regime*, UHEI, Genève 1987 ; J. DELLAPENNA, « Treaties as Instruments for Managing Internationally Shared Water Resources », *Case Western Reserve Journal of International Law*, 1994, vol. 26, p. 35. Quelques rares États ont défendu cette doctrine, sans succès. Ce fut le cas de l'Inde lors de son différend sur le Gange avec le Pakistan oriental, devenu en 1971 l'actuel Bangladesh. Mais le gouvernement indien devait renoncer à sa position lors d'une déclaration devant l'AGNU en 1976 (Nations Unies, *Documents officiels de l'Assemblée générale, 31e session*, Commission politique spéciale, 21e séance, §§ 8 et 9). Cette doctrine a également été reprise par la Turquie dans son différend avec la Syrie et l'Iraq s'agissant des eaux de l'Euphrate. Néanmoins, elle est unanimement réfutée, que ce soit par les textes, la jurisprudence ou la pratique.
Il en va de même pour la défense constante de la théorie de l'intégrité territoriale en ce qui concerne Israël, et de façon plus souple, l'Égypte : MAJZOUB, *op. cit.*, pp. 174-177 et 194-236. Cette théorie est défendue par M. WOLFROM, *L'utilisation à des fins autres que la navigation des eaux des fleuves, lacs et canaux internationaux*, Paris, Pedone, 1964, pp. 33-35. Parmi ceux qui l'ont soutenue, certains considèrent qu'« en principe, chaque État dispose librement de son territoire et exerce son autorité exclusivement sur celui-ci, il n'a ni le droit d'agir sur un territoire étranger ni l'obligation de subir de tels agissements. Ne peuvent être considérés comme agissements illicites par-delà les frontières de l'État que ceux qui exercent une influence sur l'état naturel ou artificiellement constitué des choses et de ce fait sur les droits de l'autre État » (M. HUBER, « Ein Beitrag zur Lehre von der Gebietshe heit an Grenzflüssen », *Zeitschrift für Völkerrecht und Bundesstaatsrecht*, 1907, pp. 159 *et seq.* (traduction de WOLFROM, *ibid.*, p. 33)).

admises dans le droit international. La CIJ a été claire sur ce point : un cours d'eau international est une « ressource partagée » et doit faire l'objet d'une utilisation équitable et raisonnable de la part des États du cours d'eau[1].

* * *

« Le problème de la gestion des ressources hydrauliques se pose d'une manière particulière lorsque ces ressources ont un caractère international, c'est-à-dire sont fournies par un fleuve ou un bassin fluvial international. Les États riverains constituent une communauté fluviale. Ils doivent, par convention, accepter certaines limitations de souveraineté pour assurer une sorte de gestion commune »[2]. La nature particulière des ressources des cours d'eau internationaux est la justification de l'exigence de leur qualification en tant que « ressource partagée » et du régime d'utilisation qui s'y attache.

L'arrêt de la CIJ de 1997 impose l'inclusion du cours d'eau international dans la catégorie des « ressources partagées »[3]. Essentiel à la compréhension de l'expression « ressource partagée », cet arrêt établit les éléments de sa définition et le lie à l'utilisation équitable et raisonnable[4]. Le partage d'une ressource ne permet pas à un autre État d'exercer un contrôle unilatéral sur la ressource partagée, et par la suite de priver un autre État « de son droit à une part équitable et raisonnable des ressources naturelles [...] »[5]. Ainsi, le caractère partagé de l'utilisation de la ressource que constitue un cours d'eau international

---

[1] Surtout quand certaines utilisations sont privatives de la ressource pour les autres États. Dans cette logique, tous les États du cours d'eau sont responsables et comptables des utilisations qu'ils ont des eaux du cours, qu'ils soient pays d'amont ou pays d'aval. Pour ce dernier en particulier, il est responsable de laisser les eaux du cours s'écouler en quantité suffisante au point de débouché du cours d'eau international pour ne pas causer de dommages aux autres États riverains/côtiers en vertu des principes du droit international. Cette remarque est particulièrement pertinente en ce qui concerne les lacs et les mers intérieures ou fermées.

[2] C.-A. COLLIARD, « Droit fluvial international : les problèmes actuels des ressources en eau », *Revue roumaine d'études internationales*, 1988, vol. 22, p. 165.

[3] Rappelons rapidement que si les arrêts de la CIJ ne sont obligatoires que pour les parties, les interprétations qui y sont développées le sont aussi généralement pour tous les États membres des Nations Unies et pour ses institutions et organes en raison de leur autorité morale ; voy. DAILLIER *et al.*, *op. cit.*, n°s 547, 2°) et 549 *in fine* ; M. N. SHAW, *International Law*, 5th edition, CUP, 2003, pp. 996 et 1004.

[4] À ce titre, la CIJ l'utilise comme une règle de mesure en vue de se prononcer sur la légalité des contre-mesures, le reliant ainsi à la responsabilité de l'État.

[5] CIJ, arrêt *Gabčíkovo-Nagymaros*, *op. cit.*, § 85.

doit être pris en compte pour tout futur régime que les États riverains désireraient mettre sur pied. À ce titre, la Convention de 1997 constitue le texte de référence en vertu de son rôle de codification du droit international positif, reconnu et expressément affirmé par la CIJ[1].

Pour de nombreux juristes, parler de « ressource partagée » pour un cours d'eau international confine au pléonasme et découle d'un constat objectif : celui de l'impossibilité d'une gestion individuelle, c'est-à-dire nationale, du cours d'eau[2]. L'essence d'une telle ressource est une « solidarité objective des codétenteurs de la ressource (…) due à l'unité physique, et dans bien des cas, écologique de cette dernière »[3], c'est-à-dire une « forme limitée d'intérêt commun »[4].

L'arrêt *Gabčíkovo-Nagymaros*, s'il n'est plus isolé[5], est déterminant. Pour préserver la paix et la sécurité internationales, il convient de tirer tous les enseignements du caractère « partagé » des cours d'eau internationaux. Il est désormais certain qu'à l'avenir il ne devrait plus être possible d'écarter ce concept comme n'étant pas applicable aux cours d'eau internationaux. La notion de « ressource partagée » a gagné ses lettres de noblesse. On comprendrait en effet assez mal que l'utilisation d'une ressource aussi vitale que l'eau ne fasse pas l'objet d'un statut qui lui soit totalement approprié et donc spécifique. Quant à la pratique des États, s'ils ne qualifient toujours pas les cours d'eau internationaux de « ressources partagées » dans les accords relatifs aux utilisations de leurs ressources, il faut reconnaître qu'ils sont de plus en plus nombreux à les considérer dans cette optique. Ainsi, l'Égypte, avec les autres États riverains du Nil, s'est engagée dans un processus visant à aboutir à un développement socio-économique durable par l'utilisation et le partage équitables des bénéfices communs des

---

1 *Ibid.*, § 85, al. 3, et § 147.

2 CALASANS, *op. cit.*, pp. 61-62 ; COLLIARD, *op. cit.*, p. 165.

3 P.-M. DUPUY, « Technologie et ressources naturelles, "nouvelles" et "partagées" », *in Études offertes à C.A. Colliard*, Paris, Pedone, 1984, p. 213.

4 S. MALJEAN-DUBOIS, « L'arrêt rendu par la Cour internationale de justice le 25 septembre 1997 en l'affaire relative au projet *Gabcikovo-Nagymaros* (Hongrie/Slovaquie) », *AFDI*, 1997, vol. 43, p. 309.

5 CIJ, affaire relative à des usines de pâte à papier sur le fleuve Uruguay (Argentine c. Uruguay), arrêt du 20 avril 2010, §§ 81, 103, 173, 177, 203-204 et 265 [http://www.icj-cij.org/docket/files/135/15878.pdf?PHPSESSID=0a4b1c612175b16a0d17eb0d024d50f0] ; CIJ, affaire relative au statut et à l'utilisation des eaux du Silala (Chili c. Bolivie), arrêt du 1er décembre 2022, §§ 87, 96, 97, 99, 101, 114 et 151 [https://www.icj-cij.org/fr/affaire/162].

ressources en eau du bassin du Nil[1]. La Belgique, quant à elle, a développé avec les États riverains de la Meuse et de l'Escaut, des organes de gestion intégrée des ressources en eau (GIRE)[2] dans le bassin hydrologique de ces cours d'eau internationaux[3]. Ce sont ainsi les paroles des divinités de l'Antiquité, relatives au caractère partagé[4] de l'eau, qui deviennent réalité : *Quid prohibetis acquis ? Usus communis acquarum est*[5].

---

[1] T. MAJZOUB, « Gestion des bassins partagés (conflit contre coopération) : le bassin du Nil, une étude de cas », *Med.2008. L'année 2007 dans l'espace euroméditerranéen*, Barcelone, 2008, pp. 139-145, où l'auteur parle de la « destinée commune » des États riverains. Voy. également WOLDE-GIORGHIS, *op. cit.* : après avoir constaté la mise à l'écart de la notion de propriété des cours d'eau internationaux (pp. 93-95) et la remise en question de la pertinence de certains des critères retenus par la Convention de 1997 dans l'application du principe de l'utilisation équitable (pp. 270-273), l'auteur conclut à l'« inéluctable coopération » (pp. 337-344) que nécessite les utilisations des ressources du Nil et met en évidence la « théorie de communauté » (pp. 43-344).

[2] KAYA, *op. cit.*, p. 88. Sur la GIRE, voy. en particulier : Partenariat mondial de l'eau (GWP) et le Réseau international des organismes de bassin (RIOB), *Manuel de Gestion Intégrée des Ressources en Eau par Bassin*, 2009; P. MORIARTY, J. BUTTERWORTH et Ch. BATCHELOR, *La gestion intégrée des ressources en eau et le sous-secteur de l'approvisionnement en eau et de l'assainissement domestiques*, Cahier thématique 9-F (TOP–Thematic Overview Paper), Delft, IRC (Centre International de l'Eau et de l'Assainissement), 2007; Cap-Net, Partenariat mondial de l'eau (GWP) et PNUD, *Plans de Gestion Intégrée des Ressources en Eau - Manuel de Formation et Guide Opérationnel*, 2005.

[3] Voy. les Accords de Gand de 2002, qui ont créé une Commission internationale de la Meuse [http://www.cipm-icbm.be] et une Commission internationale de l'Escaut [http://www.isccie.be] chargées d'assurer la protection des eaux de ces deux cours d'eau internationaux contre les pollutions et inondations, et de réaliser une gestion durable et intégrée de l'eau compte tenu en particulier de sa multifonctionnalité. Pour l'état des relations de la Belgique avec ses voisins avant les Accords de 2002, voy. J. VERHOEVEN, *Droit international public*, Larcier, 2000, pp. 516-518.

[4] Au sens où nul ne peut se l'approprier de façon totale et exclusive. D'ailleurs, cette rhétorique se retrouve dans les religions du Livre, les trois grandes religions monothéistes étant nées dans une région où l'eau est d'autant plus précieuse qu'elle est rare.

[5] Ovide, *Métamorphoses*, VI, 349, cité dans KEARNEY, Premier rapport…, *op. cit.* Cette citation peut se traduire par : « Pourquoi (…) m'interdire cette eau ? L'usage en appartient à tous » (*Œuvres complètes d'Ovide*, Tome 5 (traduction nouvelle par MM. Th. Burette, N. Caresme, Chappuyzi, J.-P. Charpentier, Gros, Héguin de Guerle, Mangeart, Vernadé), Paris, C.L.F. Panckoucke, 1836, p. 33).

* * *
* * *
*

L'eau du cours d'eau international n'est pas, en effet, une *res* facilement « codifiable » au même titre que les autres *res* ou les autres ressources par exemple. Beaucoup au sein de la CDI, ont d'ailleurs émis des réserves quant à la faisabilité d'une étude sur le sujet. Comment, donc, traiter d'une question de cette nature, comment aborder ce problème ? Par quel bout fallait-il prendre le problème ? Quelle teneur et quelle forme les travaux de la CDI devaient-ils prendre ? Fallait-il produire des arbitrages entre différents régimes juridiques des cours d'eau internationaux du monde ? Ou bien fallait-il tenter d'identifier un noyau dur du droit international de l'eau (c'est-à-dire les grands principes juridiques régissant l'utilisation des cours d'eau internationaux à des fins autres que la navigation) ?

Parmi toutes les approches disponibles, la CDI a décidé d'opter pour une étude relativement technique et pragmatique de l'utilisation des cours d'eau internationaux à des fins autres que la navigation. La question du statut ou de la nature de l'eau du cours d'eau international a été laissée de côté. Point d'arbitrage entre les différents régimes, ni de solution toute faite aux problèmes de chevauchement, de tension ou de conflit entre règles et principes de droit, mais plutôt l'élaboration d'une « boîte à outils » conceptuelle grâce à laquelle les négociateurs et les juristes confrontés à ce type de problème peuvent parvenir à une décision rationnelle et motivée.

Certains États estiment que la CDI n'a pas été assez loin dans l'énoncé des obligations. En revanche, d'autres pensent qu'elle est entrée dans trop de détails, bien que la matière ne soit guère « codifiable » du fait des caractéristiques propres à chaque cours d'eau[1] et de la « relativité » ou « spécificité »[2] du droit relatif aux utilisations des cours d'eau à des fins autres que la navigation. En 1997, peu importait ce que devait réserver l'avenir à la « Convention sur le droit relatif aux utilisations des cours d'eau internationaux à des fins autres

1 J. DEHAUSSY, « Travaux de la Commission du droit international », *AFDI*, 1991, vol. 37, pp. 681-682 ; J.L. BRIERLY, *The Outlook for International Law*, Clarendon Press, 1944, pp. 42-43.

2 Voy. C.-A. COLLIARD, « Évolution et aspects actuels du régime juridique des fleuves internationaux », *RCADI*, 1968, vol. 125, pp. 337-442, notamment p. 353 *et seq.*

que la navigation », ses articles allaient servir de base de réflexion aux États dans leurs négociations.

À cet égard, il est significatif que la CDI ait décidé de s'en tenir à l'élaboration d'une « boîte à outils », d'un « accord-cadre » à caractère supplétif, ouvrant la voie à des « accords de systèmes » adaptés à la diversité des cours d'eau internationaux. Une telle démarche autorise toutes les adaptations aux réalités de chaque cours d'eau. L'idée principale qui anime l'accord-cadre est d'établir le noyau dur du droit relatif aux utilisations des cours d'eau internationaux à des fins autres que la navigation, c'est-à-dire les aspects fondamentaux du sujet sous la forme d'un texte de portée générale. Ce fonds commun est de nature à contribuer à la solution des difficultés rencontrées à travers le monde et encourager la conclusion des « accords de système ».

La notion d'« accord de système » répond aux besoins propres de chaque cours d'eau qui doit pouvoir, compte tenu de sa particularité, bénéficier d'un régime spécial s'associant au « traité cadre ». Ce mécanisme est comparable à celui du traité de Brasilia de 1969 sur le bassin du Rio de la Plata que cite la CDI. L'article VI dudit traité prévoit en effet que « les dispositions du présent Traité ne s'opposent pas à ce que les Parties contractantes concluent des accords spéciaux ou partiels, bilatéraux ou multilatéraux, tendant à la réalisation des objectifs généraux de la mise en valeur du bassin »[1]. Si l'« accord de système » a « essentiellement un effet supplétif »[2], il a également la particularité de s'adapter « finement » au profil individuel du cours d'eau.

Les trente-sept articles de la Convention de 1997 servent ainsi de fondement à des « accords de système ». Ses dispositions, fondées sur la pratique des États, les principes généraux du droit international et les conventions pertinentes, contiennent des règles non rigoureusement impératives, mais devant servir de directives pour les États du système de cours d'eau afin d'organiser l'utilisation de ses eaux[3].

Le caractère d'accord-cadre supplétif de la Convention de 1997 transparait notamment dans son article 3 intitulé « Accords de cours d'eau ». Ainsi, « [à] moins que les États du cours d'eau n'en soient convenus autrement, la présente Convention ne modifie en rien les droits ou obligations résultant pour ces États d'accords en vigueur à la

---

1 Voy. le paragraphe 3 du commentaire de l'article 3 (doc. ONU A/CN.4/L321).

2 *Ibid.*, paragraphe 5.

3 L. CAFLISCH, « La Convention du 21 mai 1997 sur l'utilisation des cours d'eau internationaux à des fins autres que la navigation », *AFDI*, 1997, vol. 43, pp. 751-798.

date à laquelle ils sont devenus parties à la présente Convention » (article 3, alinéa 1).

À l'échelle du Nil, c'est un véritable « patchwork juridique » composé essentiellement d'accords entre la Grande-Bretagne et les grandes puissances européennes du siècle dernier ou entre la Grande-Bretagne et les riverains africains du Nil, dont le seul point commun était de servir les intérêts britanniques de l'époque.

Depuis, le statut juridique du Nil est marqué par un *statu quo*, certes fragile, mais souvent remis en cause par les projets d'aménagements du Nil ou de ses affluents. C'est dans un contexte d'instabilité et de tensions autour du Nil, que la Convention de 1997 est entrée en vigueur le 17 août 2014. Cette convention est loin d'avoir soulevé l'enthousiasme des États riverains du Nil, seuls le Kenya et le Soudan ont voté pour, aucun des ne l'a signée, ni ratifiée. À cet égard, les représentants de certains États riverains du Nil (Égypte, Rwanda, Tanzanie et Éthiopie) ont tenu à expliquer ou à motiver leur vote, comme suit[1] :

- La représentante de l'Égypte s'est félicitée de l'adoption de la convention et a espéré qu'elle contribuera de façon efficace au développement progressif du droit international, surtout que les nouvelles règles rattachées à la convention ne contreviennent pas au droit coutumier établi et ne portent pas atteinte, ni aux traités antérieurs, ni aux droits acquis (pour l'Égypte, l'article 7 relatif à l'obligation de ne pas causer de dommages significatifs n'a pas d'incidence négative sur le droit coutumier). En outre, elle a souhaité que cette convention établisse une meilleure coopération entre les États d'amont et d'aval.

- Le représentant du Rwanda a rappelé que sa délégation s'est abstenue lors du vote, ainsi qu'elle l'avait fait au sein du « Groupe de travail plénier ». Le déséquilibre du texte proposé (manque de référence au principe sacro-saint de la souveraineté des États, inclusion des eaux souterraines dans la définition du cours d'eau international, etc.) a motivé cette abstention. Toutefois, le Rwanda a souligné qu'il restait ouvert à toute initiative ou proposition visant à y remédier.

- Le représentant de la Tanzanie a estimé que la Convention de 1997 n'est pas parfaite (inégalité en matière de compétences par exemple) et qu'elle aurait pu être mieux équilibrée. L'article 6 de la convention

---

[1] ONU, Communiqué de presse, AG/641, « L'Assemblée générale adopte la convention sur le droit relatif aux utilisations des cours d'eau non navigables à des fins autres que la navigation », 21 mai 1997, https://www.un.org/press/fr/1997/19970521.AG641.html.

concernant les facteurs pertinents pour une utilisation équitable et raisonnable des cours d'eau internationaux est satisfaisant dans la mesure où il constitue un compromis tenant compte de tous les intérêts existants. Toutefois, l'équilibre fragile réalisé entre les trois articles 5 (utilisation et participation équitables et raisonnables), 6 (facteurs pertinents pour une utilisation équitable et raisonnable) et 7 (obligation de ne pas causer de dommages significatifs) introduit un élément d'incertitude pour l'article 6 avec des conséquences considérables sur ses paramètres ; c'est pourquoi la Tanzanie a voté contre cet ensemble d'articles au sein du « Groupe de travail plénier ». En outre, la rigidité des dispositions concernant la protection de l'environnement pourrait constituer un obstacle à la coopération entre les États d'aval et d'amont.

- Le représentant de l'Éthiopie a indiqué que sa délégation s'est abstenue lors du vote, car le texte proposé est loin de réaliser l'équilibre désirable, quant à l'utilisation des cours d'eau à des fins autres que la navigation, entre les États d'amont et d'aval. Aucune mesure d'harmonisation des traités antérieurs n'a été envisagée par la convention, surtout que certains peuvent nuire à son application ; c'est pourquoi l'article 3 (accords de cours d'eau) n'est pas acceptable sous sa forme actuelle. Par ailleurs, la primauté de l'article 5 (utilisation et participation équitables et raisonnables) n'a pas été clairement établie, et le reste de la convention, de façon générale, est déséquilibré et impose aux États d'aval des obligations trop lourdes.

Lors de l'élaboration de la Convention de 1997, le sort des accords antérieurs a donné lieu à d'âpres débats. Certains États, à l'instar de l'Éthiopie, estimaient que la Convention cadre devait l'emporter sur tous les autres accords antérieurs. Le représentant éthiopien avait même suggéré qu'il lui soit reconnu un caractère de *jus cogens* de façon à rendre nuls tous les accords antérieurs contraires[1]. D'autres États, à l'image de l'Égypte, considéraient que la Convention ne devait en rien modifier le *statu quo* juridique des cours d'eaux spécifiques[2]. C'est finalement cette dernière solution qui a été retenue[3]. Une nuance est

---

[1] CAFLISCH, *op. cit.*, notamment p. 771.

[2] *Ibid.*

[3] La solution inverse aurait conduit à rendre caducs 3 000 accords relatifs à des cours d'eau internationaux selon P. WOUTERS, « The Legal Response to International Water Conflicts : the UN Watercourses Convention and Beyond », *GYBIL*, 1999, vol. 42, pp. 293-336). C'est également la solution retenue par l'ILA en 1966 (article 1er des règles d'Helsinki sur l'utilisation des eaux des fleuves internationaux : Voy. ILA, *Report of the Fifty-Second Conference, Helsinki, 1966*, Londres 1967, pp. 484 et s).

toutefois à apporter puisque les parties à des accords antérieurs ou existants sont invitées « si besoin est » à envisager de les mettre en harmonie avec les principes fondamentaux de la Convention de 1997[1]. Les positions antagonistes défendues notamment par l'Égypte et l'Éthiopie ne pouvaient que ressurgir à tout moment au cours des discussions sur la « question des eaux du Nil ».

Certes, les positions antagonistes des États riverains du Nil qui se sont dessinées lors de l'élaboration de la Convention de 1997 ont été modifiées à plus d'une reprise, et parfois de manière très sensible. Mais en dépit des rapprochements incontestables qui se sont opérés sur des points particuliers, ces modifications s'expliquent plutôt par l'évolution de la situation régionale ou internationale, par le renversement, toujours momentané, du rapport des forces et par l'avantage temporaire que confère soudain à un camp ou à l'autre de nouveaux investissements chinois dans le secteur de l'eau, que par un désir véritable de faire des concessions et d'aboutir à un résultat.

* * *

* * *

*

Le chapitre suivant (« La succession aux traités relatifs à l'utilisation de l'eau bleue du Nil à des fins autres que la navigation »)[2] est un complément des deux précédents chapitres. Pour justifier une utilisation pacifique, et « pacifiante », du Nil, l'Égypte, État d'aval, rappelle constamment la continuité du régime conventionnel du Nil du temps de l'administration coloniale britannique, contrairement à certains États d'amont, notamment l'Éthiopie, qui rappellent le principe de la *tabula rasa* et le principe de la souveraineté sur les richesses et ressources naturelles.

---

[1] La demande d'harmonisation ne peut émaner d'un État tiers. L. CAFLISCH, « La convention du 21 mai 1997 sur l'utilisation des cours d'eau internationaux à des fins autres que la navigation », *AFDI*, 1997, vol. 43, p. 770 *et seq.*

[2] Ce chapitre s'appuie sur les recherches menées par les auteurs, notamment : F. QUILLERÉ-MAJZOUB, « La succession d'États en matière de traités relatifs à l'utilisation des cours d'eau internationaux à des fins autres que la navigation : Essai de réactualisation », *Rev. hell. DI*, 2005, vol. 58, no. 2, pp. 331-360 ; F. QUILLERÉ-MAJZOUB, *L'eau dans tous ses états juridiques. Prospectives hydrauliques internationales*, Collection Cours et travaux de l'IHEI, Paris, Pedone, 2017, p. 17 *et seq.* (les traités sur les cours d'eau internationaux et la succession d'État) ; F. QUILLERÉ-MAJZOUB et T. MAJZOUB, « La "réalité nuancée" de succession aux traités relatifs au Nil », *RBDI*, 2023, vol. 56, nos. 1/2, pp. 543-574. Il s'est largement inspiré de l'article de 2023.

À cet égard, force est de constater l'écart entre la pratique de certains États riverains du Nil et la « bonne pratique ». L'utilisation de l'eau bleue du Nil soulève donc la question de la succession d'États en matière de traités qui a déjà entrainé la distinction entre traités territoriaux (« statutaires » ou « objectifs ») et non territoriaux, et celle de la remise en question des théories classiques assimilant « l'espace fluvial transnational » au territoire national de l'État, afin d'illustrer les réalités du Nil.

Un nouveau texte ou une révision de la Convention de Vienne de 1978 sur la succession d'États en matière de traités relatifs au Nil ne sont pas forcément nécessaires, à condition de procéder à une nouvelle lecture *Nilotica* de la doctrine et la pratique.

CHAPITRE 3.- LA SUCCESSION AUX TRAITÉS RELATIFS À L'UTILISATION DE L'EAU BLEUE DU NIL À DES FINS AUTRES QUE LA NAVIGATION

Le Nil est le plus long fleuve du monde (6 695 Km)[1]. Il est formé par le Nil blanc, qui prend sa source dans le lac Victoria, et le Nil bleu, du lac Tana en Éthiopie. Le Nil bleu rejoint le Nil blanc à Khartoum pour former le Nil qui traverse le Soudan et l'Égypte avant de se jeter en mer Méditerranée. Son débit annuel[2] (84 milliards de mètres cubes) est cent fois moins que l'Amazone. Le bassin du Nil (3 176 541 kilomètres carrés)[3] couvre actuellement onze États, le Rwanda, le Burundi, la Tanzanie, le Kenya, l'Ouganda, la RDC, l'Éthiopie, l'Érythrée, le Soudan du Sud, le Soudan et l'Égypte.

Ces États sont confrontés à de multiples problèmes. Ils doivent faire face à une véritable explosion démographique qui rend nécessaire l'accroissement de l'irrigation et, par conséquent, des quantités d'eau[4].

---

1 Voy. https://nilebasin.org/media-center/maps et https://www.guinnessworldrecords.com/world-records/longest-river.

2 « La transformation [du Nil] est en cours. En cinquante ans, son débit est passé de 3.000 m3 par seconde à 2.830 m3 --soit près de 100 fois moins que l'Amazone. Avec la baisse des précipitations et la multiplication des sécheresses annoncées en Afrique de l'Est, il pourrait diminuer de 70%, selon les pires prévisions de l'ONU.
Dans le delta, la Méditerranée a grignoté chaque année entre 35 et 75 mètres de terre depuis les années 1960. Si elle monte d'un mètre seulement, elle engloutira 34% de cette région du nord de l'Égypte et neuf millions de personnes devront se déplacer. C'est le troisième endroit du globe le plus vulnérable au changement climatique.
Le lac Victoria, plus gros pourvoyeur d'eau du Nil hors précipitations, est menacé par le manque de pluie, l'évaporation et les lents changements d'inclinaison de l'axe de la Terre. Il pourrait disparaître un jour.
Ces prévisions aiguisent les appétits et les tentatives de capturer le débit du fleuve, et les barrages construits au fil des années n'ont fait qu'accélérer une catastrophe annoncée » (M. ZAKI, G. MATSIKO, B. ABOUALABBAS et S. BENHAIDA, « Le Nil de l'Égypte à l'Ouganda, chronique d'un assèchement annoncé », *AFP*, 2/11/2022, [https://showcase.afp.com/pages/climat_le-nil-de-legypte-a-louganda-chronique-dun-assechement-annonce_OXXnLkdx_382/]).

3 Voy. https://nilebasin.org/media-center/maps.

4 Voy. M. DUMAS PRIMBAULT, « La crise de l'eau menace l'Égypte », *Le Figaro*, 20 janvier 2023, https://www.lefigaro.fr/conjoncture/la-crise-de-l-eau-menace-l-egypte-20230120; J.-M. BEZAT, « Sécheresse : "Plus l'eau se raréfiera, plus elle deviendra un enjeu vital de sécurité entre États" », *Le Monde*, 29 août 2022,

Par ailleurs, l'écosystème du bassin du Nil[1] est sérieusement menacé[2]. L'environnement se dégrade sous l'effet, entre autres, de la pollution et du dérèglement climatique[3]. Enfin, la pauvreté ne cesse de gagner partout du terrain, notamment avec la guerre en cours au Soudan. Pour toutes ces raisons, les États d'amont nourrissent à leur tour d'ambitieux projets pour développer l'irrigation et l'énergie hydraulique[4]. Certains se sont concrétisés (tel le « Grand Barrage de la Renaissance Éthiopienne », GERD sous son acronyme anglais[5]) tandis que d'autres sont en passe de l'être. Une véritable lutte pour le contrôle des ressources en eau[6] et la remise en question des traités relatifs au Nil du

---

www.lemonde.fr/idees/article/2022/08/29/secheresse-plus-l-eau-se-rarefiera-plus-elle-deviendra-un-enjeu-vital-de-securite-entre-etats_6139342_3232.html

[1] Voy. « The Environmental Resources of the Nile Basin », https://nilebasin.org/sites/default/files/2023-09/Nile%2520SoB%2520Report%2520Chapter%25203%2520-%2520%2520Environment.pdf; A. M. NEGM (dir.), *The Nile*, Cham, Springer, 2017; A. M. FUISZ, *An Ecosystem Approach to Transboundary Freshwater Resources: The Case of the Nile Basin Initiative*, Acadia University, 2006.

[2] Voy. N. HOCHET-BODIN, « Au Kenya, le lac Victoria se meurt et le gouvernement regarde ailleurs », *Le Monde*, 23 décembre 2022, www.lemonde.fr/afrique/article/2022/12/23/au-kenya-le-lac-victoria-se-meurt-et-le-gouvernement-regarde-ailleurs_6155557_3212.html; D. PAUGY et Ch. LÉVÊQUE, *Le lac Victoria: un écosystème bouleversé par l'homme*, Éditions des archives contemporaines, 2018.

[3] Voy. *e.g.* L. STEPHAN, « COP27 : l'Égypte, pays hôte au cœur de la crise climatique », *Le Monde*, 14 novembre 2022, www.lemonde.fr/planete/article/2022/11/06/cop27-l-egypte-pays-hote-au-c-ur-de-la-crise-climatique_6148718_3244.html.

[4] Voy. *e.g.* M. DOUET, « En Afrique orientale et australe, les sécheresses menacent le système électrique », *Le Monde*, 23 décembre 2022, www.lemonde.fr/afrique/article/2022/12/23/en-afrique-orientale-et-australe-les-secheresses-menacent-le-systeme-electrique_6155549_3212.html; « L'Éthiopie lance la production d'électricité du grand barrage de la Renaissance sur le Nil Bleu », *Le Monde*, 21 février 2022, www.lemonde.fr/afrique/article/2022/02/21/l-ethiopie-lance-la-production-d-electricite-du-grand-barrage-de-la-renaissance-sur-le-nil-bleu_6114580_3212.html.

[5] Voy. W. ABTEW et S. B. DESSU, *The Grand Ethiopian Renaissance Dam on the Blue Nile,* Springer: Cham, Switzerland, 2019; A. M. MELESSE, W. ABTEW et S. A. MOGES, *Nile and Grand Ethiopian Renaissance Dam*, Cham, Springer, 2021; M. LAVERGNE, « Le Grand Barrage de la Renaissance, pomme de discorde ou clé du développement régional? », *Diplomatie*, mars-avril 2023, nº 120, pp. 74–76.

[6] Voy. L. CARAMEL, « En Afrique, l'intensification des phénomènes climatiques extrêmes augmente les "risques de tensions et de conflits" », *Le Monde*, 8 septembre 2022, www.lemonde.fr/afrique/article/2022/09/08/l-intensification-des-evenements-climatiques-extremes-alimente-les-conflits-en-afrique_6140677_3212.html

temps de l'administration coloniale britannique[1] se profilent donc à l'horizon.

« Encore que la littérature soit particulièrement abondante en la matière, le problème de la succession aux traités est l'un des aspects les plus complexes et probablement les plus difficiles des effets des transformations territoriales sur l'ordonnancement juridique »[2]. Il y a à cela trois raisons : tout d'abord, « [l]a pratique internationale est d'ailleurs d'un faible secours en l'espèce, car elle est fréquemment abscure [obscure], fluide ou contradictoire et elle ne permet de dégager que des tendances ou des orientations, non des solutions certaines »[3] ; ensuite, « le problème a été compliqué et faussé à l'époque contemporaine par le jeu de considérations politiques, notamment de la part des États décolonisés »[4] ; enfin, les efforts d'élaboration doctrinale sont entravés par la jurisprudence internationale assez rare.

Quant à la succession d'États aux traités en matière d'utilisation des eaux, elle n'a été étudiée sérieusement par la doctrine qu'à une époque relativement récente[5] et la jurisprudence internationale est d'un faible

---

[1] Le 13 mai 2010, les États d'amont ont décidé de passer outre l'opposition des États d'aval (Égypte et Soudan) et ont adoptés un Accord-cadre sur la Coopération dans le Bassin du Fleuve Nil (accord-cadre de coopération sur le partage du fleuve) à Entebbe. Selon le négociateur éthiopien au sein de l'IBN, l'ambassadeur M. A. Getahun, « l'accord-cadre est un instrument d'inclusion et de collaboration. Il repose seulement sur les normes acceptées d'utilisation partagée et de protection de ressources communes, équitablement, pour le bénéfice des générations présentes et futures. L'équité est le centre et l'élément qui caractérise ce traité » (*La Libre Belgique*, 2 mars 2011).
En 2021, lors de la première phase de remplissage du GERD, l'absence de coopération entre les deux pays a causé d'importants problèmes à Khartoum. Dans un rapport publié par Bloomberg en juillet 2021, les auteurs montrent qu'une station de surveillance située à la frontière entre l'Éthiopie et le Soudan a relevé une chute de 100 millions de mètres cubes du niveau du Nil bleu entre le 12 et le 13 juillet 2021. Plus en aval, ce phénomène a eu pour conséquence d'assécher six stations d'eau potable de la capitale, laissant la plupart des 5 millions d'habitants de la ville sans eau pendant trois jours (S. MARKS et M. ALAMIN, « Giant Dam Is Messing Up Water in Africa Even Before It Is Filled », *Bloomberg*, 9 juillet 2021).

[2] Voy. Ch. ROUSSEAU, *Droit international public – Les compétences*, t. 3, Paris, Sirey, 1977, p. 484, para. 352.

[3] *Ibid.* p. 485, para. 352.

[4] *Ibid.* p. 486, para. 352.

[5] Voy. *L'eau et le droit international (13 août - 7 septembre 2001) – Bibliographie sélective préparée par R. Steenhard*, Bibliothèque du Palais de la Paix, 2001. Sous la rubrique 1.10 (Succession d'État et statut juridique des cours d'eau internationaux), R. STEENHARD recense 3 articles (pp. 101-102) : J. C. FERNÁNDEZ ROZAS, « La

secours en l'espèce[1]. Deux principes contradictoires se heurtent en la circonstance : d'un côté la continuité des traités conclus par l'ancienne métropole dont l'État nouvellement indépendant est issu, de l'autre l'extinction de ces traités.

La lutte pour le contrôle des eaux du Nil rend la situation explosive du point de vue politique[2]. Du point de vue juridique, la situation n'est guère plus enviable[3]. D'un côté, le maillage conventionnel tissé par les Britanniques au bénéfice de l'Égypte et du Soudan est remis en cause par certains États d'amont après leur indépendance (section 1) tandis que, de l'autre, le problème de la succession aux traités est chronique et peine à être résolu malgré une certaine prise en compte de cette problématique par la Convention de Vienne du 23 août 1978 (Convention de Vienne de 1978[4]) sur la succession d'États en matière de traités[5] (section 2).

---

succession d'États en matière de conventions fluviales », *in* R. ZACKLIN et L. CAFLISCH (dir.), *The Legal Regime of International Rivers and Lakes / Le régime juridique des fleuves et des lacs internationaux*, Martinus Nijhoff, 1981, pp. 127-176 ; Y. FISSEHA, « State Succession and the Legal Status of International Rivers », *ibid.*, pp. 177-202 ; J. KLABBERS, « Cat on a Hot Tin Roof: The World Court, State Succession and the *Gabčíkovo*-Nagymaros Case », *Leiden JIL*, 1998, vol. 11, no. 2, pp. 345-355.

[1] Voy. S. C. MCCAFFREY, « International Watercourses in the Jurisprudence of the World Court », *in* N. ANDO *et al.* (dir.), *Liber Amicorum Judge Shigeru Oda*, vol. 2, Kluwer Law International, 2002, pp. 1055-1068.

[2] Voy. E. BRACHET, « Le triangle d'Al-Fashaga, une poudrière à la frontière entre le Soudan et l'Éthiopie », *Le Monde*, 3 janvier 2023, www.lemonde.fr/afrique/article/2023/01/03/le-triangle-d-al-fashaga-une-poudriere-a-la-frontiere-entre-le-soudan-et-l-ethiopie_6156481_3212.html; *Hydrodiplomatie et Changement Climatique pour la Paix au Moyen-Orient: Cas du Bassin du Nil*, Palais du Luxembourg- salle Clémenceau, 11 décembre 2017, https://www.riob.org/sites/default/files/catalogue%202017.pdf.

[3] Voy. Ph. WEHLING, *Nile Water Rights: An International Law Perspective*, Berlin, Springer, 2020; G. LE FLOCH, « Le Grand Barrage de la Renaissance éthiopienne ou un énième remake des antagonismes entre États d'amont et États d'aval », *AFDI*, 2020, vol. 66, pp. 733-763; G. LE FLOCH, « Le difficile partage des eaux du Nil », *AFDI*, 2010, vol. 56, pp. 471-496; H. WOLDE-GIORGHIS, *Les défis juridiques des eaux du Nil*, Bruxelles, Bruylant, 2009.

[4] Entrée en vigueur le 6 novembre 1996, *RTNU*, 1996, vol. 1946, p. 3.

[5] Voy. G. DISTEFANO, G. GAGGIOLI et A. HÊCHE (dir.), *La Convention de Vienne de 1978 sur la succession d'États en matière de traités. Commentaire article par article et études thématiques*, Bruxelles, Bruylant, 2016, 2 vol.

Section 1.- De la validité discutée du régime conventionnel du Nil du temps de l'administration coloniale britannique…

Durant la colonisation du continent africain, deux principales voies d'accès fluviales, le Congo et le Niger, ont fait l'objet d'un régime d'internationalisation par l'Acte général de Berlin du 26 février 1885. Cette internationalisation du Congo[1] et du Niger[2] se fit donc sur la base des critères de l'acte final de Vienne du 9 juin 1815[3], à savoir la navigabilité du cours d'eau et son caractère contigu ou successif (art. 108 à 117)[4].

Une exception fut cependant apportée au régime de 1885, dans la mesure où l'on s'en remit à la bonne foi de la Grande-Bretagne et de la France, pour la protection des négociants étrangers faisant le commerce dans les parties du cours du Niger qui « sont ou seront » de leur souveraineté ou de leur protectorat[5]. Cette situation s'explique par le fait qu'à Berlin, les Puissances jouissant de ce régime dérogatoire

---

[1] Voy. G. Pillias, *La navigation internationale du Congo et du Niger*, Paris, Arthur Rousseau, 1900 ; A. Huybrechts, *Les transports fluviaux au Congo*, Léopoldville, 1965 ; A. Lederer, *Histoire de la navigation au Congo*, Tervuren, 1965 ; R. Yakemtchouk, « Le régime international des voies d'eau africaines », *RBDI*, 1969, vol. 5, no. 2, pp. 480-515, notamment pp. 485-494 ; J. Verzijl, *International Law in its Historical Perspective*, vol. III, Leyde, 1970, pp. 156-159 ; M. Mubiala, *L'évolution du droit des cours d'eau internationaux à la lumière de l'expérience africaine, notamment dans le bassin du Congo/Zaïre*, Genève, Graduate Institute Publications, 2014.

[2] Voy. A. Duchêne, « Le droit de navigation dans le Niger », *RGDIP*, 1895, vol. 2, pp. 439-447 ; A. Pillet, « La liberté de navigation du Niger d'après le traité de Berlin du 26 février 1885 », *RGDIP*, 1896, vol. 3, 2, pp. 190-223 ; T. O. Elias, « The Berlin Treaty and the River Niger Commission », *AJIL*, 1963, vol. 57, no. 4, pp. 873-882 ; M. Schreiber, « Vers un nouveau régime international du fleuve Niger », *AFDI*, 1963, vol. 9, pp. 866-889 ; M. Bangoura, *Le régime juridique du Niger*, thèse, Aix-Marseille, 1967 ; Yakemtchouk, *op. cit.*, pp. 494-499 ; C. Sagbo, *Le régime international du bassin du Niger*, thèse, Toulouse, 1972.

[3] Voy. mjp.univ-perp.fr/traites/1815vienne.htm.

[4] La définition du fleuve international dans l'acte de Vienne impliquait la réunion de deux éléments : un élément d'ordre physique – la navigabilité du cours d'eau, et un élément d'ordre juridique – le fait que ledit cours d'eau sépare ou traverse plus d'un État. Il est à noter que le régime de la Convention de Barcelone de 1921 d'internationalisation générale ou statutaire est venu remplacer la pratique antérieure (internationalisation spéciale ou exceptionnelle) d'après laquelle un fleuve ne pouvait être internationalisé que par une convention *ad hoc*.

[5] Acte général de Berlin, article 30 § 4.

mirent tout en œuvre pour éviter l'extension totale du régime d'internationalisation aux territoires ou pays soumis à leur souveraineté.

Le Nil se situant dans la « sphère d'influence » de la Grande-Bretagne pendant la colonisation, celle-ci veilla jalousement à y maintenir sa présence et obtint de la Conférence de Berlin de 1885 que ce fleuve, pourtant le plus long d'Afrique, fut soustrait au régime d'internationalisation.

Cela est d'autant plus étonnant que les Puissances européennes n'étaient pas sans porter un vif intérêt au Nil. Il est fort difficile de déterminer les raisons de cet état de fait. Elles peuvent découler du mystère des sources du Nil (*caput Nili quaerere*[1]), ou de son caractère non navigable et de la difficulté à l'utiliser comme une voie de communication avec ses cataractes et ses marécages, ou encore de la résignation des Puissances européennes face au fait que le Nil dans son ensemble était une « sphère d'influence » britannique[2]. Ni les travaux de la Conférence, ni les écrits des diplomates et des juristes de cette époque n'ont permis de dégager une explication claire.

Si on peut être enclin à soutenir que le Nil ne suscita pas beaucoup d'intérêt vu qu'il se prête très peu à la navigation, il n'en reste pas moins que la Grande-Bretagne ne ménagea pas ses efforts pour faire du Nil un cours d'eau « national »[3]. Cette préoccupation constante s'est traduite par la signature de toute une série d'accords, entre 1890 et 1929, avec

---

[1] « À la recherche des sources du Nil ». Ce mot d'ordre, que donnaient jadis les empereurs romains à leurs légions d'Égypte, était déjà à l'époque une métaphore signifiant « chercher l'impossible », autrement dit un but impossible à atteindre. Voy. R. FOURTAU, « Le bassin nilotique », *Annales de géographie*, 1919, N° 155, p. 373.

[2] Lorsque la Grande-Bretagne occupa l'Égypte en 1882, elle chercha à contrôler directement l'ensemble de la vallée du Nil. L'installation britannique aux sources mêmes du Nil, au Kenya et en Tanzanie en 1890, en Ouganda en 1894 et l'affaire de Fachoda – qui conduisit en 1898 la France et la Grande-Bretagne au seuil de la guerre – montrent que la Grande-Bretagne voulait à tout prix éviter que le Nil ne tombât sous le contrôle d'une puissance étrangère (le Soudan devint en 1899 un *condominium* anglo-égyptien).

[3] La volonté britannique de « nationalisation » du Nil durant la période coloniale a ensuite évoluée vers une « co-gestion » soudano-égyptienne avec l'accord du 8 novembre 1959.

les Puissances européennes de l'époque (Allemagne[1], Italie[2], Belgique[3] et France) (paragraphe 1) et les États riverains du Nil (Éthiopie et Égypte) pour garantir que la vallée du Nil demeure dans la « sphère d'influence » britannique en vue d'assurer l'utilisation des eaux du Nil à des fins autres que la navigation (paragraphe 2).

Paragraphe 1.- Les accords de la Grande-Bretagne et des Puissances européennes voisines sur le Nil

Le Nil « est la source même de la vitalité de l'Égypte : c'est à une série d'arrosages minutieusement réglés que celle-ci doit sa prospérité »[4]. Le sort de toute la vallée du Nil – « sphère d'influence » britannique – dépend donc de ce fleuve et est à sa merci. Le Nil peut faire de cette région une riche vallée ou un désert *mortifère*.

Les premiers accords garantissant l'intégrité du débit du Nil furent conclus par la Grande-Bretagne – qui occupait l'Égypte depuis 1882 – avec les Puissances européennes voisines : Allemagne (traité du 1er juillet 1890), Italie (protocole du 15 avril 1891), Belgique (arrangement du 12 mai 1894 et convention du 9 mai 1906[5]) et France (accord franco-italo-britannique du 13 décembre 1906).

L'Allemagne a été un puissant rival de la Grande-Bretagne lors du partage de l'Afrique. Néanmoins, puisque l'Allemagne « n'avait aucun

---

[1] Le réflexe protectionniste britannique visait à contrer les ambitions de l'Allemagne dans le cours du Congo.

[2] L'Italie a « administré » l'Érythrée à partir de 1890. Par la suite, celle-ci fut occupée par les Britanniques à la fin de la Seconde Guerre mondiale. Fédérée à l'Éthiopie en 1952, l'Érythrée devint une province éthiopienne en 1962. Elle est officiellement indépendante depuis 1993.

[3] En 1876, le roi des Belges Léopold II crée l'Association internationale africaine, bientôt transformée en Association internationale du Congo. Ce n'est qu'à la Conférence de Berlin en 1885 que l'État indépendant du Congo reçoit une consécration internationale : le Congo étant propriété du souverain Léopold II, son union avec la Belgique est purement personnelle. Dès 1908, la Belgique assume l'héritage de Léopold II, et ceci jusqu'au 30 juin 1960, date de l'accession à l'indépendance du Congo-Kinshasa - devenu Zaïre en 1971, puis RDC en 1997 -. En 1923, la Belgique a reçu un mandat sur le Ruanda Urundi, devenu deux États indépendants : le Rwanda et le Burundi.
Voy. P. JENTGEN, *Les frontières du Congo belge*, Bruxelles, Institut Royal Colonial Belge, 1952.

[4] G. BLANCHARD, « L'affaire de Fachoda et le droit international », *RGDIP*, 1899, vol. 6, p. 388.

[5] La convention de 1906 était destinée à modifier l'arrangement de 1894.

intérêt dans la vallée du Nil, [elle] pouvait sans difficulté reconnaître à l'Angleterre des droits dont l'exercice ne la gênait aucunement »[1]. À cet égard, le traité signé le 1er juillet 1890 entre la Grande-Bretagne et l'Allemagne reconnaît la souveraineté allemande sur le Sultanat de Zanzibar en échange de la reconnaissance par l'Allemagne de la « sphère d'influence » britannique sur le Nil. Cependant, ce texte fut vivement critiqué par la France, car il entrait en contradiction avec une initiative précédente de la Grande-Bretagne qui reconnaissait un contrôle franco-britannique sur cette même zone[2].

Contrairement à l'Allemagne, l'Italie ne donna pas son approbation à la suprématie britannique sur le Nil avec désintéressement. Lorsque l'Italie fit connaître ses prétentions sur l'Éthiopie, la Grande-Bretagne se mit à craindre qu'elle ne procède à un drainage des eaux du Nil et ne réduise l'Égypte et le Soudan par la faim. Elle délégua donc à ce propos Lord Dufferin, l'ambassadeur britannique à Rome. Il en résulta le protocole du 15 avril 1891 sur la démarcation des « sphères d'influence » en Afrique orientale qui confirmait l'influence italienne sur l'Éthiopie à partir du 35° méridien est de Greenwich, et laissait la région située à l'ouest, c'est-à-dire le bassin du Nil, sous influence britannique. De plus, « le Gouvernement Italien s'engage[ait] à ne pas construire sur l'Atbara [l'un des affluents du Nil en Éthiopie], en vue de l'irrigation, aucun ouvrage qui pourrait sensiblement modifier sa défluence dans le Nil »[3]. De plus, dans un échange de notes des 14 et 20 décembre 1925 entre l'Italie et la Grande-Bretagne, l'Italie avait reconnu la priorité des droits de l'Égypte et du Soudan sur les sources du Nil bleu, et s'engageait à ne construire aucun ouvrage qui pourrait modifier sensiblement l'écoulement des eaux dans le Nil. De plus, une concession était accordée aux britanniques pour construire un barrage sur le lac Tana[4].

---

1 BLANCHARD, *op. cit.*, p. 391.

2 Ces trois Puissances parvinrent toutefois à un nouvel accord. Par ailleurs, les conclusions dégagées en juillet 1890 furent maintenues et le protectorat français sur Madagascar fut reconnu.

S'agissant du traité du 1er juillet 1890, voy. *British and Foreign State Papers, 1889-1890*, vol. 82, p. 35.

3 *Textes législatifs et dispositions de traités concernant l'utilisation des fleuves internationaux à des fins autres que la navigation*, Série législative des Nations Unies, 1963, doc. ONU ST/LEG/SER.B/12, p. 128 [ci-après dénommé ST/LEG/SER.B/12].

4 Voy. *L'Égypte et le Nil*, ministère des Affaires Étrangères égyptien, Organisme de l'Information de l'État, Bureau de Paris, 1982, pp. 53-56.

Selon l'arrangement de Bruxelles, du 12 mai 1894, conclu entre l'État indépendant du Congo et la Grande-Bretagne, le Roi Léopold II, souverain de l'État indépendant du Congo (actuel RDC), reconnaissait que le Nil était inclus dans la « sphère d'influence » britannique, et accordait à la Grande-Bretagne un corridor de 25 kilomètres de long entre les lacs Tanganyika, Albert et Édouard, qui garantissait un contrôle britannique ininterrompu sur cette région. En échange, la Grande-Bretagne consentit à donner à bail au Roi les deux provinces soudanaises de Bahr el-Ghazal et d'Equatoria. La première devait être gouvernée par l'État libre du Congo aussi longtemps que celui-ci restait sous la domination du Roi, de ses successeurs ou d'une colonie belge ; la seconde devait l'être seulement du vivant du souverain.

Cet arrangement anglo-belge intervint après l'échec des négociations franco-belges en vue d'aboutir à un arrangement similaire. En effet, la France[1] avait vu dans les accords conclus par la Grande-Bretagne avec l'Allemagne à propos de Zanzibar, avec l'Italie à propos de l'Éthiopie, et avec le Roi Léopold II à propos du Congo, plus qu'une *res inter alios acta*, mais une réelle tentative britannique d'éliminer toutes les revendications que ces Puissances pouvaient souhaiter formuler à propos du Nil. Réalisant l'importance du Nil et jalouse des avancées réalisées vers l'intérieur par sa puissante rivale, la France entra en jeu dans la vallée du Nil afin qu'au jour du règlement de cette question, elle ait le droit d'intervenir et de faire entendre sa voix. Animée par ces considérations, la France n'hésita pas à affirmer que cet arrangement était, par son essence même, en contradiction manifeste avec les résolutions de la Conférence de Berlin de 1885. En effet, selon cet argumentaire, l'arrangement anglo-belge attentait à l'intégrité de l'Empire ottoman : les deux provinces que la Grande-Bretagne négociait relevaient de l'autorité du Khédive d'Égypte, qui lui-même était le représentant du Sultan ottoman. Pour Paris, un tel arrangement avait été conclu essentiellement pour barrer le chemin à toute avancée française venant de l'ouest du Nil. Londres avait semble-t-il besoin d'établir entre les possessions françaises africaines et le Nil « un État tampon dont la situation aurait été analogue à celle du Siam, placé entre le Tonkin français et la Birmanie anglaise. L'État du Congo était tout indiqué pour remplir cette mission »[2].

---

[1] Sur la nouvelle carte du Nil équatorial conçue et régit par Londres, la France brilla par son absence. C'est dans ce contexte qu'il convient d'évaluer l'attitude française.

[2] BLANCHARD, *op. cit.*, p. 393.

Toutefois, la pression française sur la Belgique fut forte et il ne fallut pas longtemps pour qu'elle renonce à son dominion sur les deux provinces que lui avait données la Grande-Bretagne. Un arrangement fut signé à cet effet entre l'État indépendant du Congo et la France le 14 août 1894. Il n'est donc pas étonnant que le nouvel arrangement franco-belge ait suscité de vives protestations britanniques. L'arrangement franco-belge fut bientôt suivi par la convention de Londres du 9 mai 1906, signée par le baron van Eetvelde pour l'État indépendant du Congo, et par Edward Grey pour la Grande-Bretagne. Son article III dispose que « le Gouvernement de l'État indépendant du Congo s'engage à ne pas construire ou permettre la construction d'ouvrages sur le Semliki ou l'Isango, ou à proximité, ce qui diminuerait le volume d'eau entrant dans le lac Albert, sauf accord avec le Gouvernement soudanais »[1].

À cette époque, le contrôle britannique sur les accès amont et aval du Nil est fermement établi. La menace allemande est écartée, le danger français s'est dissipé, la Belgique était trop docile pour irriter le gouvernement de Sa Majesté, et les rêves de l'Italie ne survécurent pas longtemps après la défaite d'Adwa (Éthiopie) en 1896. Cette stabilisation a de toute évidence amené à la conclusion de l'accord trilatéral (Grande-Bretagne, France et Italie) du 13 décembre 1906 afin de maintenir « le *statu quo* politique et territorial en Éthiopie »[2]. Son article IV a) dispose que « dans le cas où les événements viendraient à troubler le *statu quo* prévu par l'article premier, la France, la Grande-Bretagne et l'Italie feront tous leurs efforts pour maintenir l'intégrité de l'Éthiopie [...] elles se concerteraient pour sauvegarder les intérêts de la Grande-Bretagne et de l'Égypte dans le bassin du Nil, et plus spécialement en ce qui concerne la réglementation des eaux du fleuve

---

[1] Voy. *L'Égypte et le Nil*, *op. cit.*, p. 47.
Une formule analogue existe également dans l'accord belgo-britannique du 22 novembre 1934 (délimitation de la frontière entre le Ruanda Urundi et le Tanganyika modifiant le tracé établi par le protocole du 5 août 1924 et l'échange de notes du 17 mai 1926). Ainsi, l'article 6 interdit aux riverains de la Kagera d'utiliser les eaux frontières sans donner un préavis de six mois avant de commencer les travaux afin de permettre l'examen des objections que l'autre gouvernement pourrait soulever. L'article 1er prévoit également que les eaux prélevées dans une partie d'un cours d'eau situé entièrement à l'intérieur d'un territoire doivent être restituées, sans réduction substantielle, à leur lit naturel en un point en deçà de l'endroit où le cours d'eau coule dans l'autre territoire, ou celui où il forme la frontière. Voy. ST/LEG/SER.B/12, *op. cit.*, pp. 97-98.

[2] *L'Égypte et le Nil*, *op. cit.*, p. 49, article 1er de cet accord.

et de ses affluents... »[1]. Ainsi, les parties contractantes s'engageaient à ne pas intervenir sur le débit naturel du Nil, ni à modifier son cours, sans l'assentiment des riverains d'aval.

Cet accord trilatéral est de fait un point marquant dans le régime conventionnel du Nil : ce n'est pas la primauté de la navigation qui va l'emporter sur toute autre utilisation, c'est le libre écoulement des eaux pour des utilités dans le domaine de l'agriculture (irrigation) qui va intéresser les riverains[2].

Le « retrait » des Puissances européennes de l'époque (Allemagne, Italie, Belgique et France) a marqué le début d'un contrôle britannique omnipotent sur le Nil.

Paragraphe 2.- Les accords de la Grande-Bretagne et des riverains africains du Nil

Les intérêts de la Grande-Bretagne sur l'ensemble du bassin du Nil furent réaffirmés par l'accord abyssino-britannique du 15 mai 1902 (délimitation de la frontière entre l'Éthiopie et le Soudan) et l'accord égypto-britannique du 7 mai 1929 (répartition des eaux du Nil entre l'Égypte et le Soudan).

Dans l'accord abyssino-britannique de 1902, le Roi des Rois d'Éthiopie, Ménélik II, s'engageait « par devant le Gouvernement de Sa Majesté britannique, à ne pas construire et à ne pas autoriser la construction d'ouvrages sur le Nil bleu, le lac Tsana [Tana] ou le Sobat, qui auraient pour effet d'arrêter l'écoulement de leurs eaux dans le Nil, sauf en accord avec le Gouvernement de Sa Majesté Britannique et le Gouvernement du Soudan »[3]. Cette clause qui visait à « restreindre l'exercice de la souveraineté absolue » de l'Éthiopie sur le Nil, fait partie d'un ensemble d'« engagements réciproques » pris par la Grande-Bretagne et l'Éthiopie (reconnaissance du droit de souveraineté de l'Éthiopie sur la région soudanaise du Benishangul Gumuz[4], par

---

1 *Ibid.*, p. 50.

2 Voy. le protocole italo-britannique du 15 avril 1891.

3 Voy. article 3 de l'accord, *L'Égypte et le Nil*, *op. cit.*, p. 41.

4 Voy. *e.g.* B. T. GETAHUN et A. D. TSEGA, « Centre-Periphery Relations in Ethiopian Empire : The Case of Benishangul Gumuz, 1898-1941 », *The International Journal of Humanities & Social Studies*, décembre 2014, vol. 2, no. 12, pp. 338-346, https://www.internationaljournalcorner.com/index.php/theijhss/article/view/140816/99130 ; T. MEKONNEN, « The Benishangul-Gumuz Region: A Brief Political History, 1991-2001 », *Journal of Ethiopian Studies*, 2021, vol. 54, no. 1, 2021, pp. 7-38.

exemple). Toutefois, cette clause fut sévèrement critiquée par la doctrine, ainsi que l'accord de 1902. S'adressant à la Société Américaine de Droit International (*American Society of International Law*, ASIL), Alber Henry Garretson devait décrire l'accord de 1902 comme un *pactus leoninus* « dans lequel l'une des parties se réservait les droits et les privilèges, laissant l'autre sans contrepartie, sans engagement réciproque et sans compensation »[1].

L'accord égypto-britannique du 7 mai 1929 ne constitue que l'acceptation des recommandations de la Commission sur le Nil de

---

Le Benishangul-Gumuz est, depuis 1995, l'un des dix États régionaux d'Éthiopie. Son chef-lieu est Asosa. On estime sa population à 1 127 001 habitants (2018). Avec une superficie de 49 289 kilomètres carrés, le Benishangul-Gumuz a une densité de population de 12,68 hab./kilomètres carrés, et 90,1 % de sa population est rurale. Les habitants de la région, comme les Berta, les Gumuz ou les Shinasha, sont proches de leurs voisins du Soudan. La région a connu une importante migration amhara durant le régime du Derg.

Le 14 janvier 2021, le chef de la Commission nationale soudanaise des frontières Moaz Tengu déclare que « if Ethiopia did not uphold the 1902 border agreement with Sudan, then Benishangul-Gumuz is a Sudanese region » (« si l'Éthiopie ne respecte pas l'accord frontalier de 1902 avec le Soudan, alors le Benishangul-Gumuz est une région soudanaise »). Voy. « Egypt's Al-Sissi, Sudanese Delegation Discuss Ethiopia Border Dispute », *Daily News Egypt*, 14 janvier 2021, https://dailynewsegypt.com/2021/01/14/egypt-stance-sudan-historical-relations/.

Le 30 avril 201, le ministère des Affaires étrangères soudanais réfute, dans un communiqué, le discours d'officiels éthiopiens comme quoi le Soudan impose à l'Éthiopie des « traités coloniaux » relatifs à l'eau et aux frontières communes (« Sudan Refutes Ethiopian Statements on Water, Border Agreements", *Egypt Today*, 2 mai 2021, https://www.egypttoday.com/Article/1/101529/Sudan-refutes-Ethiopian-statements-on-water-border-agreements). « La dénonciation de ces traités signifie porter atteinte à la souveraineté éthiopienne sur la région de Benishangul qui a succédée à celle du Soudan en vertu des traités eux-mêmes » (A. MORSY, « Disavowing Nile Water Agreements Compromises Sovereignty Over GERD's Benishangul, Sudan Tells Ethiopia », *Ahram Online*, 1er mai 2021, https://english.ahram.org.eg/NewsContent/1/0/410351/Egypt/0/Disavowing-Nile-water-agreements-compromises-sover.aspx).

La question de la frontière soudano-éthiopienne, un temps tombée en désuétude, fait son apparition sur fond de surenchère hydraulique avec le remplissage du GERD.

Le GERD est construit dans le nord-ouest de l'Éthiopie, à Guba Woreda (Benishangul-Gumuz), à environ 14 ou 30 kilomètres à l'est de la frontière avec le Soudan.

[1] Voy. A. H. GARRETSON, « The Nile River System », *Proceedings of the American Society of International Law at its Annual Meeting (1921-1969)*, 28-30 avril 1960, vol. 54, pp. 136-144.

1925[1]. Cette approbation fut confirmée par un échange de notes entre le Premier Ministre égyptien Mahmoud pacha et le Haut-Commissaire britannique en Égypte lord Lloyd, et ces notes furent enregistrées comme constituant un accord[2] entre le gouvernement britannique d'une part (au nom du Soudan et des territoires ou pays sous administration coloniale britannique[3]), et le gouvernement égyptien, d'autre part.

La note de Mahmoud pacha soulignait qu'aucun ouvrage d'irrigation ou de production d'énergie électrique ne pouvait être construit, au Soudan ou dans les territoires ou pays sous administration britannique, qu'avec le consentement préalable du gouvernement égyptien[4]. En revanche, l'Égypte pouvait entreprendre des travaux sur le Nil et ses affluents au Soudan ou ailleurs, sans le consentement des gouvernements en place, sous réserve d'une entente préalable « avec les autorités locales sur les mesures à prendre en vue de sauvegarder les intérêts locaux »[5]. Par ailleurs, les services égyptiens de l'irrigation avaient la possibilité d'inspecter les ouvrages soudanais, et surtout le barrage de Sennar « afin que le Gouvernement égyptien puisse s'assurer que la distribution de l'eau et la régulation du barrage sont exécutées dans le respect de l'accord conclu »[6]. Alors que les services soudanais de l'irrigation travaillaient seulement sur le tronçon soudanais du Nil (branche soudanaise du Nil), les services égyptiens possédaient, quant à eux, un corps important de fonctionnaires stationnés en permanence et jouissant de toutes les facilités pour effectuer des « relevés

---

[1] Voy. paragraphe 3 de la lettre du 7 mai 1929 du Président du Conseil des Ministres égyptien (Mahmoud pacha) au Haut-Commissaire britannique en Égypte (Lord LLYOD), *L'Égypte et le Nil*, *op. cit.*, p. 62.

[2] Voy. paragraphe 2 de la lettre du 7 mai 1929 de LLYOD à Mahmoud pacha, *ibid.*, p. 65 ; *RTSN*, 1929-1930, vol. 93, pp. 43 et 116 ; *RGDIP*, 1960, pp. 85-87.

[3] Kenya, Tanzanie (anciennement Tanganyika) et Ouganda.

[4] « Sauf avec l'accord préalable du Gouvernement égyptien, il ne sera pas entrepris de travaux d'irrigation ou générateurs d'énergie électrique sur le Nil et ses branches, ou sur les lacs d'où ils coulent si ceux-ci se situent au Soudan ou dans des pays sous administration britannique, qui pourraient porter atteinte aux intérêts de l'Égypte, soit en réduisant la quantité d'eau arrivant en Égypte, soit en modifiant la date de son arrivée, soit en faisant baisser son niveau ». Voy. paragraphe 4, alinéa 2, *in L'Égypte et le Nil*, *op. cit.*, p. 63.

[5] *Ibid.*, paragraphe 4, alinéa 4. Le paragraphe 4, alinéa 5 prévoit que « le gouvernement de Sa Majesté britannique au Royaume Uni de Grande-Bretagne et d'Irlande du Nord, usera de ses bons offices afin que l'exécution de relevés, de mesures, d'études et de travaux mentionnés dans les deux alinéas précédents soit facilitée par les Gouvernements des régions sous influence britannique ».

[6] *Ibid.*, paragraphe 4, alinéa 1.

complets » de l'« hydrologie du Nil au Soudan »[1]. En fait, cet accord donnait à l'Égypte un véritable droit de veto sur les territoires situés en amont.

Répondant à la note égyptienne de Mahmoud pacha, le Haut-Commissaire britannique affirma que le gouvernement de Sa Majesté reconnaissait les « droits naturels et historiques de l'Égypte aux eaux du Nil », et considérait leur sauvegarde « comme un principe fondamental de la politique de la Grande-Bretagne »[2].

Il est évident que l'accord de 1929 tentait vraisemblablement de sauvegarder les intérêts de l'Égypte tout en allant jusqu'à légitimer toute intervention égyptienne dans le développement agricole des territoires ou pays d'amont. Toutefois, il faut garder à l'esprit le contexte politique de l'époque, le principal objectif de la Grande-Bretagne était de sauvegarder certains intérêts politico-militaires et économiques (maintien de l'administration britannique au Soudan, des *capitulations* et du *stationnement des* troupes anglaises en Égypte). Pour arriver à ses fins, la Grande-Bretagne n'hésita pas à subordonner les intérêts des autres territoires ou pays d'amont à ceux de l'Égypte afin d'apaiser cette dernière.

Cet accord prit ainsi naissance au sein d'un compromis politique plus vaste. On doit à la vérité d'affirmer que « l'accord sur les eaux du Nil doit être considéré comme un expédient politique et non comme un précédent de droit international. La Grande-Bretagne dans le contexte politique de l'époque n'avait pas de raison importante pour représenter et défendre les intérêts du Soudan [et des autres territoires ou pays d'amont]. En effet, dans le cadre de l'accord conclu, le Soudan [ainsi que les territoires ou pays d'amont] n'obtint [n'obtinrent] pas le droit d'utiliser les eaux du Nil selon les besoins en irrigation de ses [leurs] zones arides. Satisfaire ces besoins était beaucoup moins important à la Grande-Bretagne que les bonnes dispositions d'un gouvernement égyptien prêt à faire des concessions comme le Canal de Suez et l'occupation militaire »[3].

On peut donc penser que ce n'était pas la nature particulière du problème du Nil qui animait la Grande-Bretagne dans cet échange de notes. Comme semble le suggérer cette citation, il s'agissait plus

---

1 *Ibid.*, paragraphe 4, alinéa 3.

2 Voy. paragraphe 4 de la lettre de LLYOD à Mahmoud pacha, *ibid.*, p. 65.

3 Voy. F. J. BERBER, *Rivers in International Law*, Londres, Stevens, 1959, p. 98.

surement de la volonté de satisfaire l'Égypte afin de parer aux problèmes les plus pressants.

La coopération entre l'Égypte et le Soudan, telle qu'elle est prévue par l'accord de 1929 est unilatéral[1] et le restera jusqu'au 8 novembre 1959, date à laquelle fut conclu un nouvel accord relatif aux eaux du Nil, entre le Soudan et la République Arabe Unie (actuel Égypte)[2]. « Conclu sans l'intervention du Soudan, alors anglo-égyptien, l'accord [de 1929] allouait la plus grande partie du volume d'eau (48 milliards de m^3) à l'Égypte, le Soudan ne recevant que 4 milliards de m^3. Les autorités de Khartoum ne cessèrent de protester contre cette répartition et tentèrent à trois reprises sans succès d'en modifier les modalités par des négociations directes avec l'Égypte, en 1955, 1956 et 1957 »[3]. « Aux termes de l'accord [du 8 novembre 1959] le Soudan donne son assentiment à la construction du haut barrage d'Assouan, l'accord posant implicitement le principe d'une collaboration de l'ensemble des États riverains du Nil pour le partage définitif des masses d'eau. Les quantités d'eau allouées annuellement sont de 55 milliards et demi de de mètres cubes pour l'Égypte et de 18 milliards et demi de mètres cubes pour le Soudan, proportion plus équitable que celle de 1929 mais encore inférieure à ce que demandait le gouvernement de Khartoum »[4]. Comme preuve de sa fermeté, l'Éthiopie refusa de participer aux travaux de la Commission technique mixte créée dans le cadre de

---

[1] La notion de l'unité hydrologique a été confirmée dans l'accord conclu le 31 mai 1949 entre le Royaume-Uni (agissant aux noms de l'Ouganda et du Soudan) et l'Égypte, relatif à la construction d'un barrage sur les chutes Owen (désormais barrage de Nalubaale) en Ouganda, qui prévoyait la création d'une société pour l'exploitation dudit ouvrage. Cet accord a été conçu « en accord avec l'engagement pris par le gouvernement de Sa Majesté au Royaume-Uni par l'échange de notes portant sur l'utilisation des eaux du Nil, du 7 mai 1929 » (*L'Égypte et le Nil*, *op. cit.*, p. 67.).
Cet accord s'est fait sous forme d'échange de notes entre le gouvernement de la Grande-Bretagne et le gouvernement égyptien (19 janvier 1949, février et mai 1949). Voy. en particulier la lettre du ministre égyptien des affaires étrangères du 31 mai 1949, *ibid.*, pp. 66-71, notamment p. 71.

[2] Texte de l'accord dans *RGDIP*, 1960, pp. 878-884.

[3] Voy. Ch. ROUSSEAU, *Droit international public – Les relations internationales*, t. 4, Paris, Sirey, 1980, p. 552, para. 470.
Le gouvernement du Soudan antérieur au coup d'État du 17 novembre 1958 avait demandé que l'Éthiopie et l'Ouganda soient associés aux négociations sur le partage des eaux du Nil qui se sont déroulées au Caire de 1955 à 1957. Mais l'Égypte « progressiste » a toujours refusé d'admettre l'Éthiopie « impérialiste » et les territoires ou pays « sous domination britannique ».

[4] ROUSSEAU, *op. cit.*, pp. 552-553, para. 470.

l'accord de 1959[1], et surtout d'envisager une quelconque proposition en vue d'une gestion collective.

SECTION 2.- … À LA RELATIVE FERMETÉ DE LA TABULA RASA ET LA DURE RÉALITÉ DE LA CONTINUITÉ AUTOMATIQUE

Durant les négociations soudano-égyptiennes pour modifier les modalités de l'accord de 1929, l'Éthiopie a revendiqué, par la voix de son ministre des affaires étrangères, le droit « d'utiliser pour son propre usage, les eaux du Nil comprises dans son territoire »[2]. L'Éthiopie a maintenu le flou sur ses intentions de reconnaître ou dénoncer l'accord de 1902[3]. Puis, dans une note envoyée le 23 septembre 1957 par le

---

[1] Voy. « Planification de la mise en valeur de l'utilisation des fleuves internationaux : le Nil », *in* Nations Unies, Ressources naturelles, Série eau n° 10, *Expériences de mise en valeur et de gestion de bassin, de fleuves et lacs internationaux*, New York, 1983, p. 137.

[2] Voy. *Ethiopia Herald*, 6 février 1956.

[3] L'Éthiopie a toujours affirmé qu'elle ne se considérait pas liée par des traités dont elle n'était pas signataire, sans en dire plus. Voy. C. O. OKIDI, « History of the Nile and Lake Victoria Basins through Treaties », *in* J. A. ALLAN (dir.), *The Nile, Resources Evaluation, Management, Hydropolitics and Legal Issues*, SOAS, London University, 1990, pp. 197-198 ; M. WOLFROM, *L'utilisation à des fins autres que la navigation des eaux des fleuves, lacs et canaux internationaux*, Paris, Pedone, 1964, p. 206. Cependant, on peut noter que l'Éthiopie a déjà invoqué implicitement l'accord de 1902 dans quelques-uns de ses échanges diplomatiques avec ses voisins. Ainsi, lors de l'accord de 1902, le transfert à l'Éthiopie du port fluvial de Gumbeila (Gambela) a été suggéré par l'Éthiopie. Ce ne fut chose faite qu'en 1955, quand le gouvernement éthiopien conclut avec le Soudan un protocole réglant le transfert de ce port qui se trouve sur le Sobat et qui, jusqu'alors, était sous la juridiction soudanaise.
Un sol riche, un climat tropical et de l'eau en abondance : la région de Gambela, dans l'ouest du pays, est fertile. Des investisseurs étrangers y louent à vil prix des milliers d'hectares pour développer une agriculture intensive. Sans toujours se soucier de l'environnement et des populations.
L'Éthiopie - et la région de Gambela en particulier - est le théâtre d'une véritable course aux terres arables. Les organisations non gouvernementales (ONG), qui dénoncent le phénomène, l'appellent le « *land grabbing* » (accaparement des terres). L'achat ou la location à vil prix de centaines de milliers d'hectares, par des investisseurs le plus souvent étrangers, se sont répandus en Afrique mais aussi en Asie, en Amérique latine ou en Europe de l'Est (G. VAN KOTE, « Ruée sur les terres d'Éthiopie », *Le Monde*, 5 janvier 2012, https://www.lemonde.fr/afrique/article/2012/01/05/ruee-sur-les-terres-d-ethiopie_1626232_3212.html).

gouvernement impérial à toutes les missions diplomatiques au Caire[1], l'Éthiopie rappelait le communiqué du ministère des Affaires étrangères du 6 février 1956[2] et revendiquait sa liberté absolue d'utiliser les eaux du Nil bleu[3], attitude par la suite rappelée à plusieurs reprises[4].

De plus, certains États nouvellement indépendants ont adopté le principe de la *tabula rasa* d'après lequel ils ne sont pas liés par les traités conclus par l'État prédécesseur (ancienne métropole) et ont refusé de succéder à l'accord de 1929. L'indépendance acquise[5], la Tanzanie déclara l'accord de 1929 incompatible avec sa souveraineté par une note envoyée en date du 4 juillet 1962 aux gouvernements de Grande-Bretagne, d'Égypte et du Soudan[6], autrement dit les droits et

---

[1] Texte reproduit in M. WHITEMAN, *Digest of International Law*, vol. 3, Washington, Department of State Publication, 1964, pp. 1011-1012. Dans ce texte, l'Éthiopie rappelle qu'elle contribue à 84% des eaux du Nil (*ibid.* p. 1009). Le texte poursuit en rappelant que « the Imperial Ethiopian Government must, therefore, reassert and reserve now and for the future, the right to take all such measures in respect of its water resources and in particular, as regard that portion of the same which is of the greatest importance to its welfare, namely, those water providing so nearly the entirety of the volume of the Nile, whatever may be the measures of utilization of such waters sought by recipient states situated along the course of the river » (*ibid.*, p. 1012).

[2] Communiqué par lequel l'Éthiopie faisait état de sa pleine liberté d'action dans les discussions en cours concernant les eaux venant de son territoire et à propos desquelles elle n'était pas consultée.

[3] La presse éthiopienne du 6 février 1956 a rendu publics certains projets sur le lac Tana, le Nil bleu, le Sobat et l'Atbara. Voy. *The Times*, 8 février 1956 ; *Financial Times*, 15 juin 1957.
Il est à noter que l'étude du développement des ressources hydrauliques en Éthiopie a été sérieusement avancée à la suite des accords d'assistance technique conclus avec les États-Unis (23 juin 1952 et 27 juin 1957).

[4] Voy. *Le Monde*, 29 octobre 1958 ; *The Times*, 9 novembre 1959. Voy. également les déclarations faites par le gouvernement éthiopien à la Conférence des Nations Unies sur l'eau de Mar del Plata en 1977 et lors du sommet de l'OUA à Lagos en 1980.

[5] L'indépendance de la Tanzanie a eu lieu en 1961, l'Ouganda en 1962 et le Kenya en 1963. La Tanzanie adopta une approche, connue sous le nom de « doctrine *Nyerere* » du nom de son premier président, qui était basée sur la sélection des traités. Selon cette doctrine, un État nouvellement indépendant a le droit d'examiner l'ensemble des traités conclus pendant la période coloniale et de décider lesquels il acceptera (PNUE, *States Succession and the Nyerere Doctrine*, www.unep.org/dec/onlinemanual/Compliance/Resource/tabid/594/Default.aspx.).

[6] OKIDI, *op. cit.*, p. 202.
Projet d'articles sur la succession d'États en matière de traités et commentaires, *Ann. CDI* 1974, vol. II(1), p. 210 ; B. A. GODANA, *Africa's Shared Water Resources – Legal and Institutional Aspects of the Nile, Niger and Senegal River Systems*, Londres, Frances Pinter (Publishers), 1985, p. 148.

les obligations résultant de cet accord ne sont pas liés ou attachés à un territoire particulier. La Tanzanie sera suivie par le Kenya, qui accorda une période de grâce de 2 ans à l'accord de 1929, pendant laquelle il devait être soit abrogé, soit remplacé par un nouvel accord. Ce fut également l'attitude de l'Ouganda[1] qui dénonça l'accord de 1929. Le Kenya et l'Ouganda, sans contester spécifiquement le transfert de l'accord de 1929, ont tous les deux adopté des déclarations qui suivaient la « doctrine *Nyerere* »[2].

Par ailleurs, le Congo belge (actuel RDC) et le Ruanda Urundi (Rwanda et Burundi) ont hérité incidemment des accords belgo-britanniques de 1906 et 1934[3]. Malgré l'évolution de leur statut international il ne semble pas que la validité de ces accords soit contestable. Il est vrai que ces trois États portent moins d'intérêt au Nil[4].

Alors que l'Égypte affirmait que le principe de succession automatique s'appliquait aux accords sur le Nil à cause de leur caractère réel ou territorial[5], certains autres États ont contesté la continuité automatique. Le Soudan a refusé d'être lié par l'accord de 1929 au moment de son indépendance en 1956[6]. Pour autant, l'accord de 1959 faisait explicitement référence à celui de 1929. Ceci a été interprété comme une preuve que le Soudan n'avait pas renoncé à être lié par

---

[1] OKIDI, *op. cit.*, p. 203.

[2] GODANA, *op. cit.*, p. 151 ; A. OKOTH-OWIRO, *The Nile Treaty – State Succession and International Treaty Commitments : A Case Study of the Nile Water Treaties*, Konrad Adenauer Stiftung Occasional Papers n° 9, 2004, p. 17.

[3] En 1894, les Allemands mènent une première expédition militaire dans cette région et tentent de l'intégrer à l'Afrique orientale allemande. Des affrontements germano-belges obligent l'Allemagne à se replier sur l'Urundi (actuel Burundi) en 1916. Sept ans plus tard, la Belgique reçoit un mandat sur la région, qui prend le nom de Ruanda Urundi et est rapidement rattachée au Congo belge, jusqu'à l'indépendance de ce dernier en 1960 quand le Ruanda Urundi lui est séparé. Ce n'est qu'en 1962 que le Burundi (ex Urundi) et le Rwanda deviennent séparément indépendants.

[4] La Kagera, principal cours d'eau alimentant le lac Victoria, source du Nil blanc, est régie par l'accord trilatéral burundo-rwando-tanzanien du 24 août 1977 (création de l'Organisation pour l'aménagement et le développement du bassin de la rivière Kagera), devenu quadrilatéral avec l'adhésion de l'Ouganda (19 mai 1981).
Voy. OKIDI, *op. cit.*, pp. 210-213. Voy. le texte de l'accord dans l'hebdomadaire rwandais *La Relève*, 16-31 août 1977, pp. 10-12.

[5] GODANA, *op. cit.*, p. 144 ; OKOTH-OWIRO, *op. cit.*, p. 16.

[6] Projet d'articles sur la succession d'États en matière de traités et commentaires, *Ann. CDI* 1974, vol. II(1), p. 210 ; OKOTH-OWIRO, *op. cit.*, p. 17.

l'accord de 1929 et que son attitude était ainsi contradictoire[1]. Il serait tentant, mais peu réaliste (et par surcroît inexact), d'essayer de systématiser la pratique existante.

On doit donc être extrêmement prudent dans l'interprétation de la pratique régionale. S'il n'est pas contestable que celle-ci consacre d'une manière générale l'extinction des traités relatifs au Nil conclus par l'État prédécesseur, on ne doit pas perdre de vue que l'attitude de certains États du bassin du Nil (du Commonwealth ou d'expression française[2]) n'a pas toujours été très cohérente. « En réalité on ne peut dégager de solutions uniformes, la pratique variant suivant la nature des traités en cause – et pas toujours dans des conditions qui appelleraient une classification rigoureuse et intangible. Si dans certains cas l'interprète se trouve en présence de solutions que l'on peut considérer comme acquises, dans d'autres il se heurte à des orientations contradictoires ou insuffisamment affirmées »[3].

La Convention de Vienne de 1978 a adopté, pour sa part, le principe de la *tabula rasa*[4]. L'article 16 prévoit qu'« un État nouvellement indépendant n'est pas tenu de maintenir un traité en vigueur ni d'y devenir partie du seul fait qu'à la date de la succession d'États le traité était en vigueur à l'égard du territoire auquel se rapporte la succession d'États »[5].

Cependant, vu l'importance de la catégorie des traités de frontières[6] et des « autres régimes territoriaux » (traités qui créent des droits ou des obligations liés au territoire[7]), la CDI a admis qu'il était vital de prévoir

---

[1] GODANA, *op. cit.*, p. 145.

[2] ROUSSEAU, *op. cit.*, pp. 500-501, para. 365.

[3] *Idem.*

[4] En effet, le principe de la *tabula rasa* ne signifie pas nécessairement la rupture, car il ne s'oppose pas à toute continuité. Il s'applique aussi bien aux traités bilatéraux qu'aux traités multilatéraux ; dans ce dernier cas, le nouvel État peut unilatéralement opter pour la continuité de tel ou tel traité multilatéral.

[5] La raison d'être de cette règle résiderait dans le principe du droit des peuples à disposer d'eux-mêmes. Voy. M. K. YASSEEN, « La Convention de Vienne sur la succession d'États en matière de traités », AFDI, 1978, vol. 24, p. 91. De plus, cette règle correspond à la doctrine (voy. *Ann. CDI* 1970, vol. II, pp. 34-35) et à la pratique internationale (voy. *Ann. CDI* 1974, vol. II(1), pp. 217-219 ; Série législative des Nations Unies, Documentation concernant la succession d'État, 1967).

[6] Article 11 de la Convention de Vienne de 1978.

[7] L'État successeur prend non seulement la frontière telle que délimitée dans le passé, mais aussi tous les droits et obligations qui lui sont rattachés. Voy. *Ann. CDI* 1974, vol. II(1), pp. 208-213.

des exceptions au principe[1] (paragraphe 2), sans porter atteinte à la souveraineté du nouvel État indépendant sur ses ressources et richesses naturelles (paragraphe 1).

Paragraphe 1.- L'article 13 de la Convention de Vienne de 1978, relatif aux richesses et ressources naturelles

La CPJI « se refuse à voir dans la conclusion d'un traité quelconque, par lequel un État s'engage à faire ou ne pas faire quelque chose, un abandon de sa souveraineté. Sans doute, toute convention engendrant une obligation de ce genre, apporte une restriction à l'exercice des droits souverains de l'État, en ce sens qu'elle imprime à cet exercice une direction déterminée. Mais la faculté de contracter des engagements internationaux est précisément un attribut de la souveraineté de l'État »[2]. Certes, l'État souverain est immédiatement obligé d'honorer ses engagements internationaux. Les obligations issues de tels engagements ne font que limiter l'exercice de ses droits souverains et ne constituent pas un abandon de sa souveraineté. Néanmoins, concernant ses ressources propres, la doctrine de la souveraineté permanente des États sur leurs richesses et ressources naturelles, en relation avec le droit à l'autodétermination, justifie une mise à plat des obligations qui pèsent sur lui afin de lui permettre d'exercer sa souveraineté de façon pleine et entière.

Lorsque la CDI s'est penchée sur le problème de la succession d'États en matière de traités, le droit des peuples à disposer de leurs richesses et ressources naturelles n'a pas fait l'objet d'une étude spécifique[3]. Cela a conduit inévitablement la Conférence de Vienne, en 1977 et 1978, à ne pas se prononcer sur le fond du problème.

Les articles 11 et 12 « rappellent la règle coutumière selon laquelle les traités territoriaux constituent une exception à la table rase », voy. l'intervention de M. Elias, *Ann. CDI* 1974, vol. I, p. 220, § 45.

[1] Voy. M. FORTEAU, A. MIRON et A. PELLET, *Droit international public*, 9e éd., Paris, LGDJ, 2022, p. 777, para. 507.

[2] Affaire de *Wimbledon*, 1923, série A, n° 1, p. 25.

[3] En revanche, M. Bedjaoui a consacré une recherche au droit des peuples à disposer de leurs richesses et ressources naturelles, et l'a inclus dans l'article 22, paragraphe 2 du projet sur la « Succession d'États en matière autres que les traités ». Voy. *Ann. CDI* 1977, vol. II(2), p. 80 *et seq.* Voy. également l'article 15, § 4 de la Convention de Vienne sur la succession en matière de bien public, d'archives et de dettes, doc. ONU A/CONF.117/14, 7 avril 1983.

Cependant, lorsque les délégués gouvernementaux examinèrent le problème de la succession par rapport aux traités territoriaux, le groupe officieux de consultation présenta à la Commission plénière de la deuxième session de la Conférence en 1978, un article 12 *bis* qui dispose que « [r]ien dans la présente convention n'affecte les principes du droit international affirmant la souveraineté permanente de chaque État sur ses richesses et ressources naturelles »[1].

Il est à constater que l'article 12 *bis* tend implicitement à promouvoir, pour l'exploitation des richesses et ressources naturelles, la primauté du principe de la *tabula rasa* sur celui des droits acquis. Il a cependant rencontré les réticences de certains États[2] qui se sont retranchés derrière l'imprécision et l'ambiguïté des notions en cause[3].

Sans doute le principe de la souveraineté permanente de chaque peuple et de chaque État sur ses richesses et ressources naturelles a-t-il été affirmé au sein de nombreuses instances internationales ; il n'en reste pas moins vrai que son contenu est des plus incertains.

Bien qu'initialement motivé par la préservation des droits des peuples colonisés après la décolonisation, le principe de la souveraineté permanente des États sur leurs richesses et ressources naturelles[4] ne

---

1 L'article 12 *bis* modifié devint l'article 13 de la Convention, *ibid.*

2 À savoir : États-Unis, Belgique, Canada, France, Japon, Pays-Bas, Royaume-Uni de Grande-Bretagne et d'Irlande du Nord. Mais ceci n'a pas empêché l'article d'être adopté par 73 voix contre une – celle des États-Unis – et 8 abstentions.

3 Voy. les observations du délégué des États-Unis, *in* Conférence des Nations Unies sur la succession d'États en matière de traités, Comptes rendus analytiques des séances de la Commission plénière, Reprise de la Session, Vienne, 31 juillet-23 août 1978, doc. ONU A/CONF.80/16 add.1, 1979, vol. II, pp. 20-21. Dans ce sens, Stephen M. Schwebel tire argument de l'article 3 de la Charte des droits et devoirs économiques des États pour affirmer que « une centaine d'États au moins ont donc reconnu que le principe de la souveraineté permanente sur les ressources naturelles ne s'applique pas aux ressources naturelles partagées et, par conséquent, qu'il ne s'applique pas à l'eau des voies d'eau internationales », *Ann. CDI* 1980, vol. II(1), 1980, pp. 177-178, § 148. Il est à noter que selon l'article 3 : « Dans l'exploitation des ressources naturelles communes à deux ou plusieurs pays, chaque État doit coopérer sur la base d'un système d'informations et de consultations préalables, afin d'assurer l'exploitation optimale de ces ressources sans porter préjudice aux intérêts légitimes des autres États ».

4 Voy. J. BALORO, « Some International Legal Problems Arising From the Definition and Application of the Concept of "Permanent Sovereignty Over Wealth and Natural Resources" of States », *The Comparative and International Law Journal of Southern Africa*, 1987, vol. 20, pp. 335-343.

tarda pas à s'étendre aux ressources partagées par deux États ou plus[1], ou aux ressources se situant hors de la sphère de compétence nationale[2], donnant ainsi une nouvelle dimension au concept de souveraineté permanente des États sur l'eau du cours d'eau international.

L'eau du cours d'eau international focalise de plus en plus l'attention des juristes[3], des économistes et des politologues pour son potentiel économique et hydro-électrique, et sa connotation hydro-politique évidente. À cet égard, un grand nombre d'économistes et de juristes considèrent l'eau comme une ressource naturelle[4], celle-ci entendue de tout ce qui est fourni par la nature, comme un bien[5], et constituant par ailleurs une branche du droit[6]. « Comment parvenir à une valeur monétaire de référence, comment éviter les dérives spéculatives, comment monnayer le droit régalien des États sur l'eau, comment veiller à ce qu'il n'y ait pas de préjudice pour les autres usagers lorsque l'eau est vendue ou achetée, comment garder à une marchandise son caractère de bien social ? Autant de questions complexes qui nourrissent un débat désormais ouvert au sein de la communauté internationale »[7].

---

[1] Voy. I. BROWNLIE, « Legal Status of Natural Resources in International Law (Some Aspects) », *RCADI*, 1979, vol. 162, pp. 245-318, notamment pp. 289-293 ; BALORO, *op. cit.*, pp. 343-346.

[2] BALORO, *op. cit.*, pp. 346-352.

[3] Voy. *e.g.* F. QUILLERÉ-MAJZOUB, « La question de la nature juridique de l'eau des cours d'eau internationaux - Essai d'épistémologie - », *EJLS*, 2013, vol. 6, n° 2, 2014, pp. 51-77 (disponible à : https://ejls.eui.eu/issues/winter-2013-volume-6-issue-2/); F. QUILLERÉ-MAJZOUB et T. MAJZOUB, « L'eau des cours d'eau internationaux comme "ressource naturelle" : imprécisions et paradoxes », *AFDI*, 2012, vol. 58, pp. 395-414; T. MAJZOUB et F. QUILLERÉ-MAJZOUB, « Is Water a Natural Resource in International Watercourses? », *ELR News & Analysis*, 2013, vol. 43, no. 4, pp. 10358-10371.

[4] Voy. J. LAITOS, *Natural Resources Law: Cases and Materials*, West Publishing Company, 1985, p. 472 ; A. RANDALL, *Resource Economics: An Economic Approach to Natural Resource and Environmental Policy*, 6th ed., Wiley, 1987, pp. 34-35.

[5] Voy. H. MAZEAUD, L. MAZEAUD, J. MAZEAUD et F. CHABAS, *Leçons de droit civil, 2.2 Biens : Droit de propriété et ses démembrements*, 8e éd., Paris, Montchrestien, 1994, pp. 130-137 ; J.-F. BRÉGI, *Droit romain : Les biens et la propriété*, Paris, Ellipses, 2009, pp. 47-48.

[6] À savoir : États-Unis, Belgique, Canada, France, Japon, Pays-Bas, Royaume-Uni de Grande-Bretagne et d'Irlande du Nord. Mais ceci n'a pas empêché l'article d'être adopté par 73 voix contre une – celle des États-Unis – et 8 abstentions.

[7] J.-P. BESSET, « L'eau : la guerre ou le marché », *Le Monde*, 30 janvier 2006, www.lemonde.fr/planete/article/2002/09/11/l-eau-la-guerre-ou-le-marche_290000_3244.html

Le droit international classique tient l'eau du cours d'eau international pour une ressource naturelle parmi bien d'autres. Pour autant, le concept de ressource naturelle n'est plus adapté aux réalités actuelles de l'eau du cours d'eau international. Deux constatations se dégagent par rapport au terme de « ressource naturelle ». En premier lieu, comme les autres subdivisions du droit international, le droit des cours d'eau internationaux, emprunte son vocabulaire à un langage étranger au droit international, puis opère une transformation plus ou moins profonde du sens des termes ou expressions. Il apparaît ainsi que la qualification de l'eau des cours d'eau internationaux comme ressource naturelle n'est pas constante du fait de la variabilité du concept (la variabilité de la signification du concept de ressources naturelles[1] n'est pas sans incidence sur la qualification de l'eau du cours d'eau international[2]). En second lieu, ces contradictions, qui dominent les structures du droit aussi bien national qu'international, conduisent à une ambiguïté et une incertitude particulièrement sensibles dans le vocabulaire relatif à l'eau du cours d'eau international. Les implications de l'application de ce concept aux cours d'eau internationaux ont dès lors des retombées dont les conséquences juridiques sont pour le moins

---

[1] QUILLERÉ-MAJZOUB et MAJZOUB, « L'eau des cours d'eau internationaux comme "ressource naturelle" : imprécisions et paradoxes », *op. cit.*, pp. 397-400.
La valeur économique employée par la définition juridique des ressources naturelles révèle plus qu'une simple autorité exercée sur certaines ressources ; elle signifie également que les ressources naturelles sont considérées comme des biens économiques, c'est-à-dire des marchandises. Voy. *e.g.* C. A. KLEIN, F. CHEEVER et B. C. BIRDSONG, *Natural Resources Law: A Place-Based Book of Problems and Cases*, 2e éd., Aspen Publisher, 2005 ; J. RASBAND, J. SALZMAN et M. SQUILLACE, *Natural Resources Law and Policy*, 2nd ed., Foundation Press, 2009 ; J. LAITOS, S. B. ZELLMER et M.C. WOOD, *Natural Resources Law*, Thompson West, 2006 ; E. T. FREYFOGLE, *Natural Resources Law: Private Rights and Collective Governance*, West Law School, 2007 ; E. MERINO-BLANCO et J. RAZZAQUE, *Globalisation and Natural Resources Law: Challenges, Key Issues and Perspectives*, Edward Elgar Publishing Ltd., 2011 ; L. J. MACDONNELL, et S. F. BABES, *The Evolution of Natural Resources Law and Policy*, American Bar Association, 2010 ; A. MCHARG, *Property and the Law in Energy and Natural Resources*, Oxford, OUP, 2010.

[2] QUILLERÉ-MAJZOUB et MAJZOUB, « L'eau des cours d'eau internationaux comme "ressource naturelle" : imprécisions et paradoxes », *op. cit.*, pp. 400-403.
Le terme « ressource naturelle » soumet au même traitement l'eau de tous les cours d'eau, qu'ils soient nationaux ou internationaux. Or, en vertu des principes appliqués aux ressources naturelles, ce terme est utilisé pour décrire l'eau soumise à la juridiction nationale d'un seul État (droit de propriété et de souveraineté). Pour les mêmes raisons, l'eau du cours d'eau international ne peut être considérée simplement comme une ressource naturelle.

paradoxales (vision souverainiste du cours d'eau et de ses eaux[1], et souveraineté partagée[2]).

Que l'eau du cours d'eau international appartienne ou pas à la catégorie des « ressources partagées » l'eau dans son état naturel n'est toujours pas considérée comme un bien pour les besoins des conventions de commerce. Ce n'est que si elle est extraite de son état naturel qu'elle devient un bien pouvant faire l'objet d'une commercialisation (l'eau en bateau-citerne ou bateau tanker[3] ou par pipeline[4]).

En fait, un examen des différents traités de commerce et des conventions environnementales conduit à prohiber purement et simplement l'extraction en vrac de l'eau du cours d'eau international[5].

---

[1] QUILLERÉ-MAJZOUB et MAJZOUB, « L'eau des cours d'eau internationaux comme "ressource naturelle" : imprécisions et paradoxes », *op. cit.*, pp. 403-407.
L'utilisation délibérée du vocable « commerce de l'eau » ou « marché de l'eau » (P. H. GLEICK, G. WOLFF, E. L. CHALECKI et R. REYES, « Globalization and International Trade of Water », *in The World's Water 2002-2003: The Biennial Report on Freshwater Resources*, Island Press, 2002, pp. 33-56) met l'accent sur l'intention plus ou moins réfléchie de transformer l'eau du cours d'eau international en une marchandise dont l'accès par les États du cours d'eau sera tributaire de leur volonté ou de leur capacité à payer le prix exigé.

[2] QUILLERÉ-MAJZOUB et MAJZOUB, « L'eau des cours d'eau internationaux comme "ressource naturelle" : imprécisions et paradoxes », *op. cit.*, pp. 407-412.
Le droit des cours d'eau internationaux défend le concept de « ressource partagée » pour promouvoir l'idée de coresponsabilité dans le domaine de l'eau. À cause des complications liées à la création des marchés de l'eau, certains juristes ont soutenu que l'émergence de vrais marchés est peu probable, et que ces prétendus marchés sont vraisemblablement « *regulatory management masquerading as a market* » (J. W. DELLAPENNA, « Markets for Water: Time to Put the Myth to Rest? », *J. Contemp. Water Resour. & Educ.* 2005, vol. 131, p. 33).

[3] « Turkey and Northern Cyprus Sign Long-Awaited Water Deal », *Hürriyet Daily News*, 21 juillet 2010, http://www.hurriyetdailynews.com/turkey-and-northern-cyprus-sign-long-awaited-water-deal.aspx?pageID=438&n=turkey-northern-cyprus-sign-long-awaited-water-deal-2010-07-21.

[4] Voy. « Turkish Water to Reach Northern Cyprus Soon », *Hürriyet Daily News*, 29 mars 2012, http://www.hurriyetdailynews.com/turkish-water-to-reach-northern-cyprus-soon.aspx?pageID=238&nID=17144&NewsCatID=344 ; K. W. CHAU, « Management of Limited Water Resources in Hong Kong », *Int'l J. Water Resources Dev.* 1993, vol. 9, pp. 68, http://myweb.polyu.edu.hk/~cekwchau/WRD.pdf ; L. POH ONN, *The Water Issue Between Singapore and Malaysia: No Solution in Sight?*, Institute of Southeast Asian Studies, 2003.

[5] F. QUILLERÉ-MAJZOUB et T. MAJZOUB, « Un droit international de l'exportation massive d'eau : *lege lata* ou *lege ferenda* ? », *JDI*, 2022-2, pp. 23-44 ; St. SHRYBMAN, *A Legal Opinion Concerning Water Export Controls and Canadian Obligations*

Des effets négatifs sur l'environnement, loin d'être négligeables, peuvent résulter de la manière dont l'eau du cours d'eau international est extraite et utilisée. Cette prohibition est donc consécutive à des considérations environnementales visant à préserver l'intégrité de l'écosystème du cours d'eau international, car il n'est pas possible pour le moment de déterminer avec certitude toutes les conséquences néfastes des extractions d'eau de manière à les atténuer. Le principe de précaution commande de n'autoriser des activités d'extraction que s'il peut être démontré, au-delà de tout doute raisonnable, qu'elles ne nuiront pas à l'intégrité de l'écosystème du cours d'eau international[1].

Dès lors, le concept de ressource naturelle appliqué aux eaux du Nil offre une réponse inadéquate ou inappropriée aux défis actuels et à venir.

Paragraphe2.- L'article 12 de la Convention de Vienne de 1978, relatif aux « autres régimes territoriaux »

Si l'accord sur le principe de la *tabula rasa* a été reconnu aisément, il n'en a pas été de même de la question de savoir s'il devait s'appliquer aussi aux traités relatifs à la détermination des limites ou du statut territorial de certains espaces présentant un caractère « objectif », au sens où, déterminés par deux États ou plus, ces traités sont néanmoins opposables *erga omnes* : « ainsi de la quasi-totalité des accords de délimitation frontalière de territoires contigus, terrestres ou maritimes, ou bien encore du statut de voies d'eaux internationales conféré à certains fleuves ou canaux internationaux »[2].

Under NAFTA and the WTO, West Coast Environmental Law Research Foundation, occasional paper series, 1999, disponible à : http://wcel.org/sites/default/files/publications/A%20Legal%20Opinion%20Concerning%20Water%20Export%20Controls%20and%20Canadian%20Obligations%20Under%20NAFTA.pdf ; I. DENDAUW, « The Great Lakes Region and Bulk Water Exports: Issues of International Trade in Water », *Water Int'l*, 2000, vol. 25, pp. 565-571.

[1] Voy. K. MATSUOKA, « Tradable Water in GATT/WTO Law: Need for New Legal Frameworks? », Paper presented to AWRA/IWLRI-University of Dundee International Specialty Conference, *Globalization and Water Resources Management: The Changing Value of Water*, 2001 (Aug. 6-8), http://www.awra.org/proceedings/dundee01/Documents/Matsuoka.pdf.

[2] Voy. P.-M. DUPUY et Y. KERBRAT, *Droit international public*, 16e éd., Paris, Dalloz, 2022, p. 347, para. 302.

Au sein de la CDI, les membres originaires des pays en développement ont été d'accord pour considérer que certains traités de caractère réel ou territorial, en l'occurrence les « arrangements de caractère pratique relatifs à des situations géographiques »[1], constituent une exception au principe de la *tabula rasa*. Cependant, lorsqu'on examine les observations des délégués des gouvernements des pays en développement au sein de la Conférence au sujet du projet d'article 12 concernant ces traités territoriaux, on s'aperçoit qu'ils ne partagent pas le même avis que les membres de la CDI originaires de ces pays.

En effet, si les délégations de certains gouvernements des pays occidentaux se sont prononcées pour la continuité « des autres régimes territoriaux »[2], les délégations des gouvernements des pays en développement se sont scindées en deux courants d'opinion. Les uns rejoignaient la position occidentale, estimant pour leur part que l'article 12 est orienté sur l'économie des eaux, la navigation, le transit et que, par là même, il est fait pour promouvoir l'économie internationale et qu'en le supprimant on risquait de « compromettre la situation économique des États intéressés, voire même d'étrangler littéralement certains États »[3]. Par contre, les autres[4] ont déclaré qu'ils s'opposaient à la solution de la continuité des traités territoriaux dans la mesure où ces derniers privent les successeurs du droit d'exercer pleinement leur souveraineté[5]. Aux yeux de ce groupe, la situation

---

[1] Voy. *Ann. CDI* 1972, vol. I, intervention de M. El Erian, p. 283, § 5 ; voy. également les interventions de Messieurs YASSEEN (*Ann. CDI* 1972, vol. I, p. 286, § 22), BEDJAOUI (*Ann. CDI* 1974, vol. I, p. 218, § 31 *et seq.*), etc.

[2] Voy. Conférence des Nations Unies sur la succession d'États en matière de traités, comptes-rendus analytiques des séances plénières et des séances de la Commission plénière, première session, Vienne, 4 avril - 6 avril 1977, (doc. A/CONF.80/16), 1978, vol. I ; intervention de la délégation autrichienne, p. 125, § 34 ; américaine, p. 129, § 6 ; britannique, p. 130, § 15 ; italienne, p. 134, § 14 et allemande de l'ouest, p. 136, § 31.

[3] *Ibid.*, intervention éthiopienne, p. 126, § 40 ; zaïroise, p. 134, § 10.
L'Égypte plaida que les droits dont elle bénéficiait de l'accord égypto-britannique de 1929 étaient des droits territoriaux et que, en tant que tels, l'obligation de les respecter passait avec le territoire aux mains du nouvel État successeur.

[4] *Ibid.*, intervention de la Tanzanie, p. 124, du Kenya, p. 128.

[5] Il est à noter que les clauses concernant l'utilisation des eaux du Nil étaient, soit accordées en raison de certaines considérations d'amitié, soit fréquemment obtenues grâce à une fixation commune de la frontière. On peut citer à l'appui de cette constatation le message d'Harrington, représentant diplomatique britannique en Éthiopie, à Langsdowne après la conclusion de l'accord abyssino-britannique de 1902, dans lequel il écrivait : « Je suis absolument convaincu que si je sépare les

prévue à l'article 12 concernant la continuité des traités territoriaux pouvait comprendre les traités établissant des bases militaires étrangères et pouvait également porter atteinte à la souveraineté du nouvel État sur ses ressources et richesses naturelles.

Ces craintes ne furent dissipées que par l'introduction d'un paragraphe 3 supplémentaire à l'article 12 visant à exclure de cet article les bases militaires, et par l'adjonction d'un article 13 traitant spécifiquement des richesses et ressources naturelles.

De fait, les articles 11 et 12 confirment que la succession d'États aux traités ne porte atteinte ni « à une frontière établie par un traité » (art. 11)[1], ni aux autres régimes territoriaux se rapportant à l'«usage de tout territoire » (art. 12). Les droits et les obligations « se rapportant à l'usage de tout territoire [...] et [considérés] comme [attachés] aux territoires en question » ne sont pas affectés par la succession d'États et restent en vigueur pour l'État successeur. Ainsi, « [l]a continuité s'applique aux traités créant des situations "objectives" telles une neutralisation, une démilitarisation ou la liberté de navigation pour tous dans certaines zones »[2]. « La rédaction très générale de l'article 12 (...) a manifestement pour objet d'éviter que le droit de la succession d'États offre un prétexte à la remise en cause des traités créant des situations objectives »[3]. « L'État successeur ne devient pas, en vertu de cette règle, partie aux conventions en cause. Il doit simplement prendre acte d'un régime conventionnel donné, avec les droits et obligations que ce régime implique »[4]. Cependant, « [l]a solution retenue par la Convention [de Vienne] de 1978 en ce qui concerne les traités multilatéraux est moins équilibrée. L'État successeur peut, en principe, "par une notification de succession, établir sa qualité de partie" à ces traités sauf s'il s'agit d'un traité restreint (...) ou si la participation de l'État nouvellement indépendant est incompatible avec le but et l'objet

---

dossiers dont celui du lac Tana (...) et je signe simplement un accord de frontière ; je pourrai toujours remuer ciel et terre sans jamais obtenir un accord sur ledit lac ». Voy. R. K. BATSTONE, « The Utilisation of the Nile Waters », *ICLQ*, 1959, vol. 8, n° 3, pp. 523-558.

[1] Le principe de l'*uti possidetis* s'est imposé en tant que règle coutumière pour les États issus de la décolonisation en Amérique latine et en Afrique (CIJ, arrêt, affaire du différend frontalier, *Burkina Faso c/ Mali, Rec.*, 1986, § 24).

[2] FORTEAU *et al.*, *op. cit.*, p. 778, para. 507.

[3] *Ibid.*

[4] *Ibid.*

du traité (art. 17). Ces principes, très favorables à l'État nouveau, sont peu respectueux de la volonté des autres parties »[1].

La CDI, quant à elle, a affirmé que « [l]es traités concernant les droits sur les eaux ou la navigation fluviale sont généralement considérés comme pouvant être compris dans la catégorie des traités territoriaux »[2]. Cette approche a été suivie par l'arrêt du 25 septembre 1997 de la CIJ relatif au projet Gabčíkovo-Nagymaros (Hongrie/Slovaquie)[3]. Cette affaire concernait le traité de 1977 entre la Hongrie et la Tchécoslovaquie relatif à la construction d'un système de barrage sur le Danube. « Dans son arrêt, la Cour internationale de justice semble aller au-delà de la règle établie par l'article 12, et considérer que le Traité de 1977 dans sa totalité est obligatoire pour l'État successeur »[4]. En concluant au maintien de ce traité à l'égard de la Slovaquie, la CIJ a reconnu que l'article 12 était une règle coutumière[5]. On doit pourtant relever que ni la CDI, ni la CIJ n'ont abordé la question des différentes catégories d'obligations résultant de la succession d'États en matière de traités relatifs à l'utilisation des cours d'eau internationaux.

Certaines catégories, pour certains[6], ne se rapportent pas à l'usage du territoire. « [L]a formule employée par la Commission de droit international[7] dans ses commentaires sur l'article 12 (…) peut être lue d'unc manière alternative. Cette deuxième lecture est rendue possible par le biais des mots employés par la Commission de droit

[1] *Ibid.*, p. 779, para. 507.

[2] Projet d'articles sur la succession d'États en matière de traités et commentaires, *Ann. CDI* 1974, vol. 2(1), p. 209.
Les traités dits « territoriaux » sont aussi parfois appelés traités « statutaires », « objectifs », « de disposition », « de caractère réel », « de caractère local » ou « de caractère territorial ».

[3] Voy. B. McGarry, M. M. Mbengue et S. Forlati (dir.), The Gabčíkovo-Nagymaros Judgment and Its Contribution to the Development of International Law, Leiden/Boston, Brill, 2020.

[4] M. Tignino et Ch. Leb, « La succession d'États en matière de navigation et autres usages fluviaux », *in* Distefano *et al.*, *op. cit.*, p. 1767.

[5] CIJ, arrêt, affaire relative au projet Gabčíkovo-Nagymaros, *Hongrie c./ Slovaquie*, *Rec.*, 1997, § 123.

[6] Tignino et Leb, *op. cit.*, p. 1760.

[7] Il s'agit d'une « coquille évidente » ou « manifeste » dans le texte original : « Commission de droit international » pour « Commission du droit international ».

international[1]: la formule “généralement considérés” laisse la porte ouverte à une interprétation et une classification alternatives »[2].

La classification générale des traités en matière d’utilisation des cours d’eau internationaux comme traités territoriaux – et par conséquent l’application du principe de succession automatique (« par exemple les droits de navigation, les droits de construction relatifs à des ouvrages hydro-électriques, et les obligations en matière d’environnement »[3]) – peut être inadéquate, parce qu’elle ne tient pas compte de la diversité des droits et obligations souvent inclus dans ces traités. Ainsi, pour certains auteurs, certains droits et obligations contenus dans les traités en matière d’utilisation des cours d’eau internationaux – même s’ils sont liés à un territoire – n’ont pas à proprement parler un caractère réel ou territorial car ils peuvent « se rapporter, entre autres, à des pouvoirs de décision qui ne sont pas liés à des usages territoriaux »[4] (tels que les traités établissant les commissions fluviales[5]).

« On peut voir certaines règles contenues dans les traités concernant les usages fluviaux comme étant attachées au territoire et survivant au transfert de la souveraineté, comme c’est le cas pour les droits relatifs à la navigation ou à l’égard de la production d’hydroélectricité. Cependant, les traités en matière d’usages fluviaux contiennent souvent des dispositions relatives à l’exercice de pouvoirs décisionnels, à l’échange de données et d’informations, ainsi qu’à la participation dans les Commissions de bassin. Ces éléments du régime gouvernant un fleuve sont liés à la souveraineté et à la personnalité d’un État particulier. Au regard de ces normes, on peut douter de l’argument selon lequel le traité concerné pourrait juridiquement lier l’État successeur. Ces droits ne peuvent pas automatiquement être considérés comme attachés au territoire »[6]. « Il s’ensuit alors que les traités internationaux relatifs à des usages fluviaux ne peuvent pas être classés *summa summarum* comme des traités territoriaux. Leur caractère territorial doit être évalué suivant une analyse au cas par cas des droits et obligations établis »[7].

---

1 *Idem*.
2 TIGNINO et LEB, *op. cit.*, p. 1767.
3 *Ibid.*, p. 1780.
4 *Ibid.*, p. 1760.
5 *Ibid.*, pp. 1777 et 1780.
6 *Ibid.*, p. 1769.
7 *Ibid.*, p. 1781.

Le Nil dispose, rappelons-le, d'un régime conventionnel complexe et contesté[1]. « Ce qui est vrai, c'est qu'il existe souvent des traités établissant des obligations de ne pas faire (...) ; et très fréquemment ces obligations ont une durée plus longue que celle des simples obligations conventionnelles et se transmettent à l'État annexant ou à l'État nouveau »[2]. Les traités bilatéraux et multilatéraux régissant l'utilisation des eaux du Nil incluent une variété de droits et une pluralité d'obligations (obligation de ne pas construire d'ouvrages sur le Nil, en amont[3], pour ne pas entraver le libre écoulement de ses eaux, obligation implicite de conserver son écosystème hydrologique, droit à une quantité d'eau de qualité acceptable qui soit utilisable de manière durable, délimitation frontalière, utilisations traditionnelles – navigation et pêche, utilisations économiques – agricoles et industrielles, et participation aux organes de gestion des bassins fluviaux ou commissions de bassin, etc.). En raison de cette diversité il est difficile, selon les théories classiques, de maintenir tous les traités relatifs au Nil, et une solution doit être donnée dans chaque cas particulier selon les circonstances. De ce fait, pour certains auteurs, la Convention de Vienne de 1978 « risque davantage d'être à l'origine de conflits plutôt que de régler la question de savoir quels traités lient ou ne lient pas l'État successeur »[4].

Mais le Nil, cours d'eau international, est partagé entre onze États du cours d'eau. Cela signifie qu'un État du cours d'eau ne peut pas exercer la moindre souveraineté permanente sur « ses eaux ». En fait, le problème de la succession d'États en matière de traités relatifs à l'utilisation d'un cours d'eau successif à des fins autres que la navigation réside dans le fait que « l'espace fluvial transnational » a

---

[1] Voy. *e.g.* F. ABEBE, « Exclusion vs Cooperation in the Utilisation of Transboundary Watercourses : The Case for Decolonising the Nile Water Agreements », *JHIL*, 2022, vol. 24, no. 2, pp. 189-226.

[2] ROUSSEAU, *op. cit.*, p. 492, para. 358.

[3] Voy. le protocole italo-britannique du 15 avril 1891, l'accord abyssino-britannique du 15 mai 1902, la convention belgo-britannique du 9 mai 1906, l'échange de notes italo-britannique des 14 et 20 décembre 1925, l'accord égypto-britannique du 7 mai 1929 et l'accord belgo-britannique du 22 novembre 1934.

[4] Voy. Ph. CAHIER, « Quelques aspects de la Convention de 1978 sur la succession d'États en matière de traités », *in* B. DUTOIT et E. GRISEL (dir.), *Mélanges Georges Perrin*, Université de Lausanne, Payot, 1984, p. 70 *et seq.*
Au 13 juillet 2025, la Convention comptait 23 États parties, voy. https://treaties.un.org/pages/ViewDetails.aspx?src=IND&mtdsg_no=XXIII-2&chapter=23&clang=_fr.

toujours été assimilé au territoire national de l'État, la question étant alors uniquement celle des liens juridiques qui les unissent[1]. Cette approche apparaît impropre, car les eaux d'un cours d'eau international successif échappent à toute souveraineté nationale permanente du fait de leur caractère partagé[2]. Aucune indépendance ne peut donc faire l'économie d'une succession, car la disparition de tels droits peut sérieusement troubler l'économie ou mettre en danger la sécurité de l'État ou des États bénéficiaires[3]. Le fondement de la transmissibilité des traités relatifs à l'utilisation des cours d'eau internationaux en cas de succession d'États réside tout simplement dans le caractère partagé du cours d'eau international et non dans les théories classiques. En fait, la succession d'États aux traités en matière d'utilisation des cours d'eau internationaux est objective, c'est-à-dire en rapport avec l'eau partagée, et non subjective, c'est-à-dire en relation avec l'État. La ressource hydrique est effectivement toujours la même, que ce soit pour l'État ancien que pour l'État nouvellement indépendant. L'objectivité ne ressort donc ni de l'État ni du traité, mais bien de la nature partagée de la ressource[4].

On peut en outre se demander s'il n'existe pas un principe de succession automatique aux traités « de droit humanitaire et de protection des droits de l'homme » [5] (tels que les droits à un

---

[1] Voy. J. A. BARBERIS, « Les liens juridiques entre l'État et son territoire : perspectives théoriques et évolution du droit international », *AFDI*, 1999, vol. 45, p. 147.

[2] Voy. F. QUILLERÉ-MAJZOUB et T. MAJZOUB, « Le cours d'eau international est-il une "ressource partagée" ? », *RBDI*, 2009, vol. 42, no. 2, pp. 499-525.

[3] Dans l'affaire *Gabčíkovo-Nagymaros*, la CIJ a estimé, dans son § 123, « qu'au vu de son contenu, le traité de 1977 doit être considéré comme établissant un régime territorial au sens de l'article 12 de la Convention de Vienne de 1978. Il crée des droits et obligations "attachés" aux secteurs du Danube auxquels il se rapporte ; ainsi une succession d'États ne saurait avoir d'incidence sur le traité lui-même ».

[4] Il ne faut pas perdre de vue que, en cas de déséquilibre flagrant résultant des traités anciens, la solution peut être trouvée dans le droit des cours d'eau internationaux tel qu'il a été codifié dans la Convention de 1997 et à travers les règles de *jus cogens*. Il pourra s'agir d'une véritable obligation de renégocier, telle que la CIJ l'a reconnu dans l'arrêt *Gabčíkovo-Nagymaros*, §§ 132, 142 et 144, al. 2.
Il est vrai que la Bolivie a demandé, sans succès, à la CIJ, une obligation coutumière de négocier de bonne foi (Obligation de négocier un accès à l'océan Pacifique, Bolivie c. Chili, CIJ, *Rec.*, 2018, p. 507).

[5] FORTEAU *et al.*, *op. cit.*, p. 780, para. 507.

environnement sain, à l'eau et à l'alimentation)[1] et de protection des écosystèmes[2]. « Parce qu'ils sont étroitement liés au territoire de l'État riverain, les droits et obligations relevant de la protection d'écosystèmes hydrologiques ont un caractère territorial »[3]. Cette protection a été affirmée par la CIJ dans son arrêt *Gabčíkovo-Nagymaros*, car « dans le domaine de la protection de l'environnement, la vigilance et la prévention s'imposent en raison du caractère souvent irréversible des dommages causés à l'environnement et des limites inhérentes au mécanisme même de réparation de ce type de dommages »[4].

« Les aspects environnementaux des traités relatifs aux usages de fleuves transfrontaliers ont été un sujet d'importance pour la Cour internationale de justice (…) dans l'affaire *Gabčíkovo-Nagymaros*. On peut considérer que la continuité des régimes conventionnels sur les ressources en eau transfrontalières contribue à l'émergence d'un intérêt universel à protéger l'environnement naturel. Les aspects environnementaux de la gestion des ressources en eau partagées, y compris les liens qui existent entre la terre et l'eau, et la question de savoir si ces obligations peuvent être opposables *erga omnes*, soulèvent ainsi un problème particulier à considérer quand on aborde la question de la succession d'États. Dans ce contexte, on peut s'attendre à une tendance favorisant le principe de continuité afin d'assurer un régime juridique stable facilitant la protection des écosystèmes fluviaux »[5].

---

[1] Voy. *e.g.* C. BIGOT, *Le droit à l'eau en droit international et en droit communautaire. Contribution à l'étude d'un droit de l'homme et des générations futures en émergence*, thèse, Université Paris Nanterre - Nanterre, 2006 ; B. CLEMENCEAU, *Le droit à l'alimentation,* Paris, L'Harmattan, 2021.

[2] Voy. A. CHONG, *International Law for Freshwater Protection*, Leiden, Brill, 2022; R. MOYNIHAN, *Transboundary Freshwater Ecosystems in International Law: The Role and Impact of the UNECE Environmental Regime*, Cambridge, CUP, 2021; S. SCHMITT, *Réflexions sur la protection juridique des écosystèmes aquatiques*, Aix-Marseille, Presses universitaires d'Aix-Marseille, 2020; S. MALJEAN-DUBOIS, *Le droit international de la biodiversité*, Brill, 2021; J. MARTIN-ORTEGA, R. C. FERRIER, I. J. GORDON et S. KHAN (dir.), *Water Ecosystem Services: A Global Perspective*, Cambridge, CUP, 2015.

[3] TIGNINO et LEB, *op. cit.*, p. 1769.

[4] CIJ, arrêt, affaire relative au projet Gabčíkovo-Nagymaros, *Hongrie c./ Slovaquie*, *Rec.*, 1997, § 140.

[5] TIGNINO et LEB, *op. cit.*, p. 1781.

Par ailleurs, on est en droit de s'interroger devant les conséquences du changement climatique[1] si le Nil, ce majestueux cours d'eau du globe qui roulent dans ses eaux des siècles d'histoire, s'achemine vers un « assèchement annoncé ». Il est, en effet, difficile d'admettre que la succession aux traités relatifs au Nil ne soit pas soumise au principe de protection de son écosystème vulnérable[2] et ne prenne pas en compte le droit des États du cours d'eau à une quantité d'eau de qualité acceptable[3] qui soit utilisable de manière durable[4]. On peut aussi considérer que les obligations implicites relevant de la protection de l'écosystème hydrologique du Nil font partie du régime territorial établi par les traités en matière d'utilisation des eaux du Nil[5].

---

[1] Voy. H.-O. PÖRTNER, D. C. ROBERTS, M. TIGNOR, E. S. POLOCZANSKA, K. MINTENBECK, A. ALEGRIA, M. CRAIG, S. LANGSDORF, S. LOSCHKE, V. MOLLER, A. OKEM et B. RAMA (dir.), *Climate Change 2022: Impacts, Adaptation and Vulnerability. Contribution of Working Group II to the Sixth Assessment Report of the Intergovernmental Panel on Climate Change*, Cambridge/New York, CUP, 2022, disponible seulement en anglais à : ipcc.ch/report/sixth-assessment-report-working-group-ii/.

[2] Depuis 2011, la jacinthe d'eau a envahi le lac Tana en Éthiopie (« Réserve de biosphère » selon l'Unesco), recouvrant aujourd'hui 30% de ses 385 km de côte. Cette plante parmi les plus invasives de la planète – elle double sa biomasse tous les 5 jours – a des effets négatifs multiples : atrophie, baisse des stocks de poissons et surtout diminution de la qualité et de la quantité d'eau disponible dans le lac. Voy. G. BAYABLE, J. CAI, M. MEKONNEN, S. A. LEGESSE, K. ISHIKAWA, H. IMAMURA et V. S. KUWAHARA, « Detection of Water Hyacinth (Eichhornia crassipes) in Lake Tana, Ethiopia, Using Machine Learning Algorithms », *Water* 15, 2023.
Chaque été, les pluies abondantes qui s'abattent sur les hauts plateaux éthiopiens emportent d'importantes quantités de sédiments jusque dans le Nil. Mais l'immense réservoir du barrage du GERD devrait retenir 86% des alluvions charriés par le Nil et ne rejeter qu'une eau appauvrie, affectant la fertilité des sols soudanais (W.Y. EL-NASHAR et A.H. ELYAMANY, « Managing Risks of the Grand Ethiopian Renaissance Dam on Egypt », *Ain Shams Engineering Journal*, décembre 2018, vol. 9, no. 4). Les crues du fleuve sont essentielles à l'agriculture soudanaise, elles fertilisent depuis des siècles les champs grâce aux dépôts de sédiments. Sans elles, la terre deviendra stérile. Le delta du Nil est le véritable poumon agricole et économique de l'Égypte. Avec la finalisation du GERD et l'augmentation du niveau de la mer, des scientifiques américains prédisent qu'une partie du delta se trouvera sous la mer à la fin du siècle.

[3] Voy. D. MCGILLIVRAY et W. HOWARTH, *Water Pollution and Water Quality Law*, Shaw & Sons, 2001 ; J. G. LAMMERS, *Pollution of International Watercourses : A Search for Substantive Rules and Principles of Law*, Boston/The Hague/Dordrecht/Lancaster, Martinus Nijhoff Publishers, 1984.

[4] Voy. D-Th. AVGERINOPOULOU, *Science-Based Lawmaking: How to Effectively Integrate Science in International Environmental Law*, Cham, Springer, 2019.

[5] L'écosystème hydrologique est décrit dans sa relation avec l'écosystème terrestre en s'appuyant sur la spatialisation des ressources en eau et sur la mesure de leur santé

« "La régulation du flux du fleuve [Nil] va affecter tout l'équilibre de la biodiversité du fleuve. De manière générale, les barrages doivent être gérés de sorte à maintenir une certaine stabilité entre la biodiversité, l'agriculture et la sécurité alimentaire et en eau" (...). Parmi les dommages inévitables, la diminution de la quantité de sédiments contenus dans l'eau [car le GERD est censé retenir environ 86% des sédiments contenu dans le Nil bleu]. Ces derniers faisaient jusque-là office d'engrais pour les terres arables soudanaises, irriguées soit par les inondations durant la saison des pluies, soit par les canaux alimentés par le Nil. "Le fait que le Gerd retienne davantage de sédiments va en revanche accroître la production d'électricité des barrages soudanais ainsi que du barrage d'Assouan [en Égypte]" »[1].

Il est de plus en plus évident que ce n'est pas la quantité d'eau qui coule dans le cours du Nil qui doit être partagée entre les États du cours d'eau, contrairement à ce que laisse supposer entendre la majorité des traités en matière d'utilisation des eaux du Nil, mais bien la qualité durable de l'eau de l'écosystème à protéger (maintenir un équilibre entre la biodiversité et la sécurité en eau[2]). Il paraît donc peu réaliste que la protection de l'écosystème du bassin du Nil, « mémoire collective de l'humanité »[3], ne soit pas comprise dans la catégorie des traités de caractère réel ou territorial.

---

ou de leur dégradation (prélèvement d'eau au-delà du niveau renouvelable, pollution, etc.).

[1] Voy. A. PASSILLY, « Grand barrage de la Renaissance : la crainte de la pénurie d'eau », *Le Point*, 18/1/2023, https://www.lepoint.fr/afrique/grand-barrage-de-la-renaissance-la-crainte-de-la-penurie-d-eau-18-01-2023-2505252_3826.php#11.

[2] Voy. H. ELVER, « Food Security », *in* R. GEIß et N. MELZER (dir.), *The Oxford Handbook of the International Law of Global Security*, Oxford, OUP, 2021, p. 484 et s. ; P. THIELBÖRGER, « Water Security », *ibid*, p. 528 et s. ; J. GUPTA et H. BOSCH, « Climate Change and Security », *ibid*, p. 548 et s. ; G. WASCHEFORT, « Wild Fauna and Flora Protection », *ibid*, p. 606 et s.

[3] Voy. sur cette notion : T. MAJZOUB, *Les fleuves du Moyen-Orient. Situation et prospective juridico-politiques*, Paris, L'Harmattan, 1994, pp. 251-270.

La notion de « mémoire collective de l'humanité » a été reprise dans la déclaration du Sommet de l'Eau de Budapest (8-11 octobre 2013, année internationale de la coopération dans le domaine de l'eau et du processus post-2015) :

"1. Water is fundamental. Water has brought civilizations livelihood, sustenance and well-being. Water has been a central factor shaping both earth system history and human history. Therefore, water carries the collective memory of humanity" (The Budapest Water Summit Statement, 8-11 octobre 2013, Budapest, Hungary, http://www.waternunc.com/assets/pdf/_pdf3/Budapest_Water_Summit_Statement__Final___11_October_2013.pdf).

*　*　*

Les eaux du Nil ne sont pas des ressources naturelles : elles sont par définition partagées. En fait, la succession d'États aux traités en matière d'utilisation des cours d'eau internationaux est en rapport avec l'eau partagée, et non en relation avec l'État du cours d'eau. L'eau du Nil est effectivement toujours la même, que ce soit pour l'État prédécesseur (ancienne métropole) que pour l'État successeur (État nouvellement indépendant).

Il n'est donc pas surprenant que le sujet de la succession d'États en matière d'utilisation des eaux du Nil soit dominé par deux éléments : d'une part, le lien entre la succession d'États et le processus de codification et de développement progressif du droit des cours d'eau internationaux[1] (tels que la qualification inadéquate ou inappropriée de l'eau du cours d'eau international comme ressource naturelle et le caractère partagé de l'eau du cours d'eau international) et, d'autre part, le fait que la succession d'États a subi une véritable renaissance avec le GERD. Ces deux éléments peuvent déboucher tôt ou tard sur une remise en question des idées reçues ou des théories classiques concernant la succession d'États aux traités en matière d'utilisation des cours d'eau internationaux. Un tel argument, poussé à son extrême logique, peut sans aucun doute favoriser la survie du « colonialisme économique ». Il est par conséquent nécessaire de trouver un juste milieu entre le caractère sacré des obligations internationales découlant du régime conventionnel particulier des eaux du Nil (tels que l'obligation de ne pas construire d'ouvrages, en amont, et la protection de l'écosystème vulnérable du Nil) et l'efficacité de l'indépendance politique des États du cours d'eau. « L'entente trilatérale [égypto-soudano-éthiopienne]

L'idée de « mémoire collective de l'humanité » a été inscrite dans le rapport final du 7ème Forum Mondial de l'Eau (12-17 avril 2015, Daegu, Corée) :
"Water has brought civilizations livelihood, sustenance and well-being. Water carries the collective memory of humanity" (Final Report, 7th World Water Forum 2015, p. 27, https://www.worldwatercouncil.org/fileadmin/world_water_council/documents/world_water_forum_7/Final_Report_semi-final.pdf). Voy. également https://www.ecojesuit.com/water-is-life-reflection-for-laudato-si-week-2020-and-beyond/

[1] Voy., *ex multis*, G. SAUSER-HALL, « L'utilisation industrielle des fleuves internationaux », *RCADI*, 1953, vol. 83, pp. 465-601, notamment pp. 471-586 ; P. BUIRETTE, « Genèse d'un droit fluvial international général : utilisations à des fins autres que la navigation », *RGDIP*, 1991, vol. 95, no. 1, pp. 5-70 ; S. C. MCCAFFREY, *The Law of International Watercourses*, 3rd ed., Oxford, OUP, 2019.

n'en reste pas moins cruciale. La survie de l'environnement en dépend. (...). "En l'absence de notification préalable, le Soudan est menacé de pénurie d'eau ou d'inondation à chaque remplissage [du GERD en Éthiopie]. L'Égypte [située en aval, juste après le Soudan] est aussi affectée à chaque fois mais les coûts seront plus importants à long terme, notamment en cas de sécheresse prolongée" »[1]. Le plus dur reste sans doute à venir.

Un nouveau texte ou une révision de la Convention de Vienne de 1978 ne sont pas forcément nécessaires, à condition de procéder à une nouvelle lecture de la doctrine et la pratique en matière d'utilisation des eaux du Nil. Cette lecture est une nécessité pressante pour prévenir un « assèchement annoncé » du Nil, ou au moins une pénurie d'eau annoncée, surtout que beaucoup d'États du bassin du Nil surexploitent leurs ressources nationales en eau pour assouvir leurs besoins croissants de développement économique[2]. Incontestablement, cette nouvelle lecture de l'utilisation des eaux du Nil doit voir le jour, à condition de ne pas être faussée par le jeu de considérations politico-politiciennes.

Bien qu'il n'y ait pas eu continuité dans la forme, le plus souvent, il y a eu, quant au fond, continuité des traités relatifs à l'utilisation des cours d'eau internationaux dans le cadre des successions d'États[3]. S'il devait y avoir effectivement existence d'une continuité de ces traités, il y aurait d'évidence restriction à l'indépendance des États du cours d'eau du fait des actes conventionnels des États prédécesseurs. Dès lors, le régime général du transfert des obligations résultant de la succession aux traités relatifs aux cours d'eau internationaux reste donc largement à préciser, hormis la succession aux traités relatifs au Nil. Si la Convention de Vienne de 1978 pose une première pierre de touche, elle demande à être consolidée par la pratique des États et la jurisprudence internationale. Les efforts déjà entrepris au sein de la CDI et les travaux de deux institutions privées de codification (l'IDI et l'ILA) pourraient permettre d'aider à clarifier la matière et à prévenir les conflits latents. En attendant ces progrès, il est donc nécessaire d'adopter au plus vite une stratégie préventive en ce sens[4].

---

[1] PASSILLY, *op. cit.*

[2] *Ibid.*

[3] Voy. Z. MÉRIBOUTE, *La codification de la succession d'États aux traités : Décolonisation, sécession, unification*, Paris, PUF, 1984, p. 136.

[4] Voy., *ex multis*, I. E. KORNFELD, *Transboundary Water Disputes: State Conflict and the Assessment of Their Adjudication*, Cambridge, CUP, 2019 ; T. MAJZOUB et F. QUILLERÉ-MAJZOUB, « The Time Has Come for a Universal Water Tribunal », *PACE*

Aujourd'hui fragilisé, menacé dans son intégrité, le Nil ce formidable conteur d'Histoire, n'en porte pas moins les interrogations de notre époque et les espoirs de l'avenir que nous souhaitons léguer aux générations futures.

* * *
* * *
*

Par l'accord bilatéral du 8 novembre 1959, l'Égypte et le Soudan se sont arrogés, théoriquement, l'ensemble des eaux du Nil, puisque leur quote-part respective (55,5 milliards de mètres cubes à l'Égypte[1] et 18,5 au Soudan) est fondée sur une utilisation nulle des eaux du Nil par les États d'amont. Les deux États sont parvenus à cette répartition en tenant compte du volume du débit annuel du fleuve au barrage d'Assouan (84 milliards de mètres cubes) de l'évaporation (10 milliards de mètres cubes)[2], des droits acquis respectifs des États découlant de l'accord de 1929 (52 milliards de mètres cubes). Sur les 22 milliards de mètres cubes restant, 14,5 sont alloués au Soudan, 7,5 à l'Égypte. Si le débit annuel du fleuve dépasse les 84 milliards de mètres cubes, le surplus doit être partagé en parts égales entre les deux États (article 2 al. 4).

L'Égypte et le Soudan ne sont toutefois pas sans reconnaître l'existence de droits au profit des États riverains. En effet, aux termes de l'article 5 § 2, « étant donné qu'en dehors des deux républiques, d'autres États riverains du Nil réclament une part des eaux de ce fleuve, les deux Républiques conviennent d'étudier de concert ces réclamations et d'adopter à leur égard une position commune. Si à la suite de cette étude, il est décidé d'allouer à l'un ou l'autre de ces pays riverains une certaine quantité des eaux du Nil, la quantité convenue sera déduite, par moitié, de la part de chacune des deux Républiques » (Égypte et Soudan). « Cette disposition constitue une ouverture aux pays non-signataires de l'Accord et est également une certaine reconnaissance

---

ENVTL. L. REV., 2018, vol. 36, no. 1, pp. 141-172 ; C. SANTULLI, *Droit du contentieux international*, 2e éd., Paris, LGDJ, 2015.

[1] Environ 85 % proviennent de l'Éthiopie à travers le Nil bleu, le Sobat et l'Atbara, et 15 % de l'Ouganda, du lac Victoria à travers le Nil blanc. « Theoretically speaking, one may also consider that the Blue Nile flows out of Ethiopia represent in volume, 90% of Egypt's historical water uses of the Nile » (Kh. Abu Zeid, « GERD & Ethiopian Water Resources: Is it an "Aspiration for Hydropower" or "Hegemony for Water Power"?! », *Ahramonline*, 16 juin 2020, https://english.ahram.org.eg/News/372290.aspx).

[2] Chaque année, environ 10 % des 84 milliards de mètres cubes partent en évaporation, car le lac Nasser est situé en pleine région désertique.

implicite que les droits établis peuvent être sujet à révision et qu'ils ne sont pas fixés à jamais »[1].

Cet argument soulève, dans un premier temps, la question de savoir si ce texte ou le droit international actuel de l'eau peut potentiellement apporter des éléments de solution à la « question des eaux du Nil ». La problématique du partage ou de la gestion de l'eau du cours d'eau international occupe désormais une place centrale dans les grands débats juridiques qui concernent l'avenir de l'humanité. Et pour cause : *res communis*, domaine public international, patrimoine commun des peuples, patrimoine commun de l'humanité, source de vie, l'« or bleu/vert » est plus que jamais en péril. Expression des rapports socio-politiques qui prévalent entre les États du cours d'eau et à l'intérieur de chacun d'entre eux, les pénuries d'eau ne sont pas des fatalités. L'eau du cours d'eau international est l'objet de conflits, sa contamination le résultat d'un modèle de développement productiviste et sa privatisation la manifestation de l'emprise du marché et du profit sur les besoins humains. L'eau du Nil est aussi une question historico-éthique, car il s'agit du *vade-mecum* de notre héritage.

---

[1] WOLDE-GIORGHIS, *op. cit.*, p. 160.

PARTIE 2.- ...*NEC MERGITUR !*

« Les dés sont jetés », le *statu quo Niloticus* subit les vicissitudes des évènements et de trois décennies de développements majeurs du droit international de l'eau... Le *statu quo Niloticus* se maintient tant bien que mal en équilibre.

Les relations juridiques souvent « calmes », parfois « tumultueuses » de l'Égypte aux eaux du Nil, perdureront, à moins d'une modélisation mathématique du partage des eaux du Nil, ce qui n'est pas exclue[1].

La phrase « je t'aime, moi non plus » dans le titre de l'ouvrage est la transcription d'un morceau de dialogue entre deux entités ou deux personnes. La première dit : « je t'aime », la seconde répond : « moi non plus »[2].

Entre l'Égypte et les eaux du Nil, c'est « je t'aime, moi non plus ». Elle décrit la relation ambiguë et contradictoire entre ces deux-là, qui se cherchent autant qu'ils se fuient, se repoussent. La formule « je t'aime, moi non plus » marque donc une relation dissymétrique entre les deux protagonistes, l'Égypte et les eaux du Nil. Unis dans l'acte historique *in concreto* (c'est-à-dire l'activité humaine, la nature transformée par l'homme), ils semblent opposés quant à leur relation juridique.

L'Égypte et les eaux du Nil ont toujours développé un discours de résilience avant la lettre, comme le rappellent l'acte historique *in concreto* et des stratégies de récupération aux perturbations, qu'elles soient naturelles, économiques ou géopolitiques[3].

La seconde partie de l'ouvrage, plus prospective, s'essaye à repenser nos modèles juridiques à l'ère de l'Hydrocène (l'âge de l'eau, « par

---

[1] La modélisation du partage de l'eau du cours d'eau international sera l'objet de la conclusion de l'ouvrage.

[2] Cette formule, cette figure de style curieuse au premier abord, fait référence à une célèbre chanson interprétée par Serge Gainsbourg (1928-1991) et Jane Birkin (1946-2023), sortie en 1969. Habituellement, quand deux entités ou deux personnes expriment leur amour l'un envers l'autre, la réponse à « je t'aime » est plutôt « moi aussi » (« moi non plus » est une réponse à une phrase négative).

[3] Historiciser la résilience signifie en outre analyser les réactions aux crises du passé. L'appréhension de la résilience suppose un dialogue avec les travaux d'historiens et de géohistoriens.

opposition » à l'Anthopocène[1], l'âge de l'être humain) et du développement progressif du droit international mémoriel, et de savoir si les trois décennies de développements majeurs du droit international de l'eau peuvent potentiellement apporter des éléments de réponse à la « question des eaux du Nil » en montrant dans chaque cas une trajectoire, une évolution, donc le sens de la marche, s'il en existe un. Elle aborde la question de la possibilité et de l'opportunité de l'extension de la définition « bleue » du cours d'eau international à l'eau « verte ». *De lege lata*, seule l'eau « bleue » peut prétendre à la définition du cours d'eau international. Mais il n'est pas interdit, *de lege ferenda*, d'envisager la poursuite de l'évolution législative en faveur de l'eau « verte », la « révolution verte » du Nil (chapitre 1). Si l'inclusion de l'eau « verte » s'impose dans la définition du cours d'eau international, un surplus d'eau inattendu se formera pour l'ensemble des États riverains du Nil : un volume d'eau supplémentaire à partager ou à exploiter. Il y a assurément matière à réfléchir aux enjeux entourant la commercialisation des eaux du Nil (chapitre 2) et enfin ceux qui accompagnent la nouvelle « conceptualisation » des eaux du Nil (chapitre 3).

* * *
* * *
*

Le chapitre suivant (« La "révolution verte" du Nil)[2] traite de l'inclusion de l'eau « verte » dans la définition du cours d'eau international. Pour justifier une utilisation « équitable et raisonnable » du Nil, l'Égypte rappelle constamment sa quasi complète dépendance vis-à-vis de l'eau bleue et l'eau grise du Nil, contrairement aux États d'amont qui peuvent notamment profiter de l'eau verte.

---

[1] Terme de chronologie géologique succédant à l'Holocène (environ 7 000 ans avant notre ère) proposé pour caractériser l'époque qui a débuté avec les activités humaines qui ont eu un impact global significatif sur l'écosystème terrestre.
Voy. C. BONNEUIL et J.-B. FRESSOZ, *L'évènement anthropocène. La terre, l'histoire et nous*, Paris, Seuil, 2013.

[2] Ce chapitre s'appuie sur les recherches menées par les auteurs, notamment : F. QUILLERÉ-MAJZOUB et T. MAJZOUB, *Fresh Water in its Three 'Legal States': The Prognosis for International Law*, Edward Elgar Publishing, septembre 2025 ; F. QUILLERÉ-MAJZOUB et T. MAJZOUB, « À quand la "révolution verte" du cours d'eau international ? », *RGDIP*, 2023, vol. 127, no. 2, pp. 369-388. Il s'est largement inspiré de l'article de 2023, mais pour utiliser son contenu dans une perspective nilotique qu'on espère renouvelée.

À cet égard, force est de constater l'écart entre la pratique de certains États et les recommandations « de bonne pratique ». La dimension chromatique du système d'eaux (bleues, vertes, etc.) soulève donc la question de l'évolution juridique possible des éléments « bleus » *de lege lata* qui a déjà entrainé le passage de la notion de « fleuve international » au « cours d'eau international », et celle de la prise en compte des propositions « vertes » enchevêtrées *de lege ferenda*, afin d'illustrer l'interaction vouée à exister entre les eaux bleues et les eaux vertes du « cours d'eau international ».

Un nouveau texte ou une révision de la Convention du 21 mai 1997 sur l'utilisation des cours d'eau internationaux à des fins autres que la navigation ne sont pas forcément nécessaires, à condition de procéder à une nouvelle lecture « verte » de la doctrine et la pratique.

CHAPITRE 1.- LA « RÉVOLUTION VERTE » DU NIL

Le 28 février 2022, le Groupe d'experts intergouvernemental sur l'évolution du climat (GIEC)[1] publiait la contribution du Deuxième groupe de travail à son Sixième rapport d'évaluation intitulé « Changement climatique 2022 : conséquences, adaptation et vulnérabilité »[2]. Celle-ci donnait des informations fondamentales sur les impacts du réchauffement climatique pour les populations, et sur les façons de s'adapter et d'atténuer les menaces, en nette augmentation, qui en découlent. Le constat est sans appel ; l'humanité fait d'ores et déjà face à un « emballement du climat ». Ainsi, les effets du dérèglement sur les écosystèmes et leurs conséquences ont devancé les prévisions[3].

Pour faire face à cette situation, augmentée de l'insécurité alimentaire[4] due en partie à la guerre en Ukraine[5] et à l'inflation[6], il est indispensable de changer notre rapport à la nature. Autrement, l'humanité est confrontée à un devoir de protection des écosystèmes si elle ne veut pas que leur dérèglement ne cause toujours plus de dégâts

---

[1] Ou IPCC selon l'acronyme anglais pour « Intergovernmental Panel on Climate Change ». Voy. www.ipcc.ch/languages-2/francais/.

[2] Voy. H.-O. PÖRTNER, D. C. ROBERTS, M. TIGNOR, E. S. POLOCZANSKA, K. MINTENBECK, A. ALEGRIA, M. CRAIG, S. LANGSDORF, S. LOSCHKE, V. MOLLER, A. OKEM et B. RAMA (dir.), *Climate Change 2022 : Impacts, Adaptation and Vulnerability. Contribution of Working Group II to the Sixth Assessment Report of the Intergovernmental Panel on Climate Change*, Cambridge/New York, CUP, 2022, disponible seulement en anglais à : ipcc.ch/report/sixth-assessment-report-working-group-ii/.

[3] Voy. les rapports d'évaluation du GIEC, dont le Cinquième de 2013-2014. Les diverses parties de ce dernier ne sont disponibles, en français, que dans leur version résumée, disponible à : ipcc.ch/languages-2/francais/publications/.

[4] Sur la sécurité alimentaire et le rôle de la Banque Mondiale, voy. la dernière mise à jour du 19 juin 2025, disponible à : https://www.banquemondiale.org/fr/topic/agriculture/brief/food-security-update.

[5] Voy. *e.g.* « La riposte du FIDA face à la guerre en Ukraine », disponible à : https://www.ifad.org/fr/w/actualites/la-riposte-du-fida-face-a-la-guerre-en-ukraine.

[6] Voy. J. BOUISSOU, « L'OMC prévoit un ralentissement du commerce mondial en 2023 », *Le Monde*, 5 avril 2023.

et de pertes[1]. Les océans, les terres et les eaux douces[2] doivent faire l'objet de politiques de conservation beaucoup plus efficaces.

Les solutions mises en place face au péril climatique doivent donc répondre aux enjeux à venir, sans quoi il n'y aura pas de résilience suffisante. Comme souvent, les dommages liés aux aléas climatiques sont déjà, et seront toujours plus, inégalement répartis. Néanmoins, les pertes seront énormes, voire mortifères pour les populations en cas d'inaction. Le maître-mot est donc la « résilience », une adaptation qui doit s'appuyer sur les droits et les besoins dans une approche évolutive et durable.

Dans le chapitre 4 relatif à l'eau de la contribution du Deuxième groupe de travail au Sixième rapport d'évaluation du GIEC[3], toutes les sections[4] tendent à démontrer l'inévitable urgence de cette indispensable adaptation. En insistant sur les « *Key Risks and Adaptation Responses in Various Water Use Sectors* »[5], le rapport ouvre des pistes de solutions que les « *Enabling Principles for Achieving Water Security, Sustainable and Climate Resilient Development Through Systems Transformations* »[6] ne permettent pas d'écarter sans une étude approfondie quant aux répercutions juridiques à venir.

Si l'eau est indubitablement vitale, elle est devenue plus importante que les énergies fossiles, dont l'utilisation est en grande partie

---

[1] Voy. *e.g.* ONU, *Rapport mondial des Nations Unies sur la mise en valeur des ressources en eau 2023 : Partenariats et coopération pour l'eau*, Paris, 2023, pp. 18, 22, 27, 36, 46-47, 53, 56-58, 61-64, 93, 115-117, 120, 125, 135-136, 182, 195-196, 202, 211.

[2] Voy. *e.g.* C. MACALISTER, G. BAGGIO, D. PERERA, M. QADIR, L. TAING et V. SMAKHTIN, *Global Water Security 2023 Assessment*, Hamilton (Canada), 2023.

[3] Voy. M. A. CARETTA, A. MUKHERJI, M. ARFANUZZAMAN, R. A. BETTS, A. GELFAN, Y. HIRABAYASHI, T. K. LISSNER, J. LIU, E. LOPEZ GUNN, R. MORGAN, S. MWANGA et S. SUPRATID, « 2022: Water », *in Climate Change 2022: Impacts, Adaptation and Vulnerability. Contribution of Working Group II to the Sixth Assessment Report of the Intergovernmental Panel on Climate Change*, *op. cit.*, pp. 551–712, disponible seulement en anglais à : ipcc.ch/report/ar6/wg2/downloads/report/IPCC_AR6_WGII_Chapter04.pdf.

[4] *Ibid.*, voy. « *4.2 Observed Changes in the Hydrological Cycle Due to Climate Change* » (pp. 565 *et s.*) et « *4.4 Projected Changes in the Hydrological Cycle Due to Climate Change* » (pp. 596 *et s.*), ou « *4.3 Observed Sectoral Impacts of Current Hydrological Changes* » (pp. 584 *et s.*) et « *4.5 Projected Sectoral Water-Related Risks* » (pp. 612 et s.).

[5] *Ibid.*, pp. 619 *et s.*

[6] *Ibid.*, pp. 655 *et s.*

responsable de la situation climatique. Par ailleurs, seules les solutions pacifiques qui apportent des réponses aux problèmes de l'approvisionnement en eau douce sont acceptables[1]. La question qui se pose dès lors est de déterminer si le droit international public dispose déjà, dans son arsenal juridique, des éléments pacifiques, et pacifiant, qui pourraient offrir une réponse adéquate aux défis à relever.

La question n'est certes pas nouvelle, mais son acuité impose qu'on s'y intéresse pleinement. À cet égard, l'une des questions centrales renvoie à la répartition des eaux. Or, l'actualité conflictuelle de l'utilisation des eaux du Nil peut servir de point de départ utile à la réflexion. En effet, pour justifier une utilisation « équitable et raisonnable » des eaux du Nil[2], l'Égypte, État d'aval, rappelle constamment sa quasi complète dépendance vis-à-vis de l'eau bleue[3] et l'eau grise[4] du Nil, contrairement aux États d'amont, notamment l'Éthiopie, qui peuvent notamment profiter de l'eau verte ou de l'eau virtuelle[5]. L'Égypte estime dans ces conditions, que l'utilisation des eaux du Nil doit essentiellement être appréhendée à travers une vision

---

[1] Voy. L. A. BITTAR VENTURI, *Water's Flow of Peace*, Newcastle upon Tyne (GB), 2020.

[2] Voy. J.-B. DUDANT, « Remplissage unilatéral du barrage de la Renaissance sur le Nil – Qualification de menace existentielle », *RGDIP*, 2020, vol. 124, nos. 3/4, 2020, pp. 587-591.

[3] Selon la définition du quatrième *Rapport mondial sur le développement des ressources en eau* de 2012, l'eau bleue est celle naturellement présente dans les écoulements d'eau de surface ou souterraine, le reste constitue l'eau verte (« L'eau verte et l'eau bleue », disponible à : appgeodb.nancy.inra.fr/biljou/fr/fiche/eau-verte-eau-bleue).
Sur la notion d'eau verte, plus largement, voy. *infra* Section 2, Paragraphe 2.

[4] Les eaux grises sont les eaux usées résultant des activités domestiques (douche, lavabo, évier, lave-linge, et lave-vaisselle), à l'exclusion des eaux noires ou vannes (issues des cabinets d'aisance). À la différence des eaux grises, qui ont vocation à être réutilisées après avoir subi un traitement, les eaux noires nécessitent un traitement particulier onéreux.

[5] L'eau virtuelle est le volume total d'eau utilisée directement et indirectement dans le cadre d'une activité. Voy. K. ABUZEID, « GERD & Ethiopian Water Resources: Is it an "Aspiration for Hydropower" or "Hegemony for Water Power"?! », *Ahramonline*, 16 juin 2020, disponible à : english.ahram.org.eg/News/372290.aspx.

holistique du cours d'eau international[1], intégrant la triade eau bleue - eau verte - eau grise[2].

À cet égard, force est de constater l'écart entre la pratique de certains États et les recommandations « de bonne pratique ». La dimension chromatique du système d'eaux (bleues, vertes, grises[3], etc.) soulève donc la question de l'évolution juridique possible des éléments « bleus » *de lege lata* qui a déjà entrainé le passage de la notion de « fleuve international »[4] au « cours d'eau international » (section 1), et celle de la prise en compte des propositions « vertes » enchevêtrées *de lege ferenda*, afin d'illustrer l'interaction vouée à exister entre les eaux bleues et les eaux vertes du « cours d'eau international » (section 2).

SECTION 1.- DES ÉLÉMENTS « BLEUS » DE LEGE LATA ...

« Les fleuves internationaux ou plus largement les voies d'eau internationales »[5] ont été définis initialement par le droit international public en fonction de la navigation. La primauté ainsi marquée de la navigation sur toute autre utilisation a été principalement dégagée en fonction des besoins européens de l'époque. Par contre, sur d'autres continents, cette justification paraissait beaucoup moins patente. Progressivement, le fleuve international a subi une double évolution, tant sur le plan de ses utilisations que sur celui de son étendue physique (paragraphe 1), puis a cédé sa place au vocable « cours d'eau international » (paragraphe 2). Cependant, ce dernier n'est pas exempt de critiques.

---

1 Voy. K. ABUZEID, « Gestion des eaux transfrontières : de l'importance de l'eau verte et d'une législation efficace », *Med.2008. L'année 2007 dans l'espace euroméditerranéen*, Barcelone, 2008, pp. 94-100.

2 Les besoins en eau de l'Égypte (126 milliards de mètres cubes) sont assurés à hauteur de 38 % par l'eau virtuelle, 37 % par l'eau bleue provenant d'Éthiopie et 25 % par l'eau grise (voy. ABUZEID, « GERD & Ethiopian Water Resources: Is it an "Aspiration for Hydropower" or "Hegemony for Water Power"?! », *op. cit.*).

3 Voy. P. K. WEISKEL, « Green, Blue, and Grey Water: Understanding the Contemporary Water Cycle », *UCOWR-NIWR-CUAHSI Conference*, Tufts, 19 juin 2014, disponible à : wrrc.umass.edu/sites/wrrc.umass.edu/files/pdf-doc-ppt/Weiskel_Plenary.pdf.

4 Voy. Ch. ROUSSEAU, *Droit international public – Les relations internationales*, t. 4, Paris, Sirey, 1980, p. 485, para. 408.

5 Voy. P.-M. DUPUY, Y. KERBRAT, *Droit international public*, 16e éd., Paris, Dalloz, 2022, p. 865, para. 664.

Paragraphe 1.- De la notion de « fleuve international » …

Les « fleuves internationaux » sont définis comme étant « les *cours d'eau qui, dans leur cours naturellement navigable, séparent ou traversent le territoire de plusieurs États* [1] » [2] et qui servent « naturellement d'accès à la mer à plus d'un État »[3]. Le critère de navigabilité, retenu par l'Acte final du Congrès de Vienne de 1815 (art. 108 à 117)[4], « a été repris par la Convention de Barcelone de 1921[5], qui a accentué cette conception en substituant à la dénomination traditionnelle de "fleuve international" celle de "voie d'eau internationale" qui permet d'englober les affluents navigables »[6].

Répondant aux préoccupations de l'époque, cette « conception » remaniée et enrichie, basée sur la primauté de la navigation, s'est vue rapidement dépassée par la diversification des usages des « voies navigables d'intérêt international »[7] ou fleuves internationaux[8]. « Leur ampleur s'est accrue dans les dernières décennies dans des proportions telles qu'elles ont en particulier provoqué de graves problèmes pour le maintien de la qualité des eaux utilisées, après épuration, pour l'alimentation des populations en eau potable »[9]. « Si l'on néglige les usages domestiques, sans grand intérêt juridique malgré leur importance pratique, l'utilisation économique des cours d'eau

---

[1] En *italique dans le texte original.*

[2] ROUSSEAU, *op. cit.*, p. 485, para. 408.

[3] CPJI, arrêt du 10 septembre 1929, *affaire de la compétence de la Commission internationale de l'Oder*, série A, n° 23, p. 25.

[4] Sur ces 10 articles de l'Acte de Vienne du 9 juin 1815, voy. mjp.univ-perp.fr/traites/1815vienne.htm

[5] Cette note n'apparaît pas dans le texte original, elle a été ajoutée par les auteurs. Sur la « Convention et Statut sur le régime des voies navigables d'intérêt international » (Barcelone, le 20 avril 1921), voy. treaties.un.org/pages/LONViewDetails.aspx?src=LON&id=564&chapter=30&clang=_fr

[6] Voy. M. FORTEAU, A. MIRON et A. PELLET, *Droit international public*, 9e éd., Paris, LGDJ, 2022, p. 1688, para. 1154.

[7] Dénomination de la Convention de Barcelone de 1921, dictée par le respect des droits de la souveraineté locale. Voy., F. CORTHÉSY, *Étude de la convention de Barcelone*, Paris, Rousseau & Cie Éditeurs, 1927.

[8] Voy. D. P. O'CONNELL, *International Law*, 2nd ed., Londres, Stevens, 1970, pp. 556-557 ; J. ANDRASSY, « L'utilisation des eaux des bassins fluviaux internationaux », *Rev. ég. DI*, 1960, vol. 16, pp. 23-40, notamment pp. 23-26.

[9] DUPUY et KERBRAT, *op. cit.*, p. 867, para. 666.

internationaux intéresse essentiellement d'une part l'agriculture, d'autre part l'industrie »[1].

La principale utilisation industrielle des fleuves internationaux est l'exploitation de la force hydraulique en vue de la production de l'énergie électrique (installations hydro-électriques)[2]. La construction d'ouvrages permanents (barrages[3]) ou temporaires sur un fleuve international peut entrainer des inconvénients pour l'État d'aval (altération de la qualité de l'eau, modification du débit, risque d'inondations, ou en sens inverse privation temporaire d'eau résultant des retenues effectuées par l'État d'amont pour remplissage d'un réservoir). L'aménagement hydro-électrique des fleuves internationaux a pris une importance croissante après le choc pétrolier de 1973.

À la différence de l'utilisation industrielle, qui en général n'est pas consommatrice d'eau, l'utilisation des fleuves internationaux à des fins agricoles est susceptible d'un usage privatif par un ou plusieurs États du cours d'eau (construction de barrage, lac de retenue, réservoir, etc.), parfois qualifié d'exhaustif. La nécessité de procéder à des utilisations coordonnées se heurte le plus souvent à l'argument de la souveraineté territoriale[4], qui empêche trop souvent de procéder à une conciliation

---

[1] ROUSSEAU, *op. cit.*, p. 497, para. 425.

[2] Voy., *ex multis*, G. SAUSER-HALL, « L'utilisation industrielle des fleuves internationaux », *RCADI*, 1953, vol. 83, pp. 465-601, notamment pp. 471-586 ; P. BUIRETTE, « Genèse d'un droit fluvial international général : utilisations à des fins autres que la navigation », *RGDIP*, 1991, vol. 95, no. 1, pp. 5-70 ; S. C. MCCAFFREY, *The Law of International Watercourses*, 3rd ed., Oxford, OUP, 2019.

[3] Voy. L. BOISSON DE CHAZOURNES, Barrages et autres ouvrages hydrauliques : entre tensions et coopération, 17 février 2023, disponible à : college-de-france.fr/agenda/cours/le-droit-international-au-fil-de-eau/barrages-et-autres-ouvrages-hydrauliques-entre-tensions-et-cooperation.

[4] Voy. la fine analyse proposée par C. Santulli qui, à l'encontre d'une doctrine très dominante, soutient la thèse de « L'expansion de la souveraineté de l'État » (*RGDIP*, 2019, vol. 123, no. 2, 355-361) qu'il analyse, lui, à partir des conventions internationales. Le « point de vue » contraire est défendu par feu le recteur J. Dehaussy (« Particularités essentielles de la personne morale État et rapports entre ordres étatiques et ordre international : observations critiques sur certaines théories doctrinales et conceptions proposées », *RGDIP*, 2021, vol. 125, no. 3, 481-540).
Les États riverains sont tenus de respecter les intérêts des autres États, que ces cours d'eau soient contigus ou successifs. Les États riverains forment en effet une « communauté de droit » autour du cours d'eau international, selon les termes de la CPJI (arrêt n° 16, affaire relative à la *Juridiction territoriale de la Commission internationale de l'Oder*, série A, n° 23, 1929). « Un pas additionnel est franchi au tournant du XXIe siècle. À la souveraineté conditionnée s'ajoute une nouvelle dimension, celle de souveraineté responsable » L. BOISSON DE CHAZOURNES, *L'eau*

satisfaisante des intérêts antagonistes. L'irrigation est à cet égard non seulement l'usage économique le plus ancien de l'eau, mais aussi le plus répandu à travers le monde, surtout en ces temps de crises économiques et financières. Elle apparaît aussi de plus en plus comme l'instrument type du progrès agricole pour les États émergents (d'Afrique et d'Asie) et par là de la promotion économique et financière (perspectives d'exportation massive d'eau [1], de marché de l'eau virtuelle[2], etc.).

La doctrine s'est préoccupée de bonne heure du problème des utilisations économiques des fleuves internationaux. « [L]e fleuve international apparaît certes traditionnellement comme une portion du territoire terrestre national, sur laquelle l'État souverain exerce aussi bien son *dominium* que son *imperium*, c'est-à-dire, en d'autres termes, son pouvoir général et exclusif respectivement sur l'espace envisagé comme un bien et sur les personnes qui s'y trouvent » [3]. Progressivement, la doctrine a cherché à dégager un cadre géographique qui permettrait de mieux tenir compte des éléments constituant un système fluvial international et de ses utilisations économiques. Cette recherche a ouvert la voie à la notion de bassin[4] (bassin fluvial, bassin de drainage ou hydrographique et bassin intégré)[5].

---

en droit international : entre singularité et pluralité, Paris, Collège de France/Fayard, coll. « Leçons inaugurales », 2023, pp. 29.

[1] Voy. F. QUILLERÉ-MAJZOUB et T. MAJZOUB, « Un droit international de l'exportation massive d'eau : *lege lata* ou *lege ferenda* ? », *JDI*, 2022, vol. 149, no. 2, pp. 23-44.

[2] Par exemple, pour un petit-déjeuner américain ou britannique il faut compter 1 130 litres : un Espresso (140 l), un toast (80 l), du bacon (480 l), des œufs (120 l), du lait (240 l) et une pomme (70 l). Voy. T. ALLAN, *Virtual Water: Tackling the Threat to Our Planet's Most Precious Resource*, Londres, I.B. Tauris, 2011.

[3] DUPUY et KERBRAT, *op. cit.*, p. 866, para. 664.

[4] Au sens juridique, « la notion de bassin signifie l'ensemble constitué par un fleuve, ses affluents et même des eaux souterraines relevant de ce qu'on appelle un système hydrographique » (C.-A. COLLIARD, « Évolution et aspects actuels du régime juridique des fleuves internationaux », *RCADI*, 1968, vol. 125, p. 398).

[5] Sur ces trois types de bassins, plus largement, voy. *infra* Section 2, Paragraphe 1. « Une lecture pluridisciplinaire est nécessaire pour appréhender la durabilité d'un cours d'eau en son entier. Nous comprenons alors l'importance de protéger le cours d'eau dans son bassin de drainage, aussi dénommé bassin hydrographique, reliant les utilisations de la terre, de l'air et de l'eau, ou encore de l'appréhender au sens de la convention des Nations unies de 1997 sur les cours d'eau internationaux (...). Le principe d'une gestion intégrée s'impose, à savoir une gestion qui prend en compte

À la suite d'une recommandation de l'AGNU[1], la CDI a entrepris « l'étude du droit relatif aux utilisations des voies d'eau internationales à des fins autres que la navigation, en vue du développement progressif et de la codification de ce droit »[2]. Les travaux de codification entrepris par la CDI (1971-1994) se sont appuyés aussi bien sur un recensement systématique de la pratique des États que sur les efforts déjà entrepris, entre autres par l'ILA, (Association de droit international) à Dubrovnik en 1956 et à Helsinki en 1966 (Règles d'Helsinki de 1966)[3].

Du fait de l'hostilité manifestée par certains États contre la notion de bassin[4], la « Convention sur le droit relatif aux utilisations des cours d'eau à des fins autres que la navigation » (Convention de 1997)[5] « consacre » l'expression-titre de « cours d'eau international »[6], « [m]algré la préférence, rationnelle, de la CDI et de ses rapporteurs pour l'adoption d'une conception large »[7].

Paragraphe 2.- … Au « cours d'eau international »

La définition du cours d'eau international retenue par la Convention de 1997 traduit certaines interdépendances de fait qui existent entre les différents éléments qui « composent » un fleuve international[8], mais les

---

les enjeux sociaux et économiques dans le respect des principes de protection de l'environnement » (BOISSON DE CHAZOURNES, *op. cit.*, pp. 25-26).

[1] Résolution 2669 (XXV) du 8 décembre 1970, disponible à : daccess-ods.un.org/tmp/7734805.34553528.html.

[2] Les travaux de la commission peuvent être consultés sur le site legal.un.org/ilc/guide/8_3.shtml

[3] Règles d'Helsinki sur l'utilisation des eaux des fleuves internationaux élaborées en 1966 par l'ILA : voy. *Report of the Fifty-second Conference, Helsinki, 1966*, Londres 1967, pp. 484 et s.

[4] DUPUY et KERBRAT, *op. cit.*, p. 868, para. 668.

[5] Adoptée au niveau international par l'Assemblée générale des Nations-Unies le 21 mai 1997 à New-York (AGNU, Résolution 51/229, adoptée par 103 voix « pour », 3 « contre » et 27 abstentions), entrée en vigueur le 17 août 2014.

Voy. *e.g.* L. CAFLISCH, « La convention du 21 mai 1997 sur l'utilisation des cours d'eau internationaux à des fins autres que la navigation », *AFDI*, 1997, vol. 43, pp. 769-798.

[6] Voy. *Ann. CDI* 1984, vol. II(2), p. 92 et s.

[7] DUPUY et KERBRAT, *op. cit.*, p. 868, para. 668.

[8] « L'expression "cours d'eau" s'entend d'un système d'eaux de surface et d'eaux souterraines constituant, du fait de leurs relations physiques, un ensemble unitaire et aboutissant normalement à un point d'arrivée commun » (Convention de 1997, art. 2, a). Dans le *Différend concernant le statut et l'utilisation des eaux du Silala (Chili c. Bolivie*, arrêt, 1er décembre 2022, *Rec.*, p. 614), la CIJ reconnaît « que les

eaux vertes semblent exclues des éléments du système fluvial [1]. Pourtant, alors que le « Groupe d'experts spécialisés dans les aspects juridiques et institutionnels de la mise en valeur des ressources en eau internationales » de 1968[2] estimait que la notion de « bassin de drainage international » devait être « amplifiée » afin de prendre en compte l'eau atmosphérique[3] (pluie, brouillard, humidité de l'air…). Néanmoins, l'article 6 § 1 de la Convention de 1997, relatif aux « facteurs pertinents pour une utilisation équitable et raisonnable », est en contradiction avec l'étendue géographique restreinte du cours d'eau international. En vertu des éléments pris en compte par cette disposition, que son caractère non exhaustif ne fait que renforcer, son alinéa a) ne souscrit pas à un espace géographique limité, mais à un espace étendu. Par ailleurs, les articles 27 et 28 § 1 de la Convention de 1997 renvoient aux activités humaines qui risquent d'être dommageables pour d'autres États du cours d'eau, tels que les inondations ou la formation de glace, la sécheresse ou la désertification… Ces activités peuvent donc englober implicitement, et faute de l'exclure explicitement, la modification des précipitations et le détournement des nuages[4], c'est-à-dire une composante de l'eau verte.

---

eaux du Silala, qu'elles soient de surface ou souterraines, constituent un ensemble s'écoulant de la Bolivie vers le Chili et aboutissant à un point d'arrivée commun. Il ne fait pas de doute que le Silala est un cours d'eau international et, en tant que tel, soumis dans sa globalité au droit international coutumier, comme en conviennent maintenant les Parties » (*id.*, para 94).

La notion de « systèmes de cours d'eaux internationaux » a été envisagée par la CDI, dans un premier temps, pour tenir compte, en plus du fleuve *per se*, « d'autres éléments tels que des affluents, des lacs, des canaux, des glaciers et des eaux souterraines qui, du fait de la relation physique qui existe entre eux, forment un ensemble unitaire » (*Ann. CDI* 1980, vol. II(2), p. 107). Voy. FORTEAU *et al.*, *op. cit.*, p. 1689, para. 1154.

1 Tout au plus peut-on noter que seul l'*Ann. CDI* 1979, vol. I, § 21, p. 107 et § 9, p. 228 ; et l'*Ann. CDI* 1979, vol. II(1), § 57, p. 167, excluent la pluie, l'eau de mer, les nuages, le brouillard… du projet d'articles relatif aux cours d'eau internationaux. Cependant, dans ce dernier, le rapporteur spécial, Stephen M. Schwebel, estime que le cours d'eau international doit s'entendre comme étant le bassin de drainage.

2 Voy. *Ann. CDI* 1974, vol. II(2), p. 369, § 348.

3 *Ibid.*, § 350. Voy. également *Gestion des ressources en eau internationales : aspects institutionnels et juridiques – Rapport du Groupe d'experts…*, Nations unies, coll. Ressources naturelles, Série Eau n° 1.

4 Voy., *ex multis*, F. QUILLERÉ-MAJZOUB, « "À qui appartiennent les nuages ?" (Essai de définition d'un statut des nuages en droit international public) », *AFDI*, 2004, vol. 50, pp. 653-667 ; F. QUILLERÉ-MAJZOUB, « Les nuages sont-ils solubles dans le cours d'eau international ? », *Obs. NU*, 2009, pp. 95-104 ; T. MAJZOUB *et al.*,

Néanmoins, comme Gabriel Eckstein le souligne[1], en vertu de son article 3[2], la Convention de 1997 peut être considérée comme un instrument juridique proposant des lignes directrices relatives à l'utilisation, la gestion et la conservation d'une partie seulement du cycle hydrologique[3]. La différence principale entre les Règles d'Helsinki de 1966 et la Convention de 1997 est la nature des eaux auxquelles il est fait référence. Ainsi, les Règles d'Helsinki de 1966 se réfèrent aux eaux des « bassins hydrographiques internationaux » (eaux bleues et eaux vertes), tandis que la Convention de 1997 se réfère aux seules eaux des « cours d'eau internationaux » (eaux bleues). Certes, ces deux concepts peuvent apparaître similaires, mais l'usage des eaux dans un bassin hydrographique n'est pas le même que celui des eaux d'un cours d'eau. Les Règles d'Helsinki de 1966 considèrent que toutes les eaux qui rejoignent le bassin hydrographique et qui sont utilisées avant d'aboutir à un point d'arrivée commun sont bénéfiques à l'État en place, tandis que la Convention de 1997 prend uniquement en compte l'usage des cours d'eau pour définir les eaux à partager de façon équitable[4]. Face à l'impossibilité de concilier, du moins sur le plan juridique, bassin de drainage international et cours d'eau international, il a été jugé plus adéquat de s'en tenir à une terminologie sans prétention affichée d'eau verte[5].

« "Cloud Busters": Reflections on the Right to Water in Clouds and a Search for International Law Rules », *CJIELP*, 2009, vol. 20, no. 3, p. 321-365.

[1] G. E. ECKSTEIN, « Hydrologic Reality: International Water Law and Transboundary Ground-Water Resources », *in Conference on Water: Dispute Prevention and Development*, Washington D.C., 1998, disponible à : waterlaw.org/bibliography/articles/globalsouth.html.

[2] Voy. aussi son commentaire ; CDI, *Rapport de la Commission du droit international sur les travaux de sa quarante-sixième session (2 mai – 22 juillet 1994)*, doc. ONU A/49/10, pp. 97-100.

[3] Le cycle hydrologique (cycle de l'eau) est la circulation de l'eau sous ses différents états (liquide, solide et gazeux) dans la nature, considérée dans son ensemble (hydrosphère, lithosphère et atmosphère). Voy. F. QUILLERÉ-MAJZOUB, *L'eau dans tous ses états juridiques. Prospectives hydrauliques internationales*, Collection Cours et travaux de l'IHEI, Paris, Pedone, 2017.

[4] Voy. F. QUILLERÉ-MAJZOUB et T. MAJZOUB, « De la lettre des dispositions du principe de l'utilisation équitable, raisonnable et non dommageable des cours d'eau internationaux… au chiffre », *AFRI*, 2019, vol. 20, pp. 687-709.

[5] Voy. *e.g.* KEARNEY, *Premier rapport sur le droit relatif aux utilisations des voies d'eau internationales à des fins autres que la navigation*, doc. ONU A/CN.4/295, 7 mai 1976, § 12 et § 13, p. 196.

Ainsi, la Convention de 1997 semble minimiser le rôle de la zone ou l'aire hydrographique comme facteur géographique et le rôle de l'eau comme facteur hydrologique dans chacun des États du cours d'eau[1]. Or, le cours d'eau international recèle d'autres ressources en eau qui ne sont apparemment pas prises en compte par la Convention de 1997, comme les cultures sous pluie et les forêts[2], c'est-à-dire seulement arrosées par les précipitations. Comme le relève Malin Falkenmark[3], il est de plus en plus évident que ce n'est pas l'eau qui coule dans le cours d'eau international qui doit être partagée entre les États du cours d'eau, contrairement à ce que laisse supposer entendre la Convention de 1997, mais bien les précipitations sur le bassin hydrographique lui-même. Il paraît donc peu réaliste que l'eau verte soit détachable de la notion de cours d'eau international. Dès lors, quelles sont les propositions « vertes » *de lege ferenda* pour dépasser ce constat ?

SECTION 2.- … À LA PRISE EN COMPTE DES PROPOSITIONS « VERTES » DE LEGE FERENDA

La question qui se pose, dès lors, à l'horizon de cette constatation, est de savoir s'il faut – comme le préconisent certains – redessiner l'étendue physique du cours d'eau international ou de son cadre géographique actuel (paragraphe 1) pour inclure, enfin, l'eau verte (paragraphe 2).

Paragraphe 1.- Des hésitations, des doutes, des nuances et des enchevêtrements complexes …

C'est une œuvre doctrinale de longue haleine qui a fait évoluer les notions traditionnelles en droit fluvial international. Or, si une partie dominante de la doctrine met aujourd'hui l'accent sur la notion de

---

[1] Voy. K. ABU-ZEID, « International Water Law From Helsinki Rules to the United Nations Convention on the Law of the Non-Navigational Uses of International Watercourses », *Water Resources IMPACT 2001*, vol. 3, No 4, 2001, pp. 28-29.

[2] Voy. K. ABU-ZEID, *Proper Water Resources Assessment: An Opportunity for Conflict Resolution in International River Basins*, in: 9e congrès mondial de l'eau sur les ressources en eau au 21e siècle : conflits et perspectives, Montréal 1997 (1-6 septembre), paper 2 B 408-A TP1.1 1.

[3] Voy. M. FALKENMARK, « Competing Freshwater and Ecological Services in the River Basin Perspective: An Expanded Conceptual Framework », *in Towards upstream/downstream hydrosolidarity: A SIWI/IWRA Seminar, Stockholm*, 14 août 1999, p. 21, disponible à : ircwash.org/sites/default/files/SIWI-1999-Towards.pdf.

bassin et prône une vision unitaire des utilisations des cours d'eau internationaux, c'est en faisant abstraction de la souveraineté. En effet, la pratique de certains États continue de se déterminer beaucoup plus en fonction de la notion classique de fleuve international que de toute autre approche, qu'il s'agisse de la notion de bassin ou de « *Polycentric Water Governance* »[1].

« On s'interroge aujourd'hui sur l'opportunité de fonder le droit fluvial international sur une notion plus large que celle de "voie d'eau internationale". Celle-ci, trop exclusivement fondée sur le critère de navigabilité, se révèle trop étroite : les utilisations économiques de l'eau douce se sont multipliées et diversifiées, le problème de la pollution s'est généralisé et prend souvent une ampleur multinationale »[2]. « Malgré tout, il paraît prématuré de substituer la notion de bassin à celle de voie d'eau. Il n'existe pas encore, en droit positif, un principe d'unité juridique des États d'un même bassin hydrographique. D'autant qu'à vouloir privilégier ce concept, les juristes précéderaient les scientifiques, qui dénoncent le caractère vague et évolutif de la notion de bassin »[3].

Pour autant, « [l]es recherches scientifiques confirment la nécessité de considérer les bassins hydrographiques comme des unités physiques, que les pouvoirs publics doivent respecter s'ils veulent être efficaces. Aussi de nombreux accords de coopération économique et technique s'inscrivent-ils dans le cadre de bassins fluviaux »[4]. « Dans la mesure où le droit positif s'oriente, dans des situations de ce type, vers un règlement d'ensemble des pertes et avantages sur une base équitable ou vers une compensation des dommages subis, la doctrine du bassin fluvial l'emporte peu à peu sur l'approche traditionnelle du fleuve international »[5].

En dépit des hésitations encore existantes pour concrétiser cette approche[6], « [o]n peut donc estimer que la conception générale retenue

---

[1] CARETTA *et al.*, *op. cit.*, pp. 658-659.
[2] FORTEAU *et al.*, *op. cit.*, p. 1688, para. 1154
[3] *Ibid.*, p. 1689, para. 1154.
[4] *Ibid.*, p. 1688, para. 1154.
[5] *Ibid.*, p. 1693, para. 1156.
[6] La diversité de la terminologie hydrologique apparaît comme un frein à la mise en œuvre de toute approche globale. L'accord sur cette terminologie est une condition *sine qua non* d'une interprétation correcte et uniforme des juristes.

est en définitive très proche des[1] celle du “bassin”, et favorise une conception opportunément large du cadre matériel de la coopération »[2].

« La doctrine et la pratique ont successivement distingué trois types de bassins »[3] : le bassin fluvial, le bassin de drainage (ou bassin hydrographique) et le bassin intégré. Le premier « désigne l’ensemble hydrographique formé par un fleuve et ses affluents »[4], puis le deuxième est « conçu (…) comme une “zone géographique s’étendant sur deux ou plusieurs États et déterminée par les limites de l’aire d’alimentation du système des eaux s’écoulant dans une embouchure commune” »[5] (en d’autres termes, un bassin hydrographique international est défini comme l’aire de drainage délimitée par les eaux de surface qui coulent naturellement vers un cours d’eau principal et dont le territoire s’étend au-delà des frontières d’un État), enfin le troisième, plus évolué, « apparaît dans la doctrine et la pratique »[6].

La notion de bassin de drainage est dégagée par la doctrine américaine[7]. Elle devait être adoptée par l’ILA dans les Règles d’Helsinki de 1966. Selon ces Règles, « [a]n international drainage basin is a geographical area extending over two or more States determined by the watershed limits of the system of waters, including surface and underground waters, flowing into a common terminus »[8]. Ainsi, un bassin de drainage international est « (…) the entire area, known as the watershed, that contributes water, both surface and underground, to the principle river, stream or lake or other common terminus »[9], où l’aire d’alimentation est « [t]he area of land from which rainfall (and/or snow melt) drains into a stream or other water body.

---

1 Il s’agit d’une « coquille évidente » ou « manifeste » dans le texte original : « des » pour « de ».

2 DUPUY et KERBRAT, *op. cit.*, p. 868, para. 668.

3 ROUSSEAU, *op. cit.*, p. 498, para. 427.

4 *Ibid.*, p. 498, para. 427.

5 *Ibid.*, p. 499, para. 427.

6 *Ibid.*

7 *Ibid.* Voy. Ch. B. BOURNE, « The Development of International Water Resources: The ‘Drainage Basin Approach’ », *in* P. WOUTERS (dir.), *International Water Law, Selected Writings of Professor Charles B. Bourne*, Londres/Boston, Kluwer Law International, 1997, pp. 3-22 ; COLLIARD, *op. cit.*, pp. 398-416.

8 Règles d’Helsinki de 1966, art. 2. Voy. ROUSSEAU, *op. cit.*, p. 499, para. 427.

9 Voy. S. BOGDANOVIĆ, *International Law of Water Resources: Contribution of the International Law Association (1954-2000)*, Londres/The Hague/Boston, Kluwer Law International, 2001, p. 100.

Watersheds are also sometimes referred to as drainage basin »[1]. La notion de bassin versant désigne donc une portion du territoire délimitée par des lignes de crêtes, dont les eaux coulent naturellement dans la mer ou dans un autre cours d'eau. Autrement dit, « (...) sur une crête ou autre ligne de partage des eaux, les gouttes de pluie qui tombent vont partir soit d'un côté, soit de l'autre. Ces lignes de partage découpent les aires à la surface des terres, que les spécialistes appellent les bassins versants. Les eaux qui tombent sur un de ces bassins, et qui ne retournent pas directement à l'atmosphère, se répartissent dans les ruisseaux de surface et les écoulements souterrains »[2].

Construction d'origine doctrinale aussi, la notion de bassin intégré a été étudiée au sein de l'ILA. Celle-ci a amorcé sa réflexion sur cette notion dès sa réunion à Dubrovnik en 1956[3], et l'a élaborée à sa session de New York en 1958. Elle y déclara que les cours d'eau et les lacs qui constituent l'aire d'alimentation doivent être considérés non pas isolément, mais comme un tout intégré [4]. Ces réflexions seront confirmées par les Règles d'Helsinki de 1966 qui apparaissent comme la synthèse juridique des travaux menés par l'ILA[5]. « Reprise en 1966 par le Conseil économique et social interaméricain, la notion [de bassin intégré] sera adoptée en 1974 par la Commission du droit international »[6].

Le fondement de la notion de bassin intégré repose sur « l'exploitation complète des ressources hydrauliques du bassin, de manière à ce que tous les intéressés en tirent le maximum de profits »[7]. Cette notion « assure la combinaison de deux notions antérieures, celle du bassin fluvial et celle d'aménagement optimum »[8]. Elle a donc deux composantes ou dimensions, l'une économique et l'autre géographique.

---

1 J. A. GALE *et al.*, *Evaluation of the Experimental Rural Clean Water Program*, Raleigh N.C. 1993, « Glossary », disponible à : bae.ncsu.edu/programs/extension/wqg/info/rcwp/gloss.html.

2 Voy. R. KANDEL, *Les eaux du ciel*, Paris, Hachette, 1998, pp. 209-210.

3 Déclaration de Principes, Dubrovnik, VIII ; voy. D. A. CAPONERA, *Le régime juridique des ressources en eau internationales*, FAO, Études législatives, n° 23, Rome 1981, p. 311.

4 Résolution sur l'utilisation des eaux des fleuves internationaux, New York, principe 2. a) ; *ibid.*, p. 312.

5 Règles d'Helsinki de 1966, art. II et III ; *ibid.*, p. 317.

6 ROUSSEAU, *op. cit.*, p. 499, para. 427.

7 *Ibid.*

8 COLLIARD, *op. cit.*, p. 398.

La dimension économique est celle d'un aménagement optimum du bassin, que les négociateurs de la Convention de Genève du 9 décembre 1923 relative à l'aménagement des forces hydrauliques intéressant plusieurs États[1] avaient bien perçu dans le cadre de l'utilisation hydro-électrique des voies d'eau internationales. Cette notion dérive donc d'un impératif « [d]'exploitation aussi intensive que possible des ressources du bassin considéré »[2], « abstraction faite de toute frontière politique »[3]. L'objectif d'un tel aménagement est de tirer le meilleur parti de l'utilisation maximale et du développement de toutes les portions du cours d'eau, et d'être apte à résoudre les difficultés les plus importantes en la matière[4]. Sa rationalité apparaît d'autant plus grande qu'il s'agit de conjuguer les efforts des États intéressés pour la valorisation des usages de l'eau du bassin[5].

Parallèlement à cette consécration économique, la dimension géographique du bassin a fait fortune dans le droit conventionnel (inaugurée par le Traité Jay de 1794[6], adoptée par la sentence arbitrale dans l'affaire du lac Lanoux[7], puis consacrée par « de nombreux accords de coopération économique et technique »[8]). Jugée trop restrictive géographiquement car liée aux seules eaux de surface, la notion de bassin fluvial a évolué vers des notions voisines qui renvoient désormais au complexe constitué par le cours d'eau principal et ses affluents, et se réfèrent non seulement aux eaux de surface, mais également aux eaux souterraines qui forment ensemble un tout unifié. À ce titre, il convient désormais d'y ajouter les précipitations et les nuages dont elles sont issues.

---

1 Voy. texte, *RTSN*, 1925, vol. 36, pp. 75-89.

2 COLLIARD, *op. cit.*, p 398.

3 Convention relative à l'aménagement des forces hydrauliques intéressant plusieurs États, art. 5 ; Déclaration de Principes, Dubrovnik, VIII ; voy. CAPONERA, *op. cit.*

4 Voy. H. A. SMITH, *The Economic Uses of International Rivers*, Londres, P.S. King & Son, 1931, pp. 150-151).

5 La notion de bassin intégré a été consacrée par la jurisprudence arbitrale dans l'*affaire du Lac Lanoux*.

6 Traité Jay du 19 novembre 1794 (États-Unis et Grande-Bretagne), art. 3. Ce traité prévoit la navigation sur l'ensemble du bassin Saint-Laurent/Grands-Lacs.

7 Il a été jugé que « le tribunal ne saurait méconnaître la réalité, du point de vue de la géographie physique de chaque bassin fluvial qui constitue (...) une unité (...) » (voy. *affaire du Lac Lanoux*, Sentence du Tribunal arbitral, 16 novembre 1957 (Paris 1957), § 8, *RGDIP*, 1958, vol. 29, p. 79).

8 FORTEAU *et al.*, *op. cit.*, p. 1688, para. 1154.

À l'exemple de la Gestion intégrée des ressources en eau (GIRE)[1], la prise en compte des nuages et de leur rôle dans chaque bassin est devenue incontournable[2]. Leur intégration seule permet d'appréhender la réalité hydrologique des cours d'eau internationaux, que ce soit sous forme de ruissellement ou d'eau verte. Seule cette approche holistique permet d'expliquer la disparition et la réapparition de l'eau bleue en vertu du cycle hydrologique du cours d'eau international. Elle seule permet également de gérer de façon optimale le cours d'eau international en prenant la véritable mesure des besoins de chaque État du cours d'eau. Il s'agit donc d'opérer une nouvelle évolution dans la compréhension du cours d'eau international, à savoir la reconnaissance et la prise en compte de sa réelle dimension hydrographique factuelle (précipitations et nuages) en sus de ses dimensions géographiques et économiques[3].

Au même titre que la vieille idée selon laquelle le fleuve et ses affluents n'avaient rien en commun était totalement fausse, l'idée selon laquelle le cours d'eau international et l'eau verte seraient deux mondes totalement étrangers l'un à l'autre est dangereusement erronée. L'eau verte doit être considérée comme un élément à part entière du cycle hydrologique du cours d'eau international. C'est pourquoi il est nécessaire de développer des cadres juridiques appropriés qui permettent de mieux tirer parti du cycle hydrologique dans sa globalité. Une approche véritablement intégrée et réellement holistique des problèmes des cours d'eau internationaux est nécessaire en raison du caractère particulier de la ressource en eau.

Les eaux bleues et les eaux vertes font toutes partie de la même ressource et participent à son utilisation intégrée[4]. Cette approche holistique permet de relever les interdépendances qui gouvernent l'eau :

---

[1] Franck Jaspers estime que la GIRE doit se pencher sur la dimension spatiale de l'eau, voy. F. JASPERS, *Water Law and Institutions for Integrated Water Resources Management*, WERM021/00, Delft, 2000, p. 3.

[2] Déjà en 1968, le Groupe d'experts spécialisés avait mis en exergue « la nécessité de procéder à une gestion intégrée des hydrosystèmes s'étendant sur plus d'un État » (*Ann. CDI* 1974, vol. II(2), p. 369, § 351).

[3] Voy. M. FALKENMARK et J. ROCKSTRÖM, « Integrating Agricultural Water Use With the Global Water Budget », *in* A. GARRIDO et H. INGRAM (dir.), *Water for Food in a Changing World*, New York, Routledge, 2011, pp. 103-116 ; M. FALKENMARK, « Towards Integrated Catchment Management: Opening the Paradigm Locks Between Hydrology, Ecology and Policy-Making », *Water Resources Development*, septembre 2004, vol. 20, n°3, pp. 275–282.

[4] *Ibid.*

son utilisation en un point altère la ressource en eau disponible et affecte les utilisations en d'autres points. À l'échelle du cours d'eau international, il faut donc prendre garde à ne pas affirmer trop vite que l'eau bleue peut suffire à résoudre les crises de partage que connaissent certains États du cours d'eau. L'eau bleue est utile, à l'évidence, mais seulement si elle est envisagée comme un élément parmi d'autres du cycle hydrologique du cours d'eau international. De fait, il est inadéquat de ne considérer qu'un seul élément, ou un groupe d'éléments, de ce cycle en ignorant les autres.

Les eaux vertes ne sont apparemment pas prises en compte par la Convention de 1997 et sont généralement exclues de la protection du droit international public. Néanmoins, l'évolution, doctrinale et pratique[1], que la notion de cours d'eau international a subi depuis un certain temps et la connaissance des responsabilités, nationale et internationale, dans les dégradations environnementales[2] ouvrent de nouvelles perspectives normalement favorables à l'inclusion de l'eau verte. C'est pourquoi un nouveau texte ou une révision de la Convention de 1997 ne sont pas forcément nécessaires, à condition de procéder à cette nouvelle « lecture verte » de la doctrine et la pratique, conforme à l'esprit du texte de 1997 et à la conjoncture délicate que connaissent les zones arides et semi-arides.

Il est vrai, historiquement, que la plus grande importance a été donnée à l'eau bleue utilisée à des fins multiples (notamment agricoles), mais un nombre croissant d'auteurs considère qu'il faut se pencher sur l'eau verte. L'élargissement de cette perspective chromatique (système d'eaux bleues et d'eaux vertes) résulte de la diversification des usages de l'eau et, de ce fait, de son caractère de plus en plus stratégique[3].

---

[1] Voy. *e.g.* E. KAUFFER, L. MEDINA et T. RODRÍGUEZ, « La gestion partagée des bassins hydrographiques transfrontaliers en Mésoamérique, source d'innovation dans la gouvernance de la coopération », *Mondes en développement*, 2017, vol. 177, no. 1, pp. 47-61.

[2] À la différence des utilisations multiples de l'eau bleue, « l'utilisation de l'eau verte dans le monde est toujours le modèle dominant en agriculture, à l'exception des zones les plus arides, en particulier de l'Asie du Sud et de l'Est » (CERCLE FRANCAIS DE L'EAU, *Face aux enjeux climatiques et alimentaires - Réinventer les relations Eau-Agriculture*, Synthèse du colloque du 21 janvier 2016, p. 7, disponible à : cerclefrancaisdeleau.fr/wp-content/uploads/2015/01/Synthese_CFE_EauAgriculture_2016.pdf).

[3] Voy. *e.g.* F. LASSERRE et A. BRUN, *Le partage de l'eau : une réflexion géopolitique*, Paris, Odile Jacob, 2018.

Paragraphe 2.- … À l'inclusion de l'eau verte

L'eau verte, rappelons-le, est la part des précipitations qui ne ruisselle pas en surface et ne recharge pas une nappe souterraine, mais qui est retenue dans la couche superficielle des sols ou bien reste temporairement en surface des sols ou de la végétation. Cette eau finit par s'évaporer ou par être transpirée par les plantes ; elle peut être productive pour la croissance des plantes, mais elle ne peut pas être entièrement utilisée par celles-ci car il se produira toujours une part d'évaporation depuis les sols ou parce que les plantes ne sont pas productives toute l'année[1]. Contrairement à l'eau bleue, l'eau verte ne peut être redistribuée à d'autres usages que la végétation naturelle ou les autres cultures pluviales[2]. Ce serait alors une option plus durable, notamment en agriculture[3].

L'eau verte[4] désigne donc la part des ressources renouvelables en eau captées au bénéfice de la couverture végétale issue directement de l'eau atmosphérique et consommées dans la culture sous pluie[5], le pâturage naturel et la sylviculture. En d'autres termes, l'eau verte représente l'eau atmosphérique et l'humidité des sols dans les zones non saturées[6]. Cette eau verte[7] correspond à la part d'eau de pluie stockée dans le sol qui s'évapore ou s'incorpore à la flore et à la faune.

---

[1] Voy. M. ANTONELLI et S. TAMEA, « Food-Water Security and Virtual Water Trade in the Middle East and North Africa », *International Journal of Water Resources Development*, 31 (3), 2015, p. 329 ; P. TURRINI, « Virtual Water : A Global Economic Solution to a Local Environmental and Political Problem », *in* J. CHAISSE, *Charting the Water Regulatory Future Issues, Challenges and Directions*, Cheltenham (GB), 2017, p. 61 ; H. YANG, L. WANG, K. C. ABBASPOUR et A. J. B. ZEHNDER, « Virtual Water Trade: an Assessment of Water Use Efficiency in the International Food Trade », *Hydrology and Earth System Sciences*, 10 (3), 2006, p. 444.

[2] Voy. M. M. ALDAYA, A. Y. HOEKSTRA et J. A. ALLAN, *Strategic Importance of Green Water in International Crop Trade*, Value of Water Research Report Series 25, Delft, 2008, p. 14 ; ANTONELLI et TAMEA, *op. cit.*, p. 329 ; A. K. CHAPAGAIN, A. Y. HOEKSTRA et H. H. G. SAVENIJE, « Water Saving Through International Trade of Agricultural Products », *Hydrology and Eath System Sciences*, 10, 2008, p. 456 ; YANG *et al.*, *op. cit.*, p. 450.

[3] ALDAYA *et al.*, *op. cit.*, p. 7.

[4] Il est affirmé que les précipitations tombant directement sur les terres cultivées assurent plus de la moitié de la production agricole mondiale (F. PEARCE, *Quand meurent les grands fleuves*, Paris, Calmann - Lévy, 2006, pp. 361-387).

[5] Les *cultures pluviales* se composent de cultures vivrières et de cultures de rente (coton, tabac, etc.).

[6] Celle-ci ne peut être prélevée que par la végétation locale.

[7] Le Conseil mondial de l'eau la désigne comme l'eau du sol.

On rappellera à cet égard que les composantes de l'eau verte sont des étapes essentielles du cycle hydrologique du cours d'eau international. Elles s'inscrivent dans l'ensemble des écosystèmes englobant l'eau, l'air, le sol, la faune et la flore, et sont partie intégrante de l'environnement naturel et humain de la planète, des continents, des régions et des États[1].

Pour sa part, le Conseil mondial de l'eau estime la quantité annuelle d'eau verte à soixante mille kilomètres cubes, contre seulement quarante mille pour l'eau bleue[2]. L'eau verte représente, en effet, une part grandissante du marché de l'eau virtuelle[3]. Le concept de l'eau virtuelle permet de tenir compte de l'interdépendance croissante du commerce agroalimentaire international en soulignant le lien entre les principaux États importateurs et exportateurs d'eau virtuelle (représentant respectivement les États d'aval et les États d'amont), et de leur résilience financière[4] afin de limiter les risques sur les marchés de l'eau virtuelle.

Le marché de l'eau virtuelle est un outil permettant d'appréhender efficacement la réalité hydrologique, un instrument de théorie (ou indice de stress hydrique) pour la prise en compte de l'eau verte et de l'impact du marché international[5]. En effet, le marché de l'eau virtuelle met en lumière l'importance de l'eau verte dans la gestion de l'eau dans l'agriculture et le partage des eaux du cours d'eau international. Or,

---

[1] Voy. F. QUILLERÉ-MAJZOUB, « La protection internationale de l'environnement par le droit : en marche vers un pacte mondial ? », *RDIDC*, 2018, vol. 95, no. 1, pp. 113-145.

[2] Voy. *World Water Vision 2000*, cité *in* ABUZEID, « Gestion des eaux transfrontières : de l'importance de l'eau verte et d'une législation efficace », *op. cit.*, p. 95.

[3] Voy. H. YANG et A. ZEHNDER, « "Virtual Water": An Unfolding Concept in Integrated Water Resources Management », *Water Resources Research*, 43, 2007, p. 6 ; M. ANTONELLI et M. SARTORI, « Unfolding the Potential of the Virtual Water Concept. What Is Still Under Debate? », *Environmental Science & Policy*, 50, 2015, p. 246.

[4] Voy. J. F. WARNER et C. L. JOHNSON, « 'Virtual Water'-Real People: Useful Concept or Prescriptive Tool? », *Water International* 32 (1), 2007, p. 66 ; A. BIRO, « Water Wars by Other Means: Virtual Water and Global Economic », *Global Environmental Politics*, 12 (4), 2012, p. 86.

[5] Voy. T. OKI et S. KANAE, « Virtual Water Trade and World Water Resources », *Water Science and Technology*, 49 (7), 2004, p. 208 ; D. WICHELNS, « Virtual Water: A Helpful Perspective, But Not A Sufficient Policy Criterion », *Water Resources Management*, 24, 2010, p. 2204.

ignorer le lien entre l'eau verte et le partage des eaux contribue à augmenter la psychose collective du manque d'eau douce[1].

Dans sa forme originale, l'objectif était d'aider les États pauvres en eau (États soumis à un fort stress hydrique) à sortir de l'insécurité alimentaire et de la dépendance à l'eau bleue. Le marché de l'eau virtuelle se donnait pour mission d'équilibrer l'utilisation de l'eau et la production alimentaire. L'équilibre du marché de l'eau virtuelle découle de l'égalisation de l'offre et de la demande d'eau virtuelle[2]. Si l'offre des États riches en eau est supérieure à la demande des États pauvres en eau, le prix baisse, car il était fixé au-dessus du prix d'équilibre. Cependant, la théorie ne correspond pas toujours à la réalité. En effet, le prix sur le marché international ne représente pas forcément l'équilibre entre l'offre et la demande d'eau virtuelle, celui-ci demeure largement tributaire du bon vouloir des États en présence et de leurs choix politiques fluctuant au gré des circonstances (baisse des tarifs douaniers, subventions, etc.)[3]. Un autre danger de cette dépendance est la vulnérabilité face aux chocs externes[4]. Celle-ci peut entrainer un accès limité à la nourriture pour des États, des individus ou des ménages en raison du manque d'argent[5]. Bref, le passage par le marché de l'eau virtuelle ne fera que remplacer la dépendance aux aléas climatiques par une dépendance aux aléas du marché international, deux facteurs sur lesquels les États, les individus ou les ménages ne peuvent exercer aucun contrôle[6].

Cette vision économico-centrée ignore volontairement les interactions entre l'économie et les autres ordres de la société[7], à savoir les institutions nationales et internationales. Certains États seront donc contraints de participer à un système inégalitaire (au vu de leur capacité financière, appartenance à des institutions ou organisations commerciales, nombre d'accords commerciaux en vigueur, etc.)[8]. Tous

---

1 WARNER et JOHNSON, *op. cit.*, p. 66.

2 *Ibid.*, p. 74.

3 ANTONELLI et SARTORI, *op. cit.*, p. 248.

4 *Ibid.*

5 ALDAYA *et al.*, *op. cit.*, p. 24 ; A. GOWLLAND-GUALTIERI, « Legal Implications of Trade in 'Real' and 'Virtual' Water Resources », *in* P. CULLET, A. GOWLLAND-GUALTIERI, R. MADHAV et U. RAMANATHAN, *Water Law for the Twenty-First Century: National and International Aspects of Water Law Reform in India*, London/New York, Routledge, 2009, p. 73.

6 WARNER et JOHNSON, *op. cit.*, p. 71.

7 *Ibid.*, p. 64.

8 *Ibid.*, p. 73 ; BIRO, *op. cit.*, p. 95.

les États n'auront pas un accès égal au marché international. Par ailleurs, il est difficile de dire si l'État souffrant de gros déficit en eau aura les moyens de passer par le marché de l'eau virtuelle[1], surtout qu'il a été démontré qu'une relation proportionnelle existe bien en effet entre le PIB par habitant et l'importation d'eau virtuelle[2].

Or, dans un contexte de rareté de la ressource en eau et de dépendance différenciée vis-à-vis de celle-ci, il est souhaitable que l'eau verte dans toutes ses déclinaisons et ses nuances (eau atmosphérique et humidité des sols dans les zones non saturées) soit rattachable à la notion de cours d'eau international. En effet, si elle est une portion du territoire étatique, cette eau verte est aussi liée au cycle hydrologique de ce cours d'eau ainsi qu'aux évènements pluvieux[3].

En vertu de la correspondance entre l'eau verte et les nuages, son rôle nécessite de dépasser la vision limitée des cours d'eau internationaux pour s'intéresser aux bassins hydrographiques et combiner ainsi les bienfaits ou avantages de l'eau bleue et de l'eau verte... À cet égard, les solutions à préconiser peuvent utilement s'inspirer de la GIRE, selon le concept en vogue (à l'échelle internationale, la GIRE inclut quatre principes établis par la Convention de 1997 : usage équitable et raisonnable de l'eau, obligation de ne pas causer de dommages significatifs aux écosystèmes, échange d'informations et management conjoint). Sans une vision intégrée englobant toutes les activités tributaires de l'eau et influant sur elle dans un bassin hydrographique et les rapports amont/aval, il ne sera pas possible de parvenir à un développement socio-économique durable des ressources en eau[4]. En effet, les utilisations des ressources en eau sont aujourd'hui multiples et complexes, et les problèmes qu'elles soulèvent ne peuvent être envisagés de façon isolée. Il est alors nécessaire de cerner cette approche globale des problèmes aussi bien dans son contenu qu'au regard de ses implications. Par ailleurs, cette approche tend à tirer le maximum du potentiel des ressources en eau[5].

---

1 GOWLLAND-GUALTIERI, *op. cit.*, p. 73 ; YANG *et al.*, *op. cit.*, p. 453.

2 YANG et ZEHNDER, *op. cit.*, p. 2.

3 Voy. *e.g.* FAO, *La situation des forêts du monde 2018 : Les forêts au service du développement durable*, Rome, 2018, p. 29 ; P. WOHLLEBEN, *La Promesse des arbres : Comment la forêt nous sauvera si nous la laissons faire*, Paris, Éd. Les Arènes, 2022.

4 FALKENMARK, *op. cit.*

5 COLLIARD, *op. cit.*, pp. 398 ss.

* * *

La reconnaissance du rôle et de l'importance de l'eau verte dans le cycle hydrologique du cours d'eau international constitue déjà une avancée fondamentale[1]. Face aux défis du changement climatique et de l'insécurité alimentaire[2], l'eau verte doit faire l'objet d'une coopération interétatique renforcée, d'une solidarité internationale[3] ou d'une hydro-solidarité[4]. « [L]a nécessité de dépasser l'étroitesse des doctrines fondées sur la souveraineté absolue de l'État territorial, indifférent aux conséquences transfrontières de ses actes, a vu le jour à propos de la gestion des fleuves internationaux »[5]. L'utilisation optimale et la pérennité du cycle hydrologique du cours d'eau international ne pourra se faire qu'à ce prix, sans imposer une obligation de redéfinir la notion de cours d'eau international[6]. C'est pourquoi, répétons-le en terminant : un nouveau texte ou une révision de la Convention de 1997 ne sont pas forcément nécessaires, à condition de procéder à la nouvelle « lecture verte » de la doctrine et la pratique.

« La coopération en matière de bassins hydrographiques transfrontaliers est affichée aujourd'hui comme un élément prioritaire dans les agendas nationaux et internationaux des politiques de l'eau d'une manière générale. La question de la gestion partagée des eaux de ces bassins constitue un enjeu majeur sur les frontières concernées, dont l'objectif est de dépasser le cadre de gestion national et de construire de nouveaux espaces de gouvernance »[7]. Il convient, également, de souligner que « [l]a mobilisation de la notion de bassin transfrontalier vise à dépasser la discontinuité frontalière imposée par la fragmentation politique et sociale et à promouvoir une approche de l'espace dans sa

---

[1] PEARCE, *op. cit.*, pp. 202-207.

[2] « Conflit et insécurité alimentaire vont de pair » (La riposte du FIDA face à la guerre en Ukraine, disponible à : ifad.org/fr/riposte-ukraine).

[3] Voy. G. SCELLE, *Précis de droit des gens : principes et systématique*, t. 1, Paris, Sirey, 1934, p. 6 ; SMITH, *op. cit.*, pp. 150-151.

[4] Voy. M. FALKENMARK et C. FOLKE, « The Ethics of Socio-Ecohydrological Catchment Management: Towards Hydrosolidarity », *Hydrology and Earth System Sciences*, 6 (1) 2002, pp. 1-9 ; J.-L. OLIVER, « *Le nouveau paradigme de l'hydrosolidarité* », *Géopolitique*, n° 107, octobre 2009, pp. 19-24.

[5] DUPUY et KERBRAT, *op. cit.*, p. 867, para. 666.

[6] Voy. *e.g.* F. QUILLERÉ-MAJZOUB et T. MAJZOUB, « L'eau des cours d'eau internationaux comme "ressource naturelle" : imprécisions et paradoxes », *AFDI*, 2012, vol. 58, pp. 395-414 ; « Le cours d'eau international est-il une "ressource partagée" ? », *RBDI*, 2009, vol. 42, no. 2, pp. 499-525.

[7] KAUFFER *et al.*, *op. cit.*, p. 48.

continuité. Au niveau international, ce modèle de gestion par bassin traduit aussi l'affirmation de nouveaux usages, de nouveaux enjeux et de nouveaux acteurs, hors des cadres jusqu'alors centrés exclusivement sur l'État et l'usage de la navigation »[1]. « Coopération et bassin transfrontalier figurent ainsi en bonne place dans les discours des organisations internationales qui (...) présentent le bassin versant comme le périmètre idéal pour la mise en place d'actions de coopération transfrontalière »[2] car « [i]l permet de territorialiser la coopération en articulant, autour d'un système hydrologique intégré, des usagers et des intérêts »[3].

Aussi, il est impératif de trouver une approche évolutive[4] qui transcende autant que possible certaines pratiques actuelles. Les États du cours d'eau ont tout intérêt à adopter un mécanisme ou un cadre approprié permettant de mettre en œuvre une gestion ou une utilisation intégrée de ses eaux bleues et vertes en premier lieu[5], grises en deuxième lieu, et pourquoi pas noires en troisième lieu[6]. Cela en appelle à une « coopération évolutive » des États[7] fondée sur la bonne foi[8].

Il est certes difficile de présager de l'avenir du droit des cours d'eau internationaux[9], mais la volonté affichée de résoudre la dimension chromatique de ses eaux ne doit pas s'apparenter à un *caput Nili quaerere*[10], autrement dit un but impossible à atteindre.

---

[1] *Ibid.*, pp. 50-51.

[2] *Ibid.*, p. 51.

[3] *Ibid.*

[4] Voy. M. FALKENMARK, *No Freshwater Security Without Major Shift in Thinking (Ten-Year Message from the Stockholm Water Symposia)*, Stockholm, 2000.

[5] Voy. K. CHEN, S. YANG, C. ZHAO, Z. LI, Y. LUO, Z. WANG, X. LIU, Y. GUAN, J. BAI, Q. ZHOU et X. YU, « Conversion of Blue Water into Green Water for Improving Utilization Ratio of Water Resources in Degraded Karst Areas », *Water*, 8 (12), 2016, pp. 569 ss.

[6] Les eaux noires doivent être abordées à un stade ultérieur pour des raisons techniques et financières évidentes.

[7] Voy. FALKENMARK, *op. cit.*

[8] Voy. R. KOLB, *La bonne foi en droit international public*, Paris, PUF, 2000.

[9] Voy. *e.g.* citation de la note 426 *in* M. BEDJAOUI, « L'humanité en quête de paix et de développement (II) », *RCADI*, 2006, vol. 325, p. 296.

[10] « À la recherche des sources du Nil ». Ce mot d'ordre, que donnaient jadis les empereurs romains à leurs légions d'Égypte, était déjà à l'époque une métaphore signifiant « chercher l'impossible ». Voy. R. FOURTAU, « Le bassin nilotique », *Annales de géographie*, 1919, N° 155, p. 373.

Entre rejouer les représentations d'un passé fluvial révolu ou dénouer les nœuds gordiens pour libérer l'avenir[1] (demande croissante en eau douce, ainsi que pollution des eaux), le droit des cours d'eau internationaux se trouve à la croisée des chemins, entre faire sa « révolution verte » ou régresser indubitablement à un rôle de non-assistance à populations en danger[2]. Nul doute à cet égard de la nécessaire volonté de développement de la « coopération évolutive » entre tous les États intéressés[3], et du respect de l'« obligation de négocier de bonne foi »[4], avec l'objectif affirmé de réaliser des gains partagés et prévenir autant que possible tout contentieux[5].

* * *

* * *

*

Y aura-t-il, demain, un prix mondial de l'eau du cours d'eau international, comme il y a, aujourd'hui, un cours mondial du pétrole ? La transformation d'une ressource en marchandise monnayable sur un marché planétaire ne constitue-t-elle pas la meilleure garantie pour que la « crise de l'eau », inscrite dans toutes les prévisions démographiques

---

[1] Voy., *ex multis*, A. VALIYA VEETTIL et A. K. MISHRA, « Potential Influence of Climate and Anthropogenic Variables on Water Security Using Blue and Green Water Scarcity, Falkenmark Index, and Freshwater Provision Indicator », *Journal of Environmental Management*, 2018, vol. 228, pp. 346-362 ; A. JÄGERSKOG et T. JØNCH CLAUSEN (dir.), *Feeding a Thirsty World – Challenges and Opportunities for a Water and Food Secure Future*, Report N° 31, Stockholm, 2012 ; « Experts Call for Green Water Initiative to Alleviate Hunger », 31 août 2016, disponible à: philanthropynewsdigest.org/news/experts-call-for-green-water-initiative-to-alleviate-hunger ; « Water for Food, Water for Life: A Comprehensive Assessment of Water Management in Agriculture », *in Comprehensive Assessment of Water Management in Agriculture*, Londres/Colombo, Earthscan, 2007.

[2] Voy. A. BIAD (dir.), *L'action humanitaire internationale entre le droit et la pratique : Les enjeux et le cadre du drame humain d'aujourd'hui*, Anthemis, 2017 ; « Les experts de l'ONU tentent de renforcer le "droit d'ingérence" », *Le Monde*, 1er juin 2002.

[3] Voy. « Towards Upstream/Downstream Hydrosolidarity », SIWI/IWRA seminar Stockholm, 14 août 1999, disponible à: ircwash.org/sites/default/files/SIWI-1999-Towards.pdf.

[4] Il est vrai que la Bolivie a demandé, sans succès, à la CIJ, une obligation coutumière de négocier de bonne foi (Obligation de négocier un accès à l'océan Pacifique, Bolivie c. Chili, CIJ, *Rec.*, 2018, p. 507).

[5] Voy., *ex multis*, T. MAJZOUB et F. QUILLERÉ-MAJZOUB, « The Time Has Come for a Universal Water Tribunal », *PACE ENVTL. L. REV.*, 2018, vol. 36, no. 1, pp. 141-172 ; C. SANTULLI, *Droit du contentieux international*, 2e édition, Paris, LGDJ, 2015.

et climatiques, ne précipite pas le XXIe siècle dans une interminable « guerre de l'eau » ?

C'est que l'eau douce, ce produit si banal, si évident, pour tout dire si « naturel », est précisément en train de changer de nature. Institutions internationales et organismes spécialisés convergent dans l'analyse : au rendez-vous de la seconde moitié du XXIe siècle, un risque majeur de pénurie menace l'humanité. Voici une ressource qui, de tout temps, a été considérée comme une *res* largement disponible, abondant et quasi gratuite excepté en quelques zones désertiques traditionnelles, un « don du ciel » que toutes les religions ont célébré. Et voilà que, au fur et à mesure de sa surexploitation par une humanité gourmande et dispendieuse, cette ressource devient rare, chère, contraignante, convoitée, objet de pressions, source possible de conflits (économiques ou armés) et de guerres dans les régions de stress hydrique (utilisation de l'eau à un rythme plus élevé que celui de son renouvellement naturel)[1].

Le choc est brutal. La course entre la maîtrise de la raréfaction inévitable de la ressource en eau et les conséquences de sa pénurie possible va se jouer sur les vingt-cinq ans à venir, le temps que la population mondiale se stabilise autour de 10 milliards d'habitants. Les économies modernes, peu préparées à ce que l'eau se transforme en facteur limitatif de production, pourraient s'en trouver ébranlées.

La raréfaction de l'eau douce n'est pas contestable, et personne, d'ailleurs, ni dans les milieux scientifiques ni parmi les responsables internationaux, ne le conteste.

La consommation d'eau progresse à un rythme deux fois supérieur à celui de la croissance démographique. Tous les vingt ans, la demande mondiale double, sous l'impact des nécessités d'irrigation (l'agriculture est responsable de plus de 70 % des prélèvements), de l'urbanisation et de la mondialisation d'un mode de vie consumériste.

---

[1] En réalité, les historiens s'accordent à dire qu'il y a eu très peu de guerres ayant pour cause directe l'eau. Les chercheurs de l'université de l'Oregon (États-Unis d'Amérique) ont analysé plus de 2 000 « interactions » de « conflits » liés à l'eau. Ils notent ainsi que la seule véritable guerre liée à l'eau remonte à plus de 4 500 ans, entre Lagash et Umma, deux cités-États voisines du pays de Sumer (Mésopotamie) au sujet du partage des eaux du Tigre et de l'Euphrate. À part cet exemple, l'eau n'était pas le principal facteur de conflit ; il n'y a pas eu de guerre entre États pour l'eau pour le moment.
Néanmoins, il y a clairement des points de tensions forts autour de l'eau au Moyen-Orient, en Asie centrale, en Afrique du nord.... Car l'eau est un enjeu de puissance et de développement économique.

Le plus dur reste à venir. Pour nourrir 2 milliards d'humains supplémentaires en 2050, l'irrigation devra encore être intensifiée. Le réchauffement climatique, dont la réalité est désormais reconnue mais dont l'ampleur reste inconnue, modifie le régime des pluies dans le sens d'une accentuation des sécheresses et des inondations. Enfin, les différentes sources de pollution impliquent des traitements de plus en plus sophistiqués, d'un coût inaccessible à la plupart des budgets nationaux.

Si les ressources en eau potentielles, en termes de niveau global d'écoulement, demeurent encore largement suffisantes, elles sont très inégalement réparties. En 2050, seuls une trentaine de pays (la Russie, le Brésil, l'Australie, l'Europe du Nord et de l'Ouest, l'Afrique équatoriale) resteront autosuffisants. Les autres devront avoir recours à l'importation d'eau à moins que, comme les États du golfe (Arabie saoudite, Bahreïn, Émirats arabes unis, Koweït, Oman et Qatar), ils bénéficient de rentes qui leur permettent de mettre en œuvre les techniques très onéreuses du dessalement de l'eau de mer.

Le pire n'est jamais sûr, mais l'hypothèse que des pays aillent, les armes à la main, se procurer chez le voisin une ressource en eau indispensable dont ils sont privés ne relève plus de la politique-fiction. Le cas du Nil est souvent cité en exemple, la « question des eaux du Nil » peut aggraver encore les tensions entre l'Égypte, l'Éthiopie et le Soudan.

De plus en plus nombreux sont ceux qui prônent une solution radicale : introduire l'eau du cours d'eau international sur le marché mondial en lui affectant un prix qui soit le reflet de sa nouvelle valeur en tant que « bien économique » rare. Il s'agirait de consacrer ainsi ce que l'eau est réellement devenue : une *res* stratégique, au même titre que le gaz ou le pétrole. Fixer un prix au mètre cube d'eau du cours d'eau international sur un marché, c'est peut-être pousser à la négociation (entre les États du cours d'eau ou les acteurs non étatiques) plutôt qu'au conflit, favoriser l'échange au lieu de préparer la « guerre de l'eau ». C'est, par la monétisation, tenter d'introduire une régulation de l'offre et de la demande afin de maîtriser celle-ci.

Un tel marché de l'eau n'a que peu à voir avec l'économie de marché chère aux monétaristes. Il s'agit plus d'organiser l'échange pour favoriser une répartition à peu près équitable de l'eau que de laisser jouer un mécanisme. Comment monnayer le droit régalien des États sur l'eau du cours d'eau international, comment veiller à ce qu'il n'y ait pas de dommage ou de préjudice pour les autres usagers (États du cours d'eau ou acteurs non étatiques) lorsque l'eau du cours d'eau international est vendue ou achetée, comment parvenir à une valeur monétaire de référence, comment éviter les dérives spéculatives, comment garder à une « marchandise » son caractère de ressource *sui generis* ? Les eaux du Nil seront-elles à « prix réduit » ou à bon prix ? L'Éthiopie parie-t-elle seulement sur l'énergie hydro-électrique ? L'Éthiopie, « château d'eau de l'Afrique de l'Est », croit-t-elle en ses réserves hydrauliques comme d'autres parient sur le gaz ou le pétrole ? L'Éthiopie a-t-elle décidé de miser avant tout sur « ses eaux » du Nil ? L'Éthiopie veut-elle exporter l'eau en vrac et encaisser des devises ? L'Éthiopie veut-elle vendre « ses eaux » ? Autant de questions complexes qui nourrissent un débat désormais ouvert au sein de la communauté internationale.

Le chapitre suivant (« La commercialisation des eaux du Nil »)[1] est le prolongement direct du chapitre précédent – entre rétrospectif et prospectif. Les inégalités de répartition de l'eau douce sont la raison d'être de l'invention des canaux, des aqueducs, des viaducs et d'autres ouvrages hydrauliques : ils permettent les transferts d'eau des territoires riches en eau vers les régions plus arides. Lorsqu'il est question d'exportations massives d'eau, ces transferts nécessitent le détournement du cours d'eau de son cours naturel à l'intérieur des frontières de l'État exportateur, et son acheminement vers un État importateur dans un but commercial. Mais la vente de « ses eaux » par l'État du cours d'eau international à un État non-riverain pose la question de l'existence d'un corps de règles dédié à ces exportations. Si les exportations massives d'eau sont soumises à l'ensemble des règles du droit international, en particulier ses branches relatives à l'eau et au commerce, l'inexistence de règles spécifiques est patente. Les spécificités de l'eau du cours d'eau international et les contraintes de

---

[1] Ce chapitre s'appuie sur les recherches menées par les auteurs, notamment : F. QUILLERÉ-MAJZOUB et T. MAJZOUB, *Fresh Water in its Three 'Legal States': The Prognosis for International Law*, Edward Elgar Publishing, septembre 2025 ; F. QUILLERÉ-MAJZOUB, « La commercialisation de l'eau d'un cours d'eau international entre les États du cours est-elle envisageable ? », *RJO*, 2005, no. 4, pp. 449-467 ; F. QUILLERÉ-MAJZOUB, *L'eau dans tous ses états juridiques. Prospectives hydrauliques internationales*, Collection Cours et travaux de l'IHEI, Paris, Pedone, 2017, p. 39 *et seq.* (commercialisation des eaux des cours d'eaux internationaux) ; F. QUILLERÉ-MAJZOUB et T. MAJZOUB, « Un droit international de l'exportation massive d'eau : *lege lata* ou *lege ferenda* ? », pp. 23-44. Il s'est largement inspiré de l'article de 2022, mais pour utiliser son contenu dans une perspective nilotique qu'on espère renouvelée.

chaque cas révèlent l'aspect essentiellement casuel d'un réseau dense de contrats internationaux d'investissement et d'exploitation, et de traités essentiellement bilatéraux. Ce sont donc les règles pratiques, contingentes et diversifiées des États qui s'imposent, soit dans une logique volontairement commerciale, soit au contraire pour échapper à la commercialisation de l'eau transférée.

CHAPITRE 2.- LA COMMERCIALISATION DES EAUX DU NIL

Face à une crise mondiale imminente de l'eau[1], les inégalités de répartition des ressources en eau douce apparaissent de plus en plus critiques et pesantes pour le développement des États et le bien-être des individus et des sociétés. Parmi les solutions préconisées, les transferts d'eau – des territoires riches en eau au profit de régions plus arides – sont la raison d'être de l'invention des canaux, des aqueducs et autres[2]. Depuis le XIXe siècle, les transferts d'eau ont pris des proportions beaucoup plus importantes puisqu'ils sont devenus nettement plus volumineux entre les territoires de différents États et ont donné naissance aux « exportations massives d'eau » ou *bulk water transfer*[3].

Ces exportations massives d'eau consistent plus précisément en la commercialisation des eaux nationales par transferts d'eau en très grandes quantités. Elles ne permettent donc pas la vente des eaux des cours d'eau internationaux entre les États du cours d'eau[4]. Elles peuvent intervenir selon plusieurs modalités. À côté de la vente d'eau dessalée à un État tiers, exclue puisqu'il ne s'agit pas d'eau douce, cette commercialisation peut consister en la vente internationale des eaux « nationales »[5]. Elle peut également consister en la vente de ses eaux

---

[1] Voy. *Rapport mondial des Nations Unies sur la mise en valeur des ressources en eau 2019 : Ne laisser personne pour compte*, Paris, Unesco, 2019, notamment pp. 14 *et seq*.

[2] Fr. LASSERRE (dir.), *Transferts massifs d'eau : outils de développement ou instruments de pouvoir ?*, Québec, Presses de l'Université du Québec, 2005, pp. 3-27.

[3] Dans la terminologie anglo-saxonne. Traduit également par l'expression « transfert d'eau "en vrac" ».

[4] Le droit applicable aux cours d'eau internationaux et le caractère partagé de la ressource hydrique interdisent aux États d'amont la vente des eaux non utilisées, sur la part qui leur revient, qui s'écoulent librement vers les États d'aval. Voy. F. QUILLERÉ-MAJZOUB, *L'eau dans tous ses états juridiques. Prospectives hydrauliques internationales*, Collection Cours et travaux de l'IHEI, Paris, Pedone, 2017, p. 39-47. Dans le même sens, voy. P. SZWEDO, *Cross-Border Water Trade: Legal and Interdisciplinary Perspectives*, Leiden/Boston, Brill Nijhoff, 2018, p. 176 : vaine tentative du Népal de vendre une partie des eaux partagées du Mahakali/Sharda, non utilisées, à l'Inde.

[5] Eaux se situant strictement sur le territoire d'un même État, naissant et disparaissant sur ce territoire. Voy. définition *a contrario* du « cours d'eau international » de la Convention sur le droit relatif à l'utilisation des cours d'eau internationaux à des fins autres que la navigation du 21 mai 1997 dans ses articles 2, a)

« internationales » par un État d'un cours d'eau international au profit d'un ou de plusieurs États non-riverains avant que celles-ci ne quittent son territoire, dans la stricte mesure où cet État respecte les droits des autres États riverains sur les eaux du cours d'eau international qu'ils partagent[1]. Toutes ces formes de vente supposent à l'évidence que l'eau soit acheminée, transférée par des pipelines, des aqueducs, des canaux, ou toutes autres infrastructures ou moyens de transport, temporaires ou permanents, permettant à l'État « exportateur » de pouvoir contrôler les volumes transférés. L'eau est donc détournée de son cours naturel à l'intérieur des frontières de l'État « exportateur », et son acheminement s'effectue dans un but commercial, et non à titre gratuit, vers un État tiers.

Les transferts massifs d'eau sont déjà une réalité à travers le monde. Certes, la plupart des projets récents ou futurs de transferts massifs d'eau sont nationaux, comme en Australie[2], en Chine[3], aux États-Unis[4], en Inde[5] et au Québec[6] notamment, et ne concernent donc pas l'exportation commerciale internationale. Certains cas d'exportation d'eau ont fonctionné[7] et fonctionnent toujours[8], en application de traités ou de contrats d'exportation massive d'eau[9].

Face à un tel phénomène, la question se pose de savoir si le droit international en connaît et, si oui, dans quelle mesure. Il s'agit donc de

---

et b) : un « cours d'eau national » serait « un système d'eaux de surface et d'eaux souterraines constituant, du fait de leurs relations physiques, un ensemble unitaire et aboutissant normalement à un point d'arrivée commun [...] dont les parties se trouvent » dans un seul État.

[1] QUILLERÉ-MAJZOUB, *L'eau dans tous ses états juridiques. Prospectives hydrauliques internationales*, *op. cit.*, p. 39 *et seq.*

[2] Voy. en particulier le site de la société d'État Water NSW, établie en vertu du *Water NSW Act* de 2014, qui exploite les cours d'eau et les systèmes d'approvisionnement en eau en Australie (www.waternsw.com.au/projects).

[3] A. BÉRAUD, « Une autoroute chinoise de l'eau », 30 mai 2018, *Radio-Canada* (ici.radio-canada.ca/nouvelle/1103819/eau-chine-diversion-nord-sud-aqueduc-pipeline).

[4] LASSERRE, *op. cit.*, pp. 10-13.

[5] *Ibid.*, p. 7.

[6] Fr. LASSERRE, « Les projets d'exportation d'eau du Québec : grandeur et déclin d'un levier de développement national », *Hérodote*, 2017, vol. 165, pp. 143-164.

[7] SZWEDO, *op. cit.*

[8] F. O. BOADU, « Relational Characteristics of Transboundary Water Treaties: Lesotho's Water Transfer Treaty with the Republic of South Africa », *NRJ*, 1998, vol. 38, no. 3, pp. 381-409.

[9] SZWEDO, *op. cit.*, pp. 131-207.

se demander s'il existe un corps de règles issues du droit international dédié aux exportations massives d'eau[1], autrement dit, si les règles actuelles du droit international public sont adaptées ou si elles doivent être complétées par de nouvelles règles spécifiques. La question de l'existence, au sein du droit international, d'un corps de règles et de principes spécifiques dédié aux transferts massifs d'eau interétatiques à vocation commerciale se pose non seulement au regard de la volonté d'identifier et de comprendre ce phénomène, mais également par rapport aux enjeux pratiques de la détermination d'un corps de règles qui lui seraient applicables.

On relèvera tout d'abord qu'un droit international de l'exportation massive d'eau ne saurait exister *ex nihilo* et qu'il s'insère dans l'ensemble du droit international (section 1). Pour autant, faute de règles internationales vraiment spécifiques, les règles pratiques, contingentes et diversifiées des États se sont imposées (section 2).

SECTION 1.- L'INEXISTENCE DE RÈGLES SPÉCIFIQUES AUX EXPORTATIONS MASSIVES

Un droit international de l'exportation massive d'eau doit obligatoirement s'insérer dans le droit international général puisqu'il est destiné à régler les rapports des États entre eux dans le contexte d'un transfert massif d'eau d'un État vers un ou plusieurs autres États. En vertu de l'objet même de celui-ci, les branches du droit international général qui ont vocation à en connaître sont en particulier le droit

[1] Voy. D. B. MAGRAW et D. PADMANABHAN, « Water and International Trade Law », *in* S. C. MCCAFFREY, Ch. LEB et R.T. DENOON (dir.), *Research Handbook on International Water Law*, Cheltenham, Edward Elgar Publishing, 2019, pp. 205-223.

international de l'eau[1] et le droit international commercial[2] ou économique[3]. En effet, un droit destiné à encadrer l'exportation massive d'eau ne peut pas faire *tabula rasa* du droit international de l'eau et des acquis conventionnels ou coutumiers de ces dernières décennies[4] (paragraphe 1). De même, s'agissant de « vente de ressources nationales », un tel droit doit s'inscrire dans les cadres internationaux qui gouvernent les relations commerciales entre les États (paragraphe 2).

---

[1] Constitué de l'ensemble des règles régissant les ressources continentales en eau douce par les sujets de droit international. Il définit l'eau douce comme son objet (par opposition aux eaux salées et au droit de la mer) et les règles et principes qui s'y appliquent. Pour l'évolution du droit international de l'eau, voy. MCCAFFREY *et al.* (dir.), *ibid.* : A. RIEU-CLARKE, « From Treaty Practice to the UN Watercourses Convention", pp. 11-25 ; J. W. DELLAPENNA, « The Work of International Legal Expert Bodies », pp. 26-43 ; A. TANZI, « The Global Water Treaties and Their Relationship », pp. 44-58. Voy. également L. BOISSON DE CHAZOURNES et M. TIGNINO (dir.), *International Water Law*, Cheltenham, Edward Elgar Publishing, 2015 ; J. SIRONNEAU, « Le droit international de l'eau existe-t-il ? Évolution et perspectives pour la résolution des conflits d'usages », Ministère de l'Environnement et du Développement durable, Direction de l'eau, novembre 2002, (www.riob.org/IMG/pdf/DROINTER2.pdf).

[2] Voy. A. GOWLLAND-GUALTIERI, « Legal Implications of Trade in 'Real' and 'Virtual' Water Resources », *in* P. CULLET *et al.* (dir.), *Water Law for the Twenty-First Century - National and International Aspects of Water Law Reform in India*, Abindgdon/New York, Routledge, 2010, p. 59-80 ; E. BROWN WEISS, « Water Transfers and International Trade Law », *in* E. BROWN WEISS, L. BOISSON DE CHAZOURNES et N. BERNASCONI-OSTERWALDER (dir.), *Fresh Water and International Economic Law*, Oxford, OUP, 2005, pp. 61-92.

[3] Voy. : H. MANN, « International Economic Law: Water For Money's Sake? », presented at *I Seminario Latino-Americano de Politicas Publicasem Recursos Hidricos*, Brasilia, Brazil, 22 septembre 2004, pp. 4-25 ; M. COSSY, « Le statut de l'eau en droit international économique. Principaux aspects au regard des règles de l'Organisation mondiale du commerce », *in* L. BOISSON DE CHAZOURNES et S. M. A. SALMAN (dir.), *Les ressources en eau et le droit international*, Brill Nijhoff, The Hague, 2005, pp. 169-208.

[4] SZWEDO, *op. cit.*, pp. 202-207.

Paragraphe 1.- L'encadrement général par les principes généraux du droit international de l'eau

Le droit international général n'est pas étranger aux préoccupations relatives à l'eau[1]. Historiquement, l'eau a été considérée comme un vecteur de communication à vocation commerciale en tant que voie de navigation[2] à travers la gestion des fleuves internationaux, et il n'était pas question de la ressource en elle-même. La question de la surexploitation de l'eau, puis du droit international du développement[3] qui a accompagné la multiplication du nombre des États après la Seconde Guerre mondiale, va accompagner l'apparition de l'eau « en tant que telle »[4] comme préoccupation majeure du droit international[5].

Au début des années 1970, la CDI se saisit du sujet de l'utilisation des eaux des fleuves internationaux « à des fins autres que la navigation »[6]. Il s'agit essentiellement de codifier la coutume et les pratiques existantes relatives au partage des eaux de ces cours d'eau entre les États concernés par leur écoulement, soit de façon concomitante[7], soit à tour de rôle[8], dans le contexte d'utilisations consommatrices[9] ou non[10] de la ressource hydrique.

Il fallut cependant attendre les années 1990 pour voir l'adoption de deux traités inspirés, entre autres, par les travaux de l'Association de droit international[11]. La « Convention sur la protection et l'utilisation

---

[1] Voy. en ce sens Fr. COULÉE, « Rapport général - Du droit international de l'eau à la reconnaissance internationale d'un droit à l'eau : les enjeux », *in* SFDI, *L'eau en droit international*, Paris, Pedone, 2011, pp. 23-24.

[2] L. CAFLISCH, « La convention du 21 mai 1997 sur l'utilisation des cours d'eau internationaux à des fins autres que la navigation », *AFDI*, 1997, vol. 43, p. 755-756.

[3] L. LUSSIER, « Le droit international en devenir dans un monde divisé : Quel droit dans quel monde ? », *Études internationales*, 1991, vol. 22, no. 3, pp. 604-605.

[4] S. PAQUEROT, « Les développements normatifs du droit international de l'eau : contradictions non résolues et ambivalence normative », *in* SFDI, *op. cit.*, pp. 73-74.

[5] CAFLISCH, *op. cit.*, pp. 756-759.

[6] Voy. AGNU, Résolution 2669 (XXV), 8 décembre 1970, Doc ONU A/CN.4/244/Rev.1.

[7] Cas des États en vis-à-vis pour qui le cours d'eau international sert de frontière.

[8] États d'amont et États d'aval.

[9] Consommations humaines, urbaines, industrielles et agricoles.

[10] Énergie hydro-électrique ou toute autre utilisation de l'eau qui n'en modifie ni la quantité, ni la qualité.

[11] Voy. : Règles d'Helsinki sur l'utilisation des eaux des fleuves internationaux de 1966 ; Règles de Séoul sur les eaux souterraines internationales de 1986 ; Règles de Berlin sur les ressources en eau de 2004.

des cours d'eau transfrontières et des lacs internationaux » (ou Convention d'Helsinki)[1] a tout d'abord été adoptée le 17 mars 1992 à Helsinki par la Commission économique pour l'Europe des Nations Unies (CEE-NU)[2]. La « Convention sur le droit relatif aux utilisations des cours d'eau internationaux à des fins autres que la navigation » (Convention de 1997)[3] a ensuite été adoptée au niveau international par l'AGNU le 21 mai 1997 à New York[4], aux termes de travaux longs de deux décennies de la CDI[5]. Par la suite, la Convention d'Helsinki, qui ne s'adressait au départ qu'aux États de la zone CEE-NU, a pris une dimension internationale à la suite des amendements portant sur ses articles 25 et 26 adoptés en 2003[6], permettant aux États situés en dehors de cette zone d'en devenir Parties[7].

Le droit international de l'eau se préoccupe des utilisations des ressources en eau soumises à l'exercice de plusieurs souverainetés et fixe les règles permettant aux utilisations de s'exercer dans de bonnes conditions et de ne pas être des facteurs de conflits entre les États partageant la ressource. Parmi ces règles, celle de l'« utilisation équitable et raisonnable » et celle de l'« utilisation non dommageable »[8] sont au cœur même de la construction juridique

---

[1] Entrée en vigueur le 6 octobre 1996.

[2] La CEE-NU s'est aussi basée sur ses propres documents d'orientation (Déclaration de principe de la CEE-NU sur la prévention de la pollution des eaux, y compris la pollution transfrontière, et sur la lutte contre cette pollution ; Décision de la CEE-NU concernant les principes relatifs à la coopération dans le domaine des eaux transfrontières) et sur les conclusions de la Réunion sur la protection de l'environnement (16 octobre-3 novembre 1989, Sofia) de la Conférence sur la sécurité et la coopération en Europe.

[3] Convention de 1997, entrée en vigueur le 17 août 2014.

[4] AGNU, Résolution 51/229, adoptée par 103 voix « pour », 3 « contre » et 27 abstentions.

[5] CAFLISCH, *op. cit.*, pp. 760-769.

[6] Ces amendements sont entrés en vigueur le 6 février 2013.
Voy. *e.g. Progrès de la coopération dans le domaine des eaux transfrontières : Situation mondiale de l'indicateur 6.5.2 des ODD et besoins d'accélération*, Nations Unies et UNESCO, Paris, 2021 ; E. KONCAGÜL, R. CONNOR et V. ABETE, *Rapport mondial des Nations Unies sur la mise en valeur des ressources en eau 2024 : l'eau pour la prospérité et la paix ; faits, chiffres et exemples d'actions*, UNESCO World Water Assessment Programme, UN-Water, New York, 2024.

[7] Voy. « Projet d'articles sur le droit des aquifères transfrontières », entériné le 11 décembre 2008 par l'Assemblée Générale des Nation-Unies (Résolution 63/124, doc. ONU A/RES/63/124, 15 janvier 2009) : travaux de la CDI, débutés en 2002, relatifs à la question des « Ressources naturelles partagées ».

[8] Ou principe *sic utere tuo ut alienum non laedas*.

réalisée. L'eau y est considérée comme une ressource naturelle et est envisagée à la fois comme ressource vitale, sociale et économique[1]. Le droit international de l'eau encadre donc la souveraineté, les ressources naturelles et l'environnement. Ses règles concernent à la fois le partage international des eaux – gestion quantitative des fleuves, lacs, eaux souterraines – et leur protection contre la pollution – gestion qualitative.

Par ailleurs, la jurisprudence internationale - juridictionnelle[2] et arbitrale[3] - en applique les principes. La CIJ se réfère dans ses arrêts aux traités pour apporter une argumentation fondée sur le droit international. Dans l'affaire Gabčíkovo-Nagymaros, elle utilise la Convention du 21 mai 1997 non encore entrée en vigueur et applique les principes du droit au développement et de l'équité ainsi que celui de l'utilisation raisonnable et équitable des ressources en eau[4]. Par la suite,

---

[1] Voy. Y. VEGA CÁRDENAS, « La construction sociale du statut juridique de l'eau en Amérique du Nord », *Lex Electronica*, 2007, vol. 12, no. 2, pp. 3-4 ; S. PAQUEROT, *Le statut des ressources vitales en droit international : essai sur le concept de patrimoine commun de l'humanité*, Bruxelles, Bruylant, 2002, pp. 214 *et s.* ; L. BOISSON DE CHAZOURNES et M. TIGNINO, « Droit international et eau douce », *JurisClasseur*, *Droit international*, Fasc. 148, mars 2013, § 132. Voy. également *e.g.* : « Annexe II : Action 21 », *in Rapport de la Conférence des Nations Unies sur l'environnement et le développement (Rio de Janeiro, 3-14 juin 1992)*, 1993, doc. ONU A/CONF.151/26/Rev.1 (Vol. I), Chapitre 18, p. 285-286, § 18.8.

[2] Voy. : CPJI, *Prises d'eau à la Meuse (Pays-Bas c. Belgique)*, arrêt, 28 juin 1937, *Rec.* (Série A/B), fasc. 70 ; CIJ, *Projet Gabčìkovo-Nagymaros (Hongrie c./ Slovaquie)*, arrêt, 25 septembre 1997, *Rec.*, p. 7 ; CIJ, *Usines de pâte à papier sur le fleuve Uruguay (Argentine c. Uruguay)*, arrêt, 20 avril 2010, *Rec.*, p. 14 ; CIJ, *Différend concernant le statut et l'utilisation des eaux du Silala (Chili c. Bolivie)*, arrêt, 1er décembre 2022, *Rec.*, p. 614. Pour une vue d'ensemble, voy. Georges LABRECQUE, *Les cours d'eau internationaux - Étude jurisprudentielle*, Paris, L'Harmattan, 2019.

[3] Voy. Sentence du tribunal arbitral constitué en vertu du compromis d'arbitrage entre les gouvernements Français et espagnol sur l'interprétation du traité de Bayonne en date du 26 mai 1866 et de l'acte additionnel de la même date concernant l'utilisation des eaux du lac Lanoux ou *Affaire du Lac Lanoux (France c. Espagne)*, 16 novembre 1957, *RSA*, 1963, vol. 12, pp. 285-317 ; CPA, *Eaux de l'Indus – Barrage de Kishenganga (Pakistan c. Inde)*, sentence, 20 décembre 2013, *RSA*, 2018, vol. 31, pp. 309-358.

[4] CIJ, *Projet Gabčikovo-Nagymaros*, *op. cit.*, p. 68. Voy. : G. ECKSTEIN, « Application of International Water Law to Transboundary Groundwater Resources, and the Slovak-Hungarian Dispute Over Gabcikovo-Nagymaros », *Suffolk Transnational Law Review*, 1995, vol. 19, p. 67 ; A. SCHWABACH, « Diverting the Danube: The Gabcikovo-Nagymaros Dispute and International Freshwater Law », *Berkley Jl. IL*, 1996, vol. 14, no. 2, p. 290-343 ; A. E. BOYLE, « The Gabčíkovo-

même si l'interprétation du droit international de l'eau est parfois contestée[1], la CIJ a fixé certains principes, notamment en matière de protection de l'environnement, malgré une application critiquée face à son choix de vouloir protéger, à la fois, l'environnement et l'État[2]. Quant aux sentences, leurs enseignements en matière de protection de l'environnement et de réparation du préjudice subi sont souvent mieux reçus[3]. D'une façon générale, cette jurisprudence reconnaît le droit absolu des États du cours d'eau à aménager celui-ci[4] et pose l'exigence d'une indemnisation adéquate.

Néanmoins, il n'est jamais fait mention dans le droit international de l'eau du transfert et de la vente d'eau en grande quantité, qu'elle provienne des cours d'eau ou des lacs internationaux ou encore des aquifères transfrontières. Il faut donc chercher dans le droit international économique l'existence de règles pouvant s'appliquer à l'exportation massive d'eau.

Paragraphe 2.- La vocation « expansionniste » du droit international économique

Le commerce de l'eau ne fait l'objet d'aucune disposition particulière explicite dans le droit international économique, que ce soit dans les Accords de l'Organisation mondiale du commerce (OMC) ou dans les textes régionaux dédiés au commerce continental[5]. Ce silence

---

Nagymaros Case: New Law in Old Bottles », *YBIEL*, 1997, vol. 8, no. 1, pp. 13-20 ; M. FITZMAURICE, « Case Analysis: The Gabčikovo-Nagymaros Case: The Law of Treaties », *Leiden JIL*, 1998, vol. 11, no. 2, pp. 321-344 ; M. SZABÓ, « The Implementation of the Judgment of the ICJ in the Gabčikovo-Nagymaros Dispute », *Iustum Aequum Salutare*, 2009, vol. 1, p. 22.

1 Voy. notamment AGNU, Résolution 1803 (XVII) relative à la souveraineté permanente sur les ressources naturelles, 14 décembre 1962.

2 Voy. notamment arrêt *Usines de pâte à papier…*, *op. cit.*

3 Voy. : Conseil d'État français, « L'eau et son droit », *EDCE*, n° 61, 2010, p. 258 ; Anna POYDENOT, « Le droit international de l'eau, état des lieux », *Les notes d'analyse du Ciheam*, N° 29, février 2008, p. 6.

4 CIJ, *Construction d'une route au Costa Rica le long du fleuve San Juan (Nicaragua c. Costa Rica)*, arrêt, *Rec.*, 2015, p. 665. Voy. : L. CAFLISCH, « Règles générales du droit des cours d'eau internationaux », *RCADI*, 1989, vol. 219, pp. 9-225, notamment p. 104 *et seq.* ; B. WINIARSKI, « Principes généraux du droit fluvial international », *RCADI*, 1933, vol. 45, p. 108.

5 En Europe, au regard du droit de l'Union européenne. En Amérique du Nord, au titre de l'ALENA : cet accord a été remplacé par l'ACEUM, signé le 10 décembre 2019 à Mexico et ratifié en mars 2020. Relativement à l'eau, ce nouveau traité

ne signifie pas qu'il existerait une interdiction ou une obligation d'exportation commerciale de l'eau : on peut juste dire que celle-ci n'est permise que dans la mesure où elle respecte les règles générales applicables au commerce de marchandises[1]. À cet égard, trois sortes de règles sont susceptibles de s'appliquer à cette exportation : celles relatives au commerce des produits, celles relatives au commerce des services, et celles relatives aux investissements.

S'agissant des premières, l'article XI.1 de l'Accord général sur les tarifs douaniers et le commerce (GATT)[2] interdit à un État d'instituer des prohibitions ou des restrictions quantitatives à l'exportation ou à l'importation d'un produit, à l'exception des droits de douane[3]. Néanmoins, les États exportateurs ont la possibilité de bénéficier d'exceptions à cette règle pour des raisons environnementales. En effet, les articles XI.2 a), XX b) et XX g) du GATT permettent d'imposer des restrictions aux exportations, sous réserve de respecter certaines conditions. D'une part, l'article XI.2 a) permet l'interdiction ou la restriction des exportations de façon temporaire en cas de « situation critique » telle qu'une « pénurie de produits alimentaires ou d'autres produits essentiels » pour l'exportateur, ou encore pour « remédier » à une telle situation[4]. Il s'agit d'évidence d'une exception valable face à une situation exceptionnelle dont l'utilisation paraît très restrictive[5]. D'autre part, l'article XX b) et g) permet des restrictions aux exportations si cela est « nécessaire à la protection de la santé et de la vie des personnes et des animaux ou à la préservation des végétaux » et si cela se rapporte « à la conservation des ressources naturelles

---

n'apporte pas de changement par rapport à l'ALENA : une lettre du 30 novembre 2018 des autorités canadiennes exclut les eaux des parties du bénéfice de l'ACEUM (www.international.gc.ca/trade-commerce/assets/pdfs/agreements-accords/cusma-aceum/lettre-ressources-en-eau.pdf).

[1] K. Mayrand, J.-Fr. Morin et M. Paquin, « L'exportation en vrac : Survol des enjeux juridiques, socioéconomiques et environnementaux », Centre international Unisféra (Québec), décembre 2002, p. 1.

[2] M. Tignino et D. Yared, « La commercialisation et la privatisation de l'eau dans le cadre de l'Organisation mondiale du commerce », *RQDI*, 2006, vol. 19, no. 2, note 10, p. 162.

[3] On retrouve une disposition similaire avec l'article 309 de l'ALENA.

[4] Tignino et Yared, *op. cit.*, pp. 180-181.

[5] V. Pironon, « L'Eau dans le commerce des marchandises (Partie 2 : L'exportation de l'eau dite "en vrac") », *in* Séminaire de recherche, *Les différentes approches juridiques pour la recherche sur les ressources naturelles*, organisé par l'Université Nationale du Littoral, Faculté de droit de Nantes, 28 mai 2014, p. 2.

épuisables »[1]. Ces exceptions ne seront conformes aux exigences du GATT qu'à la condition qu'elles soient appliquées conjointement à des restrictions à la production ou à la consommation nationale, sans discrimination envers les entreprises étrangères, et sans constituer une restriction déguisée au commerce international[2]. Par ailleurs, l'État exportateur peut toujours adopter des mesures tarifaires grâce à des taxes à l'exportation : sans les interdire ou les empêcher, elles les rendent moins rentables et moins compétitives sur les marchés internationaux[3]. Il ne faudrait cependant pas que ces taxes constituent des restrictions déguisées au commerce international ou des discriminations envers les entreprises étrangères.

Ainsi, ce ne sont pas les exportations commerciales qui sont obligatoires ; ce sont les conditions de concurrence de celles-ci qui sont strictement encadrées. En effet, quand l'eau exportée massivement est considérée comme un produit, un État peut toujours ne pas en permettre l'exportation commerciale, échappant ainsi à l'application des règles du GATT[4]. C'est le caractère commercial de l'exportation qui importe et impose l'application des règles du GATT. Dès lors, lorsqu'un État permet l'exportation à un moment donné, celle-ci ne peut plus être interdite[5], sauf pour des raisons de protection de la ressource d'application générale. Face à une situation de sécheresse durable que le changement climatique ne rend pas improbable, le temporaire pourrait être amené à durer. Si l'exportation massive d'eau est un droit pour tout État, sa réalisation au titre d'accords commerciaux semble donc constituer un pari risqué quant à la gestion durable de la ressource, surtout en période d'incertitudes climatiques[6]. Pour autant,

---

1 TIGNINO et YARED, *op. cit.*, pp. 181-183.

2 MAYRAND *et al.*, *op. cit.*, p. 2 : dans le GATT, le pays exportateur doit justifier du bien-fondé de ses restrictions ; dans l'ALENA, il existe un système de renversement de la charge de la preuve.

3 *Idem*, p. 2 : GATT, art. XI. L'ALENA permet également de fixer des limites quantitatives si celles-ci ne sont pas inférieures aux exportations antérieures et à certaines conditions.

4 Sur cette question, voy. : TIGNINO et YARED, *op. cit.*, pp. 170-171 ; MAYRAND *et al.*, *op. cit.*, pp. 2-3 ; PIRONON, *op. cit.*, p. 3.

5 Voy. GATT, art. XI, al. 2, a) et b), et art. XIII.

6 Voy. *e.g.* la sécheresse en Afrique australe et ses conséquences : *The Guardian*, « Le chiffre du jour : En Afrique australe, un nombre inquiétant de personnes en insécurité alimentaire », *Courrier international*, 16 janvier 2020 (www.courrierinternational.com/article/le-chiffre-du-jour-en-afrique-australe-un-nombre-inquietant-de-personnes-en-insecurite).

l'interprétation de la « nécessité » de l'article XX.2 b) et de la « ressource naturelle épuisable » de l'article XX.2 g) par l'ORD de l'OMC[1] vient tempérer cette impression d'irréversibilité d'une décision d'exportation antérieure et semble permettre les restrictions, voire les prohibitions dûment justifiées, aux exportations massives d'eau.

S'agissant des deuxièmes sortes de règles susceptibles de s'appliquer à l'exportation massive d'eau, l'Accord général sur le commerce des services (GATS)[2] ne mentionne pas non plus spécifiquement l'eau. Cet accord-cadre appelle les États membres de l'OMC à négocier des listes de services, autres que les services gouvernementaux[3], qu'ils acceptent de libéraliser dans le contexte des conditions et des limites de leurs engagements respectifs. Les États membres de l'OMC établissent ainsi des « engagements spécifiques » qui leur sont propres et pour lesquels ils définissent les secteurs et les méthodes de fourniture de services[4]. Ces engagements permettent un accès « à égalité » des marchés de services aux fournisseurs, quelle que soit la nationalité par application du principe du « traitement national ». Sans engagement spécifique, les États sont soumis à la « règle de la nation la plus favorisée » et à l'obligation de transparence.

Cet accord-cadre prévoit donc une classification des services, dans laquelle l'eau est absente. Pour autant, rien n'empêche les États d'ajouter l'eau à la liste de leurs engagements spécifiques, à moins que de tels services ne soient considérés comme des « services gouvernementaux », c'est-à-dire qu'ils ne soient fournis ni sur une base commerciale, « ni en concurrence avec un ou plusieurs fournisseurs »[5]. La mise en œuvre de ces règles, quand elles peuvent s'appliquer, reste néanmoins largement facultative et soumise à la volonté des États.

S'agissant des troisièmes sortes de règles, le droit international des investissements[6] garantit aux investisseurs étrangers un certain nombre de droits dont celui de ne pas être traité de façon moins favorable que

---

1 TIGNINO et YARED, *op. cit.*, pp. 181-183.

2 *Idem*, p. 162, note 11.

3 GATS, art. I.3 b).

4 TIGNINO et YARED, *op. cit.*, pp. 183-186.

5 GATS, art. I.3 c). *Ibid.*, pp. 189-190.

6 Voy. : Convention de Washington de 1965 et CIRDI ; ALENA et son Chapitre 11 ; tous les traités bilatéraux d'investissement (TBI) (ou accord de promotion et de protection de l'investissement étranger, ou encore accord de protection des investissements) comme, par exemple, entre l'Allemagne et la République dominicaine du 16 décembre 1959 (e.v. 3 juin 1960), ou entre le Canada et la Serbie du 1er septembre 2014 (e.v. 27 avril 2015).

les investisseurs nationaux, de recevoir une indemnisation en cas de mesures équivalentes à une expropriation, et de recourir à l'arbitrage en cas de litige sur l'exécution, l'interprétation et la réparation des dommages subis pendant celle-ci. Ce droit n'est en rien spécifique à l'exportation massive d'eau, mais offre néanmoins un cadre général de règlements des conflits entre investisseurs et États exportateurs[1].

Il est évident qu'il ne s'agit ici que de quelques réflexions sur des problématiques qui nécessiteraient, pour être traitées en profondeur, une thèse ou à tout le moins un ouvrage dédié pour chacune. La vente massive d'eau, parce que par nature transversale, révèle néanmoins un certain nombre de caractéristiques. Ainsi, il ressort de ce qui précède que ni le droit international de l'eau ni le droit international économique ne permettent de définir des règles internationales spécifiquement applicables aux exportations massives d'eau ni ne semblent secréter de dispositions normatives directement applicables aux rapports entre États exportateurs et importateurs d'eau.

---

[1] Voy. en ce sens : L. DOSSIOS et J.-B. RACINE, « L'arbitre, juge des parties et/ou régulateur ? », *RIDE*, 2019, vol. 33, no. 1, pp. 105-122 ; Y. VEGA CÁRDENAS, « L'arbitrage international dans le domaine de l'eau », *Regards Géopolitiques*, 2017, vol. 3, no. 1. À cet égard, diverses affaires ont montré les interactions du droit des investissements et du droit à l'eau (voy. *e.g.* CIRDI, *Aguas del Tunari S.A. c. Bolivie*, aff. n° ARB/02/3, sentence du 22 juillet 2015). Cependant, l'Argentine est le pays qui a attiré le plus grand nombre de réclamations dans l'arbitrage investisseur-État ; voy. : CIRDI, *Urbaser S.A. et Consorcio de Agua Bilbao Bizkaia, Bilbao Biskaia Ur Partzuergoa c. Argentine*, aff. n° ARB/07/26, sentence du 8 décembre 2016 (comm. D. ATTANASIO et T. SAINATI, *AJIL*, 2016, vol. 111, n° 3, p. 744 ; T. H. CHENG et R. TRISOTTO, *JWIT*, 2014, vol. 15, nos 1-2, p. 285 ; S. LEMAIRE, *Rev. Arb.*, 2017, vol. 2, p. 682 ; A. DE NANTEUIL, *Cah. Arb.*, 2017, vol. 4, p. 619) ; CIRDI, *Suez, Sociedad General de Aguas de Barcelona S.A. & Vivendi Universal S.A. c. Argentine*, aff. n° ARB/03/19, sentence du 9 avril 2015 ; CIRDI, *CMS Gaz Transmission Company c. Argentine*, aff. n° ARB/01/8, sentence du 12 mai 2005 ; CIRDI, *LG&E c. Argentine*, aff. n° ARB/02/1, décision sur la responsabilité du 3 octobre 2006. Voy. aussi sur le cas de l'Argentine : E. GAILLARD, *La jurisprudence du CIRDI*, vol. 2, Paris, Pedone, 2010 (pour la sentence *CMS*, p. 177 ; et pour la sentence *LG&E*, p. 309) ; OCDE, *Perspectives d'investissement international 2007 : liberté d'établissement dans un monde de changement*, Paris, OCDE, 2007, spéc. Partie I, Chapitre 5, p. 109 ; R. BACHAND, « Les poursuites CIRDI contre l'Argentine : quand la gestion publique se heurte aux droits des investisseurs étrangers », *Cahiers de recherches CEIM*, 2005 ; « Affaire *SAUR v. Argentine* : que vaut encore la signature de l'État argentin ? », *JurisGuide*, 23 février 2021.

SECTION 2.- DES RÈGLES INTERNATIONALES « PRATIQUES », CONTINGENTES ET DIVERSIFIÉES

L'absence de règles générales du droit international spécifiquement dédiées à l'encadrement de l'exportation massive d'eau à travers les frontières impose de se pencher sur la pratique des transferts massifs d'eau à travers le monde[1]. Les spécificités de la ressource hydraulique et des contraintes qu'elle impose lorsqu'il s'agit de les assurer sont à l'origine de nombreux textes. Leur étude révèle la constitution d'un réseau relativement important d'une part de contrats internationaux d'investissement et/ou d'exploitation, et d'autre part de traités, conventions et accords, presque exclusivement bilatéraux.

De l'immersion dans les nombreux accords internationaux de transfert massif d'eau transfrontière, il ressort un sentiment marqué d'absence d'uniformité peu favorable à l'émergence de règles sinon récurrentes, du moins courantes et au plus systématiques. Il en découle l'impression générale de faire face à un ensemble de règles caractérisées par leur aspect essentiellement, si ce n'est uniquement casuel. Le fait est que les règles applicables ne se prêtent pas facilement à une quelconque généralisation en raison des contraintes spécifiques à chaque cas, tels que les facteurs quantitatif et qualitatif, financier, géographique et géologique, etc.

Néanmoins, cette étude des textes organisant des transferts massifs d'eau à travers les frontières fait apparaître deux grands types d'accords, à savoir ceux qui prévoient un paiement en contrepartie de l'eau ainsi reçue et ceux qui n'en prévoient pas, tout au moins directement sous forme monétaire. Autrement dit, certains textes se placent dans une logique commerciale (paragraphe 1), alors que d'autres tentent, par différents moyens, d'échapper à la commercialisation de l'eau dans l'organisation des transferts massifs d'eau (paragraphe 2).

Paragraphe 1.- Des exportations massives d'eau dans une optique commerciale

Les exportations massives d'eau ont assez souvent pour origine des contrats de fourniture d'eau potable issus de partenariats public-privé.

---

[1] SZWEDO, *op. cit.*

Il s'agit en général de contrats portant sur de petites distances, entre un groupement représenté par une entité publique, voulant accéder à des ressources hydrauliques situées de l'autre côté de la frontière proche. L'exportation de l'eau y est facturée en fonction des quantités d'eau fournies, selon un tarif négocié entre les parties au contrat.

À cet égard, l'un des plus vieux accords de ce type concerne Hong Kong, à l'époque où ce territoire était sous domination britannique. En 1898, un accord entre la Grande-Bretagne et la Chine[1] relatif à l'extension du territoire de Hong Kong a assuré son approvisionnement en eau dans un premier temps. Face aux problèmes chroniques de pénurie d'eau dans la presqu'île, un autre accord a été négocié en 1964, ayant prévu une augmentation de la fourniture d'eau selon la demande. Un nouvel accord a permis en 1978 une augmentation du volume fourni à la colonie britannique, accord encore amendé en ce sens en 1981 et 1982[2]. Un accord de 1987, révisé en 1989, prévoyait quant à lui une augmentation importante de la fourniture d'eau jusqu'en 2000[3]. Cette exportation d'eau a toujours fait l'objet d'un paiement de l'eau consommée proportionnel à la quantité d'eau fournie[4]. La rétrocession de Hong Kong à la Chine le 1er juillet 1997 a mis fin à cette « exportation massive d'eau » selon la définition fixée précédemment, puisque le territoire est redevenu pleinement chinois avec le départ des Britanniques : sa fourniture en eau est devenue une question interne comme il en existe beaucoup, et non plus internationale.

Un autre exemple de ce genre est celui de Singapour. Après l'incorporation de Singapour à la Fédération de Malaisie en 1963, puis son exclusion et son accession à l'indépendance en 1965, l'ancien accord colonial de 1927[5] fut remplacé par une succession d'accords en

---

[1] Convention entre le Royaume-Uni et la Chine concernant une Extension du Territoire de Hong Kong, Beijing 9 juin 1898, *AJIL*, 1910, vol. 4, no. 4, pp. 295-296.

[2] Water Supplies Department (WSD) of the Hong Kong Special Administrative Region, « Dongjiang Water: History », www.wsd.gov.hk/en/core-businesses/water-resources/dongjiang-water/index.html.

[3] Il s'agissait de passer de 690 millions de mètres cubes en 1995 à 780 millions de mètres cubes en 2000, quantité qui pouvait être augmentée jusqu'à 1,1 milliard de mètres cubes au maximum, *ibid.*

[4] Voy. *e.g.* Water Supplies Department (WSD), *op. cit.* ; The Government of the Hong Kong Special Administrative Region, « Agreement Ensures Stable Supply of Dongjiang Water to Hong Kong », www.info.gov.hk/gia/general/201712/14/P2017121400636.htm.

[5] Voy. *infra* Section 2, Paragraphe 2.

1961[1], 1962[2] et 1990[3], prévoyant un paiement de l'eau en fonction des quantités fournies[4] en plus des obligations prévues dans l'accord initial de 1927[5]. Les problèmes relatifs à la révision du prix de l'eau[6], ainsi qu'au différentiel entre le prix de l'eau brute fournie par la Malaisie et celui de l'eau traitée par Singapour[7], ont rendu le renouvellement de l'accord de 1990 impossible en 2011 – date de son expiration – et y ont mis un terme, d'autant que Singapour a pris de nombreuses mesures pour assurer son indépendance hydraulique[8].

Dans le même esprit, on trouve la convention sur l'approvisionnement en eau potable passée entre les communes d'Hendaye (France) et d'Irún (Espagne) le 6 novembre 1981 par une

---

[1] Tebrau and Soudai Rivers Agreement between the Government of the State of Johor and the City Council of the State of Singapore, signed on 1st september 1961, pt. 2, (i) & (ii).

[2] Johor River Water Agreement, signed on 29 september 1962, between the City Council of the State of Singapore and the Johor State Government, pt. 2 (2). Prix de l'eau : 3 cents/1000 gallons d'eau (achat d'eau par Singapour) [pt. 13 (1)] ; 50 cents/1000 gallons d'eau pure ou traitée (vente d'eau par Singapour) [pt. 13 (2)].

[3] Agreement between the Government of the State of Johor and the Public Utilities Board of the Republic of Singapore, 24 novembre 1990, pt. 2 (250 millions de gallons/jour). Prix de l'eau fixé chaque année (pt. 8, [a] et [d]).

[4] Agreement as to Certain Water Rights in Johor, between the Sultan of Johor and the Municipal Commissioners of Singapore, 5 décembre 1927, pt. 24.

[5] C. TORTAJADA et K. POBRE, « The Singapore-Malaysia Water Relationship: An Analysis of the Media Perspectives », *Hydrological Sciences Journal*, no. 56/4, pp. 611-613 (Appendix A).

[6] Voy. Agreement between the Government of the State of Johor..., 1990, *op. cit.* Voy. aussi TORTAJADA et POBRE, *ibid.*, pp. 614-615 (Appendix B) : 4 cents US/m^{3}réclamés par la Malaisie ; puis 45 cents en 2002 (*comp.* 90 cents payés par Hong Kong à la Chine).

[7] D. SEGAL, *Singapore's Water Trade with Malaysia and Alternatives*, Harvard University, J.F. Kennedy School of Government, 30 mars 2004, « Figure 1. Water Trading between Singapore and Malaysia », p. 16.

[8] Voy. Br. WALTON, « Singapore Will Cut Water Imports from Malaysia, Pursue Self-Sufficiency », *Circle of blue*, Water News, 20 mai 2010, www.circleofblue.org/2010/world/singapore-will-cut-water-imports-from-malaysia-pursue-self-sufficiency/ : Singapour a une politique de stockage, de réutilisation (projet NEWater), de traitement et d'adaptation des eaux de pluie, de dessalement et d'importation d'eau en provenance d'autres États. Voy. également R. M. FADZIL, H. AHAMAT et R. Md. KHALID, « Waters Transfer Laws and its Discrepancies, a Brief Overview in Some Neighbouring Countries, Including Discussion on Malaysia-Singapore », *Journal of Law and Society (JUUM)*, 2020, vol. 27, pp. 92-108.

société française[1], ou le contrat passé entre le SIDEN[2] et l'IWCVA[3] relatif à la fourniture et au stockage de certaines quantités d'eau[4]. C'est aussi le cas entre la Pologne et la République tchèque[5] en vue de pallier une mauvaise qualité de l'eau distribuée par la compagnie polonaise monopolistique dans les villes proches de la frontière[6] et d'offrir une eau de meilleure qualité venant d'au-delà de la frontière.

Certains États revendiquent expressément la commercialisation de leurs eaux comme de toute autre ressource naturelle. La Turquie est à cet égard un exemple rare d'État prêt à vendre ses eaux[7]. Dès 1986, celle-ci proposait à ses voisins plus ou moins proches des exportations massives d'eau *via* un « Pipeline de la paix »[8]. En 1992, une proposition

---

1 Voy. Espagne et France, Échange de lettres constituant un accord pour la livraison d'eau potable à la ville d'Irún (Madrid, 18 janvier et 24 mars 1983), *RTNU*, 1983, vol. 1328, pp. 67-70. Les gouvernements espagnol et français y permettaient la réalisation du contrat signé le 6 novembre 1981 par la municipalité d'Irún d'une part, et le Syndicat intercommunal d'alimentation en eau potable de la Bidassoa et la Société lyonnaise des eaux et de l'éclairage d'autre part. En effet, le transport de l'eau prévu au contrat nécessitait que la canalisation traverse la frontière franco-espagnole par le pont international de l'autoroute de Behobie. Afin de respecter l'article 14 du Traité pour déterminer la frontière depuis l'embouchure de la Bidassoa jusqu'au point où confinent le Département des Basses-Pyrénées, l'Aragon et la Navarre, signé à Bayonne le 2 décembre 1856 (*RTNU*, 1979, vol. 1142, n° 838, pp. 318-324), les parties ont ainsi autorisé la Société à effectuer les travaux nécessaires à la réalisation du contrat d'approvisionnement en eau potable sur le pont international.

2 Syndicat intercommunal de distribution des eaux du Nord.

3 IntercomunaleWaterleidingsmaatschappij van Veurne-Ambacht, ou Compagnie intercommunale de l'eau de la province du Veurne-Ambach. Voy. : J. SOHNLE, *Le droit international des ressources en eau douce : solidarité contre souveraineté*, Instaprint, Tours, 2002, p. 207 ; J. CAZALA, « Le droit international et les différends relatifs au Tigre et à l'Euphrate », *in* BOISSON DE CHAZOURNES et SALMAN, *op. cit.*, pp. 532-575, note 93.

4 Pour des détails, voy. SOHNLE, *ibid.*

5 SZWEDO, *op. cit.*, p. 142.

6 *Ibid.*

7 A. BAILLAT, *International Trade in Water Rights, The Next Step*, London/New York, IWA Publishing, 2010, p. 89. Voy. aussi Institute for Agriculture and Trade Policy (IATP), « Israel Signs Agreement to Buy Bulk Water from Manavgat, Turkey », 30 mars 2004, www.iatp.org/news/israel-signs-agreement-to-buy-bulk-water-from-manavgat-turkey.

8 Les eaux « turques » seraient exportées vers la Syrie, la Jordanie et les États du Golfe. Voy. : T. MAJZOUB, *Les fleuves du Moyen-Orient. Situation et prospective juridico-politiques*, Paris, L'Harmattan, 1994, pp. 211-214 ; D. YILDIZ, « The Peace Water Pipeline and Innovative Hydro Diplomacy : Is Turkey's "Peace Water Pipeline Project " Worthwhile to be Considered Again? », *World Water Diplomacy & Science News*, 1 (2-4) EN, 2018, www.hidropolitikakademi.org/wp-

du même ordre était faite à Israël[1] et les installations portuaires spécialement dédiées étaient achevées fin 2004. Si ces deux projets n'ont pas abouti pour des raisons autres qu'économiques[2], les autorités turques n'ont pas abandonné leur projet de vente par exportation massive d'eau, et ont approché les autorités de la Libye, de Crète ou de Malte[3]. C'est donc tout naturellement que la Turquie a entrepris d'assurer l'approvisionnement en eau de Chypre du Nord par des exportations massives dès 1998[4], d'abord par barges[5], puis par pipeline

content/uploads/2018/09/The-peece-water-pipeline-and-innovative-Hydro-Diplomacy-.pdf.

[1] Voy. G. E. GRUEN, « Turkish Water Exports: A Model for Regional Cooperation in the Development of Water Resources », *in* H. SHUVAL et H. DWEIK (dir.), *Water Resources in the Middle East: Israel-Palestinian Water Issues - from Conflict to Cooperation*, Berlin/Heidelberg, Springer-Verlag, 2007, pp. 157 et 163. En 2004, il s'agissait de l'achat de 50 millions de mètres cubes sur une période de 20 ans : le prix devait se situer autour de 1 dollar/m^3 d'eau, soit quatre fois le prix de l'eau au niveau national, et deux fois le prix de l'eau obtenue dans les usines de dessalement.

[2] Pour Israël, voy. M. MISKIN, « Turkey Cancels 20 Year Water Sales », *Israel National News*, 20 juin 2010, www.israelnationalnews.com/News/News.aspx/138163. Pour l'Arabie Saoudite, voy. GRUEN, *ibid.*, pp. 158-159.

[3] Voy. Strategic Foresight Group, *The Blue Peace, Rethinking Middle East Water*, p. 7, www.strategicforesight.com/publication_pdf/52137Highlights%20The%20Blue%20Peace.pdf.

[4] Voy. : Kr. M. ANDERSON et L. J. GAINES, « International Water Pricing: An Overview and Historic and Modern Case Studies », *in* J. DELLI PRISCOLI et A. T. WOLF, *Managing and Transforming Water Conflicts*, Cambridge, CUP, 2009, p. 256 ; M. RENDE, *Water Transfer from Turkey to Water-Stressed Countries in the Middle East*, *in* SHUVAL et DWEIK (dir.), *op. cit.*, p. 171.

[5] Voy. : D. B. BROOKS et O. MEHMET (dir.), *Water Balances in the Eastern Mediterranean*, International Development Research Centre, Ottawa, 2000, p. XX ; ANDERSON, GAINES, *ibid.*, p. 256 ; M. MURAKAMI, *Managing Water for Peace in the Middle East: Alternative Strategies*, UN University Press, Tokyo, 1995, p. 227 ; RENDE, *ibid.*, p. 171.

à partir de la fin 2015[1]. L'eau ainsi exportée fait l'objet d'un paiement calculé sur la base d'un prix au mètre cube fixé[2].

D'autres projets d'exportation massive d'eau ont également été rapportés, qu'il s'agisse du projet avorté d'exportation massive d'eau de l'Iran vers le Koweït[3], le Qatar[4], voire l'Arabie Saoudite[5], ou des projets d'exportation d'Oman vers le Koweït[6], ou du Pakistan vers les Émirats arabes unis[7]. Le prix à payer pour la vente d'eau devait être – pour le premier[8] – et sera – pour les deux autres – fixé dans l'accord final, dépendant vraisemblablement des saisons et des périodes de sécheresse.

Par ailleurs, les exportations massives d'eau ont également un caractère souvent saisonnier, voire accidentel. C'est en particulier le cas de nombreux États insulaires, et tout particulièrement des micro-États. Ainsi, lors des périodes de sécheresse ou pendant la saison sèche, ceux-ci ont recours à des exportations massives d'eau par navires ou barges pour compenser leur déficit hydraulique[9]. Ce phénomène existe

---

[1] Ce projet a nécessité la construction d'un barrage (2010-2014), d'un pipeline de 22 km, d'une station de pompage, d'un pipeline sous-marin de 80 km, d'une seconde station de pompage et d'un second barrage faisant office de réservoir. Le coût du projet s'est élevé à 1,6 milliard de livres turques. Voy. RENDE, *ibid.*, p. 172 ; « Le projet de transfert d'eau potable à la RTCN est achevé », *TRT Français*, 17 octobre 2015 (www.trt.net.tr/francais/programmes/2015/10/17/le-projet-de-transfert-d-eau-potable-a-la-rtcn-est-acheve-392887).

[2] Prix estimé autour de 1,13 dollars/m^3. Voy. BROOKS et MEHMET (dir.), *op. cit.*, p. xx ; H. A. BIÇAK et Gl. JENKINS, « Transporting Water by Tanker from Turkey to North Cyprus: Costs and Pricing Policies », *ibid.*, p. 123.

[3] Voy. : Fr. LASSERRE, « Les transferts d'eau en Iran. Comment exporter en période de sécheresse ? », *in* LASSERRE, *op. cit.*, p. 389 ; « Iran-Kuwait Water Plan Unveiled », *BBC News*, 22 février 2001, news.bbc.co.uk/2/hi/middle_east/1184501.stm ; « Iran Says it Will Export Water to Kuwait », *Payvand's Iran News*, 31 juillet 2000, www.payvand.com/news/00/jul/1134.html.

[4] LASSERRE, *ibid.*, p. 383.

[5] *Ibid.*, p. 384.

[6] S. BOLLIER, « Gulf States Try to Tackle Water Woes », *Al Jazeera*, 22 janvier 2014, www.aljazeera.com/indepth/features/2014/01/gulf-states-tackle-water-woes-20141226487523277.html.

[7] M. LOVELLE, « The UAE, Pakistan and the Proposal for a Water Pipeline », *Future Directions International*, 2 février 2016, www.futuredirections.org.au/publication/the-uae-pakistan-and-the-proposal-for-a-water-pipeline/.

[8] BAILLAT, *op. cit.*, p. 87.

[9] Pour les îles du Pacifique, voy. : D. DUNCAN, *Freshwater under Threat: Pacific Islands - Vulnerability Assessment of Freshwater Resources to Environmental*

également dans des régions arides, comme sur le pourtour de la Méditerranée, avec Major que qui a pu bénéficier d'exportations massives d'eau venue d'Écosse[1].

À côté de ces cas d'exportations massives d'eau, aboutis ou restés à l'état de projet, il existe aussi des cas d'exportations massives d'eau « croisées ». S'agissant de l'accord de 1995 entre Israël et l'OLP[2], la Déclaration de 1996 y relative[3] insiste sur le fait que la fourniture d'eau entre les parties à l'Accord n'est pas gratuite et que le prix applicable à tous les usagers – particuliers, industriels et agriculteurs – prend en compte les coûts croisés des consommations, systématiquement revues et mises à jour[4]. Les consommateurs paient ainsi le coût réel de l'eau, en y incluant les coûts de production à la source et la délivrance à destination[5].

Cependant, la livraison ou la fourniture d'eau ne fait pas toujours l'objet d'un prix fixé selon le volume d'eau transféré, mais peut faire l'objet d'un « paiement » indirect qui peut prendre divers aspects.

Paragraphe 2.- Des transferts massifs d'eau « à titre gratuit » … ou presque

Certains accords monétaires de transfert massif d'eau ne se fondent pas sur les quantités d'eau fournies pour déterminer le prix à payer. L'archétype de ces accords est de type colonial et fait référence, pour

---

Change, PNUE, Secretariat of the Pacific Community Applied Geoscience and Technology Division, Bangkok, mars 2012, (reliefweb.int/sites/reliefweb.int/files/resources/Freshwater_Under_Threat-Pacific_Islands.pdf). Pour les Caraïbes, voy. : « St Lucia to Import Water! », *Repeating Islands*, 19 février 2010, [repeatingislands.com/2010/02/19/st-lucia-to-import-water/] ; « St Lucia Denies Plan to Import Water from Dominica », *Carribean360,* 10 mars 2010, www.caribbean360.com/news/st_lucia_denies_plan_to_import_water_from_dominica) ; etc.

[1] Ülr. KÜFFNER, « Contested Waters: Diving or Sharing? », *in* W. SCHEUMANN et M. SCHIFFLER (dir.), *Water in the Middle East: Potential for Conflicts and Prospects for Cooperation*, Berlin/Heidelberg/New York, Springer Verlag, 1998, p. 79.

[2] Israeli-Palestinian Interim Agreement on the West Bank and Gaza Strip - « Oslo 2 », Oslo, 28 septembre 1995, Annex III, Article 40, pt. 18.

[3] Declaration on Principles for Cooperation on Water-related Matters and Water Resources, Oslo, 13 février 1996, pt. 8.

[4] *Idem.*

[5] Voy. Israeli-Palestinian Interim Agreement on the West Bank and Gaza Strip, *op. cit.*, pt. 18, première phrase, *in fine*.

fixer un prix, à la terre et non à l'eau transférée. Il en allait ainsi de la Convention de fourniture d'eau de la ville d'Aden entre le Royaume-Uni et le Sultan d'Abdalide 1910[1]. Le gouvernement britannique payait une certaine somme pour l'utilisation à perpétuité d'une parcelle de terre afin de se fournir en eau et dédommageait les propriétaires des terrains où les puits étaient creusés. Le Sultan et ses héritiers, de leur côté, s'engageaient à garantir la qualité de l'eau fournie et à assurer toutes les facilités nécessaires à la maintenance et à la protection des infrastructures[2]. De même, l'accord entre l'État du Piatala et le gouvernement britannique relatif au Canal Jumna dans le bassin du Gange[3] se référait à la terre, et non à la quantité d'eau fournie pour fixer le prix des eaux transférées. La construction et la maintenance des infrastructures de détournement d'une partie des eaux du Canal étaient financées conjointement, et le Piatala payait annuellement une somme calculée en fonction de la surface des terres irriguées par l'eau transférée[4].

Intervenus dans un contexte colonial, ces deux exemples préfigurent les accords de transferts massifs d'eau dont le coût n'est pas calculé au *prorata* des quantités d'eau fournies comme l'accord de 1927 entre le Sultan de Johor – en Malaisie – et le Conseil municipal de Singapour[5]. Contre une fourniture d'eau bilatérale[6] et la location par Singapour de terres du Sultanat de Johor afin d'y construire et d'y entretenir des infrastructures de détournement et de stockage des eaux[7], Singapour payait intégralement le coût des travaux de construction et de maintenance des infrastructures, à l'exception du bois d'œuvre[8], et s'engageait à réparer tous les dommages pouvant être causés aux infrastructures publiques présentes sur les terres louées mais non

[1] Convention regarding the water supply of Aden between Great Britain and the Sultan of Abdali, 4 novembre 1910.

[2] *Ibid.*, Article IV (a).

[3] Agreement between the British Government and the Patiala State Regarding the Sirsa Branch of the Western Jumna Canal, 29 août 1893.

[4] *Ibid.*, pt. 31 et pt. 6.

[5] Agreement as to Certain Water Rights in Johor, *op. cit.* Voy. A. A. RAHMAN TANG, « Revisiting the Water Issue Across the Causeway: The Origins of Water Supply from Johor to Singapore (1904-1932) », *Malaysian Journal of History, Politics & Strategy*, 2013, vol. 40, p. 8.

[6] Agreement as to Certain Water Rights, *ibid.*, pt. 24 : 25 cents/1 000 gallons.

[7] RAHMAN TANG, *op. cit.* Pour le loyer : jusqu'à 2000 acres, 30 cents/acre ; pour chaque acre supplémentaire, 5 dollars/acre.

[8] *Idem.*

couvertes par la location[1]. Formellement, le paiement couvrait donc l'utilisation des infrastructures et leur maintenance, le bail des terres, les sommes dues en cas d'exportation de bois, moins les sommes dues par le Sultanat pour l'eau qu'il recevait grâce à ces infrastructures. Surtout, l'accord de 1927 ne prévoyait pas de paiement pour les quantités d'eau fournies « à titre gratuit »[2]. Après l'abrogation de cet accord, les parties ont été liées par un accord classique d'exportation massive d'eau[3].

D'autres accords de transfert massif d'eau organisent un véritable échange entre l'État « fournisseur » et l'État « bénéficiaire ». Ces accords bilatéraux correspondent au remplacement de grandes quantités d'eau détournées, pour assurer la production d'énergie hydro-électrique, par des eaux issues d'un transfert massif d'eau en provenance d'une autre source. C'était le cas dans l'affaire du lac Lanoux[4] où la France a compensé la perte des eaux du lac, dérivées en vue d'approvisionner une centrale hydro-électrique, par la dérivation d'un cours d'eau dans la rivière Carol, issue du lac, et s'écoulant en territoire espagnol. Grâce à ce mécanisme de compensation hydraulique, les territoires arrosés n'ont pas subi de diminution de leur approvisionnement. Un tel transfert compensatoire est effectué à titre gratuit, le coût étant supporté intégralement par le bénéficiaire de la production de la centrale hydro-électrique, celui-ci respectant ainsi ses obligations d'utilisation non-dommageable telles qu'imposées par le droit international de l'eau[5].

D'autres accords de transferts massifs d'eau, sans paiement de l'eau reçue par le bénéficiaire, s'apparentent également à un système de

---

[1] *Ibid.*, : droit d'abattre le bois nécessaire à la construction de l'infrastructure pour Singapour. En revanche, pour transférer le bois ailleurs pour d'autres fins, la redevance était fixée à 5,50 dollars/tonne de bois.

[2] *Ibid.*, pt. 11 : pour Johor, droit à 800 000 gallons/jour sans obligation d'utiliser la totalité du volume alloué ; si nécessaire, augmentation des besoins jusqu'à 1,2 million de gallons après notification à l'autre partie.

[3] Voy. *supra* Section 2, Paragraphe 1.

[4] *Affaire du lac Lanoux*, *op. cit.*, p. 316, § 24.

[5] Voy. de même : Convention between the United States and Mexico, Equitable Distribution of the Waters of the Rio Grande, signed in Washington D.C. (21 mai 1906) ; Accord conclu le 29 juin 1948 et entré en vigueur le 16 octobre 1950 entre le gouvernement fédéral autrichien et le gouvernement de l'État de Bavière relatif au détournement des eaux des districts de Rissbach, Dürrach et Walchen (United Nations, *Legislative Texts and Treaty Provisions concerning the Utilization of International Rivers for other Purposes than Navigation*, doc. ONU No. 63.V.4, New York, 1964, Treaty No. 136, pp. 469-470).

compensation de la perte des bénéfices attendus de l'eau transférée par la prise en charge des revenus, directs ou indirects, que l'État fournisseur était en droit d'attendre de l'exploitation des eaux détournées au profit de l'État bénéficiaire. Ainsi, l'Échange de lettres entre les États-Unis d'Amérique et le Mexique concernant la rivière Colorado de 1966[1], modifiant l'accord de 1944[2], accorde au Mexique une quantité d'eau supplémentaire à celle originellement prévue « à titre gratuit ». Cependant, le Mexique doit payer une somme égale à la valeur de l'énergie qui aurait été produite par les centrales hydro-électriques Hoover et Glen Lanyon si elles avaient reçu la quantité d'eau transférée au Mexique. Celui-ci paie ainsi pour le « manque à gagner » consécutif à la baisse de la production d'énergie que les centrales connaissent du fait de la baisse du niveau d'eau disponible dans les barrages à la suite de ce transfert. Il s'agit donc bien ici d'un paiement compensatoire des bénéfices normalement attendus de l'utilisation des eaux dont les États-Unis se privent au profit du Mexique, et non du paiement du prix de l'eau en fonction des volumes transférés[3].

À la croisée des accords d'échange et de compensation, il existe des accords de transfert massif d'eau qui interviennent entre les États riverains d'un cours d'eau international. Si la vente d'eau entre ces États est exclue[4], rien n'interdit à ceux-ci de négocier l'utilisation optimale des eaux internationales qu'ils partagent. C'est ainsi que des États ont négocié la limitation du droit d'utilisation d'autres États, d'amont ou d'aval, contre la fourniture de biens ou de services à valeur économique[5]. Ainsi, plusieurs États d'Asie centrale se sont accordés en

---

[1] Exchange of notes constituting an agreement concerning the loan of waters of the Colorado River for irrigation of lands in the Mexicali Valley, done in Mexico City, 24 août 1966.

[2] Utilization of Waters of the Colorado and Tijuana Rivers and of the Rio Grande Treaty between the United States of America and Mexico signed at Washington, 3 février 1944 (UNTS, vol. 3, p. 313).

[3] DELLI PRISCOLI et WOLF, *op. cit.*, p. 255.

[4] Voy. QUILLERÉ-MAJZOUB, *L'eau dans tous ses états juridiques. Prospectives hydrauliques internationales*, *op. cit.* p. 39 *et seq.*

[5] Voy. Agreement between the Republic of Syria and the Hashemite Kingdom of Jordan concerning the utilization of the Yarmouk waters, signed at Damascus, 4 juin 1953 (UNTS, vol. 184, p. 24), et Agreement concerning the utilization of the Yarmuk waters, signed at Amman, septembre 1987 (UNST, vol. 1870, p. 279) : obtention d'une part plus importante des eaux du cours d'eau par l'État d'aval, en raison de restrictions sur l'État d'amont, « échangée » contre la fourniture de 75 % de l'énergie hydro-électrique produite par un barrage à construire par l'État d'aval, ou son

1998[1] pour qu'« en échange du maintien du niveau d'eau requis » par l'État d'amont, les États d'aval s'engagent à compenser la perte d'énergie qui en découlait[2], cette compensation étant payable par équivalence en ressources énergétiques[3], en fournitures d'autres biens, en argent, ou en réserves d'eau[4]. Selon les États d'aval, seules les ressources énergétiques faisaient l'objet d'un accord commercial[5].

Ces accords sont également utilisés lorsque les États riverains refusent explicitement la commercialisation de l'eau : l'État bénéficiaire n'achète pas l'eau de l'État fournisseur, mais échange le bénéfice de son utilisation contre la fourniture de biens issus de cette utilisation et d'une aide au développement. Il s'agit en quelque sorte d'une logique de partage, qui se veut équitable, des bienfaits et des avantages attendus de l'utilisation commune des eaux détournées. L'eau n'a pas de prix, mais son utilisation a un coût qui s'inscrit dans la prise en charge des infrastructures nécessaires à celle-ci. Le LHWP (Lesotho Highlands Water Project) entre l'Afrique du Sud et le Lesotho concernant les eaux du fleuve Orange/Senqu[6] en est un parfait exemple.

équivalent en pétrole. Ces projets n'ont jamais vu le jour faute d'accord entre tous les États riverains du cours d'eau.

[1] Agreement between the Governments of the Republic of Kazakhstan, the Kyrgyz Republic, and the Republic of Uzbekistan on the Use of Water and Energy Resources of the Syr Darya Basin, Bishkek, 17 mars 1998.

[2] *Ibid.*, art. II.

[3] *Ibid.*, art. IV : charbon, gaz, électricité ou pétrole.

[4] *Idem.* Dans cet Accord tripartite (Kazakhstan, Kirghizistan, Ouzbékistan), les prélèvements d'eau en amont devaient être limités afin de respecter le niveau requis de déversement dans la mer d'Aral pour en assurer la conservation. En cas de prélèvements excessifs, des sanctions devaient s'appliquer afin d'assurer la compensation des excédents d'eau prélevés et non fournis à la mer d'Aral. Cette compensation devait intervenir grâce aux eaux collectées dans des réservoirs devant couvrir les besoins pour une ou plusieurs années. Faute du contrôle nécessaire sur les prélèvements en amont, et faute de sanctions imposant la compensation des eaux consommées en amont, l'Accord fut un échec et participa à la crise majeure de la mer d'Aral.

[5] S. THOENES, « Kyrgyzstan Gets to Play Its Water Card », *The Moscow Times*, 12 février 1996 [oldtmt.vedomosti.ru/news/article/tmt/325679.html].

[6] Treaty on the Lesotho Highlands Water Project (LHWP) between the government of the Kingdom of Lesotho and the government of the Republic of South Africa, signed at Maseru, 24 octobre 1986. Voy. L. J. M. HAAS, L. MAZZEI et D. T. O'LEARY, *Lesotho Highlands Water Project, Communications Practices for Governance and Sustainability Improvent*, World Bank working paper, no. 200, The World Bank, Washington D.C., 2010, p. 5 ; M. NAKAYAMA (dir.), *International Waters in Southern Africa*, UN University Press, Tokyo, 2003, p. 1 ; R. MEISSNER et A. R. TURTON, « The

Face au manque d'eau de ses régions du nord-ouest et de sa capitale, l'Afrique du Sud a proposé au Lesotho un projet de partage des bénéfices des eaux de l'Orange qui s'écoulent naturellement vers les régions du sud-est de celle-ci. L'Afrique du Sud a réalisé des investissements majeurs au profit du Lesotho et de son développement économique, en contrepartie d'un partage des eaux de l'Orange qui ne respecte plus son cours naturel. Les redevances versées par l'Afrique du Sud au Lesotho, en plus de la prise en charge des infrastructures[1], constituent le paiement des bénéfices supplémentaires retirés par l'Afrique du Sud de l'utilisation « optimale » obtenue par le détournement partiel opéré sur le territoire du Lesotho[2]. Cet accord[3] indique expressément que l'eau n'est pas un bien commercial, car l'eau

---

Hydrosocial Contract Theory and the Lesotho Highlands Water Project », *Water Policy*, no. 5, 2003, pp. 118-122.

[1] Barrages hydro-électriques ; tunnels de dérivation des eaux de l'Orange pour détourner une partie de ses eaux dans la direction opposée à celle qu'elles empruntent naturellement et profiter de la dénivellation pour en assurer la réalisation, à moindre coût, vers les régions fortement industrialisées du nord-ouest pauvres en eau.

[2] Voy. Treaty on the LHWP..., *ibid.*, *op. cit.*, art. 10 : l'Afrique du Sud supporte la totalité des coûts liés à la construction du projet, à l'exception des coûts partagés de construction des centrales hydro-électriques produisant de l'électricité pour le Lesotho. Pour la composition des redevances, voy. D. BLANCHON et Ant. TURTON, « Les transferts massifs d'eau en Afrique du Sud », *in* LASSERRE, *op. cit.*, pp. 263-268.

[3] Treaty on the LHWP ..., *ibid.* Selon les articles 12 (12), 12 (13) et 12 (14), les redevances sont payables mensuellement au *prorata* de la quantité d'eau détournée vers l'Afrique du Sud. Selon les articles 12 (6), 12 (7) et 18 (8), l'accord permet de recalculer les redevances en cas de changement de quantité. De même, celles-ci doivent être recalculées en cas d'abandon de la phase 2 du projet. Même si le Manuel des redevances (Protocole no. 1 de l'Accord de 1986) n'est pas un document public, la Trans-Caledon Tunnel Authority (TCTA) - société d'État sud-africaine responsable de la réalisation des investissements - publie des rapports contenant des données relatives au montant des redevances versées depuis 1995. Pour une approche critique, voy. : Ahm. ABUKHATER, *Water as a Catalyst for Peace, Transboundary Water Management and Conflict Resolution*, Routledge, Abingdon, 2013, p. 169-171 ; R. T. MOCHEBELELE, « Good Governance and the Avoidance of Conflicts: The Lesotho Highlands Water Project Experience », *in Water for peace in the Middle East and Southern Africa*, Green Cross International, Geneva, 2000, p. 110.

est un « bien commun »[1] en vertu du droit sud-africain[2]. Seule la première phase a été finalisée en 2003[3], la seconde étape étant en cours[4].

* * *

Les transferts massifs d'eau constituent un phénomène relativement courant. Malgré l'existence de cas d'exportations massives d'eau, l'expansion des activités internationales des grosses entreprises multinationales de l'eau[5] et la multiplication des intérêts économiques des États, il n'existe cependant pas un droit international spécifique de l'exportation massive d'eau. Le débat sur ses sources n'est toujours pas résolu et son évolution n'est pas plus avancée, faute de règles généralement acceptées en la matière sur la scène internationale.

Cette absence d'avancées résulte, en partie, du fait que le droit international de l'exportation massive d'eau fait l'objet de vives controverses entre les pays fournisseurs et les pays bénéficiaires. La question de la marchandisation de l'eau en est la pierre d'achoppement[6]. Elle est au cœur d'âpres discussions entre États développés, notamment

---

[1] *Ibid.*, art. 3 (1) : « As the public trustee of the nation's water resources the National Government, acting through the Minister, must ensure that water is protected, used, developed, conserved, managed and controlled in a sustainable and equitable manner, for the benefit of all persons and in accordance with its constitutional mandate ».

[2] National Water Act, Act No. 36 of 1998, assented to 20 August 1998, *Republic of South Africa Government Gazette*, 26 août 1998, vol. 198, no. 19182.

[3] BAILLAT, *op. cit.*, p. 92.

[4] Voy. le site de la Lesotho Highlands Development Authority (LHDA), www.lhda.org.ls/lhdaweb/; et J. SAWYER, « Phase II Progress Update », Lesotho Highlands Water Project (LHWP), 3 avril 2019, (https://www.lhda.org.ls/Uploads/documents/Newsroom/Events/2019/Africa%2020 19%20Conference/AFRICA%202019%20Paper%20No.56.pdf).

[5] Voy. R. PETRELLA, *Memorandum sur la politique européenne de l'eau*, Institut Européen de Recherche sur la politique de l'eau, novembre 2013, eau-iledefrance.fr/doc/wp-content/uploads/2013/12/IERPE_Me%CC%81morandum_politique-europe%CC%81enne-de-leau_L.pdf, en particulier p. 81.

[6] Voy. S. MANCIAUX, « La marchandisation de l'eau », *in* E. LOQUIN et A. MARTIN (dir.), *Droit et marchandisation*, Travaux du CREDIMI, vol. 33, Paris, Litec, 2010, pp. 219-243. La « marchandisation de l'eau » est liée à la « Déclaration de Dublin sur l'eau dans la perspective d'un développement durable » (Irlande, 26-31 janvier 1992) : « L'eau douce (...) est indispensable à la vie, au développement et à l'environnement » (1er principe) ; « L'eau (...) a une valeur économique et devrait donc être reconnue comme bien économique » (4e principe). Voy. également R. A. KAISER et M. MCFARLAND, « A Bibliographic Pathfinder on Water Marketing », *NRJ*, 1997, vol. 37, no. 4, pp. 881-908.

dans le contexte du GATT[1] et des négociations de l'OMC[2], en particulier entre les États-Unis d'une part, et le Canada[3] et certains pays européens d'autre part[4]. Cette absence d'un véritable droit international de l'exportation massive d'eau résulte également du fait que celui-ci fait l'objet d'une évolution contingente, non seulement aux niveaux idéologique ou politique, mais encore géographique et *in concreto*. Il faut noter par ailleurs que ce droit, tout en respectant l'exigence politique du respect de la souveraineté des États, cède le pas devant deux exigences, à savoir la prospérité économique et la rentabilité financière[5]. De plus, la question du traitement post-exportation prend en pratique une importance croissante[6], notamment l'évaluation financière des services sociaux et environnementaux et les impacts sur l'économie locale ou l'exploitation durable des ressources hydrauliques.

De tous les exemples de transfert massif d'eau international, seul celui des eaux de l'Orange entre le Lesotho et l'Afrique du Sud a pu

---

1 Voy. E. J. DE HAAN, « Balancing Free Trade in Water and the Protection of Water Resources in GATT », *in* E. H. P. BRANS *et al.* (dir.), *The Scarcity of Water, Emerging Legal and Policy Responses*, London/The Hague/Boston, Kluwer Law International, 1997, p. 248.

2 Voy. F. TEMMERMAN, *Trade in Water Under International Law: Bulk Fresh Water, Irrigation Subsidies and Virtual Water*, Cheltenham/Northampton, Edward Elgar Publishing, 2017; V. HUGHES et G. MARCEAU, « WTO and Trade in Natural Resources », *in* L. BOISSON DE CHAZOURNES, Ch. LEB et M. TIGNINO (dir.), *International law and Fresh Water: The Multiple Challenges*, Cheltenham/Northampton, Edward Elgar Publishing, 2013, p. 266 *et s.*

3 Voy. St. SHRYBMAN, « Legal Opinion Commissioned by the Council of Canadians re: Water Export Controls and Canadian International Trade Obligations », *West Coast Environmental Law*, 17 août 1999, www.waterbank.com/Newsletters/nws15.html, cité par D. JOHANSEN, *Les prélèvements massifs d'eau, les exportations d'eau et l'ALENA*, Direction de la recherché parlementaire, doc. PRB 00-41F, 20 février 2001 (révisé le 31 janvier 2002), https://publications.gc.ca/site/eng/460706/publication.html.

4 Voy. R. J. GIROUARD, « Water Export Restrictions: A Case Study of WTO Dispute Settlement Strategies and Outcomes », *Georgetown International Environmental Law Review*, 2002-2003, vol. 15, no. 2, pp. 247-289.

5 Voy. : Fr. DUHAUTOY, *L'accès à l'eau, droit de l'homme ou loi du marché*, Paris, Johanet, 2015 ; J. MAESTU (dir.), *Water Trading and Global Water Scarcity: International Experiences*, Oxon/New York, Routledge, 2013.

6 Voy. S. FEUILLETTE *et al.*, « Évaluation monétaire des services écosystémiques. Un exemple d'usage dans la mise en place d'une politique de l'eau en France », *Natures Sciences Sociétés*, 2015, vol. 23, pp. 14-26.

aboutir et continue à résister à l'épreuve du temps[1]. Le projet d'exportation français du Rhône vers l'Espagne a été abandonné en 2009 après avoir fait face à une vive opposition tant en France qu'en Espagne[2], alors que le protocole d'entente de 2004 pour l'exportation d'eau de Turquie vers Israël[3], initié en 1991, a été suspendu par Israël en 2006[4] puis annulé par la Turquie en 2010[5].

Contrairement aux contrats d'exportations massives d'eau entre entreprises de distribution d'eau, où l'eau a un prix et fait l'objet d'un arrangement commercial, les accords interétatiques de transfert massif d'eau sont rarement aussi clairs. De nombreux États ont en effet des réticences à considérer l'eau comme un bien commercial[6]. Au contraire, ils utilisent maints détours et artifices pour s'affranchir du caractère commercial des exportations massives d'eau, et par la même des règles du droit international économique, dans le but de préserver leur souveraineté exclusive sur leurs ressources hydrauliques. Il apparaît donc que ces accords se caractérisent par le fait qu'ils ne sont pas directement monétaires, mais supposent la prise en charge de coûts indispensables à la réalisation de la fourniture d'eau[7]. Cependant, rares sont ceux qui reconnaissent que l'eau est vendue.

---

[1] Voy. L. SANDLANA, *SA, Lesotho Launch New Multi-Billion-Rand Water Project*, Trans-Caledon Tunnel Authority, décembre 2019, www.tcta.co.za/newsa-lesotho-launch-new-multi-bil-.

[2] M. LAIMÉ, « L'inquiétante "croisade espagnole" des barons de l'eau français », *Le Monde diplomatique,* Les blogs du « Diplo », Carnets d'Eau, 25 mars 2009, blog.mondediplo.net/2009-03-25-L-inquietante-croisade-espagnole-des-barons-de-l.

[3] Voy. A. COHEN, « Turkish Water Deal Signed », *Haaretz*, 5 mars 2004, www.haaretz.com/print-edition/business/turkish-water-deal-signed-1.115918 ; IATP, *op. cit.*

[4] Voy. D. YILDIZ, « International Water Transfer Projects of Turkey », *Hidropolitik Akademi*, 27 mai 2014, hidropolitikakademi.org/en/article/3579/international--water-transfer--projects-of-turkey.

[5] Voy. M. MISKIN, « Turkey Cancels Water Sale », *Arutz Sheva - Israeli National News*, 20 juin 2010, www.israelnationalnews.com/News/News.aspx/138163#.U6gglpR_seg.

[6] Voy. en particulier la position d'« objecteur permanent » du Canada dans son opposition systématique à la marchandisation de l'eau : SZWEDO, *op. cit.*, pp. 186-198.

[7] Les participations financières payées par les États d'un cours d'eau pour la construction d'ouvrage, la protection des eaux contre la pollution, la compilation des données techniques, ou la gestion commune de l'eau sont fréquemment prévus dans de nombreux traités. Ces participations peuvent d'autre part représenter une compensation pour les dommages encourus par un État du cours d'eau suite à une mesure relative à l'eau (*Problèmes juridiques posés par l'exploitation et l'utilisation*

Si les milieux d'affaires soutiennent qu'il existe une demande suffisante en eau pour en couvrir le coût et offrir un investissement rentable[1], il n'y a pas d'essor d'un marché de l'exportation massive d'eau dans le monde. En revanche, économiquement viable[2], le marché de la construction d'usines de dessalement bat son plein et connaît un développement majeur[3].

La pratique porte à montrer que les grands projets de transferts massifs d'eau internationaux sont, comme les barrages, souvent envisagés mais peu réalisés, pour des raisons logistiques, leurs construction et exploitation étant jugées trop onéreuses. Ainsi, il semble que le droit international de l'exportation massive d'eau doive conserver, sauf à le voir se réinventer, le goût de l'inachevé[4].

---

des fleuves internationaux : rapport du Secrétaire général, doc. ONU A/5409, 15 avril 1963, *in Ann CDI* 1974, vol. II(2), § 142 p. 74 ; § 323 p. 103 et § 389, p. 112). C'est par exemple le cas du traité entre l'Égypte et le Soudan de 1959 relatif au Nil dans lequel l'Égypte s'est engagée à payer « 15 millions de livres égyptiennes au Soudan à titre de compensation pour les dommages causés à des propriétés soudanaises par l'élévation jusqu'à 182 mètres du niveau des eaux au barrage de Sudd el Aali [Haut barrage d'Assouan] » (*ibid.*, § 110 (d), p. 70).

1 Voy. G. MESTRALLET, « La vraie bataille de l'eau : Lettre ouverte », *Le Monde*, 26 octobre 2001, *in* SUEZ, *La vraie bataille de l'eau*, Paris, SUEZ/ONDEO, novembre 2001, p. 7.

2 L'eau expédiée par navires citernes reviendrait plus chère que l'eau produite à partir des usines de dessalement à destination. Ainsi, les exportations d'eau seront grevées par le coût du transport (acheminement de l'eau à destination).

3 B. LEGUBE et C. GOMELLA, « EAU - Dessalement de l'eau de mer », *Encyclopædia Universalis*, www.universalis.fr/encyclopedie/eau-dessalement-de-l-eau-de-mer/.

4 SZWEDO, *op. cit.*, pp. 202-207.

Récemment, lors des dernières audiences devant la CIJ sur le différend concernant le statut et l'utilisation des eaux du Silala (Chili c. Bolivie) en avril 2022, la représentante du Chili, Ximena Fuentes, a déclaré que la demande de la Bolivie au Chili de payer pour l'utilisation de la rivière Silala était « absurde ». Dans une affaire distincte devant la CIJ, l'ancien président bolivien Evo Morales avait cherché à utiliser la controverse sur la rivière comme monnaie d'échange. Si le conflit concernant le Silala est ancien, la tension monte en 2016 lorsqu'il accuse le Chili de « voler les eaux du Silala ». À l'époque, le président bolivien avait menacé de réduire le débit du Silala et d'imposer au Chili des frais pour son utilisation.

Le Chili a convoqué la Bolivie devant la CIJ en 2016, demandant à la cour de déclarer le Silala « cours d'eau international » et de lui conférer les mêmes droits que la Bolivie sur ses eaux. Au départ, la Bolivie s'était « catégoriquement opposée » à la requête du Chili, considérant que le Silala avait été dévié artificiellement par le Chili du fait d'un système de canaux construits pour recueillir l'eau des sources. La Bolivie réclamait alors une compensation financière au Chili (« Fleuve Silala: la justice de l'ONU tranche le différend Chili-Bolivie », *Le Point-AFP*, 1er décembre 2022,

Si cette réponse du droit international ne paraît pas facilement acceptable pour ceux qui voulaient se prévaloir du droit d'exporter ou de vendre les eaux du Nil aux autres États du cours d'eau, il faut également reconnaître que les problèmes soulevés sont trop graves pour être dirigées par les seuls intérêts économiques. Le fait de s'amuser avec l'eau en vue d'éteindre le feu présente un danger qui n'est pas moins grave de celui suscité en s'amusant directement avec le feu. En tout état de cause, s'agissant des eaux du cours d'eau international, leur utilisation suit le principe « *use it, or lose it* »[1]. En vertu de celui-ci, et en conformité avec le droit international de l'eau, la non-utilisation des eaux du Nil allouées par l'État bénéficiaire ne lui permet pas de conserver des droits sur ces eaux quand elles ont quitté son territoire et donc de pouvoir en réclamer un bon prix. Ainsi, l'égalité de droit des États du cours d'eau est respectée et interdit à l'un d'entre eux de vouloir profiter de sa situation géographiquement privilégiée.

Que faire devant cette constatation ? Les États du cours d'eau sont incapables d'exporter ou de vendre les eaux du Nil aux autres États du cours d'eau : il faut alors conclure des traités de troc, *res* contre *res*, objet contre service, service contre objet ou objet contre objet. D'un certain point de vue le simple troc, objet contre objet, serait plus logique, serait un premier progrès *Niloticus*.

La question du troc est une question essentielle pour assouvir les besoins éthiopiens et égyptiens, respectivement en énergie et en eau. Pour l'économiste orthodoxe, le troc est une évidence historique et théorique[2]. Les objets étant porteurs par nature de « valeur utilitaire », ils ne demandent qu'à s'échanger. Aussi le troc est-il le comportement originel par excellence, celui par lequel la vérité première de l'*homo sapiens* apparaît au grand jour dans sa totale simplicité : l'échange d'objets en vue de l'utilité que procure leur consommation. L'échange d'objet contre objet est la conséquence triviale de cette conception. Le monde *Niloticus* est un monde relativement simple, pour ne pas dire

---

https://www.lepoint.fr/monde/fleuve-silala-la-justice-de-l-onu-tranche-le-differend-chili-bolivie-01-12-2022-2500021_24.php#11 ; « La Bolivie et le Chili mettent fin à leur différend sur le fleuve Silala », *RFI*, 1er décembre 2022, https://www.rfi.fr/fr/am%C3%A9riques/20221201-la-bolivie-et-le-chili-mettent-fin-%C3%A0-leur-diff%C3%A9rend-sur-le-fleuve-silala).

[1] Ce qui peut se traduire par « *à prendre ou à laisser* » (« *on s'en sert ou on le perd* »).

[2] Voy. M. AGLIETTA et A. ORLÉAN, *La monnaie : entre violence et confiance*, Paris, Odile Jacob, 2002, pp. 69-71.

simpliste, dans lequel chacun sait parfaitement ce qu'il veut (l'Éthiopie s'est résolument engagée dans une politique de l'eau se traduisant notamment par d'importants investissements, qu'on ne peut justifier que par les bénéfices hydro-électriques que l'État en retire, et l'Égypte veut assurer ses besoins de base en eau). Il s'ensuit qu'aucun des deux États n'a à craindre de l'autre État des comportements déviants qui l'amèneraient à se méfier et à différer son désir de disposer d'une électricité peu coûteuse (Éthiopie) ou son désir de soutenir le développement agricole (Égypte). Dans ce monde où règne la plus naïve innocence, le troc s'impose comme la forme par excellence de relations régionales totalement pacifiées entre États souverains[1] ne craignant rien des autres États riverains du Nil et ne cherchant pas à les tromper. Le taux d'échange dépendra des utilités que les objets échangés procurent aux deux protagonistes (les deux objets à échanger – l'eau et l'électricité – sont actuellement de valeur sensiblement égale pour l'Égypte et l'Éthiopie).

D'un point de vue conceptuel, la réalisation de ce troc ne soulève aucune difficulté théorique ou technique majeure ; les besoins, d'un côté (Éthiopie) comme de l'autre (Égypte), coïncident simultanément pour ces deux protagonistes (« double coïncidence des besoins »)[2]. Le

---

[1] « 123. (…). L'importance primordiale accordée à l'élément de troc en droit international classique est conforme au concept de la « souveraineté » individuelle et distincte de chaque État.

124. Quant aux conséquences juridiques d'une violation d'une obligation découlant de tels traités de troc, l'accent est mis sur (…) les contre-mesures compensatoires de l'État lésé, ce qui constitue en fait un retour aux relations antérieures au traité. En même temps, la violation d'une obligation par un État accompagnée de contre-mesures de l'autre État détruit nécessairement l'élément normatif éventuel du traité. Ce résultat est exactement le contraire d'une mise en application de l'élément normatif du traité. Mais, bien entendu, s'il n'a pour fonction qu'un échange de prestations, le traité n'a aucun objet ou finalité propre. Si les contre-mesures visent à assurer des mesures d'exécution, elles doivent être disproportionnées par rapport à la violation de l'obligation pour ce qui est des effets des deux. On cherchera donc à appliquer de telles mesures d'exécution dans d'autres domaines que celui ayant fait l'objet de la violation. (…) » (*Ann. CDI* 1982, Vol. II(1), nos 123-124, p. 50).

[2] Certains théoriciens de la valeur ont voulu faire de la « double coïncidence des besoins » inhérente au troc le fondement de leur théorie monétaire. Cependant, il faut reconnaître que, même dans une économie monétaire, des échanges peuvent s'effectuer sans monnaie, objet contre objet. « Au niveau macroéconomique, des États concluent des accords de troc (…) (matières premières contre armement) » (M. LAKEHAL, *Le grand livre de l'économie contemporaine et des principaux faits de société*, Paris, Eyrolles, 2012, p. 758).

troc, ici, n'est pas un simulacre de l'échange marchand[1]. Pourquoi ? Parce que les deux protagonistes (Éthiopie et Égypte) connaissent, *ab initio*, leur propre besoin. Si l'Éthiopie veut disposer d'une électricité peu coûteuse parce qu'elle est électriquement sous-développée (seulement 54,2 % de la population a accès à l'électricité en 2021)[2] alors qu'elle possède un surplus d'eau dont elle n'a rien à faire car elle est le « château d'eau de l'Afrique de l'Est »[3], elle est prête à échanger cette eau contre de l'électricité[4]. L'échange peut se faire sans la présence d'aucune référence commune dès lors que l'Égypte cherche de l'eau en échange de *res* (l'électricité[5], par exemple). Les deux

[1] La définition du troc en droit romain classique distinguait entre l'échange d'une *res* contre une *res* ou d'une *res* contre un prix. De cette distinction dépendait le régime juridique du contrat, entre *permutatio* (échange d'une *res* contre une *res*) et *emptio-vendito* (échange d'une *res* contre l'instrument général des échanges – la monnaie, c'est-à-dire l'achat et la vente – *res* contre argent).

[2] Voy. https://donnees.banquemondiale.org/indicator/EG.ELC.ACCS.ZS?locations=ET. Par contre, 100 % de la population égyptienne a accès à l'électricité (https://donnees.banquemondiale.org/indicateur/EG.ELC.ACCS.ZS?locations=EG).

[3] Après la RDC, l'Éthiopie est le pays avec le réseau hydrographique le plus dense du continent. Son territoire est drainé par 12 bassins fluviaux totalisant un débit annuel de 125 milliards de mètres cubes. À l'exception de la rivière Awash, seul cours d'eau endoréique ne servant d'affluent à aucun autre cours d'eau et qui termine son parcours à la frontière éthio-djiboutienne, tous les autres cours d'eau trouvent leur source en Éthiopie mais ont leur embouchure à l'extérieur de l'État.

L'Éthiopie est caractérisée par un haut plateau traversé et coupé en deux, du nord est jusqu'au sud, par une grande faille, la fameuse Rift Valley. Ses fleuves et rivières, parcourant de nombreuses vallées encaissées, sont des emplacements appropriés pour la construction de barrages hydro-électriques pouvant servir à produire de l'électricité mais aussi à irriguer. Le potentiel d'irrigation est estimé à 5 millions d'hectares. Actuellement, seuls trois cent mille hectares sont exploités.

[4] Selon une enquête de la Banque mondiale effectuée en 2021, les disparités entre zones urbaines et zones rurales sont flagrantes. Alors que 94,3 % des zones urbaines ont accès à l'électricité, seules 42,8 % des zones rurales en bénéficient (https://donnees.banquemondiale.org/indicator/EG.ELC.ACCS.ZS?locations=ET).

[5] « Gaz, charbon propre, nucléaire, énergies renouvelables, l'Égypte est en train de se doter des plus grandes centrales électriques dans la région » (A. SAMIR, « Électricité : A l'heure des mégaprojets », *Ahramonline*, 31 juillet 2018, https://french.ahram.org.eg/News/28997.aspx). Depuis 2015, l'Égypte a un surplus de 25 % d'électricité par rapport à sa consommation (A. KANDIL, « Power Cuts Continue Across Egypt: What Really Causes the Problem ? », *Ahramonline*, 24 juillet 2023, https://english.ahram.org.eg/News/505290.aspx ; Direction générale du Trésor, « Le secteur de l'électricité poursuit le grand bond en avant de génération initié en 2014 », 30 septembre 2018, https://www.tresor.economie.gouv.fr/Articles/2018/09/30/le-secteur-de-l-electricite-poursuit-le-grand-bond-en-avant-de-generation-initie-en-

protagonistes (Éthiopie et Égypte), uniquement conscients de leur besoin privé, se rencontrant en l'absence d'un principe monétaire, trouveront donc dans ce troc une forme stable d'échange. Si cet exemple *Niloticus* s'écarte de la vraie question que pose le troc, c'est parce qu'on y a supposé des références communes qui permettent aux deux protagonistes (Éthiopie et Égypte) de se mettre d'accord sur des taux d'échange[1]. On aura l'intuition de ce résultat en considérant les relations égypto-éthiopiennes depuis le IVe siècle[2]. Telle est notre thèse, comme on l'a souligné plus haut (affaire du lac Lanoux, série d'accords bilatéraux prévoyant des livraisons croisées d'hydrocarbures et d'eau conclus entre les États d'Asie centrale – Kazakhstan, Kirghizistan, Ouzbékistan et Tadjikistan –, etc.).

* * *
* * *
*

Au capharnaüm conventionnel actuel, il est temps que succède un régime juridique unitaire et adapté aux situations respectives de l'ensemble des États riverains du Nil. D'une part les accords relatifs à l'utilisation des eaux du Nil sont entourés d'un halo d'incertitudes juridiques. D'autre part, ils sont pour certains datés et ne tiennent absolument pas compte des préoccupations contemporaines comme celles relatives aux besoins énergétiques de l'Éthiopie ou aux besoins en eau de l'Égypte et des besoins en électricité des autres États riverains du Nil.

2014). Voy. aussi M. AL-MAGHRABI, « Électricité : Des projets de connexion au service du développement », *Ahramonline*, 1er janvier 2019, https://french.ahram.org.eg/News/30020.aspx.

[1] Il existe toujours une interaction entre le fait et le droit dans tout système ou sous-système, notamment le système *Niloticus*.
Le troc de pays à pays est un moyen, très primitif certes, mais qui s'accommode bien de la nature réelle des rapports *Niloticus* (politiques visant à maintenir le développement malgré le manque de devises). La position exceptionnelle de l'Éthiopie antique, au carrefour des routes maritimes reliant les côtes africaines à la péninsule arabique et, au-delà, à l'Inde – mais aussi à l'Europe *via* l'Égypte – a suscité d'intenses échanges commerciaux, culturels et religieux.

[2] C'est le patriarche d'Alexandrie en Égypte qui désignait et envoyait, du IVe siècle jusqu'en 1959, le métropolite d'Éthiopie, l'Abuna. Cette désignation était une arme dans la main du souverain d'Égypte, annulant la dépendance des Égyptiens vis-à-vis du Nil par rapport aux Éthiopiens.

Après plus de vingt années de négociations agitées entre les États riverains du Nil (1999-2023)[1], la situation semble toujours conflictuelle. L'Égypte et le Soudan tentent d'obtenir un accord contraignant l'Éthiopie à respecter certaines conditions en remplissant le réservoir du GERD – le lac artificiel – et en l'opérant[2]. La discussion porte essentiellement sur la durée de remplissage du GERD, l'Éthiopie veut le faire en moins de 7 ans alors que l'Égypte exige une durée plus longue pour maintenir le débit du Nil. Aucun des deux camps n'étant prêt à transiger sur cette question, les négociations sont dans une impasse[3]. Le *statu quo* règne depuis entre l'Éthiopie, l'Égypte et le Soudan… mais pour combien de temps ?... L'horizon sur la « question des eaux du Nil » risque de s'obscurcir, le temps presse[4].

Pour autant, même si les eaux du Nil sont pour l'Égypte une question de sécurité nationale, les autres États d'amont ne peuvent pas rester dans l'expectative hydraulique, d'autant que le maintien du *statu quo*

---

1 Une énième session de négociations entre l'Éthiopie, le Soudan et l'Égypte s'est achevée le 19 décembre 2023 sans aucun terrain d'entente. « La réunion a échoué en raison du refus persistant de l'Éthiopie (…) d'accepter toute solution de compromis technique ou juridique qui sauvegarderait les intérêts des trois pays », dénonce le communiqué égyptien. « L'Éthiopie s'est efforcée et s'est activement engagée avec les deux pays riverains en aval pour résoudre les principales divergences et parvenir à un accord à l'amiable, rétorque la déclaration éthiopienne. L'Égypte, en revanche, a conservé sa mentalité de l'époque coloniale et a érigé des obstacles aux efforts de convergence ».

« Personne ne peut revendiquer la possession exclusive du fleuve », résume une source proche des négociations, côté éthiopien. « C'est une question existentielle pour le peuple égyptien, car il s'agit là de notre unique source d'eau », réagit une source diplomatique égyptienne (A. PASSILLY, « Grand barrage de la Renaissance : regain de tension entre l'Éthiopie et ses voisins », *Le Point*, 1er janvier 2024, https://www.lepoint.fr/afrique/grand-barrage-de-la-renaissance-regain-de-tension-entre-l-ethiopie-et-ses-voisins-01-01-2024-2548785_3826.php#11).

2 La principale peur de l'Égypte, ce serait que l'Éthiopie interrompe le flux des eaux du Nil en cas de sécheresse. Bien que plus modérés dans leurs propos, les Soudanais partagent la même angoisse.

3 « Le dernier cycle de négociations entre l'Éthiopie, le Soudan et l'Égypte s'est conclu sans traité alors qu'approche l'échéance de la fin des travaux en 2025 » (PASSILLY, *op. cit.*).

4 Le Soudan, enlisé dans une guerre entre l'armée et la très puissante milice des Forces de soutien rapide (FSR) depuis mi-avril 2023, ne dispose pas d'un « gouvernement légitime » pour signer un accord sur le Nil, si accord il y a.

profite aux États d'aval[1]. En outre, la situation géopolitique du Nil est en passe de considérablement évoluer[2].

Résoudre la « question des eaux du Nil » ne doit pas s'apparenter à un *caput Nili quaerere*[3] (« à la recherche des sources du Nil » ou « en quête du Nil »), autrement dit un but impossible à atteindre. « Jamais les mots ne manquent aux idées ; ce sont les idées qui manquent aux mots. Dès que l'idée est venue à son dernier degré de perfection, le mot éclot, se présente et la revêt »[4].

Le chapitre suivant (« D'une conception anthropocentrée "égocentrée" à une notion en cours de construction hydrocentrée pour les eaux du Nil, "grand éducateur de l'humanité" »)[5] présente une

---

[1] Même sans accord, on peut considérer que la question du GERD est réglée *de facto*. L'Égypte aimerait surtout s'assurer que l'Éthiopie ne construira pas d'autres barrages sur le Nil Bleu. En l'absence d'un « traité contraignant », rien ne peut toutefois empêcher ces projets de se réaliser pleinement. Cette situation confère un important avantage politique et géopolitique à l'Éthiopie.
La perspective éthiopienne dépasse largement le cadre du GERD. Il s'agit en réalité d'une tentative de reconnecter l'Éthiopie avec sa gloire passée. Quant à l'Égypte, elle a bâti son identité sur le Nil. Sa survie en dépend.

[2] Le groupe de réflexion *International Crisis Group* a prévenu en mars 2019 que les États riverains du Nil pourraient « être poussés à la guerre » faute d'accord sur le partage des eaux du Nil, car l'Égypte voit une « menace existentielle » dans tout ce qui menace son approvisionnement en eau.
En octobre 2019, le premier ministre éthiopien, Abiy Ahmed, juste après avoir obtenu le prix Nobel de la paix, avait de son côté assuré qu'« aucune force » ne pouvait empêcher la construction du barrage et averti que des « millions » de personnes pouvaient être mobilisées pour le défendre si besoin était.

[3] Le mot d'ordre que donnaient jadis les empereurs romains à leurs légions d'Égypte était également à l'époque une métaphore signifiant « chercher l'impossible » ou désignant un « but impossible à atteindre ».
La source du Nil est en effet longtemps restée un mystère. Voy. : R. FOURTAU, « Le bassin nilotique », *Annales de géographie*, 1919, pp. 373-384, particulièrement p. 373.

[4] *Pensées de J. Joubert* (édition complète), Paris, Librairie Académique, 1911, pp. 281-282.

[5] Ce chapitre se base sur les recherches menées par les auteurs, notamment : F. QUILLERÉ-MAJZOUB et T. MAJZOUB, *Fresh Water in its Three 'Legal States': The Prognosis for International Law*, Edward Elgar Publishing, septembre 2025 ; T. MAJZOUB et F. QUILLERÉ-MAJZOUB, « The Time Has Come for a Universal Water Tribunal », *PACE ENVTL. L. REV.*, 2018, vol. 36, no. 1, pp. 141-172 ; F. QUILLERÉ-MAJZOUB, « La protection internationale de l'environnement par le droit : en marche vers un pacte mondial ? », *RDIDC*, 2018, vol. 95, no. 1, pp. 113-145 ; « De la nécessité d'élaborer un droit des "glaciers de montagne Internationaux" », *Obs. NU*, 2013, pp. 71-91 ; F. QUILLERÉ-MAJZOUB et T. MAJZOUB, « À qui profitent les eaux des glaciers de montagne ? », *Les Cahiers de Droit* (Université Laval, Québec),

approche innovante qui transcende les parties concernées par la « question des eaux du Nil ». Une approche évoluant vers une nouvelle « conceptualisation » fondée sur le dépassement des anciennes oppositions et au-delà des dichotomies classiques telles que amont/aval ou national/régional ; elle implique la redéfinition des eaux du Nil civilisateur ou éducateur dans une perspective résolument historico-prospective. En effet, les États riverains du Nil ont tout intérêt à adopter un mécanisme juridique permettant de mettre en œuvre une utilisation intégrée des eaux du Nil.

2010/2-3, pp. 659-677 ; T. MAJZOUB et F. QUILLERÉ-MAJZOUB, « 'Polar icebergs harvesting': Reflections on the Rules Governing Future Exploitation of Freshwater Locked up in Polar Regions », *Rev. hell. DI*, 2010, vol. 63, no. 2, pp. 705-768 ; T. MAJZOUB *et al.*, « "Cloud Busters" : Reflections on the Right to Water in Clouds and a Search for International Law Rules », *CJIELP*, 2009, vol. 20, no. 3, p. 321-365 ; F. QUILLERÉ-MAJZOUB, « Les nuages sont-ils solubles dans le cours d'eau international ? », *Obs. NU*, 2009, pp. 95-104 ; « À qui appartiennent les icebergs ? (Discussion autour du statut des icebergs en droit international public) », *RQDI*, 2007, vol. 20, no. 1, pp. 199-225 ; « Glaces polaires et icebergs : *quid juris gentium* ? », *AFDI*, 2006, vol. 52, pp. 432-454 ; « Le "droit à l'eau" doit-il être un droit de l'homme ? (Réflexions autour de la reconnaissance d'un droit fondamental de l'homme à l'eau) », *Dt Prospect-RRJ*, 2006, vol. 31, no. 115, pp. 1965-1984 ; « De la nécessité de faire une Convention internationale relative aux eaux souterraines transfrontières : pour ou contre un nouveau traité ? », *RDIDC*, 2005, vol. 82, no. 2, pp. 156-186 ; « "À qui appartiennent les nuages ?" (Essai de définition d'un statut des nuages en droit international public) », *AFDI*, 2004, vol. 50, pp. 653-667.

CHAPITRE 3.- D'UNE CONCEPTION ANTHROPOCENTRÉE « ÉGOCENTRÉE » À UNE NOTION EN COURS DE CONSTRUCTION HYDROCENTRÉE POUR LES EAUX DU NIL, « GRAND ÉDUCATEUR DE L'HUMANITÉ »

Si nous commencions l'histoire de la civilisation[1] où l'histoire de l'humanité commence[2], il faudrait partir de l'Orient. « Là est le berceau de la civilisation. Les Grecs ont tout pris à l'Orient : leur langue, leurs arts, leur religion, tous les éléments de leurs développements ultérieurs »[3]. L'histoire de l'humanité commence près de l'eau douce[4]. Comme celle de l'Égypte ancienne[5], apparue le long du Nil.

« De l'irrigation à la protection contre les crues, de l'alimentation en eau à l'assainissement des premières villes, lorsque naissent les

---

[1] Voy. P.-L. VIOLLET, *L'hydraulique dans les civilisations anciennes : 5 000 ans d'histoire*, Paris, Presses de l'École nationale des ponts et chaussées, 2004.

[2] Voy. L. METCHNIKOFF, *La civilisation et les grands fleuves historiques*, Paris, Hachette, 1889.

[3] Voy. A. JACQUES, J. SIMON et E. SAISSET, *Manuel de philosophie*, 9e éd., Paris, Hachette, 1883, p. 516.
Voy. également A. DAMET, « Grèce : tout ce qu'elle doit à l'Égypte », *National Geographic*, 3 septembre 2019, https://www.nationalgeographic.fr/histoire/2019/09/grece-tout-ce-quelle-doit-legypte

[4] Parmi les foyers les plus anciens des civilisations de l'Ancien Monde, un seul, celui de la Crète, n'est pas directement lié aux problèmes de maîtrise de l'eau. Ceux-ci apparaissent au contraire comme le lieu commun entre les berceaux des civilisations égyptienne, mésopotamienne, sudarabique, chinoise, et de l'Indus. On peut à partir de cette constatation, bâtir de très nombreuses théories de l'eau, comme celle de Karl Wittfogel (*Le despotisme oriental, étude comparative du pouvoir total*, traduit de l'anglais par Micheline Pouteau, Paris, Éditions de Minuit, 1977) ou, à un niveau moins discutable, celle qu'a développé J. Büdel (« Deltas - A Basis of Culture and Civilization », *in Les Problèmes scientifiques des deltas de la zone tropicale humide et leurs implications : actes du Colloque de Dacca*, UNESCO, 1966, pp. 295-300).

[5] Vers 4 500 av. J.-C. apparaît le prédynastique ancien : préfiguration des caractéristiques de la civilisation pharaonique. L'histoire de l'Égypte pharaonique débute vers 3 150 av. J.-C. Le roi perse Cambyse réussit finalement la conquête de l'Égypte en 525 av. J.-C., date qui marque la fin de l'Égypte pharaonique et son intégration dans l'empire perse achéménide. En 331 av. J.-C., l'Égypte passe sous le contrôle d'Alexandre le Grand, puis des héritiers de Ptolémée, son général. Entre 395 et 639 apr. J.-C. l'Égypte est dans la mouvance byzantine. En 642, début de l'histoire de l'Égypte arabe.

premières civilisations, il y a presque toujours la question de l'eau et des ouvrages qui permettent de la conduire ou de la contenir. Il y a aussi celle des routes maritimes et des premières navigations, des canaux et des ports »[1]. Ces premières civilisations « sont toutes nées dans des vallées alluviales : ce sont en premier lieu le delta de l'Euphrate et du Tigre, puis les vallées du Nil, de l'Indus, et du fleuve Jaune »[2]. L'écriture de ces civilisations n'a pas été complètement déchiffrée et leurs modes de gouvernance de l'eau restent toutefois dans l'ombre en raison de leurs mystères non résolus. L'objectif est donc de comprendre comment ces sociétés humaines se sont adaptées à leur environnement et à son évolution, au cours des dix derniers millénaires (holocène). Il s'agit d'aborder l'étude des sites archéologiques sous un angle paléoenvironnemental, de retracer l'évolution des paysages morphoclimatiques de ces civilisations au cours des dix mille dernières années et d'en déterminer les conséquences sur l'occupation humaine. Les variations climatiques ont notamment contribué à profondément modifier la morphologie du tracé des côtes et des cours d'eau, forçant ainsi constamment les sociétés à s'adapter à un milieu en perpétuelle évolution. Afin de reconstituer l'histoire complexe de l'environnement, l'approche géo-archéologique, nécessairement interdisciplinaire, produit des modèles de dynamiques environnementales et paysagères à différentes échelles spatio-temporelles en lien avec l'occupation humaine des sites archéologiques (paléoenvironnements, biogéographie et paysages ; hydrosystèmes fluviaux, entre climat et anthropisation ; alluvionnement, peuplement, stratégies et formes d'adaptation ; ressources en eau, risque et aménagement ; etc.).

« Les fleuves sont bien les veines et les artères des continents ; car non seulement ils entraînent avec eux les alluvions, mais encore ils portent sur leurs eaux, l'histoire et la vie des nations »[3]. Les quatre

---

1 VIOLLET, *op. cit.*, p. 15.

2 *Ibid.*, p. 20.

3 E. RECLUS, « Étude sur les fleuves », *Bulletin de la Société de Géographie*, août 1859, p. 104.

grands fleuves ou couples de fleuves « historiques »[1] (le Nil[2], le Tigre[3] et l'Euphrate[4], l'Indus[5] et le Gange[6], le Hoang-ho[7] et le Yang-tse Kiang[8]) qui roulent dans leurs eaux des siècles d'histoire[9], sont eux-

---

[1] METCHNIKOFF, *op. cit.*, p. 191 et s.
L'adjectif « historique » est relatif à l'histoire. Un fleuve « historique » n'a donc rien à voir avec une baie « historique » (baie qui est traditionnellement considérée comme un espace sous souveraineté de l'État ou des États côtiers et est soumise de ce fait au régime des eaux intérieures).

[2] Le Nil compte actuellement onze États du cours d'eau (Burundi, Égypte, Érythrée, Éthiopie, Kenya, Ouganda, République démocratique du Congo, Rwanda, Soudan, Soudan du Sud, Tanzanie), mais dont un seul l'associe, littéralement et symboliquement, à sa survie : l'Égypte.

[3] Le Tigre compte actuellement quatre États du cours d'eau (Irak, Iran, Syrie, Turquie).

[4] L'Euphrate compte actuellement quatre États du cours d'eau (Arabie Saoudite, Irak, Syrie, Turquie).

[5] L'Indus compte actuellement trois États du cours d'eau (Chine, Inde, Pakistan).
La civilisation de l'Indus, aussi appelée civilisation harappéenne, est l'une des plus anciennes civilisations urbaines du monde, active durant l'âge du bronze (entre 2600 et 1900 av. J.-C. environ) dans la vallée éponyme (partie du Pakistan, du nord-ouest de l'Inde et de l'Afghanistan actuels).
« Un million de dollars pour percer le secret de l'écriture de l'Indus, au code indéchiffrable depuis 4 000 ans » (Mathilde Ragot, *GEO.fr*, 20 janvier 2025, https://www.geo.fr/histoire/une-recompense-d-un-million-de-dollars-pour-percer-le-secret-de-l-ecriture-de-l-indus-un-code-indechiffrable-depuis-4000-ans-224245), tel est le défi lancé par le ministre en chef de l'État du Tamil Nadu (sud de l'Inde) pour lever le voile sur un système d'écriture millénaire, qui donne du fil à retordre aux linguistes, scientifiques et archéologues. Depuis plus d'un siècle, de nombreux experts tentent de percer le mystère de leurs symboles et signes gravés pour déchiffrer le code de l'écriture de l'Indus. Leur(s) langue(s), leurs croyances et leurs modes de gouvernance restent toutefois dans l'ombre en raison de leur système d'écriture, resté indéchiffré.

[6] Le Gange compte actuellement quatre États du cours d'eau (Bangladesh, Chine, Inde, Népal).

[7] Le Huang He ou Huánghé concerne seulement la Chine. Aussi appelé aussi Fleuve Jaune en raison de sa couleur boueuse, le Huang He draine un bassin de 745 000 kilomètres carrés. Il est le sixième fleuve le plus long du monde (et le deuxième à l'échelle de la Chine), avec ses 5 464 km.

[8] Le Yangzi Jiang ou Yangtsé concerne seulement la Chine. Il s'agit du plus long fleuve de Chine, également appelé Fleuve Bleu, et le troisième plus long du monde. Sa longueur est d'environ 6 300 km et son débit de 31 900 m^3/s. Il prend sa source au dans les montagnes du Tibet et se jette dans la mer de Chine orientale, à hauteur de Shangaï.

[9] On pourrait, à juste titre, reprocher à cette étude d'avoir laissé de côté certains cours d'eau internationaux ou certaines civilisations, le monde précolombien des Andes par exemple. L'objectif du chapitre – décrire le rapport entre le développement des

mêmes de formidables conteurs[1]. Aujourd'hui fragilisés, menacés dans leur intégrité, ces « grands éducateurs de l'humanité »[2] n'en portent pas moins les interrogations de notre passé, de notre époque et de l'avenir, afin de mieux comprendre les problèmes et d'en maîtriser le plus possible les données pour leur trouver des solutions à la fois originales et réalistes.

Trois des quatre grands fleuves ou couples de fleuves « historiques » sont des cours d'eau internationaux (le Nil, le Tigre et l'Euphrate, l'Indus et le Gange). La raréfaction de leurs eaux, sous la double influence de la croissance démographique et du changement climatique, exacerbe la concurrence pour l'eau, en particulier dans les régions soumises à des pénuries conjoncturelles ou structurelles (Afrique du nord, Moyen-Orient, Asie du Sud), qui seront de plus en plus nombreuses à l'avenir.

Dans un contexte de pénurie croissante, les conflits sur l'eau se multiplieront-ils ?[3] Comment encadrer les activités humaines qui dégradent la mémoire des trois couples de cours d'eau internationaux « grands éducateurs de l'humanité » (le Nil, le Tigre et l'Euphrate, l'Indus et le Gange), ou sont susceptibles d'y porter atteinte ? Comment appréhender juridiquement les trois couples de cours d'eau

---

techniques hydrauliques et celui des civilisations, et les situer dans le brassage des civilisations de l'Orient et de l'Occident – ne le permettait pas sans nuire à l'unité de l'ouvrage.

[1] VIOLLET, *op. cit.*, pp. 15-32.

[2] METCHNIKOFF, *op. cit.*, p. 188. L'expression « grands éducateurs de l'humanité » sera employée au pluriel comme au singulier entre guillemets (« grand éducateur de l'humanité »). Toutefois, afin d'alléger les notes de bas de page, nous ne citerons pas la référence METCHNIKOFF à cet égard (c. -à-d. METCHNIKOFF, *op. cit.*, p. 188).
Quelque 260 cours d'eau internationaux sont partagés par deux États ou plus dans le monde. Onze États se partagent le Nil, dix le Danube, neuf l'Amazone… Près de 40 % de la population mondiale vit autour de ces cours d'eau.
Sur ces 260 cours d'eau internationaux, 157 ne disposent d'aucun cadre coopératif. Et quand ils existent, ce sont des coquilles vides, ou perpétuent les inégalités entre États du cours d'eau. L'eau étant théoriquement une *res* locale (contrairement au climat par exemple) et relevant de la juridiction étatique, les États du cours d'eau sont seuls décisionnaires. Ceux qui contrôlent les sources des cours d'eau internationaux ou en utilisent la majeure partie n'ont aucun intérêt à remettre en cause le *statu quo*.

[3] Le *Pacific Institute*, un groupe de réflexion américain, recense des dizaines de conflits impliquant l'eau depuis 2 500 av. J.-C. et prévoit leur augmentation. Cependant, certains affirment qu'elle a plus souvent été un facteur de coopération, et pourrait le rester. L'université de l'Oregon, aux États-Unis, a recensé, sans tenir compte des nombreux accords liés à la navigation, 145 traités internationaux sur ce thème.

internationaux qui font honneur à l'humanité[1], et conséquemment l'élément eau ? Tous s'accordent à penser que la coopération sur la gestion de ces trois couples de cours d'eau internationaux doit impérativement progresser afin de prévenir les conflits, mais aussi de combattre les pénuries et de réduire les pollutions, la concurrence aboutissant souvent à la surexploitation et à la destruction, en tout ou en partie, des écosystèmes aquatiques[2] et de la « mémoire collective de l'humanité »[3].

L'établissement d'une coopération sur la gestion des trois couples de cours d'eau internationaux « grands éducateurs de l'humanité » est loin d'être un simple exercice de rhétorique, il ressort actuellement d'un réel besoin juridique[4] et nécessite de voir comment il est possible de gérer leur utilisation présente et à venir en vue de conserver ou de restaurer la « mémoire collective de l'humanité ».

Face à ces pratiques et aux conflits d'intérêts engendrés ou latents, les insuffisances des règles internationales sont évidentes[5]. Il est dès lors souhaitable de défricher la voie qui permettra aux États du cours d'eau « grand éducateur de l'humanité » de trouver les prémisses les plus praticables pouvant conduire à une solution suffisamment consensuelle, réconciliant la conception anthropocentrée

---

[1] Ensemble des hommes et des femmes, du genre humain, parfois considéré comme constituant un tout, un être collectif. « Qui dit homme dit humanité. L'homme porte en lui l'humanité. L'homme n'existe pas indépendamment de l'humanité. Perfectionner l'homme, c'est perfectionner l'humanité. Perfectionner l'humanité, c'est se perfectionner soi-même » (P. LEROUX, *De l'humanité, de son principe, et de son avenir : où se trouve exposée la vraie définition de la religion et où l'on explique le sens, la suite, et l'enchaînement du mosaïsme et du christianisme*, Tome 1, Paris, Perrotin, 1840, p. 269). L'humanisme est parfois trop lourd à porter, mais « il faut sauver l'humanité et la civilisation à tout prix » (E. RENAN, *L'avenir de la science – pensées 1948*, Paris, Calmann Lévy, sans date, pp. 326-327).

[2] Voy. V. RICHARD, *La coopération sur la gestion des cours d'eau internationaux en Asie*, Paris, *Doc. fr.*, 2005.

[3] Voy. sur cette notion : T. MAJZOUB, *Les fleuves du Moyen-Orient. Situation et prospective juridico-politiques*, Paris, L'Harmattan, 1994, pp. 251-270.

[4] « [L]e droit international, situé géographiquement et historiquement, reflète la position de surplomb que se donne l'homme. C'est un droit anthropocentré, priorisant l'homme (…). Ne considérant pas les écosystèmes comme des systèmes dynamiques et complexes, cette approche n'est pas en adéquation avec la complexité du vivant et des grands équilibres écologiques et environnementaux » (S. MALJEAN-DUBOIS (dir.), *La définition des « limites planétaires ». Quelles implications pour le droit et la gouvernance internationale ?*, Paris, Pedone, 2023, pp. 11-12).

[5] *Ibid.*, pp. 10-12.

« égocentrée » avec la « mémoire collective de l'humanité » en cours de construction[1], « écocentrée » ou « hydrocentrée »[2].

---

[1] La notion de « mémoire collective de l'humanité » (« *Collective memory of humanity* » dans la terminologie anglo-saxonne) a fini par recevoir une consécration tardive. La déclaration du Sommet de l'Eau de Budapest, consacre cette notion : « 1. (…) water carries the collective memory of humanity » (The Budapest Water Summit Statement, 8-11 octobre 2013, Publié sur *Réseau International des Organismes de Bassin*, disponible à : http://www.waternunc.com/assets/pdf/_pdf3/Budapest_Water_Summit_Statement___Final___11_October_2013.pdf). Elle a été confirmée dans le rapport final du 7ème Forum Mondial de l'Eau en Corée du Sud (Final Report, 7th World Water Forum 2015, p. 31, Publié sur *Conseil Mondial de l'Eau*, disponible à : https://www.worldwatercouncil.org/sites/default/files/Forum_docs/Final%20Report_7th%20World%20Water%20Forum.pdf) ; J. DELLI PRISCOLI, « Challenges for the Future: Water Resources Management and Potential Nexus of Theological, Ethical and Pastoral Approaches », for *The Human Right to Water: An Interdisciplinary Focus and Contributions on the Central Role of Public Policies in Water and Sanitation Management*, organized by The Pontifical Academy of Sciences, 23-24 February 2017 | Casina Pio IV | Vatican City, p. 9 [https://www.gwp.org/contentassets/e77f58b4473c4b8e883291c206d72c36/delli-priscoli-vatican-feb-2017.pdf] ; et dans le document du Dicastère pour le service du développement humain intégral consacré à l'eau (Aqua fons vitae : Orientations sur l'eau, symbole du cri des pauvres et du cri de la Terre, Cité du Vatican 2020, p. 14.

[2] On savait, depuis l'identification d'un ancien port par l'archéologue américain Mark Lehner, à partir d'un modèle cartographique, que les Égyptiens utilisaient ce cours d'eau pour le transport des matériaux. Hypothèse confirmée par une mission archéologique franco-égyptienne qui a découvert en 2013 des papyrus décrivant ces aménagements fluviaux servant à la livraison de matériaux par bateaux entre la carrière de Tourah et le plateau de Gizeh. En revanche, la question demeurait de savoir si la hauteur du fleuve était suffisante pour acheminer les pierres sur le chantier. En retraçant le passé hydrographique de la région sur les huit derniers millénaires, la réponse est apportée par l'équipe franco-égyptienne. Les scientifiques ont ainsi confirmé qu'une branche du Nil, dite « bras de Khufu », desséchée par la suite, disposait des niveaux d'eau suffisants pour atteindre le plateau de Gizeh, situé à sept kilomètres du fleuve. Ils ont aussi démontré que le niveau de l'eau dans le fleuve pouvait, à l'époque de la construction des pyramides, permettre la navigation, donc le transport des matériaux de construction vers Gizeh (P. LALANNE, « Un bras du Nil aujourd'hui disparu au cœur du chantier des pyramides », *Le Monde*, 29 août 2022, https://www.lemonde.fr/sciences/article/2022/08/29/un-bras-du-nil-aujourd-hui-disparu-au-c-ur-du-chantier-des-pyramides_6139437_1650684.html).

De quoi éclaircir l'un des mystères de notre héritage *in continuum* rattaché à l'hydrographie nilotique. Il est à signaler, en passant, que le projet de loi sur la restauration de la nature, texte phare du Pacte vert européen, avait été proposé à la mi-2022 par Bruxelles. Le 12 juillet 2023, le Parlement européen l'a adopté, dans une version minimaliste (obligations et objectifs chiffrés ont été supprimés).

La solution « pacifique »[1] à la question des eaux du Nil, le « grand éducateur de l'humanité », serait d'en faire une mémoire collective, une mémoire solidaire, une mémoire qui se traduit durant les siècles passés par une attitude nilotique concrète et une introspection collective, une mémoire des peuples nilotiques, voire une réelle « mémoire collective de l'humanité »[2] (section 3). Toutefois, il conviendra, avant de se pencher sur le contenu de la « mémoire collective de l'humanité » (section 2), d'examiner auparavant quelques concepts connexes qui peuvent aider à l'appréhender (section 1).

SECTION 1.- LES CONCEPTS CONNEXES À LA NOTION DE « MÉMOIRE COLLECTIVE DE L'HUMANITÉ »

Le statut juridique de l'eau n'a jamais fait l'unanimité dans le temps et dans l'espace politique, économique, environnemental, social, géographique, culturel, religieux, technique, etc. C'est ainsi que cette question, au cœur des grands débats à trois niveaux (international, national et local), n'a jamais pu être résolue d'une façon satisfaisante.

« Les fleuves n'ont acquis que peu à peu une place à part dans le droit international. Ils appartiennent par la nature des choses au territoire de l'État qu'ils parcourent, et, pendant des siècles, nul autre pouvoir que celui de l'État riverain n'était reconnu sur eux »[3]. Tout naturellement, la doctrine a essayé de préciser la nature juridique propre

---

On s'appuiera sur les travaux de Bruno Latour (*Nous n'avons jamais été modernes : Essai d'anthropologie symétrique*, Paris, La Découverte & Syros, 1997) et de Philippe Descola (*Par-delà nature et culture*, Paris, Gallimard-Folio, 2005), pour défendre l'idée d'un choix nécessaire entre deux visions de l'homme et de la nature : la vision moderne et une nouvelle vision. Le changement de notre manière de voir et d'agir ne peut reposer seulement sur des abstractions (le désastre écologique à venir, notre responsabilité vis-à-vis des générations futures ou des êtres vivants non-humains) ; l'homme peut choisir et vouloir un tel changement (voy. O. RIMBAULT, « Éthiques de l'environnement : Le choix nécessaire d'une nouvelle vision de l'homme », *Via Neolatina*, juillet 2019 [http://www.via-neolatina.fr/commentaria/ethica.html]).

[1] Pour sa part Boutros Boutros GHALI, ancien Secrétaire général des Nations Unies, répéta toujours une formule, devenue un leitmotiv à travers le monde : « La prochaine guerre au Moyen-Orient sera liée à l'eau, et non point à des problèmes politiques ».

[2] Mais d'ici l'obtention de cette solution, il s'écoulera peut-être beaucoup de temps. Et pour reprendre un proverbe puisé du registre hydraulique, on peut dire « qu'il passera beaucoup d'eau sous les ponts ».

[3] J. DE LOUTER, *Le droit international public positif*, Londres/Édimbourg/New-York/Toronto/Melbourne/Bombay, Oxford : Imprimerie de l'Université, Tome I, 1920, p. 440.

de l'élément eau du fleuve ou du cours d'eau international[1]. Certains auteurs ont vu tour à tour en elle une *res communis*, un domaine public international et un patrimoine commun de l'humanité.

Avant d'essayer de cerner de plus près la notion de « mémoire collective de l'humanité » et d'essayer d'entreprendre son élaboration juridique, il conviendra donc d'esquisser rapidement ces trois concepts connexes : *res communis* (paragraphe 1), domaine public international (paragraphe 2), et patrimoine commun de l'humanité (paragraphe 3). D'autant plus que ces trois concepts réapparaissent, d'une manière ou d'une autre, dans la notion de « mémoire collective de l'humanité ».

Paragraphe 1.- La *res communis*

Au-delà des limites de la juridiction de l'État existe un espace non susceptible d'appropriation. L'eau du cours d'eau international n'est pas pour autant une *res nullius*, une eau qui n'appartient à aucun et sur laquelle chacun agit à sa guise, hors de la contrainte du droit, et dont le premier qui en posséderait les moyens pourrait s'en emparer (*res nullius cedit primo occupant*[2]).

Au contraire de la théorie de la *res nullius*, celle de la *res communis*[3] renvoie à l'idée que, parmi les *res humani juris, quidem naturali jure communia sunt omnium haec : aer et aqua profluens et mare et per hoc litora maris*[4], au même titre que la *res divini juris*[5], soit les *res religiosae, res sacrae et res publicae*[6]. Ce concept renvoie à la *res extra commercium*, c'est-à-dire n'étant pas susceptible d'appropriation ;

---

[1] Voy., *ex multis*, S. PAQUEROT, « Au-delà d'une ressource naturelle : quels critères faut-il privilégier pour doter l'eau douce et le cycle hydrologique d'un statut spécifique ? », *Les Cahiers de droit*, 2010, vol. 51, nos 3-4, pp. 541-565 ; J. MATTHEWS GLENN, « Crown Ownership of Water *in situ* in Common Law Canada : Public Trusts, Classical Trusts and Fiduciary Duties », *Les Cahiers de droit*, 2010, vol. 51, nos 3-4, pp. 493-519 ; M. CANTIN CUMYN, M. CUMYN et C. SKRINDA, « L'eau, chose commune : un statut juridique à confirmer », *La Revue du Barreau Canadien*, 2000, vol. 79, pp. 398-419 ; Y. VEGA CÁRDENAS, *La construction sociale du statut juridique de l'eau : le cas du Québec et du Mexique*, Montréal, Les Éditions JFD, 2015, pp. 37-38.

[2] Les choses sans maître sont au premier occupant.

[3] G. GIDEL, *Le droit international public de la mer*, t. 1., Paris, Sirey, 1932, p. 215.

[4] Et par droit naturel sont le bien commun de tous : l'air, l'eau s'écoulant, la mer et, pour cela, les rivages de la mer.

[5] Choses de droit divin.

[6] Choses religieuses, choses sacrées et choses publique.

incapable, par nature, d'une quelconque appropriation[1]. La *res communis* échappe donc à toute occupation et à toute appropriation privative, elle est soumise au principe de libre utilisation, dans le respect de l'égale liberté de chacun[2] ; son usage est commun à tous (*res communis omnium*).

Bien entendu, on peut s'interroger sur la signification exacte de ce concept, et se demander comment qualifier, de manière précise, cette souveraineté. S'agit-il d'une copropriété, d'un *condominium*[3] ou autre chose ?

On doit reconnaître que cette question n'a jamais été élucidée d'une façon complètement satisfaisante[4]. En tout état de cause, il paraît certain que l'essentiel du contenu du concept *res communis* est la libre utilisation par tous.

La conception considérant certains espaces comme *res communis* a été grandement renforcée par la réglementation internationale qui a trouvé sa consécration finale dans le Traité du 27 janvier 1967 sur les principes régissant les activités des États en matière d'exploration et d'exploitation de l'espace extra-atmosphérique, y compris la lune et les

---

[1] H. GROTIUS, *Le droit de la guerre et de la paix*, 2e éd, Paris, PUF, 2012. La doctrine sur la notion de *res communis* est étroitement liée à sa pensée jusnaturaliste, inspiré par Francisco de Vittoria : à l'origine, les biens étaient dévolus à la jouissance de l'universalité de la communauté humaine ; si la création des principautés a entraîné la répartition de la plupart d'entre eux, certains – comme la mer – sont restés « communs ». L'appropriation y est collective et l'appartenance est à tous, en indivision, ce qui permet une internationalisation de l'espace et une réglementation commune afin de mieux garantir les droits collectifs.

[2] I. BROWNLIE, « Legal Status of Natural Resources in International Law (Some Aspects) », *RCADI*, 1979, vol. 162, p. 274.

[3] S'agissant du condominium, il a été défini comme « le statut d'un territoire à l'égard duquel la jouissance et l'exercice des compétences reconnues à l'État par le droit des gens, appartient à une communauté internationale partielle caractérisée par l'égalité juridique et fonctionnelle des États qui en sont membres, cette communauté exerçant ses compétences par l'intermédiaire d'organes internationaux particuliers, immédiats ou médiats », voy. A. CORET, *Le condominium*, Paris, LGDJ, 1960, p. 55. La notion de patrimoine commun de l'humanité, bien qu'insuffisamment précise sur de nombreux points, réalise un certain accord sur plusieurs de ces éléments. Elle définit un bien appartenant dans l'indivision à la communauté internationale représentée par tous les États. Ce concept est profondément différent de celui de res communis appliqué par exemple à la haute mer, en ce sens qu'il met l'accent sur une participation et administration commune et subordonne la liberté à l'équité.

[4] C'est précisément un des arguments majeurs des tenants de la conception *res nullius*.

autres corps célestes[1]. À cet effet, certains auteurs proposent d'adopter un projet d'entente internationale sur le partage et la protection de l'eau douce en tant que bien commun[2]. D'autres prônent sa confirmation en tant que chose commune[3].

L'eau du cours d'eau international, sans avoir toutes les caractéristiques d'une *res communis* « parfaite », n'est certainement pas une *res nullius*[4] ; un certain volume d'eau est susceptible d'appropriation, mais le cours d'eau lui-même ne l'est pas, et cette caractéristique constitue le principal élément de sa définition. Mais les prétentions à l'exercice de compétences étatiques exclusives sur une portion du cours d'eau commencèrent à se heurter aux protestations émanant d'autres États du cours d'eau.

La conception qui consiste à considérer l'eau du cours d'eau international comme une *res communis* n'est donc plus satisfaisante car elle admet l'utilisation de cette eau par chacun des États du cours d'eau d'une façon non discriminatoire et compétitive. Au point de vue politique même, si cet ordre juridique consiste à reconnaître à chacun des États d'amont le droit de mobiliser l'eau du cours d'eau international sans restriction aucune, les États d'aval qui ne peuvent avoir accès à cette eau seront amenés, dans un premier temps, à pousser leurs exigences plus loin que jamais, dans l'espoir de se réserver le droit à une part équitable.

Par contre, si l'État d'amont accepte un régime juridique protégeant efficacement le « domaine public international » (l'air, l'atmosphère, etc.), on peut espérer que les autres États du cours d'eau vont modérer leurs demandes. Des éléments, des espaces et des biens reconnus comme des *res communis* ont été « proclamés » ou sont devenus en fait

---

1 Ce traité de 1967 est fortement imprégné du concept de patrimoine commun de l'humanité, mais cette idée est exprimée avec plus ou moins de netteté.

2 Voy. M. BARLOW et T. CLARKE, *L'or bleu : l'eau, nouvel enjeu stratégique et commercial*, Montréal, Boréal, 2005, p. 353 ; A. DI MARCO, « Water as a European Shared Public Good: The Legal Status of a Vital Resource, and its *Sui Generis* Community Property Regime », *Maastricht Journal of European and Comparative Law*, 2023, 30(2), pp. 170-190. Voy. également J. BEAUCHARD, *Le bien commun: Enjeu politique du développement durable*, Paris, L'Harmattan, 2021.

3 M. CANTIN CUMYN, M. CUMYN et C. SKRINDA vont dans ce sens (CANTIN CUMYN, CUMYN et C. SKRINDA, *op. cit.*, p. 411). Cependant, J. MATTHEWS GLENN ne semble pas être de la même opinion (MATTHEWS GLENN, *op. cit.*, p. 501).

4 « L'eau en tant que matière en constante mobilité et en incessant renouvellement est un *res nullius* » estimait G. SAUSER-HALL (« L'utilisation industrielle des fleuves internationaux », *RCADI*, 1953, vol. 83, p. 548).

des parties du « domaine public international » : les grands fonds marins et leurs sous-sols, les orbites privilégiées, la lune, etc.

Ainsi, s'achemine-t-on de l'anarchie de la *res nullius* à travers le libéralisme de la *res communis* vers une conception de domanialité prenant en compte les éléments, espaces et biens dont l'usage ou la jouissance appartient à tous ou qui sont affectés à un service public international (la consécration du concept de service public international vient compléter celui de domaine public international). Cependant, les convergences sont nombreuses entre les concepts de *res communis* et de « domaine public international », au point que l'on peut se demander si la seconde n'est pas une version plus élaborée de la première.

Paragraphe 2.- Le domaine public international

« L'ouverture des rivières internationales à la libre navigation sur les bases de l'Acte final de Vienne [du 9 juin 1815] avait laissé intact le pouvoir d'État des États riverains, en ce qui concerne la police et l'administration. (...). Un changement allait se produire à propos du dernier grand fleuve européen, auquel les principes de 1815 furent appliqués. Le Danube, déjà partiellement ouvert en 1840, à la suite d'une convention russo-autrichienne, fut placé, par les articles 15 à 19 de la paix de Paris de 1856, sur la même ligne que les autres grands fleuves d'Europe »[1]. Cependant, la condition juridique du Danube depuis la paix de Paris de 1856 est « fort compliquée et suffisamment originale »[2].

Cette condition juridique « a donné naissance à une littérature abondante et à de vives discussions »[3]. Ainsi, « [d]epuis la paix de Paris [de 1856], ce n'est qu'à l'égard du Danube qu'un changement s'est produit à ce sujet [diminution des compétences étatiques exclusives des États riverains avec la création de la Commission Européenne du Danube]. L'infraction critiquable, ici commise à l'égard de l'inviolabilité fondamentale du territoire des États souverains, y rencontra d'ailleurs une vive opposition des États intéressés, et ne fut point acceptée par la science. F. v. Martens y trouva l'occasion d'appeler, sur les fleuves, l'attention de l'Institut de droit international, qui, sur un rapport du jurisconsulte russe, arrêta un projet de règlement

---

1 DE LOUTER, *op. cit.*, p. 451.
2 *Ibid.*, p. 453.
3 *Ibid.*, p. 453.

qu'il adopta en 1887 à Heidelberg, et où il maintient intégralement le principe de la souveraineté des États riverains sur les parties de fleuves qui coulent à l'intérieur de leur territoire. Le principe opposé, représenté par Engelhardt, qui voulait faire déclarer les fleuves domaine public international, car il y voyait une continuation de la haute mer, ne fut que faiblement défendu et trouva peu d'écho »[1].

De tout ce qui précède, il résulte que la condition juridique des fleuves ou des cours d'eau internationaux a traversé plusieurs stades de développement. En effet, l'eau du fleuve ou du cours d'eau international va apparaître, pour certains auteurs, comme un véritable domaine public international[2] ou domaine de la communauté internationale qui, du fait de son utilisation commune par les divers membres de la communauté internationale (navigation *ab initio*), est soumise à un régime juridique particulier. Il paraissait raisonnable de penser qu'il y aura une sorte de « classement » du fleuve ou du cours d'eau international d'où résultera une impossibilité d'appropriation nationale[3]. Le point de départ du concept de domaine public international est qu'il existe en droit international un domaine public (terrestre, fluvial, aérien, etc.) comme il peut en exister en droit interne[4]. On peut également considérer que les prestations exigées de par la coexistence des États en tant que membres de la communauté internationale imposaient que soient mises en place une appropriation collective et une gestion commune de certains éléments, espaces et biens, dans le but de les soustraire à l'égoïsme national ; le domaine

---

[1] *Ibid.*, pp. 455-456.

[2] « Nous appelons "domaine public international" les espaces aménagés ou non et les voies de communication qui ont été reconnus *indispensables* aux communications et rapports internationaux soit par terre, soit par eau, soit par air » (G. SCELLE, « Règles générales du droit de la paix », *RCADI*, 1933, vol. 46, p. 526).

[3] « En ce concerne les *fleuves*, il y a eu, dès le début de l'évolution vers l'internationalisation, des commissions et des tribunaux "mixtes" ; mais on sait que depuis la guerre [1914-1918] les organes mixtes évoluent à leur tour vers des organes réellement supranationaux, en ce qui concerne les fleuves dits *d'intérêt international*, puisqu'on y a introduit des représentants d'États *non riverains*. Le système danubien marque actuellement le point le plus avancé de cette évolution, puisque la Commission européenne et ses organes juridictionnels peuvent être considérés comme une institution supranationale [V. l'avis de la CPJI, n° 14 (série B, n° 14)] » (SCELLE, *op. cit.*, pp. 526-527).

[4] L'idée du domaine public international a été surtout avancée par des auteurs français, et Georges Scelle est probablement l'auteur qui a le mieux exploré cette voie. Ce n'est guère étonnant, puisqu'en droit interne français la domanialité joue un rôle important.

public international, formé peu à peu du fait que, restreint de sa propre volonté, l'État consentit à abandonner quelques attributs de sa souveraineté en faveur de la communauté internationale.

L'utilisation du concept de domanialité en droit international était une opération intellectuelle française extrêmement tentante. Ce concept est la constatation que dans toute société organisée certains éléments, espaces et biens doivent être soustraits à l'appropriation privée, soit pour être laissés à l'usage collectif, soit pour être affectés au bon déroulement du service public. Toujours est-il que la non-appropriation ne signifie par l'absence de tout *dominium*, mais la satisfaction des besoins jugés essentiels de la collectivité impose un statut *sui generis*. Le statut du domaine public international résultera d'un « classement », d'une affectation par le droit international d'un élément, d'un espace et d'un bien dans cette catégorie, de leur mode de gestion, de leur mode d'utilisation par la communauté internationale et de la protection de leur affectation tant qu'elle dure[1]. L'eau du cours d'eau international sera donc un élément du domaine public international par analogie avec le domaine public en droit interne. Cette eau ne devra en conséquence être utilisée que par un organisme régional, agissant pour le compte et au profit de la communauté des États. Mais comment conjuguer compétence étatique et régime du domaine public international ?

Il semble que la cohérence ultime du concept de domaine public international est assurée par celle du dédoublement fonctionnel, en ce qui concerne toute dépendance domaniale se trouvant sous la juridiction étatique. Ce dédoublement fonctionnel présuppose une hiérarchie des ordres juridiques avec la suprématie du droit international.

C'est peut-être pour avoir omis d'insister sur le dédoublement fonctionnel que la domanialité a perdu de plus en plus d'importance. Toutefois, dans certains cas, l'interprétation extensive de la souveraineté a fait obstacle à la reconnaissance, en droit international, d'un domaine public supranational, comme c'est le cas du sol, de l'espace aérien au-dessus du territoire national ou du cours d'eau international.

En outre, ces espaces « reconnus » auparavant comme relevant de régimes internationaux s'amenuisent au profit de compétences

---

[1] La domanialité est un « régime gradué, entraînant soit la totalité, soit seulement certaines de ses règles selon les besoins de la dépendance intéressée », voy. A. DE LAUBADÈRE, *Manuel de droit administratif*, 5e édition, Paris, LGDJ, 1959, p. 277.

étatiques[1], comme c'est le cas du cours d'eau international successif ou contigu.

Comment donc concilier le concept de domaine public international avec la souveraineté lorsqu'il s'agit du cours d'eau international se trouvant sous juridiction de l'État du cours d'eau, mais qui est « classé » en tant qu'élément du domaine public international ? L'explication se trouve peut-être dans le concept plus englobant qu'est le « patrimoine commun de l'humanité ». Historiquement, le concept de domaine public international a certes été avancé avant celui de « patrimoine commun de l'humanité ». « Il a ainsi été constitué une sorte de domaine public international, inaliénable, imprescriptible et inappropriable sur lequel, en conséquence, les États ne peuvent exercer leur souveraineté et dont la propriété a été transférée à "l'humanité" dans son ensemble. (...). Mais la qualification de patrimoine commun de l'humanité ne s'applique qu'aux ressources minérales du sol et du sous-sol. La faune si particulière des grands fonds ne fait pas partie de ce patrimoine. Les ressources biologiques de la haute mer non plus. Elles restent des *res nullius* »[2].

Le domaine public international peut, de ce point de vue, être regardé comme précurseur du concept de « patrimoine commun de l'humanité » (« *Common heritage of mankind* » dans la terminologie anglo-saxonne).

Paragraphe 3.- Le patrimoine commun de l'humanité

La souveraineté, élément commun aux États de la société internationale[3], ne pouvait plus uniquement régir les rapports entre les

---

[1] La doctrine française du droit international ne semble plus parler aujourd'hui de « domaine public international », préférant traiter certains domaines et certains cours d'eau comme « espaces ayant un statut international ». Voy., *ex multis*, H. THIERRY *et al.*, *Droit international public*, 2e éd., Paris, Montchrestien, 1979, pp. 748 *et seq.* ; L. CAVARÉ, *Le droit international positif*, Tome 2, 3e éd mise à jour par J.-P. QUÉNEUDEC, Paris, Pedone, 1969, pp. 682 *et seq.* ; P. MANIN, *Droit international public*, Paris, Masson, 1979, pp. 304 *et seq.*

[2] C. DE KLEMM, « Environnement et patrimoine », *in* F. OST et S. GUTWIRTH (dir.), *Quel avenir pour le droit de l'environnement ?*, Bruxelles, Publications des Facultés universitaires Saint-Louis, 1996, p. 148.

[3] « La notion de société internationale renvoie d'abord à la réalité, toujours fondamentale, d'une coexistence d'États souverains. Forgée il y a plusieurs siècles, elle n'a rien perdu de son actualité puisque le nombre des États s'est très considérablement accru dans les soixante, et même trente dernières années » (voy. P.-

différents acteurs de la communauté internationale[1], réclamant une prise de conscience des intérêts de l'humanité[2]. Il fallait donc trouver le fondement du droit international public, non dans la souveraineté, principe de droit interne, mais dans la solidarité, phénomène social de la plus haute importance, qu'on devait définir comme la conscience qu'ont les États des intérêts communs outrepassant leurs frontières et exigeant, pour être satisfaits, le concours de tous[3].

Le concept de patrimoine commun de l'humanité (PCH) est né donc d'une constatation doublée d'une nécessité[4]. La souveraineté ayant

---

M. DUPUY et Y. KERBRAT, *Droit international public*, 16e éd., Paris, Dalloz, 2022, p. 909, para. 707).

[1] « La notion de communauté est beaucoup plus récente. Allant plus loin que celle de collectivité internationale, qui indiquait déjà l'idée d'un lien d'appartenance unissant entre eux les différents États, elle intègre en même temps qu'elle dépasse la notion unitariste d'État, pour suggérer une identité d'intérêts, de droits et de devoirs entre les différents peuples qui composent la famille des nations » (DUPUY et KERBRAT, *op. cit.*, p. 909, para. 707).

[2] « La notion d'humanité, enfin, élargit encore la perspective. Elle ne se situe plus seulement dans le temps présent car, si elle désigne, comme la communauté la solidarité des peuples en dépit de la persistance des identités et des rivalités étatiques, elle y ajoute une dimension transtemporelle, en englobant les générations passées, présentes, mais aussi futures. L'expression anglaise traduit d'ailleurs mieux que son homologue français cette dimension en parlant de "*Common heritage of mankind*" » (DUPUY et KERBRAT, *op. cit.*, pp. 909-910, para. 707).

[3] Il faut cependant attendre la fin du XIXe siècle pour que l'idée d'un patrimoine envisagé comme commun trouve ses premières concrétisations juridiques (Convention de la Haye du 29 juillet 1899 concernant les lois et coutumes de la guerre sur terre, Convention de la Haye de 1907 sur les bombardements par les forces navales en temps de guerre, règles de la Haye de 1923 concernant la guerre aérienne, traité de 1935 pour la protection des institutions artistiques et scientifiques et des monuments historiques en temps de guerre, la Convention du 14 mai 1954 pour la protection des biens culturels en cas de conflit armé et ses protocoles). Par la suite, l'existence d'un patrimoine de l'humanité est consacrée, en dehors d'un contexte de guerre, avec la Convention du 16 novembre 1972 concernant la protection du patrimoine mondial culturel et naturel (entrée en vigueur : 17 décembre 1975).
La notion de patrimoine commun de l'humanité a également été entendue comme synonyme de territoires non appropriés par un État (Droit de la mer du 10 décembre 1982, Accord du 5 décembre 1979 régissant les activités des États sur la Lune et les autres corps célestes).

[4] F. QUILLERÉ-MAJZOUB, « À qui appartiennent les icebergs ? (Discussion autour du statut des icebergs en droit international public) », *RQDI*, 2007, vol. 20, no. 1, pp. 199-225 ; S. SUCHARITKUL, « Évolution continue d'une notion nouvelle : le patrimoine commun de l'humanité », *in* Y. DINSTEIN (dir.), *International Law at a Time of Perplexity. Essays in Honour of Shabtai Rosenne*, Dordrecht, Martinus Nijhoff Publishers, 1989, pp. 887-908.

montré ses limites, elle n'était plus à même de circonscrire avec efficacité et utilité certains rapports entre les différents acteurs de la communauté internationale. Les progrès techniques, couplés à l'évolution des relations internationales face aux nouveaux défis, essentiellement environnementaux, et aux nouveaux problèmes planétaires posés à l'*humani generis*, réclamaient une prise en compte des intérêts, non plus de la société internationale ou de la communauté internationale, mais de l'humanité tout entière. Le droit international public devait alors trouver son fondement, non plus dans la « souveraineté territoriale », mais dans une prise de conscience de solidarité objective (transcendant les disparités idéologiques ou de développement, géographiques et temporelles)[1].

Contrairement aux expériences d'internationalisation précédentes consistant essentiellement en des « internationalisations négatives »[2], le concept de PCH implique en général une « internationalisation positive »[3]. Dans une approche stricte, et donc forcément réductrice, ce concept renvoie aux notions de propriété et de rendement. Néanmoins, il va plus loin et privilégie une vision plus ambitieuse : l'introduction, d'une part, de l'idée de « conservation », élément moral et juridique qui dépasse celle de propriété et, d'autre part, l'introduction de l'idée de « gestion des éléments, des espaces et des biens "en bon père de famille" »[4], qui écarte la notion de rendement au sens de profit. Ainsi, les quatre principes fondamentaux[5] qui découlent du concept de PCH

---

[1] A.-Ch. KISS, « La notion de patrimoine commun de l'humanité », *RCADI*, 1982, vol. 175, pp. 99-256, à la p 135 ; Ph. KAHN, « Les patrimoines communs de l'humanité : quelques réflexions », *in* M. PRIEUR et C. LAMBRECHTS (dir.), *Les hommes et l'environnement : quels droits pour le vingt-et-unième siècle ? En hommage à Alexandre Kiss*, Paris, Frison-Roche, 1998, p. 313.

[2] Cas des cours d'eau internationaux, de la haute mer, de l'espace extra-atmosphérique (à l'exception de la lune et des corps célestes) et des espaces polaires. Le régime d'« internationalisation négative » se caractérise par la non-appropriation et la liberté d'utilisation. Cette dernière peut être limitée par certaines règles qui traduisent une tendance à l'« internationalisation positive ».

[3] Cas de la CNUDM, du Traité sur les principes régissant les activités des États en matière d'exploration et d'utilisation de l'espace extra-atmosphérique y compris la lune et les autres corps célestes, de l'Accord régissant les activités des États sur la Lune et les autres corps célestes.

[4] M. PRIEUR, *Droit de l'environnement*, 2e éd, Paris, Dalloz, 1991, p. 5.

[5] Pour certains auteurs, ils sont trois (la conservation n'en fait pas parti).

sont : la non-appropriation[1], l'utilisation pacifique, la conservation[2] et l'exploitation dans l'intérêt de l'humanité[3].

C'est ainsi que, dans le cadre d'un espace « internationalisé »[4] qualifié de PCH, nul État ou toute autre entité[5] n'est en droit de revendiquer ou d'exercer sa souveraineté sur une partie quelconque de cet élément ou sur ses ressources. Son utilisation n'est permise qu'à des fins pacifiques[6] et son exploitation, dans une perspective à long terme, consiste à en répartir équitablement les avantages attendus « compte tenu particulièrement des intérêts et des besoins des États en développement »[7]. Les États ont donc l'obligation de veiller au respect de ces principes et sont tenus responsables de tout dommage résultant d'un manquement, qu'il soit le fruit de leur propre fait ou de celui de leurs entreprises ou de leurs ressortissants[8].

L'idée de partage des avantages générés par le PCH en était donc un élément important, ce qui n'est pas surprenant d'un concept né et développé dans le cadre du Nouvel ordre économique international[9]. Néanmoins, l'ambition initiale que traduisait bien la CNUDM fut largement revue à la baisse avec l'Accord relatif à l'application de la partie XI de la CNUDM[10] (Accord de 1994). Cet accord a, de fait, réduit la part due à l'humanité à sa portion congrue et ouvert la voie à une exploitation commerciale plus classique des ressources minérales de la Zone. Ainsi, lorsque cette exploitation deviendra possible et rentable,

---

1 R.-J. DUPUY, *L'océan partagé : analyse d'une négociation ; troisième Conférence des Nations Unies sur le droit de la mer*, Paris, Pedone, 1979, p. 142.

2 KAHN, *op. cit.*, p. 310.

3 Elle regroupe la gestion des ressources du patrimoine, leur utilisation rationnelle, ainsi que la répartition équitable des bénéfices pouvant en être tirés : KISS, *op. cit.*, p. 135.

4 DUPUY et KERBRAT, *op. cit.*, p. 864, para 662.

5 Signée à Montego Bay le 10 décembre 1982 (entrée en vigueur : 16 novembre 1994), Publié sur *Nations Unies Collections des Traités*, disponible à : https://treaties.un.org/Pages/ViewDetailsIII.aspx?src=TREATY&mtdsg_no=XXI-6&chapter=21&Temp=mtdsg3&clang=_fr. CNUDM, art. 137, para 1.
Voy. Ph. VINCENT, *Droit de la mer*, Bruxelles, Bruylant, 2020.

6 *Ibid.* art. 138 ; KISS, *op. cit.*, p. 135.

7 CNUDM, *op. cit.*, art. 140.

8 *Ibid.* art. 139.

9 K. BASLAR, *The Concept of the Common Heritage of Mankind in International Law*, La Haye, Martinus Nijhoff, 1998, p. 272.

10 Accord relatif à l'application de la Partie XI de la CNUDM du 10 décembre 1982 (avec annexe), 28 juillet 1994, *RTNU*, 1994, vol. 1836, pp. 67-87 (entrée en vigueur : 28 juillet 1996).

elle privilégiera les bénéfices des exploitants des États riches en capitaux et en technologies au détriment des États démunis[1]. La volonté redistributrice et compensatoire du concept de PCH s'exprimera à travers un système de « concessions » accordées par l'Autorité internationale des fonds marins[2], ainsi que de taxes à percevoir sur les bénéfices à venir. Quant à la représentativité « universelle » de l'Autorité, elle est également réduite, face aux États démunis, à une prise en considération *a minima*[3]. Les intérêts des pays producteurs de ressources terrestres identiques seront pris en compte afin de ne pas être gravement lésés, dans le respect des lois du marché[4]. On est donc très loin des grandes intentions et de la tentative solidariste de la CNUDM. C'est l'exploitation au profit de l'humanité qui semble ainsi compromise, de la même façon que la non-appropriation des ressources apparaît davantage comme une clause de style que comme une réalité, même virtuelle. De plus, s'agissant des ressources minérales des grands fonds marins, le caractère conservatoire du concept de PCH semble pour le moins difficilement conciliable avec l'objectif d'exploitation[5].

Dans ce contexte, certains auteurs défendent l'idée que l'eau devrait déjà être considérée comme un « patrimoine public universel »[6] ou un élément du PCH[7]. D'autres affirment que « [o]n est encore loin de la

---

[1] A. BEKKOUCHE, « La récupération du concept de patrimoine commun de l'humanité (P.C.H.) par les pays industrialisés », *RBDI*, 1987, vol. 20, no. 1, pp. 124-137.

[2] Voy. https://www.isa.org.jm/.

[3] Accord de 1994, annexe, section 3, aux paras. 2, 4, 5, 9 et 15 : ces dispositions contredisent les articles 159 et 160 de la CNUDM.

[4] *Ibid.* annexe, section 7 : cette section infléchit les articles 150 et 151 de la CNUDM.

[5] En effet, comment peut-on en même temps conserver une ressource non renouvelable – les nodules polymétalliques de la Zone – et l'exploiter ? Par définition, son exploitation entraîne sa disparition *in situ* et son appropriation, puisqu'elle est « vendue » sur le marché au profit de celui qui l'a prélevée, transportée, voire transformée.

[6] Voy. S. PAQUEROT, *Le statut de l'eau douce en droit international : penser la « res publica » universelle*, thèse, Université de Paris VII, 2003, p. 477. L'auteur soutient que le concept de patrimoine commun ne peut être reçue en droit international dans la mesure où il ne reconnaît aucun sujet de droit collectif universel et ne tire pas sa légitimité d'une communauté politique. Le statut proposé de « patrimoine public universel » pour l'eau permettrait de la soustraire au principe de la « *souveraineté permanente* des peuples et des nations sur leurs richesses et leurs *ressources naturelles* » et à la liberté des échanges.

[7] Voy. F. DUHAUTOY, « Statut juridique de l'eau, vers un dépassement de la dichotomie chose commune / bien ? », *in La propriété à l'épreuve de la mer*, Actes du colloque de Brest, 2-3 juillet 2015, Aix-en Provence, Presses universitaires d'Aix-

conception de l'eau patrimoine commun de l'humanité, timidement avancée par certains (…) »[1]. L'objectif fondamental du concept de patrimoine commun de l'humanité est de répartir équitablement les avantages que l'on attend, dans une perspective à long terme. Les bénéfices découlant de leur exploitation seraient ainsi distribués à l'humanité tout entière, avec une attention particulière aux États démunis.

En tout état de cause, le concept de PCH n'est pas compatible avec l'utilisation de l'eau du cours d'eau international pour plusieurs raisons : d'une part, il s'applique essentiellement à des espaces « internationalisés »[2] (en droit international, l'eau a traditionnellement été considérée comme une ressource sous souveraineté ; en droit national elle a plutôt été considérée comme une *res communis*, non susceptible d'appropriation, accessible à tous et soumise à une gestion et à un contrôle publics[3]) ; d'autre part, il renvoie à l'idée de conservation de la ressource et d'une exploitation au profit de l'humanité tout entière. Certes, ce dernier motif a connu de nombreuses évolutions qui permettent d'en écarter en partie certaines

---

Marseille, 2188, pp. 123-144 ; R. ALLEMAND, *La gestion durable des ressources en eau en milieu agricole (Réflexions générales et applications dans le bassin de la Moselle)*, Paris, L'Harmattan, 2010, p. 11 ; F. HOUTART, « L'eau, principe de vie et patrimoine collectif », *in* Centre tricontinental (dir.), *L'eau, patrimoine commun de l'humanité (Alternatives* Sud, vol. VIII (2001), n°4), Paris, L'Harmattan, 2002, pp. 9-28. Réalisé par le Centre Tricontinental (CETRI) de l'Université de Louvain-la-Neuve, cet ouvrage collectif a pour objet de diffuser une pensée critique et analytique en provenance d'Asie, d'Afrique et d'Amérique latine. Une somme d'études de cas qui viennent éclairer une question centrale : l'eau peut-elle être considérée comme *patrimoine commun de l'humanité.*

[1] Voy. J. MARGAT et V. ANDRÉASSIAN, *L'eau*, Paris, Le Cavalier Bleu éditions, 2008, p. 107.

[2] « [C]'est-à-dire les espaces sur lesquels les États n'exercent aucune compétence de nature territoriale, et dont l'exploitation des ressources est soit libre, soit soumise à une gestion collective » (DUPUY et KERBRAT, *op. cit.*, p. 864, para 662).

[3] Ce statut a été attribué à l'eau notamment dans les systèmes de droit de tradition romano-germanique. Dans les systèmes de la *Common Law*, l'eau est également conçue comme une chose appartenant à tous (*res communis*), une ressource qui doit être gérée par l'État au bénéfice de la communauté en vertu du concept de *Public Trust* (fiducie d'intérêt public ; le *Trust* est davantage une technique qu'un véritable ordre juridique, il s'agit de gérer l'eau dans l'intérêt exclusif de l'ensemble de l'humanité, il s'agit de la conserver pour la communauté internationale de demain). En effet, dans ces deux traditions juridiques la définition du statut de l'eau est globalement la même.

implications[1]. Néanmoins, cette facilité d'accommodement n'existe pas quant à la première raison évoquée. « L'eau, patrimoine commun de l'humanité doit, qu'elle soit douce ou salée, être protégée contre toutes les formes de pollution à l'échelon international. L'entreprise est difficile et ses résultats ont été, jusqu'à présent, décevants. Il n'y a là rien de très étonnant : les lois les meilleures n'ont pu toujours, sur le plan national, empêcher la dégradation constant de la qualité des eaux, livrées, malgré toutes les barrières juridiques au déchaînement des égoïsmes privés ; en l'absence de toute règlementation internationale appropriée ou en présence d'une législation, encore embryonnaire et peu contraignante, les égoïsmes nationaux ont pu, au plan international, se donner libre cours, compromettant ainsi des ressources naturelles, apparemment inépuisables, pourtant sujettes à dégradation. Toutefois l'ampleur même des dommages a permis une certaine prise de conscience au sein de la communauté internationale. Qu'il s'agisse de la pollution des fleuves et lacs internationaux ou de la pollution des mers, une "juridicisation" du problème est en cours, dont on peut espérer qu'elle n'est pas trop tardive »[2]. Bien que le droit international de l'environnement comporte une forte dimension anthropocentrée[3], visant exclusivement le bien-être de l'être-humain (santé et sécurité humaine), il tend à devenir un droit écocentré ou hydrocentré, prenant compte des interrelations entre l'être-humain et la nature[4]. Le droit international de l'environnement tend en effet à considérer davantage l'être-humain comme un individu environné[5], un des éléments faisant partie intégrante de l'écosystème dans lequel il vit[6].

---

[1] « Quoi qu'il en soit, tout "partage" de ressources en eau nécessitant des transferts impliquerait nécessairement des coûts dont la prise en charge serait à repartir, même si le principe en était accepté : reste à savoir si elle devrait être assurée principalement par les parties bénéficiaires ou par la "communauté internationale" ? » (MARGAT et ANDRÉASSIAN, *op. cit.*, p. 107).

[2] Voy. M. DESPAX, *La pollution des eaux et ses problèmes juridiques*, Paris, Librairies techniques, 1968, p. 139.

[3] Voy. M. FORTEAU, A. MIRON et A. PELLET, *Droit international public*, 9e éd., Paris, LGDJ, 2022, p. 1738, para. 1187.

[4] *Ibid.* Voy. également M. PETEL, « La nature : d'un objet d'appropriation à un sujet de droit. Réflexions pour un nouveau modèle de société », *Revue interdisciplinaire d'études juridiques*, 2018, vol. 80, n 1, pp. 207-239.

[5] Voy. S. MALJEAN-DUBOIS, « L'environnement saisi par le droit », *in* P.-H GOUYON et H. LERICHE (dir.), *Aux origines de l'environnement*, Paris, Fayard, coll. « Temps des sciences », 2010, pp. 421-431.

[6] Dans cet esprit, la Charte française de l'environnement de 2004 dispose notamment « [q]ue les ressources et les équilibres naturels ont conditionné l'émergence de

L'évolution récente du droit international public démontre que le concept de PCH est généralement écarté au profit de notions plus vagues et plus ambiguës[1], dont l'avantage est de laisser une plus grande marge de manœuvre aux États pour mettre en place un régime d'exploitation des ressources plus souple et plus conforme à leurs intérêts[2]. Sont ainsi évités les écueils rencontrés par la CNUDM[3], aussi bien en ce qui a trait à son entrée en vigueur qu'au nombre et à la représentativité des États qui en sont parties[4]. « D'une manière générale, sans être remise en cause comme telle, l'affectation du fond des mers au patrimoine commun de l'humanité n'est finalement pas parvenue (…) à faire obstacle à la logique traditionnelle de l'investissement privé et de la recherche individualiste du profit »[5].

Les trois concepts susmentionnés (*res communis*, domaine public international, patrimoine commun de l'humanité) démontrent tout d'abord que, au-delà des principes, droits et devoirs qui figurent dans chaque concept et dont chacun suscite des développements originaux, il existe une philosophie commune qui tient à la recherche et à la définition d'un intérêt général planétaire, un intérêt collectif de l'humanité. Toutefois, l'humanité qui a précédé historiquement les États, n'a vu reconnaître son patrimoine que tardivement, avec réticence et seulement sur un domaine où la juridiction de l'État ne s'exerçait que peu (pour les États développés) ou quasiment pas (pour les États en voie de développement).

Malgré toutes les modifications pratiques du concept de PCH, il reste cependant trop marqué pour pouvoir être considéré comme une solution satisfaisante à la définition d'un statut unique de l'eau du cours d'eau international « grand éducateur de l'humanité ». Aussi serait-il sans doute plus opportun de se référer à une notion neuve, plus neutre, vierge de trop d'attentes, d'espoirs, de refus et de déceptions, et donc plus porteuse. Si le concept de PCH peut servir de base à un statut unique de

---

l'humanité » et « [q]ue l'avenir et l'existence même de l'humanité sont indissociables de son milieu naturel ». La Charte de l'environnement de 2004 a valeur constitutionnelle puisqu'elle a est intégrée au bloc de constitutionnalité depuis la révision constitutionnelle du 1er mars 2005 (voy. les décisions nos 2008-564 DC du 19 juin 2008 et 2014-394 QPC du 7 mai 2014).

[1] KAHN, *op. cit.*, pp. 307-310.

[2] « Le régime d'exploitation prévu par la Convention [de Montego Bay ou CNUDM] est à la fois lourd et complexe » (DUPUY et KERBRAT, *op. cit.*, p. 915, para 713).

[3] M. N. SHAW, *International Law*, 5e éd, Cambridge, CUP, 2003, pp. 561-566.

[4] Voy. les États parties à la CNUDM avant l'Accord de 1994.

[5] DUPUY et KERBRAT, *op. cit.*, p. 917, para 713.

l'eau du cours d'eau international « grand éducateur de l'humanité », celui-ci ne doit pas aller à l'encontre de la juridiction de l'État, mais dans un sens consensuel. Il est dès lors souhaitable de voir comment réconcilier l'humanité avec l'utilisation de l'eau du cours d'eau international « grand éducateur de l'humanité ».

Ainsi, il faut espérer un outil juridique fort et ambitieux pour assurer, au deuxième quart du XXIe siècle, une gestion solidaire et une meilleure protection de l'eau des trois grands cours d'eau ou couples de cours d'eau internationaux « grands éducateurs de l'humanité » (le Nil, le Tigre et l'Euphrate, l'Indus et le Gange) et la conservation de son patrimoine composite. « La conservation du patrimoine ne peut cependant être assurée uniquement par des règles de droit. Elle nécessite aussi obligatoirement des institutions appropriées, du personnel compétent et surtout des moyens financiers. Il faut pouvoir, de préférence au moyen d'un fonds institué à cet effet, identifier, éventuellement acquérir, restaurer, gérer, et entretenir les biens patrimoniaux, verser des indemnités et fournir, le cas échéant, une assistance technique aux propriétaires. C'est à ce prix que la transmission du patrimoine aux générations futures pourra être effectivement assurée »[1].

La « mémoire collective de l'humanité », anticipant quelque peu sur l'état actuel de l'évolution du droit international positif (patrimoine naturel et culturel[2] ou patrimoine naturo-culturel en mouvement[3],

---

[1] DE KLEMM, *op. cit.*, p. 172.

[2] Au mouvement de reconnaissance d'un patrimoine de l'humanité (commun, naturel et culturel) s'est adjoint une extension de la conception de ce qui fait le patrimoine. Les principaux jalons en sont la « Convention sur la protection du patrimoine culturel subaquatique » du 2 novembre 2001, celle pour la sauvegarde du patrimoine culturel immatériel du 17 octobre 2003 et celle du 20 octobre 2005 relative à la protection et à la promotion de la diversité des expressions culturelles. Avec cette dernière, c'est la diversité culturelle elle-même qui est qualifiée de patrimoine commun de l'humanité.

L'humanité a donc droit à la protection du patrimoine commun et de son patrimoine naturel et culturel, matériel et immatériel.

[3] Les initiatives mises en place par les États pour préserver les ressources naturelles et culturelles ont donné naissance à des ensembles normatifs distincts. Pourtant, au sein de chacun de ces ensembles, on observe que les États mettent de plus en plus souvent en relation les ressources naturelles et culturelles, tant au niveau national qu'international. Penser le lien naturo-culturel conduit alors à réinterroger la pertinence des modèles normatifs à l'aune d'enjeux qui, sinon nouveaux, sont au moins mis en exergue d'une manière inédite. Voy., *ex multis*, V. GUÈVREMONT et G. DE LASSUS SAINT-GENIÈS, « Par-delà le désordre et la complexité : penser le lien

reconnaissance des droits de la Nature et d'une personnalité juridique aux fleuves[1], par exemple), a un caractère progressiste marqué[2].

SECTION 2.- LA NOTION DE « MÉMOIRE COLLECTIVE DE L'HUMANITÉ »

De tout temps, l'eau des trois grands cours d'eau ou couples de cours d'eau internationaux « grands éducateurs de l'humanité » (le Nil, le Tigre et l'Euphrate, l'Indus et le Gange) a été le témoin de la vie des peuples et de l'évolution du monde. Source de vie, et de richesses agricoles et énergétiques, source d'échanges économiques et culturels, l'eau de ces trois couples de cours d'eau internationaux est à la fois une sève nourricière, un axe de développement et de civilisations entières. La naissance des premières civilisations « commence en Orient avec la grande révolution du Néolithique, le pas définitif franchi par l'humanité

---

culture-nature en tant qu'objet d'étude juridique », *in* V. GUÈVREMONT et G. DE LASSUS SAINT-GENIÈS (dir.), *Penser le lien culture-nature en droit : réflexions, réalisations, aspirations*, Québec, Presses de l'Université Laval, 2023, pp. 1-26 ; J. BLAKE, « Preserving Cultural and Biological Diversity under International Law : Bringing Cultural Heritage, Human Rights and Environmental Law Together », *in* V. GUÈVREMONT et G. DE LASSUS SAINT-GENIÈS (dir.), *ibid.*, pp. 99-120 ; C. ALEXANDRE, « Le développement d'une approche intégrée de la culture et de la nature au sein des conventions culturelles de l'UNESCO : une condition essentielle au respect des droits des peuples autochtones », *ibid.*, pp. 405-426 ; E. HERMON, « Les savoirs traditionnels et la perception de l'eau comme patrimoine naturel et culturel dans le *Corpus Agrimensorum Romanorum* », *ibid.*, pp. 441-460 ; R. G. MAURY, « L'eau, patrimoine matériel et héritage culturel. L'archéologie hydraulique : un parcours pluridisciplinaire vers la gestion intégrée de l'eau », *in* E. HERMON (dir.), *L'eau comme patrimoine : de la Méditerranée à l'Amérique du Nord*, Québec, Presses de l'Université Laval, 2008, pp. 527-542.

[1] Voy. *e.g.* Y. VEGA CÁRDENAS et D. TURP (dir.), *Une personnalité juridique pour le fleuve Saint-Laurent et les fleuves du monde*, Montréal, Les Éditions JFD, 2021.

[2] En 2017, le *Global Network of Water Museums* (WAMU-NET) est créé à Venise pour la valorisation de l'histoire de l'eau (www.watermuseumofvenice.com/). En 2018, le Conseil intergouvernemental du PHI (UNESCO-IHP) reconnaît le WAMU-NET comme « initiative phare » (Résolution n.XXIII-5). Cette résolution invite les citoyens et les institutions à renforcer une éducation à l'eau pour le développement durable et mettre en place d'actions urgentes pour réparer notre relation détériorée avec l'eau (www.watermuseums.net/). Plusieurs musées nationaux de l'eau (Musée des civilisations du fleuve Jaune et Musée du fleuve Bleu en Chine, par exemple) ont adhéré (www.watermuseums.net/network/) pour illustrer la civilisation de l'eau : un passé toujours présent (www.watermuseums.net/campaigns/valuing-ancient-water-cultures/).

vers l'économie de production, l'agriculture, et qui rendra possible le développement des premières cités »[1].

L'humanité partage donc avec les trois couples de cours d'eau internationaux « grands éducateurs de l'humanité » un patrimoine composite qui ne relève pas de la seule civilisation de l'eau (trilogie culture/civilisation/moralisation de l'eau), mais d'une réalité plus fine qu'il est commode de nommer « mémoire »[2]. Il faut bien une sorte de mémoire qui nous aide à conjuguer hominisation et humanisation. « [I]l n'y a pas de conscience sans mémoire, pas de continuation d'un état sans l'addition, au sentiment présent, du souvenir des moments passés »[3]. Cette mémoire, prolongée en connaissance et développée en représentation, est inhérente au genre humain (mémoire longue ou mémoire d'almanach). La mémoire civilisatrice passe par le droit d'accéder à l'apprentissage de l'hominisation et de l'humanisation et à l'acquisition des moyens d'« apprendre à apprendre », autrement dit du droit d'inscrire le sujet humain dans une mémoire créatrice. Son effacement, de plus en plus observé, génère de la pauvreté sociale et environnementale et rend incapables ceux qui en sont les sujets, d'assurer en retour le devoir de transmission *urbi et orbi* (dans la cité et dans le monde).

La notion de « mémoire collective de l'humanité » (MCH)[4] est nécessaire pour orienter les activités des États des trois couples de cours d'eau « grands éducateurs de l'humanité » vers une finalité favorable à la communauté internationale et à l'intérêt de l'humanité. Ce système de gouvernance serait le substitut le plus efficace à la dichotomie traditionnelle du droit des cours d'eau internationaux, l'utilisation équitable et raisonnable/l'utilisation non dommageable. Cette

[1] VIOLLET, *op. cit.*, p. 15.

[2] Certains tendront à occulter, voire à répudier cette mémoire collective, tandis que d'autres au contraire, s'en prévaleront pour tenter, peut-être, de restaurer leurs anciennes prééminences. Toutefois, il faut préciser que beaucoup de mains tissent le grand tapis de la mémoire. Chacune d'elles contribue au travail collectif et mérite la reconnaissance de l'humanité. Cette mémoire collective a droit de ce fait à la gratitude de l'humanité.

[3] Voy. H. BERGSON, *La pensée et le mouvant*, Norderstedt, SHS Éditions, 2023, p. 289.

[4] Voy. sur cette notion : MAJZOUB, *Les fleuves du Moyen-Orient. Situation et prospective juridico-politiques*, *op. cit.*, pp. 251-270.

Voy. également https://www.ecojesuit.com/water-is-life-reflection-for-laudato-si-week-2020-and-beyond/

substitution permettrait ainsi un certain apaisement des tensions nées de l'inadéquation entre les faits et le droit.

En raison de leur caractère vital, que ce soit en tant que réservoirs d'eau douce, créateurs de richesses ou encore en tant qu'éléments essentiels à notre mémoire collective et à l'écosystème global que constitue la planète, les trois couples de cours d'eau internationaux « grands éducateurs de l'humanité » et leur utilisation pacifiée et rentabilisée au bénéfice de l'humanité nécessite une gestion solidaire et une meilleure prise en compte de leur impact environnemental et des interactions complexes Sociétés-Environnement sur le temps long[1]. Cette approche pourrait s'exprimer en faisant des trois couples de cours d'eau internationaux des éléments renvoyant à l'idée de « mémoire collective de l'humanité ». Le choix d'une telle terminologie ne saurait surprendre : du fait des eaux douces qui les composent, ces trois couples de cours d'eau internationaux « grands éducateurs de l'humanité » sont de formidables conteurs intarissables du génie humain, de la pensée créatrice et de l'histoire de l'univers (dimension trans-temporelle).

Si la référence à l'« humanité » semble incontournable, ce critère de dévolution de ces trois couples de cours d'eau internationaux ne doit pas générer une appropriation totale à son profit. Pour tendre à une effectivité future, l'encadrement normatif de l'activité des États des trois couples de cours d'eau en matière d'utilisation de leur eau se doit d'éviter les causes des difficultés rencontrées dans la mise en œuvre de la CNUDM suite au refus des États riches en capitaux et en technologies d'accepter le système d'exploitation de la Zone, issu du concept de PCH. La remise en cause des principes qui dirigent ce concept par l'Accord de 1994, le refus des États parties au Système du Traité de l'Antarctique (STA)[2] de lui reconnaître le caractère de PCH[3], de même que l'abandon du recours à ce concept au profit de notions moins astreignantes par les États démunis dans les traités relatifs à

---

[1] Voy. *e.g.* D. ALLARD, *Planète assoiffée : Quelle gouvernance mondiale pour l'eau ?*, Québec, Les Éditions Commerce Monde, 2021.

[2] Voy. Handbook of the Antarctic Treaty System, U.S. Department of State 2002, Publié sur *U.S. Department of State*, disponible à : https://2009-2017.state.gov/e/oes/rls/rpts/ant/.

[3] M. SAVINI, « Le système des Nations Unies et le régime de l'Antarctique », *in* FAO, *Le Droit et la Mer : Mélanges à la mémoire de Jean Carroz*, Rome 1987, disponible à : http://www.fao.org/docrep/s5280T/s5280t00.HTM.

l'exploitation ou l'utilisation de certaines ressources[1] démontrent, s'il en est, une volonté de considérer le PCH comme un concept plus moral que juridique[2].

Certes, le concept de PCH a semblé mettre un terme à la dichotomie entre la liberté d'exploitation et l'exclusivisme étatique, mais l'Accord de 1994 ainsi que plusieurs textes internationaux, dont ceux relatifs à la biodiversité[3], au génome humain[4] et au changement climatique[5] ont démontré combien l'« internationalisation positive » des espaces et de leurs ressources était difficilement praticable par l'ensemble des États.

La pratique des États a également démontré que ce n'est pas tant l'idée de redistribution qui est refusée, mais plus sûrement le dirigisme et les atteintes à la liberté d'exploitation que le système de la CNUDM avait initiés. C'est pourquoi il ne semble pas irréaliste d'imaginer la mise en place d'un système de taxe modérée, prélevée par les États disposant de droits souverains sur les trois couples de cours d'eau internationaux « grands éducateurs de l'humanité » dans leurs espaces respectifs dans le cas d'investissement, de fouilles archéologiques ou de croisières sur ces cours d'eau internationaux au profit d'un fonds régional pour chacun des trois couples de cours d'eau internationaux « grands éducateurs de l'humanité »[6]. Tout particulièrement, ce fonds de solidarité de l'humanité devrait bénéficier aux États démunis, incapables de subvenir à leurs besoins hydrauliques.

Si, contrairement au PCH, la notion de MCH ne renvoie pas à l'existence d'un espace spécifique se situant hors de toute juridiction

---

1 P.-FR. MERCURE, « L'échec des modèles de gestion des ressources naturelles selon les caractéristiques du concept de patrimoine commun de l'humanité » (1996) 28 *Revue de droit d'Ottawa* 45.

2 M. RÈMOND-GOUILLOUD, « L'autre humanité (remarques sur une homonymie) », *in* PRIEUR et LAMBRECHTS (dir.), *op. cit.*, p. 55 ; KAHN, *op. cit.*, p. 313.

3 P.-FR. MERCURE, « Le rejet du concept de patrimoine commun de l'humanité afin d'assurer la gestion de la diversité biologique », *ACDI*, 1995, vol. 33, p. 281.

4 I.-A. MOTOC, Droits de l'homme et bioéthique, Doc Off CES NU, 55e sess, E/CN.4/Sub.2/2003/36 (2003) 7-14.

5 P.-FR. MERCURE, « Le choix du concept de développement durable plutôt que celui du patrimoine commun de l'humanité afin d'assurer la protection de l'atmosphère », *McGill L. Jl.*, 1996, vol. 41, no. 3, pp. 595-628.

6 On remarquera à ce propos que les États riches en capitaux et en technologies qui avaient refusé le système du PCH avaient établi des législations nationales d'exploitation des richesses de la Zone qui ne respectaient pas la CNUDM. Néanmoins, ils reconnaissaient tous le caractère international de la Zone, et prévoyaient le prélèvement d'une taxe modérée devant être versée à un fonds à vocation internationale.

étatique, l'idée d'espace ne saurait lui être étrangère (espace éducateur ou civilisationnel[1]). L'espace des trois couples de cours d'eau internationaux « grands éducateurs de l'humanité » se caractérise par son unité tant sur le plan civilisationnel[2] qu'écosystémique[3]. Cet aspect unitaire ne se reflète malheureusement pas dans le régime juridique des trois couples de cours d'eau internationaux « grands éducateurs de l'humanité ». En effet, on comprendrait mal que des ressources identiques civilisatrices en tout point, quel que soit le lieu où elles se trouvent, ne le soient plus lorsqu'elles passent l'épreuve de leur régime juridique. S'il est nécessaire de respecter le régime juridique des zones traversées par cette ressource, celles-ci ne changent rien à la nature de la ressource elle-même, qui ne devient objet de conflit qu'en vertu de son utilisation. Il s'agira donc de réglementer surtout l'utilisation des trois couples de cours d'eau internationaux « grands éducateurs de l'humanité » en vue de fournir de l'eau douce d'une façon intégrée et pacifiée, de la même façon que sont réglementées les prises sur de nombreuses ressources halieutiques.

Dans le même temps, l'étude géo-archéologique ou hydro-archéologique des trois couples de cours d'eau internationaux « grands éducateurs de l'humanité », qui devra se poursuivre, permet d'envisager des différences de traitement de ceux-ci en vertu d'éléments objectifs prenant en compte l'impact écosystémique et civilisationnel de leur utilisation. Ces éléments objectifs permettent tout à la fois de prendre en considération et de respecter au mieux le droit existant, les multiples intérêts étatiques en présence ainsi que les bienfaits des trois couples de cours d'eau internationaux « grands éducateurs de l'humanité » sur l'écosystème planétaire et la géo-

---

[1] Chaque région (Vallée du Nil, Mésopotamie, Vallée de l'Indus, etc.) correspond à une logique historique différente. Mais ces régions ont aussi été reliées entre elles par de nombreux échanges commerciaux, par des aventures militaires, et donc par de nombreux transferts technologiques (flux et reflux des techniques hydrauliques).

[2] Tout cet espace est un milieu ouvert. Si les civilisations s'y succèdent, toutes dépendent du bon fonctionnement des systèmes d'irrigation qu'elles héritent de leurs prédécesseurs d'une manière ou d'une autre. Les technologies hydrauliques, les premiers grands canaux, les premiers barrages se transmettent et se diffusent.

[3] Pour en mesurer l'ampleur, il suffit d'avoir en tête le cas du Tigre et de l'Euphrate que les géographes anciens considèrent comme des fleuves navigables majeurs, ce qu'ils étaient encore il y a peu de siècles jusqu'à ce que l'utilisation de leur eau pour l'irrigation réduisît leur étiage au point de mettre un terme à leur rôle de voie navigable (VIOLLET, *op. cit.*, pp. 42-43) ou de passeur culturel, de même que leur rôle comme agent de développement et symbole de civilisation.

archéologique. Ainsi, s'il est aisé de considérer le partage des bénéfices « visibles » des trois couples de cours d'eau internationaux « grands éducateurs de l'humanité », il ne faut pas ignorer celui de leurs bénéfices « invisibles », que l'humanité partage déjà.

Cette notion de MCH consacre le principe selon lequel les trois couples de cours d'eau internationaux représentent un intérêt qui concerne l'humanité tout entière, justifiant pourquoi la communauté internationale trouve un intérêt à être associée, d'une manière ou d'une autre, à leur utilisation et à leur gestion. En dotant l'humanité d'une mémoire, elle passe du plan des finalités et de l'idéal[1] à celui d'une réalité en cours de construction, hydrocentrée. En tant que notion trans-temporelle et représentation unitaire dans l'espace éducateur ou civilisationnel des trois couples de cours d'eau internationaux « grands éducateurs de l'humanité », l'humanité bénéficie d'une mémoire dont beaucoup d'éléments sont le *vade-mecum* de notre héritage. Ce dernier caractère peut aussi bien être objectif que subjectif. Il est « objectif » dans sa dimension historique qui autorise à considérer la question de la durabilité dans les pratiques anciennes de gestion de l'eau conçues dans la perspective plus large des rapports entre la gestion de cette ressource et les autres composantes de l'environnement. Il est « subjectif » dans la nécessité d'assurer aux trois couples de cours d'eau internationaux « grands éducateurs de l'humanité » le temps nécessaire afin de permettre leur étude géo-archéologique ou hydro-archéologique et la réalisation de leurs bienfaits indispensables à la conservation de notre mémoire collective (travail de reconstitution de géoarchéologie, de géographie protohistorique et recours aux géosciences de l'environnement, par exemple)[2].

---

[1] J. CHARPENTIER, « L'humanité : un patrimoine, mais pas de personnalité juridique », *in* PRIEUR et LAMBRECHTS (dir.), *op. cit.*, p. 18.

[2] Dans le contexte polémique du débat sur le réchauffement climatique et de ses conséquences sur l'Homme, l'objectif est de comprendre comment les sociétés humaines du pourtour méditerranéen se sont adaptées à leur environnement et à son évolution, au cours des dix mille dernières années. Malgré tous les éléments qui réduisent l'urgence de la menace (graves difficultés économiques qui ont toutes chances de perdurer ; coût humain, patrimonial et écologique des barrages), il semble indispensable de commencer dès maintenant les fouilles archéologiques de sauvetage afin de n'être pas pris de court. Il reste à décider de la répartition des concessions entre les différents acteurs de ces fouilles de sauvetage.
Les chercheurs impliqués dans les fouilles archéologiques souhaitent évidemment que les projets de barrages hydro-électriques sur ces cours d'eau internationaux « grands éducateurs de l'humanité » ne se réalisent pas. Certains soulignent à juste

La MCH propose, d'une part, comme clé de lecture la connaissance des processus historiques d'évolution de la gestion de l'héritage vivant de l'eau des trois couples de cours d'eau internationaux « grands éducateurs de l'humanité » dont nous profitons encore aujourd'hui et que nous devons conserver et restaurer. Elle cible, d'autre part, l'examen des interactions complexes Sociétés-Environnement comme le contexte d'une gestion intégrée de l'eau. Il s'agit d'une notion avec une lourde charge conceptuelle (reconnaissance des droits de la Nature et d'une personnalité juridique aux cours d'eau[1], par exemple), très actuelle mais avec un passé historique riche d'enseignements qu'il convient de valoriser. La MCH est une approche holistique de l'eau des trois couples de cours d'eau internationaux « grands éducateurs de l'humanité » qui tient compte des interactions avec d'autres composantes de l'environnement naturel, y compris l'homme et ses activités. Il s'agit, en somme, d'une approche qui semble se prêter mieux que d'autres à l'examen des interactions complexes Sociétés-Environnement sur le temps long, à savoir la dimension sociojuridique de la gestion de l'eau des trois couples de cours d'eau internationaux « grands éducateurs de l'humanité » (la chaîne des opérations : captage, stockage, conservation, distribution et régulation, etc.), en plus de ses autres dimensions (écosystémique, économique, technique, politique, juridique, religieuse, culturelle, etc.). Elle s'avère plus ouverte à l'intégration des savoirs locaux et traditionnels, comme dimension sociétale de gestion avec la perspective de la longue durée qui leur est inhérente. De ce fait, l'utilisation unilatérale des trois couples de cours d'eau internationaux « grands éducateurs de l'humanité » ne devrait intervenir que lorsque l'héritage *in continuum* sera déchiffré ou inventorié par la géoarchéologie, la géographie protohistorique et la géoscience de l'environnement, par exemple. Ces considérations permettront en particulier de préserver, sans grand problème, la

titre que, d'ici à ce que ces barrages, surtout ceux déjà prévus, soient mis en eau, les technologies énergétiques se seront suffisamment développées pour que, par exemple, le solaire pourrait être moins coûteux non seulement en dégâts causés à l'environnement et aux populations, mais aussi en termes financiers. Toutefois, pour la plupart, ils ne souhaitent pas être accusés de sacrifier les morts aux vivants. Les fouilles de sauvetage archéologique leur apparaissent donc comme un mal moindre que l'éventuelle disparition de tout ce patrimoine sans qu'il soit documenté.

Voy. *e.g.* C. CORDOVA, *Geoarchaeology: The Human-Environmental Approach*, London/New York, I. B. Tauris, 2020.

[1] Voy. *e.g.* VEGA CÁRDENAS et TURP (dir.), *op. cit.*

spécificité des trois couples de cours d'eau internationaux « grands éducateurs de l'humanité » dans l'espace éducateur ou civilisationnel.

Outre ces principes directeurs auxquels l'utilisation des trois couples de cours d'eau internationaux « grands éducateurs de l'humanité » devra répondre, il conviendra de limiter au maximum les modalités du cadre institutionnel. À cet égard, les exemples du STA et des systèmes internationaux de pêcheries pourraient servir de modèles d'inspiration afin de les adapter aux trois couples de cours d'eau internationaux « grands éducateurs de l'humanité » et à leur utilisation. Il s'agit de tirer parti des avantages de ces exemples sans subir les inconvénients de l'affectation patrimoniale.

La notion de « mémoire collective de l'humanité » n'est pas l'émanation d'une réflexion purement abstraite, mais traduit au contraire la nécessité d'adapter le droit international de l'eau à l'ère de l'Hydrocène (l'âge de l'eau) et du développement progressif du droit international mémoriel. Comme dans toute perspective dialectique, le droit interfère sur les situations de fait et impose donc *a priori* certaines orientations à l'étude d'un régime juridique répondant aux besoins d'une humanité en pleine mutation, « l'ordre de production des normes du droit international obéit à la pression des faits sociaux. À mesure que le rythme de ceux-ci s'accélère, leur emprise sur la formation du droit se fait plus impérieuse, et plus pressant le passage, sans entremise coutumière, au stade de législation conventionnelle »[1]. Cette réflexion est tout particulièrement pertinente dans le domaine du droit international de l'eau, et les efforts des États des trois couples de cours d'eau internationaux « grands éducateurs de l'humanité » impliquent une adéquation du droit aux faits.

Dans la notion de « mémoire collective de l'humanité », ressort une sorte de philosophie juridique visant à secourir, par un droit international repensé à l'ère de l'Hydrocène et du développement progressif du droit international mémoriel, la mutation accélérée de l'humanité contemporaine – un droit qui ne peut plus, essentiellement, protéger des composants dérivant aujourd'hui d'une mémoire collective de l'humanité, un droit qu'il importe de concevoir en fonction de la protection de l'eau des trois couples de cours d'eau internationaux « grands éducateurs de l'humanité ».

---

[1] Voy. Ch. DE VISSHER, *Les effectivités du droit international public*, Paris, Pedone, 1967, p. 65.

La notion de « mémoire collective de l'humanité »[1] consacre le principe que ces trois couples de cours d'eau internationaux « grands éducateurs de l'humanité » se trouvant sous compétences étatiques ont un intérêt qui concerne toute l'humanité hydrocentrée (paragraphe 1) et que, de ce fait, ils doivent être conservés et restaurés par les soins d'un système particulier de gouvernance (paragraphe 2).

Cette notion indique donc avec netteté, non seulement le fondement des objectifs de sa raison d'être, mais également de sa finalité.

---

[1] Voy. F. QUILLERÉ-MAJZOUB et T. MAJZOUB, « La "mémoire collective de l'humanité", sans humanité ! », *RQDI*, 2023, vol. 36, no. 2, pp. 1-19, disponible à https://www.usherbrooke.ca/droit/fileadmin/sites/droit/documents/RQDI/Vol_36_no_2/RQDI_36.2_Pages_1_a_19_Quillere_final.pdf. L'eau *per se*, devient pour certains depuis quelques années, une « mémoire collective de l'humanité ». L'article de la *RQDI* se propose d'analyser la portée du concept d'humanité dans la notion de « mémoire collective de l'humanité ». Le but est d'identifier les « effets normatifs » de l'humanité dans l'ordre juridique international et d'examiner sa protection pénale. Il s'agit notamment de préciser la manière dont l'humanité s'articule aux autres concepts déjà connus ou en formation en droit international, et d'interroger les évolutions de l'autorité moderne de la souveraineté étatique. L'agencement juridique ou conceptuel entre l'eau et la « mémoire collective de l'humanité » a été partiellement écarté et fera l'objet d'un prochain article dans *The Global Community Yearbook of International Law and Jurisprudence (GCYILJ)* (à paraître). L'article du *GCYILJ* intitulé : « L'histoire en construction de la 'mémoire collective de l'humanité' en droit international : l'Hydrocène en gestation extra-anthropocène ! » se propose, face à la dégradation de l'environnement et des ressources en eau en particulier, de répondre à une série de questions, dont voici les principales : Quelle réalité juridique recouvre la notion de « mémoire collective de l'humanité » en droit international public ? Comment l'humanité organise-t-elle la protection de ce qui est identifié comme mémoire collective ? Qu'entend -t-on par « l'eau est porteuse de la mémoire collective de l'humanité » ? Ces deux articles sont étroitement liés et se complètent.
Voy. aussi F. QUILLERÉ-MAJZOUB et T. MAJZOUB, *Fresh Water in its Three 'Legal States': The Prognosis for International Law,* Edward Elgar Publishing, septembre 2025 ; U. SOIRILA, *The Law of Humanity Project : A Story of International Law Reform and State-Making*, Oxford/London/New York/New Delhi/Sydney, Hart Publishing, 2021 ; Ch. HUGLO et F. PICOD (dir.), *Déclaration Universelle des Droits de L'humanité : Commentaire Article par Article*, Bruxelles, Bruylant, 2018 ; C. LE BRIS, *L'humanité saisie par le droit international public*, Paris, LGDJ, 2012 ; R. G. TEITEL, *Humanity's Law*, Oxford, OUP, 2011 ; E. MORIN, *La méthode, 5. L'humanité de L'humanité – L'identité humaine*, Paris, Seuil, 2001 ; J.-Cl. GUILLEBAUD, *Le principe d'humanité*, Paris, Seuil, 2001 ; A. LEJBOWICZ, *Philosophie du droit international, l'impossible capture de l'humanité*, Paris, PUF, 1999 ; P. VIAUD, *Le concept d'humanité dans la pensée politique du XIXe siècle* (Université Paris V, thèse de doctorat, 1989).

Paragraphe 1.- L'humanité hydrocentrée, corollaire de la mémoire collective

L'humanité reste un concept problématique, c'est la raison pour laquelle elle est encore de nos jours très vivement débattue. « L'humanité [de l'homme et de la femme] est un processus, terme à la mode, pour désigner une idée de mouvement, de marche en avant, fruit d'une évolution adaptive et d'une œuvre collective. L'humanité se découvre au confluent de l'évolution biologique (hominisation) et culturelle (humanisation) »[1]. L'humanité – en tant que réalité et en tant qu'idée – est le terme unique d'où il faut partir et auquel il faut tout ramener.

L'idée de l'existence d'une mémoire collective appartenant à l'humanité tout entière semble fort ancienne. Elle est sous-jacente à toute notre civilisation. Elle a pris des dimensions mondiales avec le *continuum* des échanges de civilisation entre l'Orient et l'Occident qui ont créés une véritable mémoire universelle, dont l'image s'inscrit dans la conscience de plusieurs milliards de personnes.

Étant donné que dans sa variété féconde, la civilisation des trois couples de cours d'eau internationaux (le Nil, le Tigre et l'Euphrate, l'Indus et le Gange) qui a éclos autour de leur eau apporta sa contribution à la mémoire mondiale, la sauvegarde ou la restauration de celle-ci présente en conséquence une grande importance pour tous les peuples du monde, et il importe d'assurer à cette mémoire une reconnaissance solennelle et une consécration internationale.

Cette « mémoire collective de l'humanité » est de plus en plus menacée de destruction, non seulement par les causes traditionnelles de dégradation, mais encore par l'évolution de la vie sociale, économique et politique. Or, la dégradation ou la disparition d'une de ses composantes constitue un appauvrissement néfaste de la mémoire de tous les peuples du monde.

Certaines composantes présentent un intérêt exceptionnel qui nécessite leur sauvegarde en tant qu'élément de la « mémoire collective de l'humanité » tout entière. Devant l'ampleur et la gravité des dangers nouveaux (accroissements des besoins en eau) qui menacent, il incombe donc à la communauté internationale de participer à la sauvegarde ou la

---

[1] Voy. F. DANVERS, *S'orienter dans la vie : une expérience spirituelle ? Pour des sciences pédagogiques de l'orientation - Dictionnaire de sciences humaines - Tome 4, de la 701e à la 800e Considération*, Lille, Presses Universitaires du Septentrion, 2019, p. 1860.

restauration de cette mémoire collective de valeur universelle exceptionnelle, par l'octroi d'une assistance collective qui, sans se substituer à l'action des États du cours d'eau, la complétera efficacement. En conséquence, il est nécessaire d'établir un système de gouvernance efficace de protection collective de cette mémoire, articulée autour de l'eau des trois couples de cours d'eau internationaux « grands éducateurs de l'humanité ».

La gestion de l'eau des trois couples de cours d'eau internationaux « grands éducateurs de l'humanité » apparaît plus appropriée avec une vision écocentrée dans l'Hydrocène ou hydrocentrée, plutôt qu'anthropocentrée, et force est de constater que le droit hydrocentré est, d'une manière ou d'une autre, dans le prolongement du droit anthropocentré[1]. Un de ses aspects sera de respecter les déterminismes naturels envisagés comme vitaux pour la pérennité de l'anthroposphère.

L'anthropocentrisme est alors envisagé comme une parenthèse d'une humanité forcée d'être hydrocentrée pour survivre (agir en faveur de la protection de l'écosystème au bénéfice des générations actuelles et futures[2]). L'effacement, implicite ou explicite, du droit anthropocentré « égocentré », formalisé il y a deux siècles, au profit du droit hydrocentré en est l'étape « peut-être » incontournable dans le périple de l'humanité.

L'apport de la géoarchéologie à l'évolution de l'histoire de l'humanité et la protection de l'écosystème sont une question intergénérationnelle[3]. En effet, le principe de l'équité intergénérationnelle[4] qui repose sur l'idée que la satisfaction des besoins immédiats des générations actuelles ne doit pas compromettre le bien-être des générations actuelles et futures. Partant, la protection des générations futures doit reposer sur une logique de transmission, un mécanisme de redistribution entre les générations. Les générations actuelles sont débitrices d'un devoir à l'égard des générations futures,

---

[1] Voy. C. REGAD, « L'ébranlement d'un droit anthropocentré, signe d'une nouvelle ère ? », *La Semaine juridique. Édition générale*, 2021, 27, pp. 1309-1316.

[2] Voy. *e.g.* S. KPENOU, « La protection de l'accès à l'eau par le prisme des droits collectifs », *RIDE*, 2022, vol. 36, n 2, pp. 37-54.

[3] Voy. *e.g.* M. TORRE-SCHAUB, « La protection du climat et des générations futures au travers des "droits de la nature" : l'émergence d'un droit constitutionnel au "buen vivir" », *Droit de l'environnement*, mai 2018, n 267, pp. 171-177.
Voy. également M. TORRE-SCHAUB (dir.), *Le Bien-être et le droit*, Paris, *Publications de la Sorbonne*, 2017.

[4] Voy. M. BOURICHE, *Les instruments de solidarité en droit international public*, Saint-Denis, Connaissances et Savoirs, 2012, p. 538 et s.

non par l'octroi simultanément d'une contrepartie, mais parce qu'elles ont reçu elles-mêmes des générations antérieures un apport ou une protection. Un tel argument, poussé à son extrême logique, peut sans aucun doute faire des générations futures une classe protégée parce qu'elles sont particulièrement vulnérables au risque de l'irréversibilité du changement climatique[1] ou d'autres faits.

L'inclusion des générations futures a le grand avantage d'une meilleure lisibilité, de l'affirmation d'une justice intergénérationnelle et de la mise en valeur d'une obligation à la charge des acteurs (États et entreprises spécialisées).

La nature passe d'un objet d'appropriation à un sujet de droit[2] (l'Équateur[3] et de la Bolivie[4], par exemple). D'autres exemples existent à travers le monde (Inde et Nouvelle-Zélande[5], par exemple). Ces avancées significatives (inscription du climat dans la constitution[6], reconnaissance des droits de la Nature, etc.) sont le fruit des aborigènes dont le rapport sacré aux éléments naturels a permis cette évolution

---

[1] Le 27 juillet 2016, la Commission des droits de l'homme des Philippines a envoyé une plainte à plusieurs pollueurs pour leur contribution au dérèglement climatique. C'est une première mondiale. Le 8 décembre 2016 elle a décidé de faire droit à la demande formulée notamment par Greenpeace et d'ouvrir des investigations contre les entreprises accusées de participer à ce dérèglement (https://www.greenpeace.org/philippines/the-climate-change-human-rights-inquiry-archive/).

[2] PETEL, *op. cit.*

[3] La Constitution de l'Équateur, en 2008, fait de la Nature (ou *Pacha Mama*) expressément un sujet de droit.

[4] Voy. G. MAZET, « L'introduction de la modernité dans les Constitutions d'Amérique latine », *in* J.-R. GARCIA, D. ROLLAND et P. VERMEREN (dir.), *Les Amériques, des constitutions aux démocraties*, Paris, Ed. Maison Sciences de l'Homme, 2015, pp. 315-322 (http://books.openedition.org/editionsmsh/10697?lang=fr).

[5] Voy. J.-Ph. PIERRON, « Qu'est-ce que les relations entre droit et environnement disent de nous ? », *Les Cahiers de la Justice*, 2019, vol. 3, n 3, p. 418.

Le 15 mars 2017, le Parlement de la Nouvelle-Zélande a accordé le statut de personnalité juridique au fleuve Whanganui, « *entité vivante ayant le statut de personne morale* » (C. TAÏX, « La Nouvelle-Zélande dote un fleuve d'une personnalité juridique », *Le Monde*, 20 mars 2017), tandis que le 20 mars 2017, la Haute cour de l'État himalayen de l'Uttarakhand (Inde) décrète que le fleuve Gange devrait maintenant être considéré comme une personne morale (L. CAILLOCE, « Le droit peut-il sauver la nature? », 17 mai 2017 [https://lejournal.cnrs.fr/articles/le-droit-peut-il-sauver-la-nature]).

[6] Voy. *e.g.* J. BÉTAILLE, « Inscrire le climat dans la Constitution : une fausse bonne idée pour de vrais problèmes », *Droit de l'environnement*, mai 2018, n°°266, pp. 130-131.

juridique novatrice. Pourtant, « [c]es innovations n'ont pas été reprises pour l'heure en droit international de l'environnement »[1].

Le 15 novembre 2017, la Cour interaméricaine des droits de l'homme a affirmé dans un avis consultatif sur l'environnement et les droits de l'homme rendu à la demande de la Colombie[2], que « la juridiction de l'État demandeur de l'avis est compétente en ce qui concerne la détermination des obligations de protéger les droits humains et l'environnement »[3]. Cet « avis soutient par ailleurs une thèse qui élargit le sens de l'obligation extraterritoriale de la juridiction de l'État en prenant en compte le lien causal entre l'activité polluante (à l'origine du dommage dénoncé) et la violation des droits humains et à l'environnement qui se produit dans un autre État »[4].

Ainsi, la Cour interaméricaine reconnaît le droit fondamental à un environnement sain. Cet avis novateur peut d'ores et déjà servir de fondement à l'interprétation du droit interne pour que les autorités publiques se saisissent de cette problématique (protection de l'environnement et du climat). Un mouvement part des juridictions, ou quasi-juridictions, internationales dans le domaine des droits de l'homme[5] et des États[6]. En réalité, il y a des fils directeurs permanents, des évolutions communes, des points de ressemblance, mais aussi des points d'avant-gardisme juridictionnel, comme le montre l'arrêt du 5 avril 2018 de la Cour suprême de la Colombie qui a reconnu la forêt

[1] FORTEAU *et al.*, *op. cit.*, p. 1738, para. 1188.

[2] Avis OC-23/17, disponible en anglais à : https://www.corteidh.or.cr/docs/opiniones/seriea_23_ing.pdf. Voy. L. HENNEBEL et H. TIGROUDJA, « Le droit à un environnement sain comme droit de l'homme. Observations sur l'avis consultatif de la Cour interaméricaine des droits de l'homme n 23, environnement et droits de l'homme », *AFDI*, 2019, vol. 65, pp. 415-437.

[3] Voy. M. TORRE-SCHAUB, « Justice climatique : vers quelles responsabilités allons-nous ? », *Revue juridique de l'environnement*, 2019, n HS 18, p. 139.

[4] *Ibid.*

[5] « C'est alors par le biais de la protection de ces derniers que l'environnement peut se trouver protégé (v., outre la jurisprudence désormais fournie de la CrEDH dans le domaine de l'environnement, (…) [l'arrêt de la CrIDH] du 6 févr. 2020 dans l'affaire des communautés indigènes (*Lhaka Honhat contre l'Argentine*) ; ainsi que la communication du Comité des droits de l'homme des Nations Unies du 25 juillet 2019 dans l'affaire *Caceres et autres c. Paraguay*, n 2051/2016). On assiste en parallèle à des recours contentieux internes de plus en plus nombreux » (FORTEAU *et al.*, *op. cit.*, p. 1771, para. 1209).

[6] Voy. S. MALJEAN-DUBOIS, « Le droit international de la biodiversité », *RCADI*, 2020, vol. 407, p. 386.

amazonienne comme un sujet de droit[1]. Des décisions similaires ont suivi dans d'autres États[2] (reconnaissance comme « sujets de droit » des fleuves Whanganui en Nouvelle-Zélande, du Gange et Yamuna en Inde, de la rivière Yarra en Australie et de l'Atrato en Colombie ; adoption en février 2021 de résolutions conférant le statut de « personne juridique » à la rivière MagPie/Muteshekau Shipu située sur la Côte-Nord du Québec et sur le Nitassinan – territoire ancestral – de deux communautés innue, Ekuanitshit et Uashat mak Mani-utemam[3], etc.).

Les progrès du droit jurisprudentiel[4] ont pour effet de mettre en valeur et en avant une véritable obligation climatique à la charge des grandes entreprises, voire des États[5]. « Le choix n'est pas entre

---

1 TORRE-SCHAUB, « La protection du climat et des générations futures au travers des "droits de la nature" : l'émergence d'un droit constitutionnel au "buen vivir" », *op. cit.* Voy. également M. TORRE-SCHAUB, « Le contentieux climatique, quels apports au droit de l'environnement. Ou comment faire du neuf avec de l'ancien », *Droit de l'environnement*, janv. 2018, n 263, pp. 6-13.

2 Voy., *ex multis*, Ch. HUGLO, *Le contentieux climatique : une révolution judiciaire mondiale*, Bruxelles, Bruylant, 2018 ; M. TORRE-SCHAUB (dir.), *Les dynamiques du contentieux climatique – Usages et mobilisations du droit*, 2021, vol. 60, Mare & Martin, coll. de l'ISJPS, 2021.

3 Voy. *e.g.* VEGA CÁRDENAS et TURP (dir.), *op. cit.*
« Ces cours d'eau [Whanganui, Gange et Atrato] ont tous été reconnus comme des entités légales titulaires de droits, selon des modalités et des configurations juridiques qui peuvent varier. Cette tendance se manifeste pour l'heure au niveau national. Elle pourrait faire des émules à l'échelon international avec des régimes de droit commun qui les protègent dans leur dimension transfrontière » (L. BOISSON DE CHAZOURNES, *L'eau en droit international : entre singularité et pluralité*, Paris, Collège de France/Fayard, coll. « Leçons inaugurales », 2023, p. 27).

4 Voy. M. TORRE-SCHAUB, « Justice et justiciabilité climatique : état de lieux et apports de l'Accord de Paris », *in* M. TORRE-SCHAUB (dir.), *Bilan et perspectives de l'Accord de Paris*, Paris, éd. IRJS, 2017, pp. 107-127 ; K. KOUKOUZELIS, « Climate Change Social Movements and Cosmopolitanism », *Globalizations*, 2017, vol. 14, n 5, pp. 746-761.

5 CrEDH, Grande Chambre, arrêt du 9 avril 2024 dans l'affaire de l'association « Aînées pour le Climat » (*Verein KlimaSeniorinnen Schweiz contre Suisse*). Jamais la CrEDH ne s'était prononcée sur la responsabilité des États en matière d'action contre le changement climatique. L'arrêt de la Grande Chambre du 9 avril condamne la Suisse pour violation de la Convention européenne des droits de l'homme, après une requête portée par 2 500 femmes qui dénonçaient des « manquements des autorités suisses pour atténuer les effets du changement climatique » qui, selon elles, ont des conséquences négatives sur leurs conditions de vie et leur santé. À une majorité de seize voix contre une, la CrEDH a établi qu'il y avait eu violation du droit au respect de la vie privée et familiale de la convention et, à l'unanimité, violation de l'article 6 (« droit à un procès équitable »). La CrEDH affirme ainsi que l'article 8 consacre le droit à une protection effective, par les autorités de l'État, contre les effets

l'homme et la nature mais entre un monde uniforme, modelé aux seuls intérêts économiques et un monde divers, laissant place à la pluralité des aspirations humaines comme à la pluralité des vivants. Le monde uniforme anthropocentrique, il n'est pas certain qu'il soit humaniste. À tout mesurer à l'aune de l'humain, on risque de ne plus mesurer qu'une partie de l'humain »[1]. C'est l'esprit animant le bien-être hydrocentré mondial à développer ou à inventer[2] pour déjouer, autant que possible, les interventions unilatérales arbitraires soulevées par la perspective probable du changement climatique et faire d'une « crise » un évènement vivifiant plutôt qu'un processus mortifère.

Jusqu'à récemment, on parlait de l'humanité sans avoir à l'esprit une finalité hydrocentrée ou écocentrée[3] à assigner à un comportement

---

néfastes graves du changement climatique sur la vie, la santé, le bien-être et la qualité de vie.

Voy. également N. CASTRO NIÑO, « Le contentieux climatique et l'invocation de la responsabilité internationale en défense d'intérêts collectifs », *AFDI*, 2018, vol. 64, pp. 593-610 ; J. LIN et D. KYSAR (dir.), *Climate Change Litigation in the Asia Pacific*, Cambridge, CUP, 2020.

[1] Voy. C. LARRÈRE, « Questions d'éthique environnementale », *Les grands dossiers des sciences humaines*, 2006, n°2, p. 87.

« Espérons que l'effet conjugué des actions des organes de garantie des droits de l'homme, des juridictions nationales et de la société civile, pourra avoir raison de l'inaction des États en cette matière [, à savoir le droit international du climat] » (DUPUY et KERBRAT, *op. cit.*, p. 946, para. 730).

[2] Voy. *e.g.* la « Déclaration universelle des droits des fleuves et rivières » (Annexe 1), *in* VEGA CÁRDENAS et TURP (dir.), *op. cit.*, p. 491 et s.

[3] Parce que l'homme est le seul sujet de droit, l'anthropocentrisme serait, selon certains auteurs (M. RÈMOND-GOUILLOUD, *Du droit de détruire : essai sur le droit de l'environnement*, Paris, PUF, 1989 ; A. VAN LANG, *Droit de l'environnement*, Paris, Thémis droit, PUF, 2021), inéluctable et raisonnable. Des propositions alternatives émergent toutefois : l'écocentrisme soutient la nécessité de conférer une valeur en soi à la communauté biotique qui résulte des interactions nécessaires entre les différentes espèces, y compris la nôtre – l'espèce humaine (C. LARRÈRE, « Les éthiques environnementales », *Natures Sciences Sociétés*, 18(4), pp. 405-413 ; H. WASHINGTON, B. TAYLOR, H. KOPNINA, P. CRYER et J. J. PICCOLO, « Why ecocentrism is the key pathway to sustainability », 4 juillet 2017, https://mahb.stanford.edu/blog/statement-ecocentrism/) ; P.-Y. M. YENTCHARÉ, « De l'apport de l'analyse éthique pour une approche intégrée entre "nature" et "culture" dans les outils d'analyse des impacts environnementaux », *in* GUÈVREMONT et DE LASSUS SAINT-GENIÈS (dir.), *op. cit.*, pp. 455-482 ; C. J. IORNS MAGALLANES, « Protéger la culture et l'environnement *par la reconnaissance de la personnalité juridique et l'attribution de gardiens aux fleuves* et rivières », *in* GUÈVREMONT et DE LASSUS SAINT-GENIÈS (dir.), *op. cit.*, pp. 335-376.

juridique[1]. La nouvelle humanité, hydrocentrée par nécessité vitale, en qualité de titulaire d'une mémoire collective est promise à faire l'objet, en droit international, d'affirmations de plus en plus fréquentes sur notre devenir. Doter l'humanité hydrocentrée d'une mémoire, la fait passer de l'idéal à celui d'une réalité juridique en cours de concrétisation.

L'humanité n'est pas seulement, en effet, une notion spatiale, couvrant tous les peuples de la planète[2] ; c'est aussi un concept trans-temporel. La notion de mémoire collective motive une fois encore de façon particulière l'humanité. L'humanité est une notion intemporelle, ne s'appliquant pas seulement à une génération. Dès lors, chaque génération constituant la cristallisation dans le temps de l'humanité, la mémoire de celle-ci doit être conservée minutieusement au cours des âges. Des normes de conservation et de sauvegarde s'imposent donc à ce titre. Par analogie avec le droit privé, les générations successives ont l'*usus* et le *fructus* sur cette mémoire, mais non l'*abusus*. Or, la détérioration résultant d'une utilisation abusive de l'apport de la géoarchéologie à l'évolution de l'histoire de l'humanité ou de l'eau des trois couples de cours d'eau internationaux « grands éducateurs de l'humanité » peut conduire au même résultat que l'*abusus*.

Pour l'humanité, le passé et le devenir sont donc plus importants que l'aujourd'hui. Alors que le développement national a été conçu dans une approche très court-termiste, la notion de « mémoire collective de l'humanité » s'affirme « rétro-prospective ».

C'est en prenant conscience des dangers passés et ceux qui menacent le bien-être de l'humanité, que l'on reconnaîtra une mémoire de valeur universelle que les générations ne peuvent détruire et qu'elles doivent gérer dans l'intérêt de celles qui viendront. Les États et les individus n'ont sur la « mémoire collective de l'humanité » qu'un droit d'usage de l'apport de la géoarchéologie à l'évolution de l'histoire de l'humanité ou de l'eau des trois couples de cours d'eau internationaux « grands éducateurs de l'humanité », et sont tenus à un devoir de conservation ou de restauration[3].

---

[1] Voy. *e.g.* Ch. HUGLO et F. PICOD (dir.), *Déclaration universelle des droits de l'humanité : commentaire article par article*, Bruxelles, Bruylant, 2018.

[2] On comprendra du même coup que la notion d'Humanité ne se réduit pas aux États entre lesquels ils se répartissent.

[3] L'extension du concept de « mémoire collective de l'humanité » à d'autres domaines que les ressources en eau ne saurait surprendre dès lors qu'il s'agit de fonder

La « mémoire collective de l'humanité » reprend les différentes conceptions du patrimoine présentes explicitement (patrimoine commun[1] et patrimoine naturel et culturel, matériel et immatériel) ou de manière sous-jacente au sein du droit international (reconnaissance des droits de la Nature et d'une personnalité juridique aux cours d'eau[2], par exemple) et introduit un autre élément « politico-juridico-institutionnel » dans la conservation et la restauration de cette mémoire. L'humanité a droit à la conservation ou la restauration de l'ensemble de ces manifestations patrimoniales. Ce choix d'un spectre large est voulu car il permet une protection maximale de l'eau des trois couples de cours d'eau internationaux « grands éducateurs de l'humanité ». De surcroît, en se référant à des catégories suffisamment ouvertes, cette notion n'hypothèque pas la capacité à identifier ce qu'il importera de conserver ou de restaurer dans le futur.

Les différentes conventions citées[3] ont pour point commun de faire reposer quasi exclusivement les tâches de protection des éléments

---

sur lui la protection des « ressources partagées » (les ressources énergétiques appartiendront dans l'avenir à la « mémoire collective de l'humanité »).

[1] « En droit international, force est de constater que le statut de patrimoine commun n'est alloué qu'avec parcimonie. Le climat et la biodiversité ne sont qualifiés par les traités que de "préoccupations communes de l'humanité", partageant toutefois le signal de la nécessité d'une protection et d'un engagement de la part de la Communauté universelle. L'Antarctique ne bénéficie pas plus de ce statut de patrimoine commun (mais il est préservé dans "l'intérêt de l'humanité tout entière"). Et si la notion est convoquée à l'égard du génome humain, ce n'est que de manière édulcorée (de crainte sans doute d'en magnifier le potentiel d'appropriation, même si celle-ci devrait nécessairement être collective), puisque la Déclaration universelle de l'UNESCO sur le génome humain de 1997 dispose que "dans un sens symbolique, il est le patrimoine de l'humanité". Toutefois "parce qu'elle fait image" (…) et parce qu'elle est axée sur la solidarité, la notion de "patrimoine commun" présente encore un important potentiel d'attractivité, comme en témoignent les propositions régulièrement faites pour qualifier de "patrimoine commun" des ressources vitales, telles que l'air et l'eau, ou de nouveaux espaces, comme l'Arctique qui se libère de ses glaces » (D. MISONNE, « La définition juridique des communs environnementaux », *Annales des Mines - Responsabilité et environnement*, 2018/4 (N°92), p. 6).

[2] Voy. *e.g.* VEGA CÁRDENAS et TURP (dir.), *op. cit.*

[3] Il faut cependant attendre la fin du XIXe siècle pour que l'idée d'un patrimoine envisagé comme commun trouve ses premières concrétisations juridiques (Convention de la Haye du 29 juillet 1899 concernant les lois et coutumes de la guerre sur terre, Convention de la Haye de 1907 sur les bombardements par les forces navales en temps de guerre, règles de la Haye de 1923 concernant la guerre aérienne, traité de 1935 pour la protection des institutions artistiques et scientifiques et des monuments historiques en temps de guerre, la Convention du 14 mai 1954 pour la protection des

patrimoniaux sur l'État qui régit le territoire où ils sont localisés. L'État concerné est alors censé œuvrer au bénéfice de tous. Une coopération internationale est certes envisagée mais elle reste extrêmement réduite. À ce principe, il n'existe que deux exceptions. La première concerne les éléments qui ne se situent pas dans une zone où s'exerce une souveraineté internationale (CNUDM du 10 décembre 1982, Accord du 5 décembre 1979 régissant les activités des États sur la Lune et les autres corps célestes). La seconde prend place dans l'Union européenne : en son sein, l'idée d'un patrimoine commun s'est matérialisée dans une responsabilité et une action commune, quoique limitée, avec les institutions (Décision n°1194/2011/UE du Parlement européen et du Conseil du 16 novembre 2011 établissant une action de l'Union européenne pour le label du patrimoine européen[1]). En dehors de ces deux cas, la responsabilité est revendiquée comme partagée sur le plan moral – il y a un patrimoine commun qui est l'affaire de tous – mais elle est essentiellement étatique et solidaire sur le plan pratique. Cette situation s'explique par la prégnance de la souveraineté étatique qui, d'ailleurs, voit ici sa portée renforcée dans la mesure où le patrimoine a généralement trait à l'identité nationale. À ce titre, le patrimoine est perçu généralement comme une forme de domaine réservé par les États.

La « mémoire collective de l'humanité » reconnaît aussi aux États du cours d'eau « grand éducateur de l'humanité » une responsabilité première, mais indique que tous les peuples du monde, les organisations intergouvernementales, les autorités locales et les individus en possèdent également une. Cette reconnaissance d'une responsabilité globale, qui irrigue d'ailleurs la totalité de la « mémoire collective de l'humanité », implique que l'État du cours d'eau n'ait pas le monopole de la défense de l'intérêt général sur le plan international. Il y a ici un changement dont les conséquences ne peuvent pas pour l'instant être mesurées. Il n'en demeure pas moins que l'affirmation d'une

---

biens culturels en cas de conflit armé et ses protocoles). Par la suite, l'existence d'un patrimoine de l'humanité est consacrée, en dehors d'un contexte de guerre, avec la Convention du 16 novembre 1972 concernant la protection du patrimoine mondial culturel et naturel (entrée en vigueur : 17 décembre 1975).

La notion de patrimoine commun de l'humanité a également été entendue comme synonyme de territoires non appropriés par un État (Droit de la mer du 10 décembre 1982, Accord du 5 décembre 1979 régissant les activités des États sur la Lune et les autres corps célestes).

[1] *JO L 303 du 22.11.2011, pp. 1-9.*

responsabilité qui ne soit plus uniquement étatique apparaît comme l'aboutissement logique de l'idée d'une mémoire de l'humanité créée depuis 1899[1] : appartenant à tous, elle appelle une responsabilité collective. Cette dernière reste bien entendu à organiser et il faudra veiller à ce qu'elle constitue une opportunité d'accroissement de la protection des droits de l'humanité et non un vecteur de réduction de ses droits. La protection des droits de l'humanité doit être pensée conjointement avec celle des États du cours d'eau « grand éducateur de l'humanité ».

Paragraphe 2.- Le système de gouvernance, contrepoids du régionalisme

Si la dégradation de l'eau des trois couples de cours d'eau internationaux « grands éducateurs de l'humanité » (le Nil, le Tigre et l'Euphrate, l'Indus et le Gange) est d'ampleur, elle ne concerne plus seulement une région ou une autre, mais est susceptible d'affecter toute la planète. S'il faut créer un mécanisme spécifique pour la gestion de cette « mémoire collective de l'humanité », il serait intéressant de s'inspirer du système de gouvernance du nucléaire qui, bien que le contexte contemporain soit différent, pourrait constituer un modèle d'inspiration[2].

Avant toute chose, il convient de rappeler que le système de gouvernance de l'eau des trois couples de cours d'eau internationaux ne se limite pas à une réflexion autour des meilleures conditions techniques possibles pour utiliser cette eau. Il doit s'agir en premier lieu de prévenir toute dégradation, autant que possible, et d'encadrer l'utilisation de cette eau en imposant des limites à ne pas franchir, pour des raisons ayant trait à la « mémoire collective de l'humanité ». L'utilisation abusive de l'eau des trois couples de cours d'eau internationaux « grands éducateurs de l'humanité », grâce au vaste programme de construction de barrages notamment, pourrait en effet s'avérer désastreuse pour l'apport de la géoarchéologie à l'évolution de

---

[1] La Convention de la Haye du 29 juillet 1899, concernant les lois et coutumes de la guerre sur terre, interdit toute saisie, destruction ou dégradation intentionnelle de monuments historiques, d'œuvres d'art et de sciences.

[2] Voy. *e.g.* J. REYNOLDS, « The International Regulation of Climate Engineering : Lessons from Nuclear Power », *Journal of Environmental Law*, juillet 2014, vol. 26, n 2, p. 276.

l'histoire de l'humanité, et par ricochet direct à la « mémoire collective de l'humanité ».

Avant l'intervention sur l'eau des trois couples de cours d'eau internationaux « grands éducateurs de l'humanité », le nucléaire avait inquiété le monde entier quant au risque accru de prolifération de sa technologie. Pour anticiper et prévenir ce risque, la communauté internationale s'était dotée d'un traité de non-prolifération des armes nucléaires (TNP) en 1968[1]. Il aura néanmoins fallu être témoin de la réalité de ces armes en 1945 pour que la communauté internationale s'accorde à les limiter.

La grande peur du nucléaire avait rendu possible la « coopération » entre les grandes puissances de l'époque pour déboucher sur la signature du TNP. Ce dernier n'a bien évidemment pas permis d'encadrer tous les aspects du nucléaire mais a permis d'apaiser, autant que possible, les tensions. En revanche, l'efficacité de l'approche par traité repose *de facto* sur une implication grandissante des États.

L'eau des trois couples de cours d'eau internationaux « grands éducateurs de l'humanité » est régie principalement par la Convention des Nations Unies de 1997 sur le droit relatif aux utilisations des cours d'eau internationaux à des fins autres que la navigation (Convention de 1997), mais cette convention reste étrangère – comme toute convention en droit international de l'eau[2] – au statut juridique de l'élément eau pour réduire et maîtriser les risques liés aux différentes grilles de lecture (ressource naturelle sous souveraineté, ressource partagée sous souveraineté aménagée ou sous juridiction de l'État, *res communis*, domaine public international, patrimoine commun de l'humanité, etc.). De plus, les États d'amont ou financièrement avantagés voudront surement, comme ce fut le cas pour le nucléaire (les États technologiquement avantagés ne voulaient pas faire bénéficier des techniques nucléaires ceux qui le sont moins[3]), ne pas faire bénéficier

---

[1] FORTEAU *et al.*, *op. cit.*, pp. 1413-1414, para. 959.

[2] Au cours des trois dernières décennies, le droit international de l'eau a connu trois développements majeurs. Le premier a été la Convention de 1997. Les deux autres développements sont intervenus à l'échelle régionale, l'un en 1992 avec la Convention sur la protection et l'utilisation des cours d'eau transfrontières et des lacs internationaux adoptées sous les auspices de la Commission économique pour l'Europe des Nations Unies, et l'autre en 2000 avec le Protocole sur les cours d'eau partagés de la Communauté de développement de l'Afrique australe.

[3] Voy. *e.g.* M. BUNN, « Governance of Solar Geoengineering : Learning from Nuclear Regimes », *in* R. N. STAVINS et R. C. STOWE (dir.), *Governance of the*

de l'eau des trois couples de cours d'eau internationaux, « mémoire collective de l'humanité », ceux qui sont d'aval ou qui sont financièrement moins avantagés. Cependant la situation géographique ou les moyens financiers n'est qu'un argument parmi d'autres pour comprendre les enjeux de gouvernance. Les intérêts des États du cours d'eau « grand éducateur de l'humanité » peuvent varier. La nécessité de l'utilisation équitable et non dommageable de l'eau des trois couples de cours d'eau internationaux « grands éducateurs de l'humanité » se heurte le plus souvent à l'argument de la souveraineté[1], qui empêche trop souvent une conciliation satisfaisante des intérêts antagonistes.

Une convention sur l'eau des trois couples de cours d'eau internationaux « grands éducateurs de l'humanité » avant toute dégradation irréversible permettrait d'éviter de réitérer les erreurs du passé liées au nucléaire. L'enjeu serait d'obtenir le consentement d'un grand nombre d'États pour s'investir dans la création d'un dispositif de gouvernance universel et durable, mais cela paraît aujourd'hui difficile. Ce dispositif peut apparaître quelque peu invraisemblable. Mais si l'on fait appel à l'expérience juridique internationale en ce domaine, la réglementation internationale de l'énergie nucléaire va au-delà du « droit international public centralisé »[2]. Plusieurs acteurs sont impliqués pour optimiser l'efficacité du processus. On trouve donc des associations d'experts, des réglementations privées et des normes (contraignantes ou non) à plusieurs échelles (nationale ou internationale). En revanche, dans ce mélange d'acteurs il existe une institution centrale : l'Agence Internationale de l'Énergie Atomique (AIEA) qui veille à ce que l'énergie nucléaire ne soit pas « détournée de ses utilisations pacifiques vers des armes nucléaires ou d'autres dispositifs nucléaires »[3]. Un ensemble de structures, de groupes de travail et d'associations sont nés dans le giron de l'AIEA[4] (Comité scientifique des nations unies sur les effets de la radiation atomique,

---

Deployment of Solar Geoengineering, Cambridge, Massachusetts: Harvard Project on Climate Agreements, février 2019, pp. 51-54.

[1] Voy. la fine analyse proposée par C. Santulli (« L'expansion de la souveraineté de l'État », *RGDIP*, 2019, vol. 123, n 2, pp. 355-361). Le « point de vue » contraire est défendu par feu le recteur J. Dehaussy (« Particularités essentielles de la personne morale État et rapports entre ordres étatiques et ordre international : observations critiques sur certaines théories doctrinales et conceptions proposées », *RGDIP*, 2021, vol. 125, n 3, pp. 481-540).

[2] REYNOLDS, *op. cit.*, p. 283.

[3] Art. III du TPN.

[4] REYNOLDS, *op. cit.*, p. 288.

Agence de l'énergie nucléaire de l'OCDE, Association mondiale des exploitants nucléaires, École internationale de direction pour la sûreté nucléaire et radiologique, Réseau mondial de sûreté et de sécurité nucléaires) contribuant directement au rayonnement des idées et des valeurs de l'agence dans la société et auprès des tissus militants dans le monde. Ce cadre institutionnel repose sur la forte motivation d'un petit groupe de personnes qui partagent le rêve d'un autre monde (un monde entièrement exempt d'armes nucléaires) et permet à l'AIEA, dotée d'importants pouvoirs de réglementation, de remplir son principal rôle à savoir, contrôler[1], développer et utiliser l'énergie nucléaire à des fins pacifiques[2]. « Cette réglementation demeurait cependant très lacunaire et il fallut attendre la conclusion, le 20 septembre 1994, de la Convention de Vienne sur la sûreté nucléaire pour que celle-ci fasse l'objet d'une approche globale »[3].

Ce schéma général tentant explique qu'aujourd'hui on fasse place à ce scénario pour l'eau des trois couples de cours d'eau internationaux « grands éducateurs de l'humanité », davantage dans une perspective mémorielle ou écosystémique que dans l'esprit de seulement protéger la santé publique. Dans un dispositif globalement similaire à celui qui fait appel au nucléaire, l'intervention sur l'eau des trois couples de cours d'eau internationaux « grands éducateurs de l'humanité » pourrait se dérouler dans le cadre de la Convention Cadre des Nations Unies sur le Changement Climatique (CCNUCC)[4] ou d'un organisme international (Autorité internationale des trois couples de cours d'eau internationaux, par exemple) administré directement par les Nations Unies[5] ou par une de ses agences. Une institution spécialisée serait la bienvenue pour encadrer l'intervention sur l'eau des trois couples de cours d'eau internationaux « grands éducateurs de l'humanité »[6].

---

[1] FORTEAU *et al.*, *op. cit.*, pp. 1407-1410, para. 958.

[2] Voy. O. GUDKOVA, « "L'atome pour la paix et le développement" : le Statut de l'AIEA est entré en vigueur il y a 60 ans », 29 juillet 2017 (https://www.iaea.org/fr/newscenter/news/latome-pour-la-paix-et-le-developpement-le-statut-de-laiea-est-entre-en-vigueur-il-y-a-60-ans).

[3] FORTEAU *et al.*, *op. cit.*, p. 1821, para. 1240.

[4] Voy. https://news.un.org/fr/tags/ccnucc

[5] Voy. *e.g.* J. D. COLGAN et W. T. COLGAN, « The U.N. Could Have a Secret Legal Weapon to Fight Climate Change », *Foreign Policy*, 5 avril 2023 (https://foreignpolicy.com/2023/04/05/united-nations-icj-vanuatu-climate-change-law-loss-damage-enmod/).

[6] En 2003, l'ONU a créé une plateforme (https://www.unwater.org/) pour « informer les politiques » (https://www.unwater.org/about-un-water/what-we-do/inform-

Bien que le contexte contemporain de la « mémoire collective de l'humanité » soit différent, ces exemples tirés dans le registre du nucléaire mettent en perspective le ou les schémas de gouvernance qui pourraient être transposés à l'eau des trois couples de cours d'eau internationaux « grands éducateurs de l'humanité »[1] afin d'empêcher une dégradation irréversible de cette mémoire et de privilégier une action à la hauteur des enjeux[2].

La « mémoire collective de l'humanité »[3] constitue un socle indispensable à la préservation de l'eau des trois couples de cours d'eau internationaux « grands éducateurs de l'humanité », aux droits et libertés de tout individu, et nous savons tous qu'il y a encore fort à faire dans le monde pour que cette notion soit réellement appliquée. C'est une œuvre de longue haleine ne pouvant se réaliser qu'en un certain nombre d'étapes soigneusement coordonnées, une œuvre pharaonique, si l'on peut dire... Il n'est pas question d'examiner ici, même sommairement, la répartition des compétences dans le système de gouvernance. Mais on relèvera que les défis auxquels l'humanité est aujourd'hui confrontée sont d'une telle ampleur et d'une telle gravité qu'ils ne peuvent être abordés que de manière collective, par référence à des droits et devoirs qui dépassent ceux des États du cours d'eau.

---

policies), « inspirer l'action » (https://www.unwater.org/about-un-water/what-we-do/inspire-action), et « surveiller et rapporter » (https://www.unwater.org/about-un-water/what-we-do/monitor-and-report). Ainsi, « ONU-Eau est une plateforme de surveillance, fournissant des données et des informations cohérentes et fiables sur les principales tendances et questions de gestion de l'eau tout au long du cycle de l'eau. S'appuyant sur les efforts de collecte de données sur le cycle de l'eau au sein et à l'extérieur du système des Nations Unies, ONU-Eau a créé l'Initiative de surveillance intégrée de l'ONU-Eau pour l'ODD 6 (IMI-SDG6) en tant que mécanisme central de données pour toutes les questions liées à l'eau » (https://www.unwater.org/about-un-water/what-we-do/monitor-and-report). Voy. aussi https://www.unwater.org/our-work/integrated-monitoring-initiative-sdg-6 ; https://www.un.org/fr/global-issues/water.

En général, cela ne va pas loin, on échange des amabilités et de fausses volontés de dépassement des contentieux. Si l'on veut vraiment traiter des problèmes il faut instaurer un vrai système de gouvernance participative.

[1] L'un des problèmes du schéma de gouvernance est de trouver un équilibre aussi harmonieux que possible entre l'efficacité que requiert cette gouvernance et la conciliation non moins nécessaire des intérêts étatiques divergents.

[2] Il faut reconnaître que tout schéma de gouvernance est susceptible de nourrir des craintes et de poser nombre de problèmes techniques qu'il n'est pas dans notre propos d'examiner.

[3] Voy. MAJZOUB, *op. cit.*, pp. 251-270.

L'intérêt général de l'humanité qui intègre dans un même objectif l'approche tant anthropocentrée qu'hydrocentrée, exige que la priorité absolue soit donnée à la mise en œuvre de mesures de protection, de conservation et de sauvegarde de l'apport de la géoarchéologie à l'évolution de l'histoire de l'humanité, et à la préservation des espèces, y compris la nôtre, générant pour l'espèce humaine qui est la seule à pouvoir agir à l'égard des autres espèces, une responsabilité unique. Cet intérêt général de l'humanité n'est aujourd'hui plus défendu par les États dans la mesure où il n'est, dans le meilleur des cas, qu'un élément parmi d'autres des politiques publiques, dans une approche très court-termiste dans l'utilisation de l'eau des trois couples de cours d'eau internationaux « grands éducateurs de l'humanité ». C'est donc la société civile qui prend le relais suscitant dans de nombreux États du monde des associations et des organisations qui s'inscrivent dans le temps long, un développement compatible avec la préservation de l'eau des trois couples de cours d'eau internationaux « grands éducateurs de l'humanité », une réelle solidarité dans le temps et dans l'espace.

Ce n'est donc pas un hasard si les organisations non gouvernementales et les acteurs de la société civile ont été parmi les premiers à soutenir la « mémoire collective de l'humanité », suivie du monde de la religion[1].

Au-delà des adhésions qui s'accélèrent et apportent un élément substantiel et indispensable à la force juridique et à la légitimation de la « mémoire collective de l'humanité » en cours de construction dans l'Hydrocène, cette mémoire comprendra un jour, on l'espère, l'eau des trois couples de cours d'eau internationaux « grands éducateurs de l'humanité » ou tout au moins l'illustre Nil. Le Nil et la grande diversité de ses milieux naturels serviront de point d'ancrage à la « mémoire collective de l'humanité » et permettront, peut-être, d'établir des comparaisons avec l'ensemble des « grands éducateurs de l'humanité » et de mieux mettre en valeur les spécificités nilotiques. Dans l'optique des relations Homme/Environnement, l'originalité nilotique principale réside dans les évolutions du Nil, axe majeur du paysage égyptien, et leurs conséquences sur les espaces périphériques (littoraux, plaines

---

[1] Voy. le document du Dicastère pour le service du développement humain intégral consacré à l'eau (Aqua fons vitae : Orientations sur l'eau, symbole du cri des pauvres et du cri de la Terre, Cité du Vatican 2020, p. 14 ; S. MARTIN, « Water is Life : Reflection for Laudato Si' Week 2020 and Beyond », 8 juin 2020, https://www.ecojesuit.com/water-is-life-reflection-for-laudato-si-week-2020-and-beyond/.

alluviales, déserts, wadis tributaires). Il paraît aujourd'hui raisonnable de penser qu'il y aura prochainement une sorte de transposition de la « mémoire collective de l'humanité » au Nil[1]. On peut également considérer que le progrès de la solidarité *Nilotica* et l'interdépendance des économies nationales exigent que soient mises en place une « mémoire collective » et un système de gouvernance de l'eau du Nil dans le but de les soustraire à l'égoïsme national et de préserver le *vade-mecum* de notre héritage tant occidental qu'oriental.

À la source de ce discours la géoarchéologie ou la géo-histoire. « Côté géographie, omniprésence d'une merveille hydrographique qui intriguait les Grecs : le régime du Nil. De l'Égypte, "don du Nil" (*Neîlou dôron*), chez Hérodote, au "Nil sauveur" (*Neîlos sôtér*) platonicien, même conception, quoique physiquement simplifiée chez Platon, et l'équilibre introduit par le fleuve entre le sec et l'humide. D'où, côté histoire, l'influence civilisatrice du fleuve et de son climat. Sans bouleversements naturels, l'Égypte fonctionne comme la terre de la plus grande durée et le lieu de la mémoire la plus archivée du monde. Elle est donc la réserve archéologique d'un discours exhaustif sur l'Histoire Universelle »[2]. C'est l'influence de cette réserve géo-archéologique universelle (non totalement épuisée) qui se trouve ainsi soulignée, en signe de reconnaissance et de gratitude envers le « grand éducateur de l'humanité », le « grand fleuve », le Nil. Ce « grand fleuve », *megas potamos*[3], est le

---

[1] « L'ingérence patrimoniale devient (...) une réalité, avec les monuments de Nubic [1960-1980], et les enjeux diplomatiques sont chevillés à l'aide internationale » (F. ARGOUNES, « Une géopolitique du patrimoine mondial ? De quelques enjeux au sein de l'UNESCO autour du matériel et de l'immatériel » *in* M.-B. FOURCADE (dir.), *Patrimoine et patrimonialisation : entre le matériel et l'immatériel*, Québec, Presses de l'Université Laval, 2007, p. 9). « Jusqu'à cette époque, il était admis que tous les monuments situés à l'intérieur des frontières d'un État étaient l'affaire de cet État et que c'était à celui-ci qu'il incombait d'en prendre soin. Une idée neuve naissait alors, à savoir que ces monuments pouvaient aussi être considérés comme faisant partie du patrimoine culturel de l'humanité [Convention de l'UNESCO de 1972 concernant la protection du patrimoine mondial culturel et naturel], qu'ils devaient donc intéresser toute la communauté internationale » (*ibid.*).
L'action en Égypte révèle donc la prise de conscience des risques pour certains sites patrimoniaux et d'une nécessaire action collective dans ce domaine ; un pouvoir d'intervention sans texte était admis.

[2] H. JOLY, « Platon égyptologue », *Revue Philosophique de La France et de l'Étranger*, 1982, vol. 172, no. 2, p. 260.

[3] D. BONNEAU, *Le régime administratif de l'eau du Nil dans l'Égypte grecque, romaine et byzantine*, Leiden/New York/Köln, Brill, 1993, pp. 5-7.

protagoniste de notre « mémoire collective de l'humanité » et en représente la continuité.

SECTION 3.- LA « MÉMOIRE COLLECTIVE DE L'HUMANITÉ » TRANSPOSÉE AUX EAUX DU NIL, « GRAND ÉDUCATEUR DE L'HUMANITÉ »

La vallée du Nil a, de tout temps, attiré les hommes. Elle est le lien obligé entre le monde méditerranéen et l'Afrique. Très tôt, ce qui est actuellement l'Égypte a été ouvert aux cultures venues de l'est et de l'ouest, du nord et du sud. Ainsi se sont épanouies des civilisations originales[1]. Mais la préhistoire (et aussi l'histoire ancienne) de l'Égypte s'écrit toujours[2]. Les fouilles, et même les reconnaissances, y révèlent

---

[1] Voy. O. TOUSSOUN, *Mémoire sur l'Histoire du Nil* (Tomes I, II et III), Le Caire, Imprimerie de L'Institut français d'archéologie orientale, 1925 ; Ch. BARBOTIN, *Le Monde par les hiéroglyphes. Une approche de la pensée des anciens Égyptiens*, Paris, PUF, 2025.
« Dans son coup de projecteur sur l'égyptologie, Barbotin étrille au passage de nombreuses idées reliant trop étroitement notre système de pensée à celui de l'Égypte antique ». Son essai « constitue un indispensable marchepied permettant d'actualiser notre regard sur les paysages du Nil et des espaces riverains, au-delà des illusions et des anachronismes » (N. WEILL, « "Le Monde par les hiéroglyphes", de Christophe Barbotin : une leçon d'égyptologie appliquée », *Le Monde*, 13 juin 2025).
L'égyptologie est aussi fascinante qu'insolite. Elle est un domaine complexe dont l'abord nécessite des compétences linguistiques, archéologiques (archéologie générale et environnementale), géoarchéologiques (géoarchéologie générale et préventive), anthropogéographiques et historiographiques…

[2] L'eau du Nil, sa maîtrise (grandes digues, canaux nouveaux, aménagement des marais et des oasis, etc.) et son usage ou l'administration des eaux dans l'Égypte (ancienne, grecque, romaine, byzantine et arabe) sous tous ses aspects (adduction-évacuation, réservation, distribution, opérations d'entretien du réseau hydraulique, surveillance des eaux, répartition de l'eau, administration générale des eaux, financement de l'administration des eaux, etc.) n'ont pas été étudiés *in extenso*. De tout ce système à trois volets : conception, exécution, contrôle, nous avons des exemples, dont le nombre ne se laisse pas condenser à une époque donnée et qui pourrait entrer dans une petite recherche sur certains aspects en matière d'administration, de règle de droit de l'eau ou de juridiction des eaux. Le rôle des souverains ou des hauts fonctionnaires dans le régime administratif de l'eau n'a pas été étudié ici du point de vue strictement juridique.
« Ainsi, tout un aspect de l'administration de l'eau en Égypte échappe, parce qu'elle appartient à une vie non-écrite, parce qu'elle n'a été qu'un instrument au services des préoccupations économiques et politiques et non anthropologiques. Mais une constatation dominante peut être faite : elle a ses racines dans l'administration de

chaque année de nouveaux vestiges[1]. L'Égypte ancienne fait, en effet, partie de la « mémoire collective de l'humanité ».

« [L]a nature crée le Nil, (…) le Nil crée l'Égypte »[2], « l'Égypte a créé notre histoire »[3], l'histoire du monde entier. L'Égypte ancienne est « le verdoyant berceau de la civilisation occidentale »[4] ; « le Nil des inondations qui a créé l'Égypte ancienne, et, par conséquent, la commune civilisation occidentale »[5] a créé des valeurs communes à l'humanité tout entière[6].

---

l'époque pharaonique et elle n'a pas cessé d'appartenir à l'État » (BONNEAU, *op. cit.*, p. 310).

[1] Les civilisations anciennes du Soudan ont érigé plus de pyramides que celles d'Égypte mais restent largement méconnues. L'île de Méroé, à 220 km au nord de Khartoum, est classée au patrimoine mondial de l'humanité et a fait l'objet d'une exposition au Louvre en 2010. Cette civilisation (du IIIe siècle avant J.-C. au IVe siècle après J.-C.) avait emprunté des traits culturels à l'Égypte pharaonique, à la Grèce puis à Rome, s'ajoutant à un substrat africain. L*es* sites archéologiques de l'île de Méroé, paysage semi-désertique entre le Nil et l'Atbara, siège des souverains qui occupèrent l'Égypte pendant près d'un siècle, renferment des pyramides, des temples et des bâtiments résidentiels, ainsi que des installations majeures de gestion de l'eau (« Au Soudan, les combats gagnent des sites historiques classés au patrimoine mondial de l'humanité », *Le Monde*, 17 janvier 2024, https://www.lemonde.fr/afrique/article/2024/01/17/au-soudan-les-combats-gagnent-des-sites-historiques-classes-au-patrimoine-mondial-de-l-humanite_6211303_3212.html).

[2] METCHNIKOFF, *op. cit.*, p. 214.

[3] *Ibid.*, p. 214.

[4] *Ibid.*, p. 209.

[5] *Ibid.*, p. 207.

[6] Vers 3000 av. J.-C., les besoins de contrôler les crues du Nil et l'activité agricole entraînent l'apparition en Égypte des premiers systèmes permettant de nommer les nombres et de les exprimer de façon permanente par des symboles. Dès la première dynastie des pharaons d'Égypte (sans qu'on puisse fixer de date exacte), la hauteur des crues, en divers points de la vallée, revient dans les Annales royales avec régularité (D. BONNEAU, « Le souverain d'Égypte, juge de l'usage de l'eau », *in* F. et J. MÉTRAL (dir.), *L'homme et l'eau en Méditerranée et au Proche-Orient II. Aménagements hydrauliques, État et législation [Séminaire de recherche 1980-1981]*, Lyon, Maison de l'Orient et de la Méditerranée, 1982, pp. 69-80). Mais la crue ne dure que quatre mois, de juin à octobre, et on s'efforce constamment d'étendre les cultures dans le temps et en surface.

Certes, l'Égypte est un « don du Nil », mais depuis la plus haute Antiquité l'utilisation de l'eau du fleuve a nécessité des travaux formidables. Si la crue est utilisable, c'est seulement après avoir été disciplinée par la main de l'homme. C'est le pays entier qui fut « mis au carreau » par les digues et canaux qui le quadrillent depuis plusieurs millénaires. Partout des notables et des fonctionnaires contrôlent l'équité de la répartition de l'eau. Il est juste de remarquer qu'Hérodote avait noté l'importance des

L'eau du Nil, « grand éducateur de l'humanité », est donc dépositaire de valeurs qui sont communes à l'humanité tout entière[1]. L'écriture de cette « mémoire collective de l'humanité », qui a joué un rôle honorable dans le panthéon de l'histoire[2], n'a pas été complètement déchiffrée[3] ; on ne connaît qu'une partie infime de cette mémoire, tant

---

travaux nécessaires pour permettre à l'eau de la crue d'envahir chaque champ. Pour lui, l'obligation de construire des digues et des canaux avait amené les Égyptiens à inventer la géométrie. De plus, les besoins de calculer la superficie des lots de terrains attribués aux paysans, qu'il fallait sans cesse renouveler à cause des crues du Nil, obligea les Égyptiens de recourir à l'arpentage, et de créer ainsi les premiers éléments de cette science. Au fil des siècles, l'Égypte est de la sorte parvenue à optimiser l'utilisation de l'eau du Nil.

[1] La « Description de l'Égypte » est incontestablement l'effort le plus monumental jamais fourni pour l'étude d'une culture (https://heritage.bnf.fr/bibliothequesorient/fr/la-description-egypte-article ; http://descegy.bibalex.org/#). L'œuvre est le fruit de la collaboration de 167 savants ayant accompagné Napoléon Bonaparte en Égypte en 1798. De retour en France, après un séjour trois ans, ces savants travaillèrent sans relâche pendant 20 ans avec quelques 2000 dessinateurs et graveurs : il en résulta une œuvre monumentale de presque 1000 planches et d'environ 7500 pages de texte.

[2] Le papyrus a depuis l'aube de l'Histoire servi à bien des choses, à la construction, à l'alimentation et à la conservation des textes écrits. Moins rare que le parchemin, plus maniable que les tessons de terre cuite, il a assurément contribué aux progrès de la culture antique, de la communication sociale et à la prédication de la parole de Dieu. La ville de Byblos (Liban) était en effet pendant l'Antiquité une escale importante pour les navires chargés de papyrus en provenance d'Égypte et se rendant en Grèce. Plus tard le mot dérivé désignera le livre en grec (βιϐλίον/*biblíon*) et finalement le mot Bible.
L'Égypte a numérisé une partie de cet héritage pour le mettre à disposition du public : voy. http://www.eternalegypt.org/.

[3] Au-delà des tensions géopolitiques autour du Nil, une question taraude les spécialistes : remonter le fil chronologique du fleuve éternel, autrement dit déterminer depuis combien de temps son cours est stable ; quel est l'âge du Nil ?
Un groupe de sept chercheurs en géologie et en géophysique, de différentes nationalités, s'est consacré à cette tâche. Après plusieurs années de travail, ils détaillent les résultats de leur étude dans un article (« Role of Dynamic Topography in Sustaining the Nile River over 30 Million Years ») publié dans la revue scientifique britannique *Nature Geoscience* (novembre 2019).
Pour eux, le cours du Nil Bleu, prenant sa source au lac Tana, sur les plateaux d'Éthiopie, est resté stable depuis environ 30 millions d'années et pas seulement depuis 6 millions d'années, comme d'autres spécialistes le pensaient auparavant. Pour parvenir à cette conclusion, ces chercheurs se sont fondés sur l'analyse de sédiments dans la région du Nil Bleu et sur des simulations numériques afin de reconstituer l'évolution chronologique du fleuve.
Cette recherche devrait mettre un terme à un débat de longue date autour de l'âge du Nil et attirer l'attention sur le rôle capital joué par le manteau terrestre.

au niveau des interactions complexes Sociétés-Environnement que des différents mécanismes d'allocation des cours d'eau dans la vallée du Nil que de l'utilisation effective de l'eau[1]. La mutilation de la mémoire collective du Nil, « grand éducateur de l'humanité », touche la sensibilité du monde civilisé tout entier, qui éprouve le sentiment de sa perte irrémédiable[2]. Il est donc indispensable qu'une surveillance

---

Une convection du manteau terrestre sous la région du Nil Bleu a façonné la topographie pendant les 30 derniers millions d'années induisant une élévation du dôme éthiopien et une subsidence (léger affaissement de la croûte terrestre) du nord de l'Égypte. Ce mouvement des roches terrestres a maintenu le bassin du Nil Bleu sur son cours actuel depuis toutes ces années.

Le Nil Blanc, partie la plus méridionale du fleuve, est différent : sa confluence avec le Nil Bleu s'est déroulée à une période géologique beaucoup plus récente qu'on nomme le pléistocène (qui s'étend de 2,58 millions d'années à 11 700 ans avant notre ère).

Pour résumer, le cours du Nil Bleu, dans son ensemble, serait donc le même depuis 30 millions d'années, autrement dit le Nil, « éternel depuis 30 millions d'années ».

[1] Voy., *ex multis*, B. MENU (dir.), *Les problèmes institutionnels de l'eau en Égypte ancienne et dans l'antiquité méditerranéenne. Colloque AIDEA Vogüe 1992* (Bibliothèque d'étude 110), Le Caire, Institut francais d'archéologie orientale, 1994 ; J. MÉTRAL et P. SANLAVILLE (dir.), *L'homme et l'eau en Méditerranée et au Proche-Orient. I. Séminaire de recherche 1979-1980*, Lyon, Maison de l'Orient et de la Méditerranée, 1981 ; P. LOUIS (dir.), *L'homme et l'eau en Méditerranée et au Proche-Orient III. L'eau dans les techniques [Séminaire de recherche 1981-1982]*, 1986 ; P. LOUIS et J. MÉTRAL (dir.), *L'homme et l'eau en Méditerranée et au Proche-Orient IV. L'eau dans l'agriculture. Séminaire de recherche 1982-1983 et journées des 22 et 23 octobre 1983*, Lyon, Maison de l'Orient et de la Méditerranée, 1987 ; M. NORDON, *L'eau conquise : les origines et le monde antique*, Paris, Masson, 1991 ; J. BONNIN, *L'eau dans l'antiquité. L'hydraulique avant notre ère*, Paris, Eyrolles, 1984 ; Ö. WIKANDER (dir.), *Handbook of Ancient Water Technology*, Leiden/Boston/Köln, Brill, 2000.

[2] Le 8 mars 1960, le directeur général de l'UNESCO, Vittorini Veronese, lança pour une durée de vingt ans (1960-1980) le plus grand projet archéologique de tous les temps : la campagne de sauvegarde de la Nubie. Les joyaux de pierre édifiés au cœur de la Nubie sont tombés dans l'oubli pendant près de deux millénaires. Hélas, à peine exhumés de la terre au cours des fouilles archéologiques dans les années 1830, ces temples risquaient, par une honorable volonté égyptienne de modernisme (le 17 novembre 1954, le lieutenant-colonel Nasser annonce sa décision de construire un nouvel ouvrage appelé à barrer le cours du Nil), de disparaître, définitivement noyés sous les eaux du lac Nasser. En effet, le barrage d'Assouan, chef-d'œuvre de la technologie moderne de l'époque, allait inonder la Nubie égyptienne et une grande partie de la Nubie soudanaise, faisant disparaître un pan de l'histoire universelle. Heureusement, grâce à un réflexe de survie, quelques voix s'élevèrent (comme celle d'André Malraux ou de René Maheu), faisant prendre conscience au monde que la disparition de ces temples serait, pour l'humanité, la perte irrémédiable d'une partie

uniforme, qu'un système de gouvernance s'étende pour un certain temps à tout l'ensemble du Nil, et y préside avec une active vigilance à la conservation ou la restauration de la « mémoire collective de l'humanité ».

Pour satisfaire leurs besoins de développement, les États riverains du Nil, « grand éducateur de l'humanité », se sont attaqués à ses eaux[1]. Ceci, en ordre dispersé et sans même en dresser l'inventaire géo-archéologique (identifier les éléments visuels les plus marquants de l'occupation humaine des milieux nilotiques anciens et inventorier ceux qui méritent une préservation et une valorisation dans l'environnement actuel), peut-être sans même s'apercevoir, grisés par la perspective d'un avenir reluisant, qu'ils violent les sources de leur propre existence, de leur mémoire, et risquent délibérément de s'anéantir. Il est difficile pour les États riverains du Nil de devoir penser en termes d'intérêt général de l'humanité hydrocentrée à la conservation ou la restauration de la « mémoire collective de l'humanité », alors que les habitudes constatées au premier quart du XXIe siècle les déterminent à agir sur la scène régionale selon leurs intérêts anthropocentrés égocentrés[2].

---

de sa mémoire (ARGOUNES, *op. cit.*, pp. 9-10). Voy. également L. MESKELL, *A Future in Ruins : UNESCO, World Heritage, and the Dream of Peace*, Oxford, OUP, 2018.

[1] Tout au long de la deuxième moitié du XXe siècle, l'Égypte n'a pas ménagé sa peine pour favoriser la coopération entre les États du Nil : HydroMet (1967), Undugu (1983), TECCONILE (1992) et NBI (1999). Les trois premières initiatives n'ont cependant pas permis de parvenir à des avancées significatives. Certains États du Nil ont accueilli avec méfiance la mise en place de ces structures, craignant qu'elles n'aient en réalité pour unique objet que de préserver les droits acquis de l'Égypte et du Soudan en différant le plus longtemps possible l'examen de la question cruciale de la répartition des eaux du Nil. Elles avaient en effet des objets très techniques. C'est l'une des raisons pour lesquelles l'Éthiopie n'a jamais revendiqué un autre statut que celui d'observateur.

[2] Lors de leur réunion à Dar es-Salam (Tanzanie), le 22 février 1999, les États du Nil ont donné naissance à l'Initiative du Bassin du Nil (*Nile Basin Initiative* dans la terminologie anglo-saxonne, NBI). Le NBI, qui rassemble neuf des dix États du Nil (l'Érythrée n'a toutefois que le statut d'observateur), s'est donnée pour mission « d'assurer le développement socio-économique par l'utilisation équitable et bénéfique des ressources hydrauliques communes du bassin du Nil ». Elle est composée de trois organes : le Nile-COM (Conseil des ministres de l'eau qui est l'organe de décision), le Nile-TAC (Commission technique consultative composée de deux experts par État, elle émet des avis techniques, prépare les propositions pour le Nile-COM et l'assiste dans ses travaux) et le Nile-SEC (Secrétariat du NBI qui est basé à Entebbe en Ouganda comme l'était auparavant le secrétariat du TECCONILE). Le NBI (https://www.nilebasin.org/index.php ; https://ikp.nilebasin.org/) se veut une étape transitoire vers une future Commission du Bassin du Fleuve Nil (*Nile River*

Un équilibre entre l'intérêt général et particulier doit donc s'établir dans la vallée du Nil, « grand éducateur de l'humanité ». Le régime juridique de l'eau du Nil résultera ainsi d'une dialectique entre le global et le fractionné.

Le système de gouvernance offre un cadre qui, par ses dimensions, sinon universelles, du moins ouvertes aux États riverains du Nil, permet ce jeu combiné des préoccupations étatiques et des impératifs d'ordre général.

Le régime juridique de l'eau du Nil doit donc offrir des solutions de rechange qui soient mieux acceptables par tous les États du cours d'eau et plus attrayantes que les autres moyens auxquels ces États pourraient recourir pour protéger leurs propres intérêts.

Basin Commission dans la terminologie anglo-saxonne) prévue lors de l'entrée en vigueur de l'Accord-cadre sur la Coopération dans le Bassin du Fleuve Nil du 14 mai 2010 (*Cooperative Framework Agreement* dans la terminologie anglo-saxonne, CFA ; https://www.nilebasin.org/index.php/nbi/cooperative-framework-agreement), signé par six États du bassin du Nil (Burundi, Éthiopie, Kenya, Rwanda, Ouganda, Tanzanie), en dépit de l'opposition de l'Égypte et du Soudan (https://www.ecolex.org/fr/details/agreement-on-the-nile-river-basin-cooperative-framework-tre-160035/participants/).

La Commission, prévue pour septembre 2025 (voy. S. ABATE, « Highly Anticipated Nile River Basin Commission to Be Formed in September », *The Reporter*, 21 juin 2025, https://www.thereporterethiopia.com/45726/), est un rouage essentiel du CFA. Elle est composée de cinq organes (la Conférence des chefs d'État et de gouvernement, le Conseil des ministres, le Comité consultatif technique, les Comités consultatifs sectoriels, et le Secrétariat) et doit assurer la mise en valeur et une gestion adéquate des ressources ainsi que de servir de cadre institutionnel à la coopération. Il lui revient également de déterminer les règlements et les procédures pour la mise en œuvre effective du principe de l'utilisation équitable et raisonnable de l'eau du Nil. Elle doit aussi permettre aux États d'échanger des informations sur les mesures planifiées. L'Égypte avait alors manifesté son mécontentement en se retirant du NBI, avant de le réintégrer en février 2015. Le 23 mars 2015, l'Égypte, l'Éthiopie et le Soudan signent à Khartoum une Déclaration de Principes (*Declaration of Principles* dans la terminologie anglo-saxonne, DoP) sur la construction du GERD.

Le CFA est entré en vigueur le 13 octobre 2024 (ratification de cinq États signataires – Burundi, Éthiopie, Rwanda, Ouganda et Tanzanie – et adhésion d'un sixième – Soudan du Sud), 14 ans après son adoption (https://nilebasin.org/sites/default/files/2024-10/Announcement%20of%20the%20Entry%20into%20force%20of%20the%20CFA%20%20on%2013%20October%202024.pdf). Depuis, ces États ont « théoriquement » le droit de développer des projets sur le Nil sans avoir à solliciter l'accord de l'Égypte ou du Soudan. Sur le plan juridique, l'entrée en vigueur du CFA va conduire à superposer ou rajouter au maillage conventionnel déjà très controversé une convention supplémentaire.

Ainsi, tout en consacrant l'humanité hydrocentrée dans les différents droits attachés à la notion de mémoire collective, le régime juridique de l'eau du Nil doit aussi tenir compte des intérêts des États : soit globalement dans la protection des utilisations traditionnelles, soit partiellement en reconnaissant les particularismes de l'État du cours d'eau.

On peut dire que la « mémoire collective de l'humanité » transposée aux eaux du Nil, « grand éducateur de l'humanité », n'offre ainsi pas seulement une possibilité de conservation ou de restauration de cette mémoire universelle (paragraphe 1), mais également un élément de participation au *statu quo Niloticus* (paragraphe 2).

Paragraphe 1.- Les eaux du Nil comme « mémoire collective de l'humanité »

Il semble que le passage du Paléolithique au Néolithique, c'est-à-dire d'une vie sociale primitive, fondée sur la cueillette, la chasse et la pêche en commun, à une organisation sociale plus élaborée, basée sur la division du travail et tirant subsistance de l'agriculture et de l'élevage, ait privilégié certaines régions du globe, telle que la vallée du Nil[1].

Le premier État connu au monde s'est formé et développé dans la vallée du Nil. La plus ancienne civilisation du monde – celle de l'Égypte ancienne, foyer de haute culture – est née sur des terres arides fertilisées par le Nil dont les crues humectaient le sol desséché et l'enrichissaient en le recouvrant de limon.

Les besoins nouveaux en eau, la nécessité de la connaissance du comportement du Nil et l'aménagement de ses eaux vont entraîner l'éclosion d'une civilisation de l'eau[2] dans la vallée du Nil. Cette

---

[1] R. DUPEN, « Le Nil, « éternel depuis 30 millions d'années » », *Le Monde*, 11 novembre 2019, https://www.lemonde.fr/afrique/article/2019/11/11/le-nil-eternel-depuis-30-millions-d-annees_6018775_3212.html.

[2] La civilisation de l'eau peut apparaître comme l'ensemble des moyens mis en œuvre par la société pour aménager son contexte hydraulique. Les analyses théoriques modernes des civilisations de l'eau ont pour origine des travaux sur les sociétés et les cultures. Depuis des décennies, des chercheur e s dans le monde entier s'efforcent de définir les structures de ces sociétés, de démêler le processus de leur développement, et de préciser la place qu'elles occupent dans l'évolution sociale.
Voy. à ce propos les travaux de la Maison de l'Orient à Lyon, particulièrement l'ouvrage collectif *L'homme et l'eau en Méditerranée et au Proche-Orient*, Presses Universitaires de Lyon, 1982 ; J.-Cl. MARGUERON, *Les Mésopotamiens*, 2 volumes,

civilisation a profondément marqué le cours des évènements mondiaux, une vallée à laquelle l'humanité tout entière doit beaucoup. D'ailleurs, la diffusion de la civilisation de l'eau dans la vallée du Nil dans tout le monde connu constitue la confirmation la plus irréfutable de cette mémoire collective.

« C'est ainsi qu'alors, comme à présent, le nom de l'Égypte se mêlait à tous les grands souvenirs de l'histoire de la terre, à toutes les traditions lointaines. C'était là qu'on cherchait la source du fleuve civilisateur qui avait versé ses eaux fécondantes sur l'Europe ; c'était là que le peuple d'Israël avait grandi dans la souffrance ; là que pour la première fois les hommes entendirent proclamer le nom de Jéhovah, du Dieu unique. C'était encore là que, douze siècles plus tard, Joseph et Marie s'étaient réfugiés avec l'enfant qu'adore aujourd'hui le monde civilisé ; là encore que les successeurs immédiats de Mahomet s'étaient concentrés un moment pour s'élancer (…) sur l'Europe et sur l'Asie »[1].

Notre regard religieux ne peut donc que fallacieusement se détourner de la vallée du Nil, « grand éducateur de l'humanité ». Quant à la « scène biblique », nous inspirant une révérence plus ou moins avouée, n'associe-t-elle pas fleuves, puits et lent travail d'exhaure ou de transport de l'eau ?

L'eau est ainsi à l'origine d'un symbolisme, issu des bases les plus anciennes de la vallée du Nil, dont l'Ancien Testament célébrera la magnificence. Le Nouveau Testament recevra cet héritage et saura l'utiliser ; et l'islam saura le développer et l'élaborer. L'eau du Nil réalise une synthèse des trois religions autour de sa valeur sacrée.

Dans la tradition judéo-chrétienne, l'eau symbolise d'abord l'origine de la création[2]. Le « *Men* » hébreu symbolise l'eau sensible : elle est mère et matrice. Source de toutes choses, elle manifeste le transcendant et de ce fait elle doit être considérée comme « hiérophante ». Toutefois, elle peut être envisagée sur deux plans rigoureusement opposés, mais

---

A. Colin, 1991 ; G. Roux, *La Mésopotamie. Essai d'histoire politique, économique et culturelle*, Paris, Seuil, 1985 ; P. Lévêque, *Les premières civilisations ; Des despotismes orientaux à la cité grecque*, PUF, 1985 ; J. Bottéro, *La Mésopotamie. L'écriture, la raison et les dieux*, Gallimard, 1987 ; P. Montet, *La vie quotidienne du temps de Ramsès*, Hachette, 1974 ; F. Fèvre, *Le dernier pharaon. Ramsès III ou le crépuscule d'une civilisation*, Presses de la Renaissance, 1992.

[1] C. Daly, « Panorama d'Égypte et de Nubie », *Revue de l'architecture et des travaux publics*, 1847, vol. 7, p. 417.

[2] Voy. F. Reisdorf-Reece, *Encyclopédie Biblique. Dictionnaire et concordance des Saintes Écritures*, 7e éd., La colline (La Bégude-de-Mazenc), La Croisade du Livre Chrétien, 1979, pp. 176, 217, 219, 192, 420, 442, 448, 452, 488.

nullement irréductibles, et cette ambivalence se situe à tous les niveaux. L'eau est source de vie et source de mort[1], créatrice et destructrice.

Les fleuves deviennent des agents de fertilisation d'origine divine, les pluies et la rosée apportent leur fécondité et manifestent la bienveillance de Dieu. C'est pourquoi l'eau est demandée par la prière, elle est objet de supplication : « Que Dieu entende le cri de son serviteur, et envoie les ondées et lui fait rencontrer les puits et les sources »[2].

Dans la Bible, les puits dans le désert, les sources qui s'offrent aux nomades sont autant de lieux de joie que d'émerveillement. Sans l'eau, le nomade serait immédiatement condamné à la mort et brûlé par le soleil de plomb du désert ; ainsi l'eau qu'il rencontre sur sa route est comparable à la manne : en le désaltérant, elle le nourrit ! Aussi, près des sources et des puits s'opèrent les rencontres essentielles ; tels des lieux sacrés, les points d'eau jouent un rôle comparable ; c'est le symbolisme de l'« eau vive », de la « fontaine de jouvence ». Les cultes sont volontiers concentrés autour des sources, et tout lieu de pèlerinage comporte son point d'eau et sa fontaine[3]. La marche des Hébreux et le

---

1 Dans certains cas, l'eau peut faire ouvre de mort ; les « grandes eaux » annoncent dans la Bible les épreuves. Le déchaînement des eaux est le symbole des grandes calamités. « Traits bien dirigés, les éclairs jailliront et les nuées, comme d'un arc fortement bandé, voleront vers le but ; une baliste lancera des grêlons chargés de courroux. Les flots de la mer contre eux feront rage, les fleuves les submergeront sans merci. Le souffle de la Toute-puissance s'élèvera contre eux et les vannera comme un ouragan » (Sagesse 5, 21-23).
L'eau peut ravager et engloutir ; ainsi l'eau peut comporter une puissance mauvaise. Dans ce cas, elle punit les pécheurs, mais elle ne saurait atteindre les justes qui n'ont pas à craindre les « grandes eaux ». Les « eaux de la mort » ne concernent que les pécheurs, elles se transforment en « eaux de vie » pour les justes.

2 La pluie est universellement considérée comme le symbole des influences célestes reçues par la terre. C'est un fait d'évidence qu'elle est l'agent fécondateur du sol, lequel en obtient la fertilité ; d'où les innombrables rites agraires en vue de déclencher la pluie.

3 Durant les siècles à venir, l'Église s'élèvera maintes fois contre le culte rendu aux eaux ; la dévotion populaire a toujours considéré la valeur sacrée et sacralisante des eaux. Mais les déviations païennes et le retour des superstitions étaient toujours menaçants.
Par exemple, le culte des fontaines et des sources est resté très vivace dans les pays celtiques actuels, en Bretagne particulièrement où on leur attribue, sous le patronage de sainte Anne très souvent et de Notre-Dame plus souvent encore, des vertus curatives pour les maladies les plus diverses. Voy. *Ogam-Tradition Celtique*, Rennes, 1948, XI, p. 279 *et seq.*

cheminement de chaque homme durant son pèlerinage terrestre sont intimement reliés au contact avec l'eau, l'oasis.

L'eau apparaît donc comme un signe de bénédiction divine. Yahvé, Dieu d'Israël, est comparé à une pluie de printemps[1], à la rosée qui donne aux fleurs leur croissance[2], aux eaux fraîches s'écoulant des montagnes, au torrent qui abreuve ; le juste est semblable à l'arbre planté aux bords des eaux courantes[3].

Mais il convient d'en reconnaître justement l'origine divine. Ainsi, d'après Jérémie[4], le peuple d'Israël dans son infidélité, méprisant Yahvé, oubliant ses promesses et cessant de le considérer comme la source d'eau vive, a voulu se creuser ses propres citernes ; celles-ci, lézardées, ne conservèrent pas l'eau. Jérémie, blâmant l'attitude du peuple à l'égard de son Dieu, source d'eau vive, se lamente en disant : « Ils feront de leur pays un désert »[5]. Quand Isaïe prophétise une ère nouvelle, il dit : « de l'eau jaillira dans le désert (...) le pays de la soif se changera en source »[6]. Et dans l'Apocalypse, l'apôtre Jean ne parle pas différemment : « L'agneau (...) les conduira aux sources des eaux de la vie »[7]. L'allégorie hydraulique est également utilisée pour comparer les alliances étrangères aux eaux du Nil et de l'Euphrate[8].

Par ailleurs, l'âme apparaît comme une terre sèche et assoiffée, orientée vers l'eau ; elle attend la manifestation de Dieu, telle la terre desséchée souhaite pouvoir être abreuvée par les pluies[9]. L'âme cherche ainsi son Dieu comme le cerf altéré cherche la présence de l'eau vive[10].

Avant tout synonyme de vie dans l'Ancien Testament, l'eau devient symbole de l'Esprit dans le Nouveau Testament[11]. Il est vrai que l'eau est donnée par Yahvé à la Terre, mais il est une autre eau plus mystérieuse : celle-ci relève de la Sagesse, qui a présidé lors de la création à la formation des eaux[12]. Dans le cours du sage, l'eau réside ;

---

[1] Les citations de la Bible sont empruntées à la traduction française de la « Bible de Jérusalem » ; Osée 6,3.
[2] Osée 14,6.
[3] Nombres 24,6.
[4] Jérémie 2,13.
[5] Jérémie 18,16.
[6] Isaïe 35,6-7.
[7] Apocalypse 7,17.
[8] Jérémie 11,18.
[9] Deutéronome 32,2.
[10] Psaumes 42,2-3.
[11] Apocalypse, 21.
[12] Job 28, 25-26 ; Proverbes 3,20 ; 8,22 ; 24,28-29 ; Ecclésiaste 1,2-4.

son cours est semblable à un puits et à une source[1], et ses paroles ont la puissance du torrent[2]. Quant à l'homme privé de sagesse, son cour comparable à un vase brisé qui laisse échapper la connaissance[3]. L'eau devient donc le symbole de la vie spirituelle et de l'Esprit, offerts par Dieu et souvent refusés par les hommes.

Jésus reprend ce symbolisme dans son entretien avec la femme de Samarie : « Qui boira de l'eau que je lui donnerai n'aura plus jamais soif... L'eau que je lui donnerai deviendra en lui source d'eau jaillissant en vie éternelle »[4]. Jésus-Christ se révèle le Maître de l'eau vive avec la Samaritaine[5]. Il est la source : « Si quelqu'un a soif, qu'il vienne à moi et qu'il boive »[6]. Comme du rocher de Moïse, l'eau jaillit de son sein et sur la croix, la lance fera couler de l'eau et du sang de son côté ouvert. C'est du Père que l'eau vive s'écoule, elle se communique par l'humanité du Christ ou encore par le don de l'Esprit Saint qui, suivant le texte d'un hymne de la Pentecôte, est fontaine de vie (*fons vivus*), feu d'amour (*ignis caritas*), don du Très-Haut (*altissimi donum Dei*). L'eau revêt donc un sens d'éternité ; celui qui boit de cette eau vive participe déjà à la vie éternelle[7].

L'eau vive, l'eau de la vie se présente comme un symbole cosmogonique, c'est-à-dire d'un récit mythique de la formation de l'Univers. C'est parce qu'elle purifie, guérit, rajeunit qu'elle introduit dans l'éternel. Elle possède par elle-même une vertu purificatrice et pour cette raison encore elle est considérée comme sacrée. D'où son usage dans les ablutions rituelles ; par sa vertu, elle efface toute infraction et toute souillure. Seule, l'eau du baptême lave des péchés et elle n'est conférée qu'une fois, car elle fait accéder à un autre état : celui de l'homme nouveau. Ce rejet de l'homme ancien, ou plutôt cette mort d'un moment de l'histoire, est comparable à un déluge, car celui-ci symbolise une disparition, un effacement : une époque s'anéantit, une autre surgit.

L'eau possédant une vertu purificatrice, exercera de plus un pouvoir sotériologique. L'immersion est régénératrice, elle opère une renaissance, dans le sens où elle est à la fois mort et vie. L'eau efface

---

1 Proverbes 20,5 ; Ecclésiaste 21,13.
2 Proverbes 18,4.
3 Ecclésiaste 21,14.
4 Jean 4, spécialement verset 14.
5 Jean 4, 10.
6 Jean 7, 37-38.
7 Jean 4, 13-14.

l'histoire, car elle rétablit l'être dans un état nouveau. L'immersion est comparable à la mise au tombeau du Christ : il ressuscite, après cette descente dans les entrailles de la terre. L'eau est symbole de régénération : l'eau baptismale conduit explicitement à une nouvelle naissance[1], elle est initiatrice.

Les principes traditionnels, contenus dans la tradition judéo-chrétienne, sont repris par l'islam. L'eau symbolise la vie : l'eau de vie, que l'on découvre partout, même dans les ténèbres ; et qui régénère. Origine et véhicule de toute vie : la sève est eau et, dans certaines allégories musulmanes, l'eau – sur laquelle se trouve le Trône divin[2] – s'identifie avec le Souffle du Dieu Miséricordieux. « Dieu ! C'est lui qui a créé le ciel et la terre et qui fait descendre du ciel une eau grâce à laquelle il fait pousser des fruits pour votre subsistance »[3]. Le Coran désigne l'eau bénie qui tombe du ciel comme l'un des signes divins, ainsi les Jardins du Paradis[4] ont des ruisseaux d'eaux vives et des sources[5]. L'homme lui-même a été créé d'une eau se répandant[6]. De même, la vie présente est comparée à l'eau que le vent dissipe[7]. Par ailleurs, l'eau symbolise la pureté et est utilisée comme moyen de purification. La prière rituelle musulmane ne peut être valablement accomplie que lorsque l'orant s'est mis en état de pureté rituelle par ses ablutions, dont les modalités font l'objet de règles minutieuses. Enfin, les œuvres des mécréants sont considérées comme de l'eau pour celui qui a soif ; mais ce n'est qu'un mirage. Elles ressemblent aux eaux ténébreuses en une mer profonde, que des vagues successives viennent recouvrir[8].

Ainsi, dans la tradition de l'islam – religion du désert, l'eau symbolise aussi, au même titre que le judaïsme et le christianisme, de nombreuses réalités. Bien que le symbolisme religieux islamique ait gardé toute son influence, les nécessités du milieu géographique aride exerceront une influence très profonde sur l'eau pour réaliser un équilibre entre les ressources et les besoins suite à l'expansion de

---

1 Jean 3, 3-7.
2 Coran, 11, verset 9.
3 Coran, 14, v. 32 ; 2, v. 164.
4 L'architecture traditionnelle arabe s'établit autour d'une cour carrée dont le centre est occupé par une fontaine ; l'image même du paradis terrestre.
5 Coran, 2, v. 25 ; 88, v. 12.
6 Coran, 86, v. 6.
7 Coran, 18, v. 45.
8 Coran, 24, v. 39-40.

l'Empire islamique. Bientôt, les principes traditionnels hérités de la tradition judéo-chrétienne devinrent insuffisants, car étant modelés sur l'organisation sociale de communautés habitant des contrées où la nature est la plus clémente – la Palestine biblique ; l'eau ne pouvait plus répondre aux exigences locales dérivant de besoins en eau plus complexes.

Aucune personne (musulmane ou non) ne doit manquer d'eau, tel est le principe général énoncé par Mahomet, qui fait de l'eau l'élément indispensable et inestimable de purification par excellence, pour se remettre en état de grâce. Et le Coran a consacré cette formule générale : « Et au moyen de l'eau, nous avons donné la vie à toute chose »[1].

Le don de l'eau apparut aux yeux de Mahomet comme une aumône religieuse pour devenir par la suite, et dans la plupart des cas, une obligation légale. Les principes généraux trouvent leur expression et leur confirmation dans la tradition : « À l'homme qui refuse le superflu de l'eau, Allah dira : aujourd'hui, je te refuse ma faveur, comme tu as refusé le superflu d'une chose que tu n'avais pas faite toi-même »[2]. Puis, « personne ne peut refuser le superflu de l'eau sans pécher contre Allah et contre l'humanité »[3]. Enfin, « il y a trois personnes qu'Allah ne regardera pas le jour de la résurrection : il ne leur accordera aucune indulgence, et leur infligera un châtiment douloureux ; ces trois personnes sont : 1°/ l'homme qui, ayant l'eau en quantité excédant ses besoins, la refuse à un voyageur »[4] surtout que l'hospitalité exige qu'une eau fraîche lui soit présentée. Ainsi Mahomet aurait déclaré : « Trois choses ne peuvent être interdites : l'eau, l'herbe (les pâturages) et le feu »[5]. Sur la base de ce dernier *hadith*, certains auteurs ont admis que le prophète avait établi le principe de la communauté des eaux[6].

---

1 Coran, 99, verset 30.

2 AL BUKHARI, *Les traditions islamiques*, 4 volumes, traduit par O. HOUDAS, Paris, Imprimerie nationale, 1903-1914, vol. 2, p. 108.

3 YAHYĀ IBN ĀDAM, *Le livre de l'impôt foncier*, publié d'après le manuscrit unique appartenant à Ch. Schefer par Th. W. Juynboll, Liede, E.J. Brill, 1896, p. 71 (https://gallica.bnf.fr/ark:/12148/bpt6k130706b/f84.item).

4 AL BUKHARI, *op. cit.*, p. 104.

5 EL-CHARANI, *Le Cheik. Balance de la loi musulmane* (traduit par Perron), Alger, Imprimerie Fontana, 1898, p. 388.

6 L. DUCAURROY, « Législation musulmane sunnite, rite hanéfite », *Journal asiatique*, Paris, 1849, article 63 ; L. W. C. VAN DEN BERG, *Principes du droit musulman, selon les rites d'Abu Hanifah et de Chaféi* (traduit par R. de France de Tersant), Alger, A. Jourdan, 1896, p. 123. Il est à noter que l'Islam élabora un véritable Code de l'eau, rappelant à certains égards les lois contemporaines en vigueur

Si le Nil n'est peut-être pas le créateur premier et unique, il « est incontestablement l'un des principaux générateurs de ces civilisations glorieuses qui, depuis 6000 ou 8000 ans, ont brillé ou brillent encore dans le monde occidental »[1] et dans le monde entier. Ce monde doit s'interroger sur lui-même, s'il ne veut pas sombrer dans une torpeur qui peut lui être fatale. « Connais-toi toi-même », avait dit Platon. Un monde qui abandonne l'eau du Nil, sa mémoire collective, pour se limiter à défendre le présent est un monde figé, qui se suicide lentement. Le nihilisme est le signe d'un déclin moral et spirituel du genre humain.

Un constat sans équivoque se dégage : la communauté internationale par la manière dont elle se comporte avec le Nil, le « grand éducateur de l'humanité », ou l'eau du Nil – sa mémoire collective, dévoile la vérité de ses principes et de ses fins. La célébration de cette mémoire pour la gloire de l'humanité hydrocentrée peut nous mener au *statu quo Niloticus* de façon médiate.

Paragraphe 2.- Le *statu quo Niloticus* fondé sur le système de gouvernance

L'examen de la « question des eaux du Nil » place cette dernière dans un plus large ensemble de préoccupations « politico-juridico-institutionnelles ». L'eau du Nil, « grand éducateur de l'humanité », constitue un réservoir de richesses (mémorielles et géo-archéologiques) pour l'avenir.

Cc caractère d'actualité et même de prospective, relevé sur le plan juridique, se retrouve au niveau économique et politique. L'eau du Nil « grand éducateur de l'humanité » anticipe sur ce qui peut être imaginé comme évolution politique, en favorisant une gestion commune à finalité économique et sociale au profit des États du cours d'eau et à celui de l'humanité tout entière.

Il y a ainsi réalisation d'une approche multilatérale de la coexistence pacifique qui prend un sens nouveau. Il ne s'agit plus juste de conserver le *statu quo Niloticus* par l'abstention et le respect absolu de la souveraineté. Il est désormais nécessaire de le construire de façon dynamique non conjoncturelle, par l'intervention de la communauté

---

dans de nombreux pays, musulmans ou non. Voy. D. A. CAPONERA, *Le droit des eaux dans les pays musulmans*, Collection FAO : Progrès et mise en valeur, Cahier n° 43, Rome 1956, pp. 14-33.

[1] METCHNIKOFF, *op. cit.*, p. 200.

internationale tout entière par l'entremise d'un système de gouvernance pour un développement des peuples nilotiques.

L'eau du Nil constituera ainsi le soubassement matériel nécessaire à l'apprentissage de cette coexistence « active » dans ses deux expressions complémentaires de mémoire et de développement. Quelles sont les perspectives « politico-juridico-institutionnelles » à dégager pour une meilleure connaissance et une meilleure conservation ou restauration de l'une des composantes de notre civilisation, notre civilisation occidentale et notre « mémoire collective de l'humanité » ?

La perspective « politico-juridico-institutionnelle » de l'eau du Nil introduit en l'espèce une conception de *statu quo*, bâtie sur le principe d'intervention mais dans un sens nouveau. *Primo*, l'intervention n'a pas un caractère militaire mais « politico-juridico-institutionnel » ; réalisant l'intervention du système de gouvernance et perpétuant la pratique des Nations Unies en de nombreux domaines. *Secundo*, l'intervention a également un caractère économique et social donnant une marque particulière à l'eau du Nil, « grand éducateur de l'humanité ».

Le *statu quo* est ainsi envisagé dans tous ses aspects, comme une construction commune avec des objectifs à réaliser plutôt que comme un assemblage de données présentes disparates et conjoncturelles. Ce *statu quo* qui se veut « structurel » va donc devoir gagner ce qualificatif en s'appuyant pour une bonne part sur le désir de développement économique et social ; et sur l'intervention active du système de gouvernance.

Le système de gouvernance du Nil comprendra, par exemple, les onze États du cours d'eau en plus des États membres du Conseil de Sécurité[1]. Il sera chargé de décider des grands projets sur le Nil, « grand

[1] Le 1er mai 2020, l'Égypte prend l'ONU à témoin sur les difficiles négociations sur le GERD dans une lettre adressée au Conseil de sécurité des Nations unies. Le 19 juin 2020, saisine du Conseil de sécurité par l'Égypte sur la question du remplissage du GERD. Cette demande intervient alors que les négociations entre l'Égypte, le Soudan et l'Éthiopie sont au point mort, les trois pays ne parvenant pas à trouver un accord, notamment sur un mécanisme de partage des eaux. En effet, les multiples réunions ministérielles entre les trois pays ont échoué à aboutir à un accord, y compris la série de rencontres organisées à Washington sous l'égide de l'administration américaine (novembre 2019-février 2020). L'Égypte, appuyée par les États-Unis, demande donc au Conseil de Sécurité de se saisir de la question et d'ouvrir un débat public sur le GERD. Le sujet est inscrit à l'ordre du jour du 29 juin 2020, le temps que l'Égypte démontre le lien existant entre gestion de l'eau du Nil et sécurité internationale (article 35 de la Charte des Nations Unies). Il s'agit d'un premier succès pour l'Égypte

et le Soudan, tant l'Éthiopie semblait réticente à impliquer une nouvelle partie dans les négociations. Mais en décidant de porter l'affaire devant le Conseil de sécurité, et donc devant la communauté internationale, l'Égypte a quelque peu agacé Cyril Ramaphosa, Président sud-africain en exercice de l'Union Africaine (UA) et partisan de « trouver des solutions africaines à des problèmes africains ». Le 29 juin 2020, les représentants des trois pays (Égypte, Éthiopie et Soudan) se succèdent au Conseil de Sécurité, en distanciel, pour défendre leurs positions, pour confirmer également à l'unanimité que « plus de 90 % des problèmes techniques ont déjà été résolus » (selon les termes de la Secrétaire générale adjointe aux affaires politiques et à la consolidation de la paix, Mme Rosemary DiCarlo) et surtout accepter la médiation de l'OUA, qui s'est saisie de l'affaire le 26 juin 2020, afin de tenter de régler définitivement les 10 % restants (caractère contraignant de l'accord à adopter, mécanisme de règlement des différends et gestion du débit d'eau lors des sécheresses). Le Conseil de sécurité invite les trois pays à trouver un accord mutuellement bénéfique et confirme le leadership de l'OUA sur le dossier (Communiqué de presse, « Conseil de sécurité : l'Éthiopie, l'Égypte et le Soudan invités à trouver un accord mutuellement bénéfique sur le Grand Barrage de la Renaissance », SC/14232, 29 juin 2020, https://press.un.org/fr/2020/sc14232.doc.htm). L'Égypte aurait pourtant voulu que le Conseil de sécurité intervienne dans le conflit qui l'oppose à l'Éthiopie sur le GERD. Dès lors, les Nations Unies n'interviendront qu'en dernier ressort, si les négociations n'évoluent pas.
Le 25 juin 2021, le ministre des affaires étrangères égyptien a fait appel au Conseil de Sécurité, arguant que « les négociations menées par l'UA ont prouvé leur inutilité ». À la demande de la Tunisie (membre non permanent au Conseil et représentant du monde arabe, au nom de l'Égypte et du Soudan), le Conseil de Sécurité s'est saisi de l'affaire pour négocier un accord, mais l'Éthiopie a diplomatiquement repoussé cette initiative en jugeant « regrettable de constater que l'avancement des négociations a été freiné et politisé ». Le dossier du GERD a fait l'objet le 8 juillet 2021 d'une réunion du Conseil de sécurité même si ses membres ont des avis divergents sur la nécessité pour l'instance chargée de la paix dans le monde de se saisir d'un sujet lié à une distribution d'eau. Dans leurs interventions, les membres du Conseil de Sécurité ont tous encouragé les trois pays à surmonter leurs divergences et à reprendre les négociations, sous l'égide de l'Union africaine (S/PV.8816, https://research.un.org/fr/docs/sc/quick/meetings/2021).
Les négociations autour du GERD sur le Nil toujours au point mort, l'Égypte, particulièrement inquiète, appelle de nouveau le Conseil de Sécurité à se saisir de l'affaire. Le Conseil de sécurité ayant examiné à sa 8860e séance, le 15 septembre 2021, la question intitulée « Paix et sécurité en Afrique » (S/PRST/2021/18, www.un.org/securitycouncil/fr/content/déclarations-du-président-du-conseil-de-sécurité-en-2021), sa présidente a fait en son nom une déclaration encourageant l'Égypte, l'Éthiopie et le Soudan « à reprendre les négociations » sous l'égide de l'OUA « afin d'arrêter rapidement » un accord sur le GERD, tout en rappelant « que la présente déclaration n'établit aucun principe ou précédent dans tout autre différend portant sur les eaux transfrontalières » (le représentant de l'Inde a insisté sur cette dernière disposition, arguant que le Conseil de sécurité n'a aucune compétence sur les questions liées au partage des eaux transfrontalières). Cet accord devrait être « mutuellement acceptable et contraignant sur la mise en eau et l'exploitation » du

éducateur de l'humanité ». Toute demande en eau (projet d'aménagement, par exemple) de tel ou tel État du cours d'eau sera soumise au Secrétariat du système de gouvernance du Nil qui la transmettra à l'ensemble des États membres. Passé un certain délai, le système de gouvernance du Nil prendra une décision en comparant les intérêts géo-archéologiques (apport de la géoarchéologie à l'évolution de l'histoire de l'humanité et protection de l'écosystème) avec les autres intérêts publics dans le projet d'aménagement. L'État du cours d'eau solliciteur ne pourra que se plier à la décision collégiale sinon, c'est aux membres du système de gouvernance du Nil d'endosser ladite décision par une résolution sans équivoque (majorité des deux tiers sur la base des États votants, par exemple).

Ce mécanisme « structurel » a pour but principal d'assurer la mise en valeur harmonieuse de l'eau du Nil[1], « grand éducateur de

---

GERD, « dans un délai raisonnable », précise le Conseil de sécurité dans sa déclaration. Les membres du Conseil (Chine, Estonie, États-Unis d'Amérique, Fédération de Russie, France, Inde, Irlande, Kenya, Mexique, Niger, Norvège, Royaume-Uni de Grande-Bretagne et d'Irlande du Nord, Saint-Vincent-et-les Grenadines, Tunisie, et Viet Nam) invitent aussi tous les observateurs qui seraient acceptés par les trois parties au conflit « à continuer d'appuyer les négociations en vue de faciliter le règlement des questions techniques et juridiques en suspens », ajoute le texte. « Le Conseil demande aux trois pays de faire avancer le processus de négociations mené sous l'égide de l'Union africaine de manière constructive et dans un esprit de coopération », souligne aussi la déclaration présidentielle.

Le 1er septembre 2024, le ministre des Affaires étrangères égyptien a fait appel à nouveau au Conseil de Sécurité (voy. les précédentes lettres : S/2020/355, S/2020/566, S/2020/617, S/2021/354, S/2021/565, S/2021/607, S/2021/627, S/2022/134, S/2022/586, S/2022/587 et S/2023/664), en lui adressant une nouvelle lettre sur « la cinquième mise en eau consécutive du Grand Barrage de la Renaissance éthiopienne décidée de manière unilatérale (…) comme document du Conseil de sécurité au titre de la question intitulée "Paix et sécurité en Afrique" » (S/2024/646 du 3 septembre 2024).

[1] Les négociations trilatérales/tripartites (Éthiopie, Égypte et Soudan), jusqu'ici infructueuses, se terminent le 19 décembre 2023, à Addis-Abeba, en Éthiopie, sans accord au quatrième et dernier round.

Cette quatrième série de négociations s'est achevée sur une nouvelle impasse « en raison du refus persistant de l'Éthiopie (…) d'accepter toute solution de compromis technique ou juridique qui sauvegarderait les intérêts des trois pays », a dénoncé le ministère égyptien des Ressources en Eau et de l'Irrigation dans un communiqué le 19 décembre. « Il est devenu évident que l'Éthiopie choisit de continuer d'exploiter le processus de négociations comme prétexte pour consolider un fait accompli sur le terrain », accuse le ministère. L'Égypte « surveillera de près le remplissage et l'exploitation du Gerd et se réserve le droit, conformément aux chartes et accords internationaux, de défendre son eau et sa sécurité nationale en cas de dommage ».

l'humanité », et de ménager une répartition équitable entre tous les États du cours d'eau par voie collégiale. Vu que le mécanisme n'aura d'existence effective qu'après l'entrée en vigueur éventuelle du système de gouvernance du Nil, il est donc encore difficile d'apprécier le réalisme de ce mécanisme dont la « rigidité » peut être cependant atténuée par des révisions périodiques, qui peuvent être à leur tour corrigées s'il y a lieu par un critère géographique subsidiaire (interconnexion du Nil au fleuve Congo et la construction de pipelines qui transportent l'eau[1] ou « réseau des ressources en eau du Nil », par exemple). Ce « réseau des ressources en eau du Nil » peut englober des canaux, des eaux souterraines, et l'interconnexion du Nil aux différents cours d'eau (ou ressources en eau de façon générale) de façon à subvenir aux besoins en eau de cette région[2].

Ainsi, l'Égypte déclare mettre fin aux négociations sur le GERD et revendique son droit de sauvegarder sa sécurité hydrique.

L'Éthiopie « s'est efforcée et s'est activement engagée avec les deux pays riverains d'aval pour résoudre les principaux points de divergence et parvenir à un accord à l'amiable », a répondu le ministère éthiopien des Affaires étrangères dans un communiqué, accusant l'Égypte d'avoir « conservé une mentalité de l'époque coloniale et érigé des obstacles aux efforts de convergence ». Addis-Abeba s'est également dite prête « à parvenir à un règlement amiable et négocié qui réponde aux intérêts des trois pays et attend avec impatience la reprise des négociations ».

L'Égypte souhaitait conclure un accord contraignant, tandis que l'Éthiopie plaide en faveur d'un accord consensuel basé sur une utilisation équitable du Nil.

Pour le moment, deux turbines tournent sur les 13 qui devront produire au final 5 100 mégawatts d'ici septembre 2025 (quand le GERD sera officiellement inauguré).

[1] « Within the population growth and water scarcity, we have no other source for water increase except to obtain water from the White Nile or the Congo River by digging a canal in the Sudan's Western Desert and through rejuvenating the old dry rivers in west Egypt (Gilf River) and in east Libya (Kufra River) » (B. ISSAWI et S. FAROUK, « Evolution of the Nile River Through Time », *in* Z. HAMIMI, H. KHOZYEM, T. ADATTE, F. H. NADER, F. OBOH-IKUENOBE, M. K. ZOBAA et H. EL. ATFY (dir.), *The Phanerozoic Geology and Natural Resources of Egypt*, Springer Nature Switzerland AG, 2023, p. 497).

[2] L'interconnexion Nil blanc-Congo est techniquement faisable surtout que beaucoup d'affluents du Congo (tels que le M'Bomou, l'Uélé, et l'Oubangi – né de la réunion du M'Bomou et de l'Uélé, l'Oubangui sépare la RDC de la République centrafricaine, puis du Congo, jusqu'à son confluent avec le fleuve Congo) sont à moins de 50 km des affluents du Nil blanc (si le débit du Nil est de 9 000 m^3/s, celui du Congo est de 19 000 m^3/s).

Le réseau hydrographique du bassin du Congo est dense et commandé par l'Oubangui et le M'Bomou (cours supérieur de l'Oubangui, confluant à Yakoma avec l'Uélé) qui reçoivent plusieurs affluents dont les principaux sont : Bokou, Kéré, Ouara, Chinko, Mbari, Kotto, Ouaka, Ombella, Mpoko, Lobaye, et Sangha.

Les onze États riverains du Nil[1] siégeront de prime abord au système de gouvernance du Nil (avec possibilité d'extension ultérieure aux organisations d'intégration économique régionale), en plus des États membres du Conseil de Sécurité. Chacun des États du cours d'eau y trouvera théoriquement son compte.

Les caractéristiques de la « question des eaux du Nil » sont de s'orienter vers une solution « politico-juridico-institutionnelle » et de résoudre des tensions plus économiques qu'idéologiques (puisqu'il est souvent soutenu que l'écart des niveaux de vie entre les peuples nilotiques est un facteur de conflit). La faveur de cette solution « politico-juridico-institutionnelle » s'explique par les objectifs espérés de la « mémoire collective de l'humanité ». Il s'agit véritablement de matérialiser le développement progressif du droit international mémoriel avec une morale et une finalité qui lui soient propres. Or, le droit suit le fait avec un temps de décalage, il constate et réglemente une solution plus qu'il ne la crée.

L'option « politico-juridico-institutionnelle » est nécessaire pour amorcer le processus de la conservation et de la restauration de l'eau du Nil, « mémoire collective de l'humanité ». L'œuvre juridique peut alors s'exercer et l'emprise directe du fait sur la formation du droit international de l'eau prend ainsi une signification particulière : le fait n'cst pas seulement l'état actuel des techniques rendant possible l'interconnexion du Nil aux confluents du Congo ou le « réseau des ressources en eau du Nil » mais, également, la notion d'humanité hydrocentrée en cours de construction et le développement progressif du droit international mémoriel.

Aucune expérience d'une telle mouture hydrocentrée n'a encore été faite mais, le cas échéant, il s'agirait très probablement d'une affaire délicate à régler. Il faut reconnaître que le système de gouvernance du Nil, tel qu'il se présente actuellement, est susceptible de nourrir des craintes en ce qui concerne le mode de fonctionnement et pose nombre

---

Cette interconnexion Nil blanc-Congo ou cet ensemble de « réseau des ressources en eau » ne demande que des travaux de génie civil à moyen coût. Deux hydrogéologues de renommée ont affirmé aux auteurs que ces multiples projets sont techniquement faisables et économiquement rentables.

Voy. *e.g.* R. LUKUNDA VAKALA-MFUMU, *Le développement intégré de l'Afrique par les bassins fluviaux : cas des bassins du Congo et du Nil*, Paris, L'Harmattan, 2016.

[1] Burundi, Égypte, Érythrée, Éthiopie, Kenya, Ouganda, République démocratique du Congo, Rwanda, Soudan, Soudan du Sud, Tanzanie. L'Érythrée a toujours participé en tant qu'observateur aux différentes assises du Nil.

de problèmes techniques qu'il n'est pas dans notre propos d'examiner ici, même sommairement.

* * *

Jadis, le Nil ne créait pas seulement chaque année le sol des États du cours d'eau par ses fécondantes alluvions, mais aussi cette remarquable société nilotique égalitaire, matérialiste, prosaïque à l'origine, sans liens visibles de solidarité, où chacun, absorbé en apparence par le soin égoïste de sa conservation, ne s'en dévouait pas moins sans cesse au bien de la communauté nilotique et jouait, sa vie durant, son rôle de simple unité dans le grand tout – la vallée du Nil – avec cette ferveur du vrai croyant, bien différente de la torpeur qu'on apporte à l'accomplissement d'un vulgaire devoir revenant tous les jours[1].

Si l'avenir est à préparer par des solutions nouvelles (interconnexion du Nil aux confluents du Congo, « réseau des ressources en eau du Nil », construction de pipelines qui transportent l'eau[2], « révolution verte » du Nil, etc.), le système de gouvernance doit établir un gel des revendications sur le Nil sans préjuger, en principe, de l'issue du règlement juridique qui sera ou pourra être intenté au fond.

Certes, il ne s'agit pas seulement de lancer une idée bien ficelée[3], mais de rechercher, sinon un *statu quo Niloticus*, du moins un *modus vivendi*, aux termes duquel la « mémoire collective de l'humanité » sera conservée et restaurée, tout en réservant les droits de chacun des États du cour d'eau sur l'eau du Nil. Entendue strictement, la notion de « mémoire collective de l'humanité », transposée à l'eau du Nil, « grand éducateur de l'humanité », peut être assimilable au sens d'héritage ancestral et patrimonial (*pater familias*). En fait, il s'agit, au contraire, de dépasser l'origine étymologique du concept de patrimoine (patrimoine commun et patrimoine naturel et culturel, matériel et immatériel) en introduisant une certaine reconnaissance des droits de la

---

1 Paragraphe adapté de l'ouvrage : METCHNIKOFF, *op. cit.*, pp. 189-190.
L'aspect moral de cette gestion ou administration « consensuelle » est lié, peut-être, à la prise de conscience du sentiment de l'intérêt collectif quand il s'agit d'irrigation. Dans quelle mesure la solidarité peuples nilotiques a-t-elle soudé les efforts, ou, à d'autres moments, s'est-elle rompue pour laisser place à la rivalité ? De toutes ces situations nous avons des exemples, dont le nombre ne se laisse pas condenser à une époque donnée (Égypte ancienne, grecque, romaine, byzantine ou arabe) et qui pourraient entrer dans une petite recherche sur les litiges en matière d'irrigation.

2 ISSAWI et FAROUK, *op. cit.*, p. 497.

3 Cette idée-là peut être le point de départ de toute une série de recherches qui jusqu'alors n'ont pas été entreprises.

Nature[1], à défaut d'une reconnaissance certaine (octroi de la personnalité juridique au Nil, par exemple), et un autre élément, « politico-juridico-institutionnel », dans la conservation et la restauration de la mémoire de la vallée du Nil riche d'enseignements pour l'évolution de l'humanité. Aussi, cette « mémoire collective de l'humanité » fait-elle appel à l'idée d'un héritage *in contunuum*, non totalement déchiffré ou inventorié par la géoarchéologie, la géographie protohistorique ou la géoscience de l'environnement, légué par les générations nilotiques qui nous ont précédées et que nous devons transmettre intacte, autant que possible, aux générations qui nous suivent.

*   *   *

* * *

*

La plupart du temps, les relations entre États du cours d'eau sont asymétriques ; certains sont faibles, d'autres sont forts (États « hydro-hégémoniques »). L'érection de barrages, qui diminuent le régime du cours d'eau à l'aval, peut également créer des conflits. L'Égypte se plaint ainsi des ouvrages érigés sur le Nil par les États d'amont, ce qui ne l'empêche pas d'en construire également, cette fois aux dépens du Soudan.

Par ailleurs, les activités polluantes exercées dans un État du cours d'eau peuvent affecter la qualité de cette ressource partagée. Le lac Nasser, situé entre l'Égypte et le Soudan, est gravement pollué par l'exploitation du GERD – destinée principalement à produire de l'électricité, côté éthiopien. Malgré tous les efforts tentés dans le cadre onusien ou africain, le dialogue entre les trois États est au point mort. Les chercheurs et experts plaident pourtant en faveur d'accords entre États du cours d'eau. Selon certains chercheurs et experts cependant, la Convention de 1997 pourrait permettre, par une lecture technique ou scientifique[2], d'améliorer les relations entre les États du cours d'eau.

---

[1] Voy. *e.g.* la « Déclaration universelle des droits des fleuves et rivières » (Annexe 1), *in* VEGA CÁRDENAS et TURP (dir.), *op. cit.*, p. 491 et s.

[2] Avant le 1er décembre 2022 (*Différend concernant le statut et l'utilisation des eaux du Silala (Chili c. Bolivie*, arrêt, 1er décembre 2022, *Rec.*, p. 614), les arrêts de la CIJ se fondaient, essentiellement, sur l'interprétation des textes de droit international et non sur la science et le « témoignage expert », et les experts n'étaient pas soumis à un contre-interrogatoire. Un progrès considérable a été accompli dans ce domaine au cours de la procédure devant la CIJ dans l'affaire du *Différend concernant le statut et l'utilisation des eaux du Silala*. La CIJ s'est fondée sur l'accord du groupe des experts désignés par chaque Partie pour trancher sur le statut des eaux du Silala (*id.*, paras 53

Aussi, de plus en plus nombreux sont ceux qui prônent une solution plus radicale : introduire une méthodologie de l'utilisation équitable, raisonnable et non dommageable de l'eau du cours d'eau international (la jurimétrie, par exemple)[1].

Il est à espérer que le système de gouvernance du Nil créera une dynamique qui conduira les États du cours d'eau à aller toujours plus loin, car sans interdépendance économique régionale[2], le développement de la plupart de ces États est définitivement compromis.

Le système de gouvernance du Nil peut combler des insuffisances juridiques ; il est capable d'apporter et de garantir, pour un même dessein, celui de la construction d'un *statu quo Niloticus* peut-être durable et d'un partage collégial des eaux plurielles du Nil, une géométrie variable de solutions alternatives, adaptées à chaque cas (interconnexion des ressources en eau de tel ou tel État du cours d'eau avec un État limitrophe, etc.). Les obligations inhérentes à l'exercice des droits revêtent ici une responsabilité collective et partagée, la conciliation de forces et d'intérêts contradictoires acquiert une dimension plurielle qui exige donc, si l'on recherche l'efficacité, d'être

---

et 94). « La Cour note sur ce point que les experts désignés par chaque Partie s'accordent pour dire que les eaux du Silala, qu'elles soient de surface ou souterraines, constituent un ensemble s'écoulant de la Bolivie vers le Chili et aboutissant à un point d'arrivée commun » (*id.*, para 94). En tant qu'experts indépendants des conseils des Parties ils furent soumis à un contre-interrogatoire et à un interrogatoire complémentaire (*id.*, para 22), et étaient interrogés par les juges (*id.*, para 16).

[1] Voy., *ex multis*, H. LÉVY-BRUHL, « La Science du Droit ou "Juristique" », *Cahiers Internationaux de Sociologie*, 1950, vol. 8, pp. 123-133 ; F. QUILLERÉ-MAJZOUB, « Pour une méthodologie de l'utilisation équitable et raisonnable des cours d'eau internationaux (*lex, calculus, casus et exemplaris mathematici*) », *RDIDC*, 2006, vol. 83, no. 4, pp. 323-353 ; T. MAJZOUB et F. QUILLERÉ-MAJZOUB, « Contribution to the Operationalization of the Principle of Equitable and Reasonable Utilization of International Watercourses through Jurimetrics », *Rev. hell. DI*, 2012, vol. 65, no. 2, pp. 373-415 ; F. QUILLERÉ-MAJZOUB et T. MAJZOUB, « De la lettre des dispositions du principe de l'utilisation équitable, raisonnable et non dommageable des cours d'eau internationaux… au chiffre », *AFRI*, 2019, vol. 20, pp. 687-709.

[2] Pour optimiser cette interdépendance, la « communauté nilotique » devra intégrer le concept de coût de dissociation. Celui-ci représente le manque à gagner dû à la discontinuité des « transactions » prévues. Lorsque ce coût est disproportionné et particulièrement bas au profit d'un État, et que l'autre n'est pas en mesure de riposter, le premier a le pouvoir d'infliger des dommages substantiels au second et d'en obtenir des concessions majeures. Aussi, seul un coût de dissociation globalement égal pour les parties permet d'atteindre cette interdépendance optimale (interconnexion des réseaux de l'énergie électrique et des canalisations de transport d'eau entre les États riverains du Nil, par exemple).

reflétée à un degré ou à un autre, par la concertation de toutes les parties dans une composition pluripartite de cette instance collégiale.

C'est un tableau bien incomplet et singulièrement sommaire de l'évolution du droit international mémoriel hydrocentré que l'on vient d'esquisser. Mais il faut souligner qu'entre rejouer les représentations du passé proche ou en dénouer les liens pour libérer l'avenir, la vallée du Nil doit aujourd'hui choisir de juger son Histoire ou de se laisser juger par elle : *statu quo melior est quam iustissimum bellum*[1].

---

[1] Locution latine adaptée de *Pax melior est quam iustissimum bellum* (La paix est meilleure que la plus juste des guerres).

CONCLUSION - ON DIRA DES EAUX DU NIL...

> « Le lecteur (...) pourra maintenant bien connaître l'histoire des siècles et des peuples qui l'ont précédé ; il sera même capable de prévoir les événements qui peuvent surgir dans l'avenir »
>
> (*Les prolégomènes d'Ibn Khaldoun*, traduits en français et commentés par M. De Slane, 1ère partie, Paris, Imprimerie impériale, 1863, p. 10)

Jusqu'à ce que la douleur le lui enseigne, l'*homo sapiens niloticus* ne sait pas quel trésor est l'eau (bleue, verte, grise ou noire). Il suffit d'une simple année sèche pour rappeler à l'*homo sapiens niloticus* une dépendance oubliée. Cette douleur qui a été partiellement ressentie au XXe siècle[1], le sera peut-être plus d'ici 2050. Presque 2 600 ans après la disparition d'une branche du Nil[2], dite « bras de Khufu »[3], l'humanité

---

[1] Voy. C.M. WONG, C.E. WILLIAMS, J. PITTOCK, U. COLLIER et P. SCHELLE, *World's Top 10 Rivers at Risk*, WWF International, Gland, mars 2007.
De nombreux grands fleuves pourraient se tarir en raison du changement climatique et de la construction de barrages, affirme, ledit rapport du World Wide Fund for Nature (WWF), l'une des principales organisations mondiales de protection de l'environnement. Le WWF identifie dix fleuves particulièrement menacés : le Nil en Afrique, le Yangtzé, le Mékong, la Salouen, le Gange et l'Indus en Asie, le Danube en Europe, le Rio de la Plata et le Rio Grande en Amérique, enfin le Murray-Darling en Australie.

[2] Voy. D. B. TESSEMA, *How this Happened – Demystifying the Nile: History and Events Leading to the Realization of the Grand Ethiopian Renaissance Dam (GERD)*, Rockville (Maryland, USA), Gashe Publishing, 2023, p.145.

[3] Une étude inédite révèle les secrets de l'acheminement des énormes blocs de granite qui ont servi à la construction des grandes pyramides de Gizeh, la seule des sept merveilles du monde antique à exister encore. Cette étude intitulée « Nile waterscapes facilitated the construction of the Giza pyramids during the 3rd millennium BCE » (les paysages aquatiques du Nil ont facilité la construction des pyramides de Gizeh au cours du 3e millénaire avant notre ère), qui éclaircit l'un des mystères de notre héritage *in continuum* rattaché à l'hydrographie nilotique, a été publiée dans la revue scientifique faisant autorité *Proc Natl Acad Sci (PNAS)* : H. SHEISHA, D. KANIEWSKI, N. MARRINER, M. DJAMALI, G. YOUNES, Z. CHEN, G. EL-QADY, A. SALEEM, A. VÉRON et Ch. MORHANGE, « Nile Waterscapes Facilitated the Construction of the Giza Pyramids During the 3rd Millennium BCE », *Proc Natl Acad*

ne semble toujours pas connaître la valeur de l'eau ou la valorisation des usages de l'eau (bleue, verte, grise ou noire), comme l'ont montré des décennies de mauvaise gestion de l'eau et de la gouvernance dans presque tous les pays. Mais la crise imminente du Nil devient de plus en plus difficile à ignorer – surtout pour ceux qui ressentent déjà les effets.

De l'Égypte, « Oum el-Dounia »[1], à la Tanzanie en passant par le Soudan, la fuite des hommes devant la pénurie d'eau (bleue ou verte) a

---

Sci, 13 septembre 2022 ; vol. 119, no. 37, e2202530119. Voy. aussi E. GHONEIM, T.J. RALPH, S. ONSTINE *et al.*, « The Egyptian Pyramid Chain Was Built Along the Now Abandoned Ahramat Nile Branch », *Communications Earth & Environment*, 16 mai 2024, vol. 5, https://doi.org/10.1038/s43247-024-01379-7 ; Ph. GARBE *et al.*, « Holocene Landscape Reconstruction in the Surroundings of the Temple of Pepi I at Ancient Bubastis, Southeastern Nile Delta (Egypt) », *Geoarchaeology*, 2024, vol. 39, no. 1, pp. 17-34 ; M. DALTON *et al.*, « Three Thousand Years of River Channel Engineering in the Nile Valley », *Geoarchaeology*, 2023, vol. 38, no. 5, pp. 565-585 ; M. SEELIGER *et al.*, « Comparing Different Machine-Learning Techniques To Date Nile Delta Sediments Based on Portable X-ray Fluorescence Data », *Geoarchaeology*, 2023, vol. 38, no. 1, pp. 57-75 ; P. LALANNE, « Un bras du Nil aujourd'hui disparu au cœur du chantier des pyramides », *Le Monde*, 29 août 2022, https://www.lemonde.fr/sciences/article/2022/08/29/un-bras-du-nil-aujourd-hui-disparu-au-c-ur-du-chantier-des-pyramides_6139437_1650684.html ; W. H. J. TOONEN *et al.*, « The Hydro-Geomorphological Setting of the Old Kingdom Town of al-Ashmūnayn in the Egyptian Nile Valley », *Geoarchaeology*, 2022, vol. 37, no. 2, pp. 267-283 ; J. TOONEN *et al.*, « Holocene Fluvial History of the Nile's West Bank at Ancient Thebes, Luxor, Egypt, and its Relation with Cultural Dynamics and Basin-Wide Hydroclimatic Variability », *Geoarchaeology*, 2018, vol. 33, no. 3, pp. 273-290 ; J. M. BUNBURY *et al.*, « Stratigraphic Landscape Analysis: Charting the Holocene Movements of the Nile at Karnak Through Ancient Egyptian Time », *Geoarchaeology*, 2008, vol. 23, no. 3, pp. 351-373 ; O. BUBENZER et H. RIEMER, « Holocene Climatic Change and Human Settlement Between the Central Sahara and the Nile Valley: Archaeological and Geomorphological Results », *Geoarchaeology*, 2007, vol. 22, no. 6, pp. 607-620 ; J.-D STANLEY et Th. F. JORSTAD, « Short Contribution: Buried Canopic Channel Identified Near Egypt's Nile Delta Coast with Radar (SRTM) Imagery », *Geoarchaeology*, 2006, vol. 21, no. 5, pp. 503-514 ; J.-D STANLEY *et al.*, « Short Contribution: Nile Flow Failure at the End of the Old Kingdom, Egypt: Strontium Isotopic and Petrologic Evidence », *Geoarchaeology*, 2003, vol. 18, no. 3, pp. 395-402.

Il est à signaler, en passant, qu'il est peut-être souhaitable pour préserver la continuité historique du Nil de restaurer sa continuité écologique (la continuité écologique du cours d'eau).

[1] La Mère du monde (« Oum el-Dounia ») est restée le surnom que les Égyptiens préfèrent donner à leur pays. Ce n'est pas rien ! « La personnification de l'Égypte, surnommée *Oum el dounia* [la mère du monde], donne l'impression d'un pays dont

déjà commencé. Ce n'est qu'un début. Demain, réchauffement et désertification pousseront des communautés, voire des populations, vers des régions moins inhospitalières.

D'ici à 2050, ce sont plusieurs millions de personnes qui seront vraisemblablement contraintes d'émigrer vers d'autres pays[1]. Ces *ecoprofugus*[2] *Niloticus* (ou *ecoprofugus* du Nil) ne s'ajouteront pas seulement aux quelque 123,2 millions de personnes « déplacées de force » dans le monde (réfugiés, personnes déplacées à l'intérieur de leur pays et demandeurs d'asile) déjà répertoriés, en fin d'année 2024, par le Haut-Commissariat pour les réfugiés des Nations unies[3]. Ils viendront également grossir les flux de l'immigration économique. La deuxième moitié du XXIe siècle sera marquée par de grands mouvements migratoires.

Les pays d'Europe et du pourtour méditerranéen ne sauraient fermer les yeux – ou leurs frontières – devant ces *ecoprofugus Niloticus* venant, pour la plupart, des régions moins développées de l'Égypte ou du Soudan, qui souffrent d'un stress hydrique aggravé et subissent le plus lourdement l'impact du changement climatique (remontée du niveau de la mer dans le delta du Nil, par exemple). Les pays du Nord en sont les premiers responsables ; la justice et l'équité leur imposent d'imaginer et de proposer des mécanismes d'assistance que les États riverains du Nil n'ont pas les moyens ou la volonté de mettre en œuvre.

Le premier pas est juridique. Il faut définir et reconnaître un statut à part entière de l'*ecoprofugus* : celui-ci n'est pas contraint de se déplacer parce qu'il serait victime de persécutions comme le « réfugié politique » défini par la convention de l'ONU de 1951 ; il est chassé de son territoire par les dérèglements environnementaux. Ce préalable

---

l'histoire est aussi vieille que le monde » (C. LAMBLIN, *Vivre la révolution égyptienne à distance*, Paris, L'Harmattan, 2021, p. 27).

[1] Voy., *ex multis*, W. WILLIAMS, « African Migration Trends to Watch in 2024 », 9 janvier 2024, https://africacenter.org/spotlight/african-migration-trends-to-watch-in-2024/ ; IOM, *A Region on the Move 2022: East and Horn of Africa*, Nairobi, 2023 ; « Nile River Conflicts », https://theowp.org/crisis_index/nile-river-conflicts/ ; S. P. DE BRUIN, S. SCHMEIER, R. VAN BEEK et M. GULPEN, « Projecting Conflict Risk in Transboundary River Basins by 2050 Following Different Ambition Scenarios », *International Journal of Water Resources Development*, 2024, vol. 40, no. 1, pp. 7-32.

[2] F. QUILLERÉ-MAJZOUB, « Le droit international des réfugiés et les changements climatiques : vers une acceptation de l'*ecoprofugus* ? », *RDIDC*, 2009, vol. 86, no. 4, pp. 602-640.

[3] Voy. https://www.unhcr.org/fr/en-bref/qui-nous-sommes/apercu-statistique.

levé, seules une mobilisation et une coopération internationales permettront de prévenir, au-delà de la crise écologique, d'inacceptables désastres humanitaires.

* * *

* * *

*

Depuis plus de cinq siècles qu'il y a des navigateurs qui font le périple de l'Afrique, depuis presque autant qu'il y a des explorateurs qui en percent les ténèbres, depuis plus d'un siècle qu'il y a des conférences diplomatiques qui la partagent, l'Afrique « vraie » reste peut-être encore à découvrir[1] – l'Afrique vraie, celle qui pensait et travaillait, qui avait ses religions et ses empires depuis des millénaires quand nos cartes géographiques européennes trouées d'espaces vides ignoraient encore le cours du Nil, ses affluents et ses sources. Aussi la géoarchéologie, l'anthropogéographie et la géoscience de l'environnement ont-t-elles là un champ de découvertes à proposer aux égyptologues pendant au moins une génération (géoarchéologie de la « mémoire collective de l'humanité »).

À cet égard, on doit beaucoup, comme tant d'autres *peregrinus* (étrangers), aux cultures et aux civilisations nilotiques ou apparentées[2]. Croyez-vous que nous n'ayons rien à apprendre de ceux qui croient et disent comme les Mongos en RDC : « On ne doit pas vouloir tout avoir, vouloir cumuler les bénéfices, vouloir hériter de tous les biens ; il faut

---

[1] Voy. *e.g.* L. VALLINI, C. ZAMPIERI, M.J. SHOAEE *et al.*, « The Persian Plateau Served as Hub for *Homo Sapiens* After the Main Out of Africa Dispersal », *Nature Communications*, 2024, vol. 15, p. 1882 (https://www.nature.com/articles/s41467-024-46161-7).
Cette étude, basée entre autres sur les caractéristiques écologiques et hydrologiques, révèle que le plateau perse (Afghanistan, Azerbaïdjan, Iran, Pakistan et Turkménistan) a servi de plaque tournante pour l'*homo sapiens* pendant les 25 000 années suivant son départ d'Afrique. Ce plateau aurait été capable d'héberger le plus grand nombre possible d'*homo sapiens*. Ces *homos sapiens* sont les ancêtres de tous les non africains d'aujourd'hui : européens, asiatiques, américains et océaniens.

[2] Voy. Ch. BARBOTIN, *Le Monde par les hiéroglyphes. Une approche de la pensée des anciens Égyptiens*, Paris, PUF, 2025.
« Dans son coup de projecteur sur l'égyptologie, Barbotin étrille au passage de nombreuses idées reliant trop étroitement notre système de pensée à celui de l'Égypte antique ». Son essai « constitue un indispensable marchepied permettant d'actualiser notre regard sur les paysages du Nil et des espaces riverains, au-delà des illusions et des anachronismes » (N. WEILL, « "Le Monde par les hiéroglyphes", de Christophe Barbotin : une leçon d'égyptologie appliquée », *Le Monde*, 13 juin 2025).

laisser quelque chose aux autres »[1], ou, comme le dit le proverbe bantou : « *Muntu i vanwana* » (l'homme, c'est les autres hommes)[2], ou, comme le dit le proverbe burundais : « Il faut d'abord consoler les affligés avant de partager leurs joies »[3], ou, comme le dit le proverbe amharique en Éthiopie : « Relève celui qui est tombé, n'oublie pas celui qui est mort »[4] ? L'accueil réservé aux *peregrinus* par les populations nilotiques est en général si cordial[5] que la majorité des *peregrinus* qui ont vécu ou voyagé dans la vallée du Nil souhaitent, une fois qu'ils l'ont quittée, mettre en pratique le dicton latin : *Qui aquam Nili bibit, rursus bibet !*[6] C'est peut-être dû à la richesse de l'eau en « histoire de l'humanité ».

Soit l'humanité, hydrocentrée par nécessité vitale, a en elle les ressources et la volonté pour s'adapter à la crise très inquiétante de sa mémoire collective *Nilotica*, soit elle disparaîtra, ou du moins, selon le scénario le moins pessimiste, elle survivra amnésique après une série de catastrophes par l'eau (bleue et verte en premier lieu, grise en deuxième lieu, et peut-être noire en troisième lieu) qui en modifiera totalement l'aspect, les concepts, les mœurs et les valeurs.

Mais on se veut malgré tout optimiste (développement lent, mais progressif, du droit mémoriel[7] et du droit international mémoriel, mise

---

1 *Le droit d'être un homme - Recueil de textes préparé sous la direction de Jeanne Hersch*, Paris, Unesco, 1968, p. 308.

2 V. MONTEIL, *L'islam noir*, Paris, Seuil, 1971, p. 41.

3 *Le droit d'être un homme…*, *op. cit.*, p. 44.

4 *Ibid.*, p. 315.

5 Vers le milieu du XIXe siècle, cependant que Ferdinand de Lesseps entreprenait le percement de l'isthme de Suez, les étrangers commencèrent d'affluer en Égypte. Grecs, Italiens, Français, Anglais, Espagnols, Allemands, Balkaniques, Arméniens, Levantins, Juifs d'Orient et autres déracinés s'installèrent dans la vallée du Nil, dont les souverains et le peuple jouissaient d'une solide réputation d'hospitalité. Les colonies étrangères prospérèrent. L'Égypte aussi.

6 « Qui a bu de l'eau du Nil reviendra en boire ». C'est la devise abondamment reproduite sous les armoiries de l'hôtel Shepheard du Caire, avant l'incendie de 1952. Le « Shepheard », brûlé au cours des émeutes de janvier 1952, a été reconstruit sur le bord du fleuve. On connaît l'aphorisme égyptien : « *Elli shereb men mayet ennil lazem yergua laha* » (quiconque a bu de l'eau du Nil une fois de l'eau du Nil en boira une seconde).

« Quand un étranger revient en Égypte, après avoir été long-tems absent, on lui applique ces paroles passées en proverbe : quiconque a bu une fois de l'eau du Nil, doit en boire une seconde » (J. DE LA PORTE, *Le voyageur françois ou La connoissance de l'ancien et du nouveau monde*, Tome I, Paris, Vincent, 1765, p. 160).

7 Voy. P. FRAISSEIX, « Le Droit mémoriel », *Revue française de droit constitutionnel*, 2006, no. 67, pp. 483-508 ; J. CHEVALLIER, « Droit et mémoire », *in*

en exergue de la géoarchéologie comme une composante majeure de la compréhension des géosystèmes au cours des derniers millénaires). « *Les morts nous parlent, les morts nous voient* »[1], « les morts nous écoutent », disait Robert Badinter[2]. « Les morts nous parlent »[3], nous hurlent leur « mémoire collective de l'humanité ». Les récits du passé (du moins, ce qu'il en reste) résonnent encore dans le présent. « Et en effet si les morts nous parlent, c'est qu'ils nous répondent ; c'est qu'ils répondent à quelque chose en nous qui leur ressemble, par quoi ils ont souffert, par quoi, si nous n'en avons pas souffert encore, il est probable que nous

---

P. NOREAU et L. ROLLAND (dir.), *Mélanges Andrée Lajoie*, Montréal, Thémis, 2008, pp. 1-9 ; S. LEDOUX, *Le Devoir de mémoire. Une formule et son histoire*, Paris, CNRS Éditions, 2016.

« On fait valoir sans cesse le devoir de mémoire : mais rappeler un événement ne sert à rien, même pas à éviter qu'il ne se reproduise, si on ne l'explique pas (…). Si nous voulons être les acteurs responsables de notre propre avenir, nous avons d'abord un devoir d'histoire » (A. PROST, *Douze leçons sur l'histoire*, Paris, Points, 1996, p. 218). Le « devoir d'histoire » vise à fournir un cadre d'intelligibilité qui permettrait de comprendre l'histoire plutôt que de se limiter à s'en souvenir (PROST, p. 218). Paul Ricœur préfère quant à lui le concept de « travail de mémoire » (O. ABEL *et al.* (dir.), *La juste mémoire. Lectures autour de Paul Ricœur*, Genève, Éditions Labor et Fides, 2006, p. 59). Selon lui, le mot « travail » libère le processus intellectuel de l'injonction dénuée de distance critique qu'impose le devoir (voy. LEDOUX, pp. 224-225).

[1] En italique dans le texte original (A. FABRE-LUCE, *La Mort a changé*, Paris, Gallimard, 1966, p. 104).

[2] Dans un entretien réalisé pour une émission de France Culture en 2002, Robert Badinter était revenu sur cette prise de parole mémorable, le 16 juillet 1992, lors de la cérémonie des 50 ans du Rafle du Vel d'Hiv.

« Je me suis souvenu étrangement de ce que ma grand-mère disait avec un accent inimitable : "quand on parle des morts, ils vous écoutent" », confie-t-il alors. Surviennent les huées. Au moment où Robert Badinter monte à la tribune, de nouveaux hurlements et de nouvelles invectives à l'encontre du président de la République surviennent. « Là, j'ai été d'un seul coup pris d'une colère, d'une fureur, qui n'avait rien à voir avec la présence de Mitterrand (...) Mais qui m'a mis hors de moi, c'était comme vécu, cette pensée, ce rappel du propos ma grand-mère : les morts nous écoutent » (J. GAS et B. LUTAUD, « "Vous m'avez fait honte !" : revivez la célèbre colère de Badinter lors des 50 ans de la rafle du Vel d'Hiv », *Le Figaro*, 9 février 2024, https://www.lefigaro.fr/actualite-france/vous-m-avez-fait-honte-revivez-la-celebre-colere-de-badinter-lors-des-50-ans-de-la-rafle-du-vel-d-hiv-20240209).

Voy. https://www.ina.fr/ina-eclaire-actu/video/cab92041268/le-president-de-la-republique-au-vel-d-hiv

[3] Voy. H. PRADEL, *Les morts nous parlent (Semaine des morts 1947 à la Basilique Sainte-Cécile, cathédrale d'Albi)*, Vaison-la-Romaine (Vse), Bonne Presse du Midi, 1948 ; F. BRUNE, *Les morts nous parlent*, Paris, Félin, 1993 ; F. BRUNE, *Le nouveau mystère du Vatican*, Paris, Albin Michel, 2002.

souffrirons et c'est ainsi que sentiment est pressentiment. O morts, que d'histoires vous nous racontez qui ne sont pas les nôtres, mais qui déjà s'acheminent à l'être, que nous sentons qui nous menacent parce qu'elles vous ont atteints et que nous prévoyons rétrospectivement. Le passé se transforme en avenir par le présent »[1], cette « mémoire collective de l'humanité » qui voit dans l'avenir en regardant le passé et qui du passé tire une lumière qu'elle projette dans l'avenir…

Si « [l]'histoire du monde est le tribunal du monde »[2], la « mémoire collective de l'humanité », elle, demeure et demeurera toujours l'avocat de notre époque et l'arc-boutant de nos espérances.

… *Nili vero testis temporum, lux veritatis, vita memoriae, magistra vitae, nuntia vetustatis*[3]…

[1] Réponse de M. Émile Faguet, membre de l'Académie Française, au discours de M. Langlois, *in Recueil des discours, rapports et pièces diverses lus dans les séances publiques et particulières de l'Académie Française, 1910-1919, Première partie*, Paris, Institut de France, 1917, pp. 260-261.

[2] « L'histoire mondiale est le tribunal du monde » (*die Weltgeschichte ist das Weltgericht*). C'est par une référence à ce vers de Friedrich von Schiller que Friedrich Hegel annonce la section consacrée à l'histoire du monde, qui clôt le § 340 des *Principes de la philosophie du droit* (Paris, PUF, 2003, p. 430). La formule est empruntée au poème de Schiller intitulé *Résignation* paru en 1786.

[3] Le Nil est le témoin des temps, la lumière de la vérité, la mémoire vivante qui nous instruit à vivre, l'interprète des temps anciens...

La référence à Cicéron n'est pas fortuite : *Historia vero testis temporum, lux veritatis, vita memoriæ, magistra vitæ, nuntia vetustatis*… (« Et l'histoire, ce témoin des temps, cette lumière de la vérité, cette mémoire vivante qui nous instruit à vivre, cette interprète des temps anciens… », voy. *Œuvres complètes de Cicéron, Dialogues de l'Orateur*, traduction nouvelle de M. Andrieux, Paris, C. L. F. Panckoucke, 1830, pp. 258-259).

TABLE DES MATIERES

Structures éditoriales du groupe L'Harmattan

L'Harmattan Italie
Via degli Artisti, 15
10124 Torino
harmattan.italia@gmail.com

L'Harmattan Hongrie
Kossuth l. u. 14-16.
1053 Budapest
harmattan@harmattan.hu

L'Harmattan Sénégal
10 VDN SICAP AMITIE 3
BP 45034 Dakar-Fann
direction@senharmattan.com

L'Harmattan Cameroun
Tsinga/Derrière polyclinique FECAFOOT
BP 11486 Yaoundé
Jacques.koukam@harmattan.fr

L'Harmattan Burkina Faso
Villa 281, secteur 23 623, rue 14.32
Ouagadougou
zagbie@outlook.fr

L'Harmattan Guinée
Almamya, rue KA 028 OKB Agency
BP 3470 Conakry
harmattanguinee@yahoo.fr

L'Harmattan RDC
185, avenue Nyangwe
Commune de Lingwala – Kinshasa
matangilamusadila@yahoo.fr

L'Harmattan Congo
219, avenue Nelson Mandela
BP 2874 Brazzaville
deunovmikhael@gmail.com

L'Harmattan Mali
Immeuble Mgr Jean Marie Cissé
Aci Hamadallaye
BP 145 Bamako
syllaka@yahoo.fr

L'Harmattan Togo
Djidjole – Maison Amela
face EPP BATOME
02 BP 20680 Lomé
didieramela11@gmail.com

L'Harmattan Côte d'Ivoire
Résidence Karl – Cité des Arts
Abidjan-Cocody
03 BP 1588 Abidjan
harmattan.ivoire@gmail.com

L'Harmattan Bénin
Rue 604, (Immeuble à l'entrée
de la rue UCAO- Cite de Saint-Jean)
Cotonou
stepcorpus@gmail.com

Nos librairies en France

Librairie internationale
16, rue des Écoles
75005 Paris
librairie.internationale@harmattan.fr
01 40 46 79 11
www.librairieharmattan.com

Librairie des savoirs
21, rue des Écoles
75005 Paris
librairie.sh@harmattan.fr
01 46 34 13 71
www.librairieharmattansh.com

www.ingramcontent.com/pod-product-compliance
Lightning Source LLC
LaVergne TN
LVHW011451061026
849535LV00004BA/1036
* 9 7 8 2 3 3 6 5 6 2 4 1 4 *